本书是2010年广东省哲学社会科学“十一五”规划年度资助项目“基于分段描写的出土先秦文献虚词发展研究”（批准号GD10CZW13）的最终成果。

本书的出版，获华南师范大学哲学社会科学学术著作出版基金（SKXSEE1414）的资助，又获得华南师范大学文学院中国语言文学的传承与创新学科建设平台基金（2014年）的资助。

谨此致谢！

语言服务书系·出土文献研究

出土先秦文献虚词发展研究

A Study of the Development of the Function Word in the pre-Qin Documents Unearthed

张玉金 著

暨南大學出版社
JINAN UNIVERSITY PRESS

中国·广州

图书在版编目（CIP）数据

出土先秦文献虚词发展研究 / 张玉金著. —广州：暨南大学出版社，2016.3
（语言服务书系·出土文献研究）
ISBN 978-7-5668-1782-2

Ⅰ. ①出… Ⅱ. ①张… Ⅲ. ①古汉语虚词—研究 Ⅳ. ①H141

中国版本图书馆 CIP 数据核字（2016）第 057720 号

出土先秦文献虚词发展研究
著 者：张玉金

出 版 人：徐义雄
策划编辑：杜小陆 刘 晶
责任编辑：龙 欣 焦 婕
责任校对：王嘉涵 刘舜怡 姚荇姝
责任印制：汤慧君 周一丹
地 址：中国广州暨南大学
电 话：总编室（8620）85221601
营销部（8620）85225284 85228291 85228292（邮购）
传 真：（8620）85221583（办公室） 85223774（营销部）
邮 编：510630
网 址：http://www.jnupress.com http://press.jnu.edu.cn
排 版：广州良弓广告有限公司
印 刷：佛山市浩文彩色印刷有限公司
开 本：787mm×1092mm 1/16
印 张：19.75
字 数：491 千
版 次：2016 年 3 月第 1 版
印 次：2016 年 3 月第 1 次
定 价：58.00 元

目 录

凡　例

1. 本书对出土文献的释文，依据的是权威的考释，也注意吸收新的研究成果。如《睡虎地秦简》的释文，依据的是《睡虎地秦墓竹简》（睡虎地秦墓竹简整理小组编，文物出版社1990年版），也参考了张显成主编的《秦简逐字索引》（四川大学出版社2010年版）等书。

2. 释文中使用了以下一些符号：

□：表示无法补出的一个残缺字。

▨：表示无法补出的一些残缺字（字数不明）。

字：一个字外加框，表示补出的原简残损不全的字。

（　）：表示前一个字为通假字、异体字、古字等。

〈　〉：表示改正讹误字。

[　]：表示依文献补出的字。

（?）：表示前一个字为释读不确定的字。

字=：是一个重文符号，如“伭=”是指“伭伭”二字。

3. 引例出处的标示一般用简称，如《殷周金文集成》简称为《集成》。

4. 进行语法分析时，有时使用一些字母或符号，它们所代表的意义如下：

NP：代表名词或名词性短语。

VP：代表动词或动词性短语。

O：代表宾语。

V：代表动词。

‖：代表前后两个成分的主谓关系。

丨：代表动宾关系。

)：代表定中关系。

]：代表状中关系。

=：代表同位关系。

<：代表中补关系。

绪 论

本书所谓虚词，包括介词、连词、助词、语气词四类。本书除了讨论这四类词之外，还会讨论兼词。

一、以往的研究

此前相关的研究成果主要有两大类：

1. 出土先秦文献中虚词的论著

此研究内容可以细分为四小类：

一是研究殷墟甲骨文中虚词的论著。这方面的成果如赵诚《甲骨文虚词探索》（《古文字研究》第15辑，中华书局1986年版）、张玉金《甲骨文虚词词典》（中华书局1994年版）、李曦《殷墟卜辞语法》（陕西师范大学出版社2004年版）、杨逢彬《殷墟甲骨刻辞词类研究》（花城出版社2003年版）、裘锡圭《卜辞“异”字和诗书里的“式”字》（《中国语言学报》1983年第1期）、黄天树《〈殷墟花园庄东地甲骨〉中所见虚词的搭配和对举》（《清华大学学报》哲学社会科学版2006年第2期）等等。

二是研究周代金文中虚词的论著。这方面的成果如崔永东《两周金文虚词集释》（中华书局1994年版）、张玉金《西周汉语语法研究》（商务印书馆2004年版）、梁华荣《西周金文虚词研究》（四川大学博士学位论文，2005年）、武振玉《两周金文虚词研究》（线装书局2010年版）、黄天树《金文虚词研究》（1993年教育部项目）、管燮初《西周金文语法研究》（商务印书馆1981年版）等等。

三是研究出土战国秦代文献中虚词的论著。这方面的成果如周守晋《出土战国文献语法研究》（北京大学出版社2005年版）、李明晓《战国楚简语法研究》（武汉大学出版社2010年版）、李明晓等《战国秦汉简牍虚词研究》（四川大学出版社2011年版）、张玉金《出土战国文献虚词研究》（人民出版社2011年版）、张钰《〈郭店楚墓竹简〉虚词研究》（首都师范大学硕士学位论文，2004年）、王颖《包山楚简词汇研究》（厦门大学出版社2008年版）、田飞《包山楚简语法研究》（吉林大学硕士学位论文，2011年）、魏德胜《〈睡虎地秦墓竹简〉语法研究》（首都师范大学出版社2000年版）等等。

四是综合研究上述两种以上文献中虚词的论著。如张振林《先秦古文字材料中的语气词》（《古文字研究》第7辑，中华书局1982年版）等等。

2. 古代汉语虚词及其发展的论著

此研究内容可以细分为两小类：

一是研究古代汉语虚词的论著。如何乐士《左传虚词研究》（商务印书馆2004年版）和《古代汉语虚词词典》（语文出版社2006年版）、殷国光《〈吕氏春秋〉词类研究》

（商务印书馆2008年版）、李佐丰《古代汉语语法学》（商务印书馆2004年版）等等。

二是研究古代汉语虚词发展的论著。如王力《汉语史稿》（中册）（中华书局1980年版）、潘允中《汉语语法史概要》（中州书画社1982年版）、史存直《汉语语法史纲要》（华东师范大学出版社1986年版）、向熹《简明汉语史》（下）（高等教育出版社1993年版）、洪波《汉语历史语法研究》（商务印书馆2010年版）、刘利《汉语语气词发展演变研究》（2007年教育部项目）等等。

前人和时贤在相关的研究领域中已经取得了比较丰硕的研究成果。但是以往的成果及课题，缺乏在对出土先秦文献时代性和地域性进行深入研究的基础上，用统一的理论框架对各个时段出土文献中的虚词进行系统的断代描写，目前还没有基于这种断代描写的系统的历时研究；另外，以往对汉语虚词发展的研究，往往使用传世文献，没有全面地利用出土上古文献，没有建立在断代描写的基础上。

出土先秦文献即“同时资料”，具有保持语言原貌、时代地域明确的优点，因此，对研究先秦汉语虚词的发展来说，这种语料比难以保持语言原貌、时代地域不太明确的传世先秦文献具有更大的科学价值。本项研究对于建立更为符合历史真实的上古汉语虚词发展史具有重大的理论意义，对于利用出土先秦文献进行各种人文社会科学的研究也很有价值，也对古代汉语、汉语史、古代汉语语法学、古文字学的教学具有实践意义。

二、研究语料

本书拟在分段描写的基础上对出土先秦文献中的虚词系统进行历时考察。

本书把先秦时期分为殷商（253年）、西周（275年）、春秋（294年）、战国秦代（269年）四个时段，先以出土先秦文献为语料分别描写各个时段的虚词系统。

所使用的出土文献都有严格限制，必须是形成时代为先秦且保持了语言原貌的。

出土殷商文献有殷墟甲骨文、殷代金文等。

出土西周文献有西周金文、西周甲骨文等。

出土春秋文献有春秋金文、侯马盟书、温县盟书、秦公大墓石磬文字、石鼓文等。

出土战国秦代文献有战国秦代金文、战国秦代简牍文字（包括信阳楚简、五里牌楚简、仰天湖楚简、杨家湾楚简、望山楚简、九店楚简、包山楚简、郭店楚简、上博楚简、新蔡楚简、香港中大竹简、清华竹简、曾侯乙墓竹简、睡虎地秦简、睡虎地秦牍、青川秦牍、放马滩秦简、岳山秦牍、龙岗秦简、周家台秦简、里耶秦简等）、战国帛书（有长沙子弹库战国楚帛书）、战国秦代玉石文字（包括秦骃玉版铭、行气玉铭、玉璜箴铭、守丘石刻、诅楚文、峄山刻石）等。

本书利用出土先秦文献把各个时段的虚词系统进行描写后，再用“史”的线索把它们串联起来，考察从殷商至战国秦代虚词系统的演变，并探讨演变的原因及其规律。

三、研究内容和方法

本书主要内容如下：

（1）文献综述。对此前的出土先秦文献虚词（包括介词、连词、助词、语气词等）

研究、古代汉语虚词研究、汉语虚词发展研究、汉语语法化研究等方面的论著进行收集、整理。

（2）理论研究。深入进行汉语虚词理论、汉语词类理论、描写语言学理论、历史语法学理论、语法化理论、三个平面语法学理论、认知语言学理论等方面的研究，用先进的理论方法指导研究实践。

（3）语料整理。收集到目前为止发现的所有出土上古文献，并从文字考释、词语训释、语句通释、思想内容、时代性和地域性等方面概述前人和时贤对这些文献的研究成果，形成自己的见解。

（4）断代描写。把先秦时代分成殷商、西周、春秋和战国秦代四个时段，从每个时段的原始语料中提取每个虚词的每个用例，加以准确归纳分析，探讨每个虚词的类别、性质、意义、用法、来源等。在此基础上，进行科学分类，统计每个时段文献中的虚词数量，探讨应该分成多少个大类，每个大类又该分成多少个小类。辨析每个小类内同义、近义虚词的异同。

（5）历时考察。在断代描写的基础上，从宏观系统和微观个体两个方面考察出土先秦文献中虚词的演化，探究其起源及消亡，追踪其在词性、意义和用法等方面的变化，寻找其演化的动因，总结其发展变化的规律及方向。

第一章　出土先秦文献介词的发展

介词是在句子中起某种介引作用的词。它在句子中介引某些跟谓语中心相关的词语，如名词、代词、各类体词性词语、部分谓词或谓词性词语等，标明这些词语跟句子中谓语中心的句法关系和语义关系。介词介引的词语在句法结构中可以作状语，也可以作补语。介词介引的词语在语义上可以是主事、客事、与事、凭事、境事、因事、关事、比事等成分（有关的概念可以参考陈昌来《介词与介引功能》，安徽教育出版社 2002 年版，以及《现代汉语动词的句法语义属性研究》，学林出版社 2002 年版）。

应该怎样给介词分类呢？

研究现代汉语的学者，在对介词进行再分类的问题上主要有两种看法。第一种是根据介宾短语的语义功能来分类。如赵淑华（1996）将介词分为标志时间、标志处所方向、标志原因目的、标志方式、标志关涉、标志条件依据、标志对象、标志比较、标志排除、标志协同、标志距离、标志所经和标志话题共 13 类。第二种是根据介宾短语的语法功能来分类。如饶长溶（1991）把介词分成四类：一是“把”“被”类，这是只能作状语的；二是“按”“照”类，是能作状语、主语前修饰语的；三是“向”“往”类，是能作状语、主语前修饰语、谓语后补语的；四是“跟”“对”类，是能作状语、主语前修饰语、定语的。

研究古汉语语法的学者，在对介词进行再分类时，一般采取上述第一种分类法，如何乐士（2006）把文言文中的“于（於）”分成对象介词、处所介词、时间介词、原因介词和条件介词 5 类，又如赵大明（1990）把文言文中“于（於）”“诸”“乎”的用法分为 18 类。

本书采用陈昌来（2002）对汉语介词进行再分类的方法。他根据介词的语义功能不同，把汉语介词分成八大类，即主事介词、客事介词、与事介词、境事介词、凭事介词、因事介词、关事介词和比事介词。各类介词内部还可以进行再分类。由于语义学研究已经取得了很大的成就，这种分类是可行的，而且可以跟传统的分类法相衔接。

第一节　出土先秦文献介词“在”“当”“方”“即”“后”“先”的发展

介词“在”“当”“方”“即”“后”“先”的意义和用法有相同之处（都含有“在”义），所以放在一起讨论。

一、介词“在”的起源和发展

“在”本是动词，例如“见龙在田”（《易·乾》）、“公在乾侯”（《春秋·昭公三十年》）、“醉翁之意不在酒，在乎山水之间也”（欧阳修《醉翁亭记》）。

介词“在”所由虚化的具体句法环境应是“在＋处所词语＋VP”和“VP＋在＋处所词语”。这两种结构中的“在”最初都是动词。由于句子结构信息的安排，往往是旧信息和已知信息在前，新信息或焦点在后。在汉语的连动句中，第一个动词往往是旧信息或已知信息，本身往往是表示伴随义的动词，而后一个动词才是句子的中心。在“在＋处所词语＋VP”中，“在”是非中心动词，其意义开始变弱，开始虚化，因而逐渐失去动词性，成为介词。在“VP＋在＋处所词语”中，“在”的位置处于动词后，由于语音弱化，因而词义弱化，也逐渐虚化为介词。与“在”的虚化相伴随，它的词义开始泛化，其搭配对象范围扩大，所带的宾语在意义类型上也变得多样了。

在汉语中，早已存在“P＋NP＋VP”和“VP＋P＋NP”这样的句式，这成了“在”字虚化的类推原动力。在此影响下，“在”最终虚化为介词，同时人们对“在＋处所词语＋VP”和“VP＋在＋处所词语”进行了重新分析，将其由连动式分析为状中式和动补式。处所介词“在”最早产生。由于隐喻的作用，“在”又由处所介词发展为时间介词。“在”和“自”的发展过程类似，“自”最初也是处所介词，后来发展出时间介词和范围介词的用法。

介词“在”可以用作处所/位事介词、时间介词和范围介词。

（一）用作处所/位事介词

这种情况下，“在”表示引进动作行为发展或持续的处所，仍可译为“在”。

殷商时代的用例如：

① 祷在𥜽？

于宗？（《屯南》2784）

② 庚辰卜：其登方以羌在升，王受祐？（《屯南》606）

③ 癸未卜，王曰贞：有兕在行，其左射，及？（《合集》24391）

④ 己亥卜，争贞：在姰田，有正雨？（《合集》10136）

⑤ 甲辰［卜］：弜□在兹作宗，若？（《合集》34139）

⑥ 丁亥卜：在小宗侑彳岁自大乙？（《合集》34045）

西周时代的用例如：

① 唯成王大祓在宗周，商（赏）献侯□贝。（《献侯鼎铭》，《集成》5·2626）

② 师雍父戍在詁𠂤（师），遹从师雍父。（《遹甗铭》，《集成》5·2626）

③ 王令中先省南国贯行，埶（设）𫊣在曾，史儿至。（《中甗铭》，《集成》3·949）

春秋时代的用例如：

不（丕）显朕（朕）皇且（祖）受天命，竈（肇）又（有）下国，十又二公，不㒸（墜）在下。（《秦公镈铭》，《集成》2·270）

战国时代的用例如：

①后嗣甬（用）之，职在王室。（《曾姬无恤壶铭》，《集成》15·9710）职：执掌、服侍。

②頣（履）地戠（戴）天，竺（笃）义与信，会才（在）天地之间，而橐（包）才（在）四海（海）之内。（《上博楚简二·容成氏》）会、橐俱有囊括无遗之义。

③言在家室，而莫埶（执）朕栝（舌）。（《上博楚简六·用曰》）

④以枲索大如大指，旋通系颈，旋终在项。（《睡虎地秦简·封诊式》）终：系束。

⑤郿（应）音之在楚为兽钟，其在周为郿音。（《曾侯乙钟铭》，《集成》2·291）

⑥妥（蕤）宾之在楚也为坪皇，其在申也为迟（夷）则。（《曾侯乙钟铭》，《集成》2·287）

（二）用作时间介词

这种情况下，"在"表示引进动作行为发生或进行的时间，仍可译为"在"。

殷商时代的用例如：

①己巳卜，彭贞：御于河羌三十人？在十月又二卜。

贞：五十人？（《合集》26907）

②甲申卜，㱿贞：在春宜田丙？（《合集》8181）

③乙丑：在八月酒大乙牛三、祖乙牛三、小乙牛三、父丁牛三。（《屯南》777）

④丁酉卜，兄贞：其品司在兹？

贞：其品司于王出？（《合集》23713）

西周时代的用例如：

①唯公大保来伐反夷年，在十又一月庚申，公在盩师。（《旅鼎铭》，《集成》5·2728）

②唯王大禴于宗周、延祼镐京年，在五月既望辛酉，王令士上眔史黄殷于成周。（《臣辰卣铭》，《集成》10·5421）

③在八月乙亥，辟井侯光氒正史，献于麦宫。（《麦彝铭》，《集成》16·9893）

春秋时代的用例如：

隹（唯）王正月初吉，辰才（在）乙亥，鼄（邾）公牼䍐（择）氒（厥）吉金，幺（玄）镠肤（鑪）吕（铝），自乍（作）龢钟（钟）。（《鼄公牼钟铭》，《集成》1·149）

战国时代的用例如：

①《君奭》员（云）："昔才（在）上帝，戠（割）绅（申）瞻（观）文王悳（德），其集大命于氒（厥）身。"（《郭店楚简·缁衣》）

②皇帝立国，维初在昔，嗣世称王，讨伐乱逆。（《峄山刻石》）

（三）用作范围介词

这种情况下，"在"表示引进动作行为或状态的范围，可译为"在……中""在……上"。

战国时代的用例如：

①又（有）㥁在心，嘉德吉猷。（《上博楚简六·用曰》）

②夫古之圣王，务才（在）得贤，其即（次）得民。（《中山王譽方壶铭》，《集成》15·9735）

在出土战国文献中，表示处所的"在"字短语和其前的主语之间一般都出现"之"

字，构成“主语+之+在字短语”的结构，一起作语句的主语。在“主语+之+在字短语”之后有时会出现语气词“也”。例如：

①割（姑）肄（洗）之在楚为吕钟。(《曾侯乙钟铭》，《集成》2·321)

②亘（宣）钟之在晋为六墉。(《曾侯乙钟铭》，《集成》2·328)

③割（姑）肄（洗）之在楚也为吕钟。(《曾侯乙钟铭》，《集成》2·328)

④柬音之在楚也为文王。(《曾侯乙钟铭》，《集成》2·326)

“主语+之+在字短语（+也）”中的“主语+之”可以用“其”来替代，构成“其+在字短语（+也）”的格式。例如：

①穆音之在楚为穆钟，其在周为刺（厉）音。(《曾侯乙钟铭》，《集成》2·738)

②赢（嬴）嗣（乱）之在楚为新钟，其在齐为吕音。(《曾侯乙钟铭》，《集成》2·319)

③大（太）族（簇）之在周也为刺（厉）音，其在晋也为槃钟。(《曾侯乙钟铭》，《集成》2·322)

④妥（蕤）宾之在楚也为坪皇，其在申也为遲（夷）则。(《曾侯乙钟铭》，《集成》2·287)

介词“在”起源较早，其介引处所和介引时间的用法在殷商时代已经出现，但其介引范围的用法出现较晚，在出土战国秦代文献中才可以见到。“……之在……也”这种固定格式只见于出土战国文献中。“主语+之+在+处所名词（+也）”或“其+在+处所名词（+也）”的格式，只见于曾国金文里。

二、介词“当”的起源和发展

“当”本是动词，有“对着”“相当”之义，例如“既歌而入，当户而坐”(《礼记·檀弓上》)、“列国之卿当小国之君，固周制也”(《左传·昭公二十三年》)。

“当”所由虚化的具体句法环境应该是“当+NP+VP”。在这个句法环境里，VP是中心，“当+NP”处于非中心的位置，其意义逐渐变弱，开始虚化。业已存在的“P+NP+VP”的句式，成了“当”虚化的类推原动力。伴随“当”的虚化，人们对“当+NP+VP”进行了重新分析，将其由连动式分析为状中式。最先产生的应是处所介词“当”，由于隐喻的作用，“当”又发展出时间介词的用法。

介词“当”有介引处所和介引时间两种用法。

（一）用作处所介词

“当”表示引进动作行为发生时的处所，可译为“正当”“正在”。

战国时代的用例如：

十二月丑，当其地不可起土攻（功）。(《睡虎地秦简·日书甲种》)

（二）用作时间介词

“当”表示引进动作行为的时间，可译为“正当”“在”。

战国时代的用例如：

①堂（当）是时也，瘟（疠）役（疫）不至，祆（妖）羕（祥）不行。(《上博楚简

二·容成氏》）

② 堂（当）是旹（时），强（强）溺（弱）不紿（辞）諹（扬）。（《上博楚简二·容成氏》）

③ 古（故）堂（当）是旹（时）也，亡并☐。（《上博楚简二·容成氏》）

④ 正（当）丌（其）肰（然）而行，怠（治）安（焉）尔（爾）也。（《郭店楚简·语丛一》）

⑤ 政（当）丌（其）肰（然）而行，怠（治）安。（《郭店楚简·语丛一》）

⑥ 律所谓者，当繇（徭），吏、典已令之，即亡弗会，为“逋事”。（《睡虎地秦简·法律答问》）

“当”是在战国时代新出现的介词，在战国时代并不常用。“当是时（也）”的结构只见于楚简之中。

三、介词“方”的起源和发展

介词“方”应是源自副词“方”。所由虚化的具体句法环境应为“方 + VP_1 + VP_2”（其中 VP_1 可视为 VP_2 的时间背景）。受汉语中早已存在的“P + 宾语 + VP”的类化，“方”开始虚化。“方”除了保有副词意义之外，又从语境中吸收了关系意义（VP_1 为 VP_2 的时间背景这样的关系）。伴随着“方”的虚化，人们对“方 + VP_1 + VP_2”进行了重新分析，不再视为复句或连动式，而是看成状中式。最初“方”的宾语应是动词语，当它虚化为介词以后，它也可以以名词语为宾语了。

“方”用作时间介词，表示动作行为进行的时间，可译为“当”“正当”。

战国时代的用例如：

方才（在）下立（位），不以匹夫为圣（轻）；及丌（其）又（有）天下也，不以天下为重。（《郭店楚简·唐虞之道》）

在这个例子里，“方在下位”和“及其有天下也”为对文，“及”为介词，“方”也应是介词。这种“方”的用法在传世文献中可以见到，例如“方事之殷也，有韎韦之跗注，君子也”（《左传·成公十六年》）、“方今之时，臣以神遇，而不以目视”（《庄子·养生主》）、“方此时也，尧安在”（《韩非子·难一》）。

四、介词“即”的发展

介词“即”有介引处所和介引时间两种用法。

（一）用作处所介词

“即”介引处所，可译为“就在”。

殷商时代的用例如：

① 王其侑于滴，在有石燎，有雨？
即川燎，有雨？（《合集》28180）

② 其即宗祷？（《屯南》2860）

这种用法的“即”在传世西汉文献中可以见到，例如“项羽晨朝上将军宋义，即其帐中斩宋义头”（《史记·项羽本纪》）。

（二）用作时间介词

“即”介引时间，可译为“就在”“当”。“即”和它的宾语在语句中只作状语。“即”的宾语有时由时间名词语充当，有时由表示时间的动词语充当。

殷商时代的用例如：

① 即日酒，有正？（《合集》29704）

② 即日甲酒，王受佑？（《合集》29705）

③ □亥卜：父甲□岁，即祖丁岁册？

弜即祖丁岁册？（《屯南》2294）

④ 岁一牛？

岁牢？

岁，其即杏？

岁，其莫（暮）？（《合集》41662）

这种用法的“即”在传世西汉文献中可以见到，例如“项王即日因留沛公与饮”（《史记·项羽本纪》）。

五、介词“后”的发展

“后”用作时间介词，表示动作行为在某一时间之后进行，可译为“在……之后”。它和它的宾语在语句中一般作状语。

殷商时代的用例如：

后王射兕麑？

弜麑？（《屯南》2358）

这种用法的“后”在传世战国文献中可以见到，例如“故迂其途，而诱之以利；后人发，先人至，此知迂直之计者也”（《孙子兵法·军争》）。

六、介词“先”的发展

“先”用作时间介词，表示动作行为在某一时间之前进行，可译为“在……之前”。它和它的宾语在语句中作状语。

殷商时代的用例如：

① 先王设罗擒？

□王设罗擒？（《屯南》778）

② 乙丑卜，出贞：大史必酒，先酒其侑祊于丁三十牛？（《合集》23064）

“先”还可以表示在某人或物之前进行或接受某种动作行为，可译为“在……之先”或“在……之前”。它和宾语在语句中只作状语（宾语有时省去不说）。它的宾语一般由表示人或祭祀对象的名词语充当。例如：

① 示其先羌入？
示其配羌？
癸亥卜：弜逆羌？（《合集》32039）
② 癸亥示先羌入？（《合集》32036）
示弜先、配羌？（《怀特》1644）
③ 其先雀𢦏？（《合集》7076 正）
④☐其先鼓来？（《合集》19407）
⑤ 其先行至自越？
其先越至自行？（《合集》4276）
⑥ 乙丑卜，出贞：大史必酒，先酒其侑祊于丁三十牛？（《合集》23064）

这种用法的“先”在传世战国文献中可以见到，例如：“子虽齐圣，不先父食矣。”（《左传·文公二年》）

第二节　出土先秦文献介词“自”“由”“从”“道”的发展

介词“自”“由”“从”“道”的意义和用法有相同之处，所以放在一起讨论。

“自”“由”“从”三者，在殷墟甲骨文中都已出现了。“自”在甲骨文中用作介词，这一点已得到学术界的公认。杨逢彬（2003：292）认为，介词“自”是由动词“自”虚化而来的，这种看法应该是可信的。“自”在殷商时代已是一个比较常用的介词。甲骨文中的“由”和“从”，有些学者认为其有介词用法，而有些学者认为其没有介词用法，只有动词用法。这种看法的分歧，正好反映出作为介词的“由”和“从”与作为动词的“由”和“从”的密切关系——介词“由”“从”源自动词“由”“从”。总之，作为介词的“由”“从”应该都是从其动词用法中虚化而来的。“自”“由”“从”可以有同样的来源。

介词“自”“由”“从”所由虚化的具体语法环境首先应该是“自/由/从＋处所方位词语＋VP”。这本是一个连动式，“自/由/从”作连动式的第一个动词，“自/由/从”的宾语为处所方位词语。随着这种句式使用频率的增大，这个句式成了诱发“自/由/从”语法化的环境。由于句子结构信息的安排，一般是旧信息或已知信息在前，新信息或焦点在后，因此连动式中的第一个动词一般是旧信息或已知信息，动词本身往往表示伴随意义，后一个动词才是句子的中心。作为连动式第一个动词的“自/由/从”，由于是作为非中心动词来用，其意义开始变弱，从而开始虚化。它们逐渐失去动词性，开始起介引作用。最初，“自/由/从”是以方位处所词语为宾语的，但随着它们的虚化，其词义泛化，搭配对象范围扩大，搭配能力增强，如可以以时间词语、范围词语为宾语。

汉语中早已存在的“介词＋宾语＋VP”句式成了它们虚化的类推原动力。这种句式在殷商时代业已存在，如“王于八月入”（《合集》5176）、“于庚申出”（《合集》7942）。随着“自/由/从”的虚化，人们对“自/由/从＋处所方位词语＋VP”进行重新分析，不再认为这种句式是一种“V_1＋O＋VP”结构，而认为是一种“P＋NP＋VP”结构，认为

“自/由/从＋处所方位词语”是作状语的。

“由＋宾语”和“从＋宾语”在出土战国文献中都只出现在VP前作状语，没有例外。这说明“由/从”所由虚化的具体句法环境大概只有“由/从＋O＋VP”。但是“自”不同，从殷墟甲骨文开始，“自＋O”不但可以出现在VP前作状语，也可以出现在VP后作补语。这说明，“自”所由虚化的具体句法环境应该还有“VP＋自＋O”。从“王步自商”（《合集》24228）来看，最初“自”可能紧挨在动词之后，由于语音弱化、词义的弱化或抽象化，可以虚化为介词。

最先由动词虚化过来的用法，应该是处所方位介词，“自”“由”“从”都有这种用法。由于隐喻的作用，“自”“从”又由处所方位介词的用法发展出时间介词的用法。范围和处所方位是相通的，“自”“由”“从”可以表示处所方位的起点，自然也可以表示范围的起点。表示施事、受事、当事的名词，如果是级别名词，也可以由“自”介引，用以表示施事、受事、当事的起点。很明显，这种“自”的用法和处所方位介词“自”（用于表示起点）是相通的。“由”也有施事介词的用法，应是源自处所方位介词“由”。“由”还有原因介词的用法，洪波（1988）曾讨论过“于”“於”介词用法的源流，他认为原因介词“于”“於”来源于处所起点的介词“于”“於”，此说可从。既然如此，那么原因介词“由”，也是源自表示起点的处所方位介词“由”。

介词“道”的起源与“自”“由”“从”类似。

一、介词“自”的发展

介词“自”可以用作施事介词、受事介词、当事介词、时间介词、处所介词和范围介词。其中处所介词和时间介词的用法最为常见。

（一）用作施事介词

“自”介引动作施事的起点，可译为“由”。

殷商时代的用例如：

① 贞：勿自王令弜 □？（《合集》4307）

② □殻贞：自王令□？（《合集》4307）

西周时代的用例如：

① 人鬲自驭至于庶人，六百又五十又九夫。（《大盂鼎铭》，《集成》5·2837）

② 函（函）皇父作……自豖鼎降十［又一］，簋八。（《函皇父盘铭》，《集成》16·10164）

战国秦代的用例如：

吏自佐、史以上负从马、守书私卒令市取钱焉。（《睡虎地秦简·秦律杂抄》）

这个例子里的“自”和方位名词“以上”构成“自……以上……”的介词框架，表示级别高于“佐、史”的。“吏自佐、史以上”在句中表示动作行为的施事。

在出土战国文献中，已经可以见到复音虚词“自从”，“自从”也用作施事介词，例如：

自从令、丞以下智（知）而弗举论。（《睡虎地秦简·语书》）

在这个例子里，介词“自从”和“以下”构成“自从……以下……”的介词框架，表示级别低于“令、丞”的。“自从令、丞以下”在语句中表示动作行为的施事。“自”可以和“从”组成复音虚词“自从”（介词），产生方式是同义复合。

（二）用作受事介词

“自”介引动作受事的起点，可译为“从”。

战国秦代的用例如：

① 刍自黄𪎭及蘑束以上皆受之。(《睡虎地秦简·秦律十八种》)

② 其有爵者自官士大夫以上爵食之。(《睡虎地秦简·秦律十八种·传食律》)

在上引两例中，“自”与“以上”构成介词框架“自……以上……”，用来表示级别高于某一层的，“刍自黄𪎭及蘑束以上”以及“有爵者自官士大夫以上”在语句中都表示受事的起点。

（三）用作当事介词

“自”介引动作当事的起点，可译为“从”。

殷商时代的用例如：

① 丙午卜，贞：侑自高妣庚？(《合集》2377)

② 戊辰卜，争贞：㪔羌自妣庚？

贞：㪔羌自高妣己？(《合集》438)

③ 己卯贞：祷自上甲六示？(《屯南》2129)

④ 自父乙祼，若？

自祖乙祼，若？(《合集》32571)

⑤ 自祖乙告祖丁、小乙、父丁？

弜告？(《屯南》4015)

⑥ 癸亥贞：王其伐卢羊，告自大乙，甲子自上甲告十示又一牛？兹用。(《屯南》994)

“自”有时跟“至”“至于”“卒”配合使用，构成“自……至……”“自……至于……”“自……卒至于……”等格式，表示所涉及对象的起点和终点。这三种格式一般出现在谓语动词之后作补语。例如：

① 乙丑□祷自大乙至丁祖九示？(《合集》14881)

② 己亥卜：侑自大乙至中丁□示牛？(《合集》14872)

③ 癸丑卜，王曰贞：翌甲寅乞酒协自上甲卒至于毓，余一人亡祸？(《合集》41027)

④ 庚戌卜，王贞：翌辛亥乞酒彡磔自上甲卒至于多毓，亡害？(《合集》22646)

“自……至……”和“自……至于……”有时还分置于谓语动词的前后，“自”字结构作状语，“至”或“至于”结构作补语。例如：

① 甲子王自大乙祝至祖□？(《合集》19820)

② 贞：(兴)方以羌自上甲用至［于］下乙？(《合集》271反)

战国秦代的用例如：

① 册告自吝(文)王㠯(以)豪(就)圣趄王，各束絵(锦)珈璧。(《新蔡楚简》甲三：137)

② 舉祷荆王自熊丽㠯（以）就武王五牛、五豕。（《包山楚简》246）

在上引两个例子中，“自”和“以就”构成“自……以就……”的介词框架，表示动作行为当事的起点和终点。楚王辈分有高低，有不同层级，“自”表起点，“以就”表终点。“自文王以就圣𧻚王”和“荆王自熊丽以就武王”在语句中都表示当事。

（四）用作时间介词

“自”表示动作行为的时间起点，有“由”“从”的意思。

殷商时代的用例如：

① 贞：自今丁未侑？（《合集》9527）

② 壬子卜，争贞：自今日我𢦏胄？

贞：自今日我弗其𢦏胄？（《合集》6834 正）

③ 庚子卜：方至自今五日？（《合集》20481）

④ 辛酉卜，贞：自今五日至乙丑雨？（《合集》20919）

⑤ 壬寅卜，㱿贞：自今至于甲辰子商𢦏基方？

壬寅卜，㱿贞：自今至于甲辰子商弗其𢦏基方？（《合集》6571）

“自”经常跟“至”“至于”配合使用，构成“自……至……”“自……至于……”的格式，表示时间的起点和终点，如例④和例⑤。

西周时代的用例如：

① 其自今日，孙孙子子毋敢望（忘）伯休。（《县妃簋铭》，《集成》8·4269）

② 历自今，出入尃（敷）命于外。（《毛公鼎铭》，《集成》5·2841）

③ 自今余敢扰乃小大史（事）……（《㒼铭》，《集成》5·2841）

战国秦代的用例如：

① 不𧥱（禅）而能蝺（化）民者，自生民未之又（有）也。（《郭店楚简·唐虞之道》）

“自”可以跟“以就”构成“自……以就……”的介词框架，表示时间的起点和终点。例如：

① 自荆层之月㠯（以）就集岁之荆层之月，尽集岁，躳身尚毋有咎。（《包山楚简》234）

② 自荆层之月㠯（以）豪（就）荆层之月，出内（入）事王。（《包山楚简》197）

③ ☐悉固贞：出内（入）寺（侍）王，自𦥑［层］以就集岁之𦥑☐。（《望山楚简》1·29）

“自”也可以跟“以至”构成“自……以至……”的介词框架，表示时间的起点和终点。例如：

① 自頣（夏）栾之月㠯（以）至𡕒（来）戢（岁）頣（夏）栾尚毋又（有）大咎。（《新蔡楚简》乙一：19）

② 自頣（夏）栾之月㠯（以）至备（冬）栾之月，𦘔（尽）七月尚毋又（有）大［咎］。（《新蔡楚简》乙一：31、25）

“自”还可以跟“始”构成“自……始……”的介词框架，表示时间自何时开始。例如：

自泰古始，世无万数，陀（施）及五常。（《峄山刻石》）

（五）用作处所/位事介词

“自”表示动作行为的处所/位事起点，可译为“从”“由”。

殷商时代的用例如：

① 辛酉卜，尹贞：王步自商，亡灾？（《合集》24228）

② 其逐凶麋自西东北，亡灾？（《合集》28789）

③ 丁亥乞自雩十纯，购示，耳。（《英国》608 白）

以上 3 例中“自”字结构作补语，下引 3 例中“自”字结构作状语：

① 贞：王自余入？（《合集》3458）

② 自东西北逐凶麋，亡灾？（《合集》28789）

③ 癸卯卜：今日雨？

其自西来雨？

其自东来雨？

其自北来雨？

其自南来雨？（《合集》12870）

“自”可与“于”配合使用，构成“自……于……”的结构，表示动作行为位移的起点和终点，可译为“从……到……”。例如：

① 乙酉卜，行贞：王步自遘于大，亡灾？（《合集》24238）

② 辛丑卜，行贞：王步自刘于雇，亡灾？

癸卯卜，行贞：王步自雇于嘉，亡灾？在八月、在师雇卜。

己酉卜，行贞：王其步自嘉于来，亡灾？（《合集》24347）

③ 自瀼至于膏，亡灾？

自瀼至于大，亡灾？（《合集》28188）

西周时代的用例如：

① 在十又一月，公返自周。（《保员簋铭》，《近出》2・368）

② 乃且（祖）克弼文王，异自它邦。（《乖伯归夆簋铭》，《集成》8・4331）

③ 唯还自征，在坏（坯）。（《噩侯鼎铭》，《集成》5・2810）

以上 3 例中“自”字介宾短语作补语，下引 3 例中“自”字介宾短语作状语。例如：

① 余其宅兹中国，自之辪（乂）民。（《何尊铭》，《集成》11・6014）

② 廼自商自（师）复还至于周。（《穆公簋盖铭》，《集成》8・4191）

③ 亲令晋侯苏自西北遇（隅）敦伐匔城。（《晋侯苏编钟铭》，《近出》1・59）

有些“自”字带上宾语，作名词的后置定语，表示事物的来源。例如：

① 懋父赏御正卫马匹自王。（《御正卫簋铭》，《集成》7・4044）

② 毛公赐朕文考臣自厥工。（《孟簋铭》，《集成》8・4162）

战国秦代的用例如：

① 郾（燕）侯軰（载）自洹徕（来）。（《燕侯载作戎戈铭》，《集成》17・11383）

② 王自肥还郢、遈（徙）於郙郢之戢（岁）。（《新蔡楚简》甲三：240）

③ 唯王五十又六祀，返自西旸。（《楚王酓章钟铭》，《集成》1・83）

④ 隹（唯）李悳（德）匿，出自黄淵。(《楚帛书·乙篇》)

⑤ 禍（祸）不降自天，亦不出自陛（地），隹（唯）心自惻（贼）。(《上博楚简六·用曰》)

⑥ 悚者，亡又（有）自来也。(《郭店楚简·语丛一》)

“自”可以跟“以西”“以东”构成“自……以西”“自……以东”的介词框架，表示处所的范围。例如：

自古（姑）、蚤（尤）吕（以）西，翏（聊）、聑（摄）吕（以）东，丌（其）人娄（数）多已。(《上博楚简六·竞公瘧》)

（六）用作范围介词

“自”用作范围介词，表示某种范围的终点，可译为“由”。

战国秦代的用例如：

①《君迪（陈）》员（云）：出内（入）自尔（爾）帀（师）于（虞），庶言同。(《郭店楚简·缁衣》)

② 眚（性）自命出……(《郭店楚简·性自命出》)

③ 穿（壅）戒先逩（匿），则自异（忌）司（始）。(《上博楚简二·从政乙》)

介词“自”产生的时代很早，从殷商时代起已经是一个比较常用的虚词。它介引处所/位事、介引时间、介引当事、介引施事等用法，在先秦时代都比较常见。而介引受事、介引范围的用法则出现得较晚，这两类用例在出土战国秦代文献中才可以见到。

二、介词“由”的发展

介词“由”有时间介词、施事介词、方位介词、范围介词、原因介词等用法。

（一）用作时间介词

“由”用来表示动作行为的时间起点，可译为“由”“从”。

殷商时代的用例如：

① 乙酉卜，争贞：□告曰：方由今春凡（犯），受有祐？(《合集》4597)

② 戊子卜，殻贞：王勿由劦往出？(《合集》16108)

③ 贞：王勿往出由劦？(《合集》16107)

（二）用作施事介词

“由”介引动作施事的起点，可译为“从”。

战国秦代的用例如：

① 繇（由）丘簹（观）之，则敚（微）言也已。(《上博楚简五·季庚子问于孔子》)

② 三军出，亓遅（将）逩（卑），父蜺（兄）不廌（薦），繇（由）邦醂（御）之。(《上博楚简四·曹沫之阵》)

（三）用作方位介词

“由”介引方位词语，表示动作行为的方位起点，可译为“从”。

战国秦代的用例如：

① 人之道也，或遊（由）中出，或遊（由）外内（入）。（《郭店楚简·语丛一》）

② 遊（由）中出者，急（仁）、忠、訐（信）。（《郭店楚简·语丛一》）

③ 古（故）为正（政）者……或繇（由）宔（中）出，或埶（设）之外。（《郭店楚简·尊德义》）

（四）用作范围介词

“由”和它的宾语一起，表示某种范围的起点，可译为“从……中”。

战国秦代的用例如：

① 凡勿（物）繇（由）亡（亡）生。（《郭店楚简·语丛一》）

② 鈥（由）豊（礼）智（知）乐，鈥（由）乐智（知）忞（哀）。（《郭店楚简·尊德义》）

③ 豊（礼）生乐，遊（由）乐智（知）坓（型）。（《郭店楚简·语丛一》）

④ 時（诗）遊（由）敬乍（作）。（《郭店楚简·语丛一》）

⑤ 古（故）夫夫、妇妇、父父、子子、君君、臣臣，六者客（各）行丌（其）戠（职），而忢（讪）夸（誇）亡繇（由）迮（作）也。（《郭店楚简·六德》）

⑥ 夫不夫，妇不妇，父不父，子不子，君不君，臣不臣，婚（昏）所繇（由）迮（作）也。（《郭店楚简·六德》）

（五）用作原因介词

“由”和它的宾语一起，表示动作行为的原因，可译为“因为”“由于”。

战国秦代的用例如：

① 六帝兴於古，虐（皆）采（由）此也。（《郭店楚简·唐虞之道》）

② 是古（故）畏（威）備（服）型（刑）罚之娄（屢）行也，繇（由）走（上）之弗身也。（《郭店楚简·成之闻之》）

介词“由”始见于殷商时代，只用作时间介词。到了战国秦代，介词“由”有了施事介词、方位介词、范围介词、原因介词等用法，但都不常用，只见于楚简之中。

三、介词“从”的发展

介词“从”可以用作处所/位事介词、方位介词、时间介词和范围介词。

（一）用作处所/位事介词

“从”和宾语一起，一是表示动作行为处所的经由点；二是表示动作行为处所的起点，仍可译为“从”。

殷商时代的用例如：

① 乙酉卜，争贞：往复从臬，执邛方？（《合集》6333）

② 翌日壬王其省田从官？

从榆？

从丧？

从盂？（《合集》29156）

③ 戊午卜：今日戊王惠丧田〼？

［惠］盂田先省，乃从官入，湄日亡灾？（《合集》28975）

④ 辛卯贞：从靳涉？

辛卯贞：从狩卢涉？（《合集》32903）

⑤ 己卯卜，争贞：今者令兔田，从□至于归龟，获羌？王占曰：艰。（《合集》199）

殷商时代的处所/位事介词“从”表示动作行为处所的经由点，它可译为“经过”“经由”。它有时还和“于”配合使用，构成“从……于……”的格式，表示经由某地运动到另一地。

战国时代的用例如：

① 裔尹杰駐从郢以此等来。（《包山楚简》132反）

② 十二月甲子以行，从远行归。（《睡虎地秦简·日书甲种》）

战国秦代的处所介词“由”表示动作行为处所的起点。“从”可以跟“以南”“以北”构成“从……以南……”“从……以北……”的介词框架，表示处所的范围。例如：

埅（禹）乃从灘（汉）吕（以）南为名浴（谷）五百，从灘（汉）以北为名浴（谷）五百。（《上博楚简二·容成氏》）

“从”还可以跟“以至”“至”构成“从……以至……”“从……至……”的介词框架，表示处所的起点和终点，可译为“从……到……”。例如：

丘欥。从丘欥（坎）以至内宫六步，从丘欥（坎）至内宫廿四步……从内宫至中宫廿五步，从内宫以至中宫卅步，从内宫至中宫卅六步。（《兆域图铜版铭》，《集成》16·10478）

（二）用作方位介词

这种情况下，“从”可细分为两种：一是表示动作行为的方位起点；二是表示动作行为的方位经由点，仍可译为“从”。

殷商时代的用例如：

① 贞：［呼］田［从］西？

贞：呼田从北？

贞：呼田从东？

贞：呼田从南？（《合集》10903）

② 甲子卜：王从东戈乎侯，𢦏？

乙丑卜：王从南戈乎侯，𢦏？

甲寅卜：王从西戈乎侯，𢦏？

丁卯卜：王从北戈乎侯，𢦏？（《合集》33208）

殷商时代的方位介词“从”可以表示动作行为的方位经由点。

战国秦代的用例如：

从上右方数朔之初日及枳（支）各一日，数之而复从上数。（《睡虎地秦简·日书甲种》）

战国秦代的“由”表示动作行为的方位起点。“从”可以跟“始”构成“从……始……”的介词框架，仍表示方位起点。例如：

① 从朔日始数之，画当一日。（《周家台秦简·日书》）

② 数从朔日始。（《周家台秦简·日书》）

战国秦代的“由”表示动作行为方位经由点的用例最常见，这种用法的“从”都出现在秦简中。例如：

① 寅，虎矣，以亡盗，从东方入，有（又）从之藏山谷中。卯，兔矣，以亡盗，从东方入，复从出，藏野林草茅中。辰，虫矣，以亡盗，从东方入，有（又）从出。午，马矣，盗从南方入，有（又）从之出。未，羊，盗者从南方，有（又）从出尔。申，猴矣，盗从西方尔，在山谷。酉，鸡矣，盗从西方入，复从西方出尔。（《放马滩秦简·日书甲·亡盗章》）

② 赤肉从南方来，鲜肉从西方来，赤肉从北方来，鲜肉从西方来。（《睡虎地秦简·日书乙种》）

③ 乙亡盗□□三人，其一人在室中。从东方入，行有遗矣，不得女子也。丙亡盗在西方，从西北入。（《放马滩秦简·日书甲·亡盗章》）

④ 甲乙有疾，父母为祟，得之於肉，从东方来。（《睡虎地秦简·日书甲种》）

上引例①中的“盗从南方入，又从之出”以及“盗从西方入，复从西方出尔”，其中的“从”只有解释为“经由”才合理。其余诸例的“从”同此。

（三）用作时间介词

“从”和它的宾语一起，表示动作行为的时间起点，仍可译为“从”。

殷商时代的用例如：

① □从兹佑？（《合集》31895）

② 妣庚岁从艺？（《怀特》1567）

战国时代的用例如：

① 君王之疠（病）牺（将）从含（今）日㠯（以）已。（《上博楚简四·柬大王泊旱》）

② 君王之瘵从今日以瘥（瘥）。（《上博楚简四·柬大王泊旱》）

战国时代的时间介词“从”常和连词“以”构成“从……以……”的介词框架。

（四）用作范围介词

“从”和它的宾语一起，表示动作行为的范围起点，仍可译为“从”。

战国秦代的用例如：

① 腹中攷（巧）㝮（变），古（故）父母安之，如从（从）㠯（己）记（起）。（《上博楚简四·内豊》）

② 君子曰：从允懌（释）怂（过），则先者余（除），䢔（来）者訐（信）。（《郭店楚简·成之闻之》）

③ 凡斈（学）者隶〈求〉丌（其）心为难，从丌（其）所为，丘（近）导（得）之壴（矣）。（《郭店楚简·性自命出》）

战国秦代的介词“从”有时跟“而”一起构成复音虚词“从而”，用作顺承连词，用在后一分句的谓语前表示前后两个小句之间的顺承关系，可以译为“就”“于是”等。例如：

① 既生畜之，或（又）从而孝（教）忞（诲）之。（《郭店楚简·六德》）

② 听其有矢，从而贼（则）之。（《睡虎地秦简·为吏之道》）矢：陈述。

③ 不能述（遂）者内（入）而死，不从命者从而桎𢷎（梏）之。（《上博楚简·容成氏》）

④ 汤或（又）从而攻之。（《上博楚简二·容成氏》）

“从”可以跟“而”构成连词“从而”，产生方式是邻词黏合。

介词“从”在殷商时代已经产生了，可以介引处所/位事，也可以介引方位，都表示动作行为的经由点；有时介引时间，表示动作行为的时间起点。到了战国秦代，介词“从”基本上保留了殷商时代介词“从”的用法，还发展出表示动作行为的处所/位事起点和方位起点的用法，并且产生了介引范围的用法。此外，“从”还跟“而”组成连词“从而”。

四、介词“道”的发展

“道”跟“从”的用法相同，用作介词，表示动作行为的方位经由点，可译为“从”。

战国秦代的用例如：

① 甲子旬，戌亥为𤓰（孤），辰巳为虚，道东南入。（《周家台秦简·病方及其它》）

② 道索终所试脱头。（《睡虎地秦简·封诊式》）

③ 耤（藉）牢有六署，囚道一署旞。（《睡虎地秦简·法律答问》）

④ 所道旞者命曰“署人”，其它皆为“更人”。（《睡虎地秦简·法律答问》）

⑤ 权在一围，袤三尺，西去堪二尺，堪上可道终索。（《睡虎地秦简·封诊式》）

⑥ 三堵以下，及虽未盈卒岁而或盗决道出入。（《睡虎地秦简·秦律十八种》）

第三节　出土先秦文献介词“至”“至于”“到”“遝”“晋”“戠”“𨑥”“向”的发展

出土先秦文献中的介词“至”“至于”“到”“遝”“晋”“戠”“𨑥”“向”都含有“到”义，故放在一起讨论。

一、介词“至”的发展

介词“至”有介引处所和介引时间两种用法。

（一）用作处所介词

“至”可以介引处所范围的终点，可译为“到”。

战国时代的用例如：

① 从丘𣪘（坎）至内宫廿四步……从内宫至中宫廿五步。（《兆域图铜版铭》，《集成》16·10478）

② 从内宫至中宫卅六步。（《兆域图铜版铭》，《集成》16·10478）

上引两例构成“从……至……”的介词框架，表示处所的起点和终点。

（二）用作时间介词

“至”作时间介词主要有两种用法：一是介引动作行为所到的时间，即动作行为到何时进行；二是引进时间的终点，可译为“到”“直到”。

殷商时代的用例如：

① 夒燎，弜至日酒？吉。兹用。

其至日？（《屯南》4582）

② 甲子卜：弜至采用？（《屯南》4432）

上引两例中的“至”是用来介引动作行为所到的时间，下引两例中的“至”用来表示与动作行为有关的时间终点：

① 自旦至食日不雨？

食日至中日不雨？

中日至昃不雨？（《屯南》42）

② 兹月至生月有大雨？

［兹］月至［生］月亡大雨？（《合集》29995）

战国时代的用例如：

① 至秋毋（无）雨时而以繇（徭）为之。（《睡虎地秦简·秦律十八种》）

② 百姓不当老，至老时不用请，敢为酢（诈）伪者，赀二甲。（《睡虎地秦简·秦律杂抄》）

③ 至癸卯之日安良瘨（瘥）。（《新蔡楚简》甲三：39）

④ 至秋三月，赛祷卲王戠（特）牛，馈之。（《包山楚简》214）

⑤ 郮敓占之曰：吉。至九月憙雀（爵）立（位）。（《包山楚简》204）

⑥ 至计而上廥籍内史。（《睡虎地秦简·秦律十八种》）

战国时代的时间介词“至”有两种用法：一是介引动作行为所到的时间，如上引6例；二是引进时间终点，如下引4例。“至”和它的宾语之前往往有另一个名词语，表示时间起点，构成“时间名词语$_1$＋至＋时间名词语$_2$＋VP”的格式，表示时间的起点和终点。例如：

①〼□贞：七月至各（冬）栾之月尚〼。（《新蔡楚简》甲三：107）

② 旮（期）至屈栾之月赛金。（《包山楚简》104）期：表示一定的时日。赛：偿。

③〼翠（卒）戢（岁）国（或）至垄（来）戢（岁）之頣（夏）栾〼。（《新蔡楚简》甲三：248）卒岁：名词，一整年。或：又。

④ 翠（卒）戢（岁）或至頣（夏）栾之月，尚〼。（《新蔡楚简》零：221、甲三：210）

时间介词“至”在殷商时代已经产生，有介引动作行为所到的时间和引进时间终点两种用法，到了战国时代时间介词“至”还保留这两种用法。处所介词“至”可以介引处所范围的终点，这类用例只见于出土战国秦代文献中。

二、介词“至于”的发展

“至于”这个介词，可以用作处所介词和时间介词。

（一）用作处所介词

这种用法的“至于”，一是介引动作行为所到的处所，即动作行为到何处进行，可译为“到”；二是可以表示处所的终点，为终点介词。

殷商时代的用例如：

①☐御父乙，至于商酒？（《合集》2199正）

②辛巳贞：其执以至于商？（《合集》32183）

殷商时代的处所介词“至于”表示动作行为到何处进行。

战国秦代的用例如：

①大山又（有）赐，八月，已吾复（腹）心㠯（以）下至于足骭之病。（《秦骃玉版铭》）

②☐汲（及）江、灘（汉）、沠（沮）、漳，延至於瀤。（《新蔡楚简》甲三：268）

战国秦代的处所介词“至于”表示处所的终点。

（二）用作时间介词

“至于”用作时间介词，表示动作行为时间延续的终点，可译为“一直到”。

殷商时代的用例如：

①庚辰贞：今日庚不雨，至于辛其雨？（《屯南》985）

②贞：至于午先来？（《合集》419反）

殷商时代的时间介词“至于”既用来介引动作行为所到的时间，也用来表示与动作行为有关的时间终点。用来介引动作行为所到时间的例子如上引两例，用来表示与动作行为有关的时间终点的例子如下引两例：

①自今庚子［至］于甲辰帝令雨？

至于甲辰帝不其令雨？（《合集》900正）

②庚辰卜：辛至于壬雨？（《屯南》2772）

战国秦代的用例如：

①五年覆吴，克併之至于今。（《中山王嚳鼎铭》，《集成》5·2840）

②承受屯（纯）德、旂（祈）无疆至于万意（亿）年。（《令狐君嗣子壶铭》，《集成》15·9720）

战国秦代的处所介词“至于”表示动作行为时间延续的终点。

处所介词“至于”在殷商时代已经出现了，可以用作处所介词和时间介词。殷商时代的处所介词“至于”表示动作行为到何处进行，而战国秦代的处所介词“至于”表示处所的终点。殷商时代的时间介词“至于”既用来介引动作行为所到的时间，也用来表示与动作行为有关的时间终点，而战国秦代的处所介词“至于”一般表示动作行为时间延续的终点。

三、介词“到”的发展

介词“到”可以用作处所介词、时间介词、施事介词、起事介词、受事介词和止事介词。这种用法的“到”只出现在出土战国文献中。

（一）用作处所介词

处所介词“到”有两种用法。一是介引事物运动的终点或处所范围的终点，仍可译为“到”。

战国秦代的用例如：

① 白昼甲将乙等徼循到某山。(《睡虎地秦简·封诊式》)

② 男子死（屍）所到某亭百步，到某里士五（伍）丙田舍二百步。(《睡虎地秦简·封诊式》)

③ 其头、身、臂、手指、股以下到足，足指类人。(《睡虎地秦简·封诊式》)

二是介引处所的所到，即到何处进行某种动作行为，仍可译为“到”。这种“到”可跟“而”构成“到……而……”的介词框架。

战国秦代的用例如：

① 它县亦传其县次，到关而得。(《睡虎地秦简·法律答问》)

② 善布清席，东首卧到晦，朔复到南卧。(《周家台秦简·病方及其它》)

这两种“到”的用法有明显区别。后一种“到”及其宾语都出现在VP前作状语，而前一种“到”及其宾语则作补语，或者构成“处所词语$_1$ + 到 + 处所词语$_2$ + VP”“……以下到……”的格式。

（二）用作时间介词

时间介词“到”的用法也可以分为两种。一是介引动作行为或状态在时间上延续的终点，即表示某个动作行为一直持续到某个时间，仍可译为“到”。

战国秦代的用例如：

① 取户旁腏黍，裹臧（藏）到种禾时。(《周家台秦简·病方及其它》)

② 善布清席，东首卧到晦。(《周家台秦简·病方及其它》)

二是介引时间的所到，即表示动作行为到何时进行，仍可译为“到”。

战国秦代的用例如：

① 到明出种，即□（趣?）邑最富者，与皆出种。(《周家台秦简·病方及其它》)

② 隶臣田者，以二月月稟二石半石，到九月尽而止其半石。(《睡虎地秦简·秦律十八种》)

③ 到七月而纵之。(《睡虎地秦简·秦律十八种》) 纵：解除。

④ 到十月牒书数，上内［史］。(《睡虎地秦简·秦律十八种》)

⑤ 生子，不到三年死。(《睡虎地秦简·日书乙种》)

这两种“到”的用法有明显区别。介引时间终点的“到”及其宾语都放在动词后作补语，而介引时间所到的“到”及其宾语都放在动词前作状语。后一种“到”可以跟连词“而”构成“到……而……”的介词框架。

（三）用作施事介词

用作施事介词的“到”介引施事的终点。当施事不止一个，又有级别时，“到”可表示从一个级别到另一个级别。

战国秦代的用例如：

① 不更以下到谋人，粺米一斗。(《睡虎地秦简·秦律十八种》) 粺米一斗：每餐食粺

米一斗。“谋人”是“粺米一斗”的施事。

② 上造以下到官佐、史毋爵者，及卜、史、司御、寺、府，糲（粝）米一斗。（《睡虎地秦简·秦律十八种》）

“到”构成“……以下到……”的介词框架，表示施事的起点和终点。

（四）用作起事介词

起事介词“到”可以介引起事的终点，仍可译为“到”。

战国秦代的用例如：

甲子到乙亥是右〈君〉也，利以临官立政。（《睡虎地秦简·日书乙种》）“乙亥”是起事。

（五）用作受事介词

受事介词“到”可以介引受事的终点，仍可译为“到”。

战国秦代的用例如：

① 葆子以上居赎刑以上到赎死，居於官府。（《睡虎地秦简·秦律十八种》）“赎死”是“居”的受事。

② 已入月，数朔日以到六日，倍之；七日以到十二日，左之；十三日以到十八日，向之；十九日以到廿四日，右之；廿五日以到卅日，复倍之。（《周家台秦简·日书》）“六日”是“数”的受事，其余类此。

“到”可以构成“……以上到……”的介词框架。若把这个框架中的“上”省掉，则构成“……以到……”的介词框架。

（六）用作止事介词

止事介词“到”介引止事的终点，仍可译为“到”。

战国秦代的用例如：

① 直（值）百一十钱以到二百廿钱。（《睡虎地秦简·效律》）

② 课駃騠，卒岁六匹以下到一匹，赀一甲。（《睡虎地秦简·秦律杂抄》）

③ 盈廿石到十石，论□□；不盈［十］石到一石，☐。（《龙岗秦简》188）

④ 过二百廿钱以到二千二百钱，赀一盾。（《睡虎地秦简·效律》）

例①中的“直（值）”是名词，整句话是说价值为一百一十钱以上到二百二十钱，“二百廿钱”是句子的止事。例②类此。

“到”可以构成“……以上/以下到……”的介词框架。例如：

① 其不可食者不盈万石以下，谇官啬夫；百石以上到千石，赀官啬夫一甲。（《睡虎地秦简·秦律十八种》）

② 不盈二百廿以下到一钱，䙴（迁）之。（《睡虎地秦简·法律答问》）

如果把“……以上/以下到……”中的“上/下”省去，则成了“……以到……”的形式。例如：

① 百分以到不盈十分一，直（值）过千一百钱以到二千二百钱。（《睡虎地秦简·效律》）

② 不盈廿二钱，除；廿二钱以到六百六十钱，赀官啬夫一盾。（《睡虎地秦简·效律》）

上引两例中的“以到”应是“以上到”的省略，也可以简单地说成“到”。例如：

① 不盈半升到少半升，赀一甲。(《睡虎地秦简·效律》)

② 二百钱到百一十钱，耐为隶臣妾。(《龙岗秦简》40)

③ 不盈廿二钱到一钱，赀一盾。(《龙岗秦简》41)

上引3例中的“……到……”都是“……以下到……”的意思，即前者的数量多于后者的数量。这跟“以到”正好相反，“……以到……”一般是“……以上到……”的意思，即前者的数量少于后者的数量。

介词“到”可以用作处所介词、时间介词、施事介词、起事介词、受事介词和止事介词，只出现在战国秦代的秦简里，不见于其他出土战国文献中。

四、介词“遝”的发展

介词“遝”(tà) 有处所介词和条件介词两种用法，只出现在出土战国文献里。

(一) 用作处所介词

处所介词“遝”表示动作行为所到达的处所，可译为“到”。

战国秦代的用例如：

是状神在其室，屈(掘)遝泉，有赤豕。(《睡虎地秦简·日书甲种》)

(二) 用作条件介词

条件介词“遝”表示动作行为的条件，可译为“趁”“趁着”。

战国秦代的用例如：

官辄告叚器者曰：器敝久恐靡者，遝其未靡，谒更其久。(《睡虎地秦简·秦律十八种》)

这种用法的“遝”在《战国纵横家书》中也可以见到。例如：“愿君遝楚、赵之兵未至于赵也，亟以小割收魏。”(《战国纵横家书·须贾说穰侯章》)

介词“遝”有处所介词和条件介词两种用法，出现在战国秦代，只见于秦简之中，未见于其他出土战国文献中。

五、介词“晋”的发展

介词“晋”用作时间介词，介引时间所到，表示到何时该怎样。

“晋”用作时间介词可以译为“到”。

战国秦代的用例如：

①《君啻(牙)》员(云)：“日傛(暑)雨，少(小)民隹(惟)日悁(怨)。晋冬旨(耆)滄(凔)，少(小)民亦隹(惟)日悁(怨)。”(《郭店楚简·缁衣》)

② 晋各(冬)耆寒，少(小)民亦隹(惟)日怨。(《上博楚简一·缁衣》)

上引例②中的“晋冬耆寒”，是说到了冬天，天气寒冷异常。这个用法的“晋”出现在楚简《尚书·君牙》的引文中，不是当时的口语词，而应是古语词，是西周时代使用的。

六、介词“戠”的发展

介词“戠”读音同“待”，用作时间介词，可释为“等到”。它和它的宾语在语句中只作状语。它的宾语和“至”的宾语类似，常是“日”或包含“日”。

殷商时代的用例如：

① 于丁卯酒南方？

戠辛酒册，若？（《合集》30173）

② 戠日甲申酒，王受佑？

甲申亡大雨？（《合集》29699）

③ 己丑［卜］，古贞：戠侑酒？（《合集》15761）

“戠”有时是“等待……一起”的意思。例如：

毓□□先□□酒？

毓祖丁戠大乙酒？（《合集》27145）

七、介词“𠬝”的发展

介词“𠬝（必）”读音同“比”，用作时间介词，可释为“临到”“等到……时候”。它和它的宾语在语句中既可作状语，也可作补语。它的宾语一般都是由表示时间的动词或动词语充当的。

殷商时代的用例如：

① 执惠𠬝各（格）于裸用，王受佑？

于入自裸用，王受佑？（《合集》27281）

② 辛卯卜：𠬝乡酒，其侑于四方？（《合集》30394）

③ 丙辰卜，即贞：惠必出于夕御马？（《合集》23602）

④ 戍兴伐𠬝方食？

于方既食戍乃伐，𢦏？（《合集》28000）

⑤ 乙丑卜，出贞：大史必酒，先酒其侑祊于丁三十牛？（《合集》23064）

这种用法的“𠬝”在传世战国文献中可以见到。例如：“比其返也，则冻馁其妻子，则如之何？”（《孟子·梁惠王下》）

八、介词“向”的发展

“向”用作处所介词，表示动作行为的朝向，可译为“朝”“向”。例如：

王向日而立。（《上博楚简四·柬大王泊旱》）

解惠全（1987）曾谈到介词“向”的来源，他认为介词“向”的直接来源是“朝向”义的动词，此说可从。他用下图表示：

名词（1）		动词（2）		动词（4）
北出牖	→	朝向	→	趋向
		↓		↓
		介词（3）		副词（5）
		向		将近

第四节　出土先秦文献介词“终”“卒”“尽”的发展

“终”“卒”“尽”有相同的用法，都可用作时间介词，表示“到……结束”的意思，所以放在一起讨论。作为时间介词，“终”“卒”“尽”都来源于它们的动词用法。

一、介词“终”的发展

何乐士（2006：620）认为，在传世文献中“终”有时间介词的用法。“终”可带宾语用于动词谓语之前，或用于句首作状语，引进动作行为的持续时间或终点，用作时间介词用来强调时间的长久。可译为“从……到……”“直到”“到”等。她举的例子有“终广之身，为二千石四十余年，家无余财”（《史记·李将军列传》）。

殷商时代的用例如：

① 辛未卜，内：翌壬申启？壬终日雾。（《合集》13140）

② 贞：不其终夕雨？（《合集》12998）

③ 戊戌卜，王贞：乙其雨终夕？（《英国》1784）

④ 丁亥取，辛卯雨终日。（《合集》20942）

战国秦代的用例如：

① 十一月丁酉材（裁）衣，终身衣丝。（《睡虎地秦简·日书甲种》）

② 閟（闭）丌（其）门，赛（塞）丌（其）䢒（兑），终身不盃（瞀）。（《郭店楚简·老子乙本》）

③ 能（一）牙（與）之齐，终身弗改之壴（矣）。是古（故）夫死又（有）宔（主），终身不冡（嫁），胃（谓）之妇。（《郭店楚简·六德》）

“终”除了用在“身”之前，还可以用在“日”“岁”之前，构成复音词“终日”“终岁”。例如：

① 终日𧆞（呼）而不𢝊（嗄），和之至也。（《郭店楚简·老子甲本》）

② 终岁衣食不足以稍赏（偿）。（《睡虎地秦简·秦律十八种》）

③ 终岁而为出凡。（《睡虎地秦简·秦律十八种》）

二、介词“卒”的发展

“卒”用作时间介词是用来表示行为变化一直到某一时间终了才开始进行或发生，可译为“直到……终了……”“到……结束时……”。

殷商时代的用例如：

① 丙寅卜，□贞：卒今月虎其肏抑，不肏执？旬六日壬午肏。（《合集》21390 + 40819）

② 乙巳贞：卒彡其餗？

弜餗？（《合集》34572）

③ 庚辰卜，贞：卒彳岁作口自祖乙至于丁？

庚辰卜，贞：侑于岳三羌三牢，卯三牛？（《合集》377）

④ 于翌日旦大雨？

卒伐有大雨？（《英国》2336 =《合集》41308）

⑤ 癸丑夕卜：卒日乃酒宜羌？（《英国》2466）

三、介词“尽”的发展

“尽”有副词的用法，用在谓语动词之前作状语，表示全部，可译为“全都”“全部”“全”等。

战国秦代的用例如：

① 高下肥毳之利聿（尽）智（知）之。（《上博楚简二·容成氏》）

② ☑聿（尽）緅吕（以）𪴄玉。（《新蔡楚简》甲二：10）

③ ☑□虛，聿（尽）割吕（以）九豬，祷吕（以）九☑。（《新蔡楚简》甲三：282）

④ 凡此簓也，既尽迻。（《包山楚简》204）

副词用法的“尽”在传世文献中可以见到，例如“晋侯围聚，尽杀群公子”（《左传·庄公二十五年》）、“尽信书，则不如无书”（《孟子·尽心下》）等。

“尽”用作时间介词，一般是带宾语用于谓语之前作状语，表示动作行为截止的时间，可译为“到……底”“到……为止”。

战国秦代的用例如：

① 聿（尽）七月尚毋又（有）大☑。（《新蔡楚简》乙一：31、25）

② 受（授）衣者，夏衣以四月尽六月稟之，冬衣以九月尽十一月稟之。（《睡虎地秦简·秦律十八种》）

③ 未聿（尽）八月疾必瘥（瘥）。（《新蔡楚简》甲三：160）

④ 告归尽月不来者，止其后朔食。（《睡虎地秦简·秦律十八种》）

⑤ 尽九月，其人弗取之，勿鼠（予）。（《睡虎地秦简·秦律十八种》）

“尽”字介宾短语后可以出现连词“而”，用在状语和中心语之间，“尽”与“而”构成“尽……而……”的固定格式。

战国秦代的用例如：

① 内史买（卖）之，尽七月而觱（毕）。（《睡虎地秦简·秦律十八种》）

② 以十二月朔日免除，尽三月而止之。（《睡虎地秦简·秦律十八种》）

③ 赦期已尽六月而得。（《睡虎地秦简·法律答问》）

④ 官相紤（近）者，尽九月而告其计所官，计之其作年。（《睡虎地秦简·秦律十

八种》)

⑤ 日食城旦，尽月而以其余益为后九月稟所。(《睡虎地秦简·秦律十八种》)

上引5例中，“尽”的宾语都是“月”或“数词+月”。“尽”的宾语也可以是“集岁”或“卒岁”。“集岁”“卒岁”都是时间名词语，指一整年。“尽”以“集岁”或“卒岁”作宾语时，一般作句首状语。

战国秦代的用例如：

① 尽集岁，躳身尚毋有咎。(《包山楚简》234)

② 尽集岁，躳身尚毋有咎。(《包山楚简》209~210)

③ 自荆屎之月㠯(以)𦎫(就)荆屎之月，出内(入)事王。尽卒岁，躳身尚毋又(有)咎。(《包山楚简》197)

④ 𦘔(尽)𠭯(卒)戢(岁)，躳身尚毋又(有)咎。(《包山楚简》199)

“尽”这种时间介词的用法，在传世文献中可以见到，例如“尽十二月，群中无犬吠之盗”(《汉书·王温舒传》)。一般的辞书所举的例子都是《史记》以后的文献，这里则举出了战国楚简和秦简中的例子，说明早在战国时代“尽”已有此用法。

“终”“卒”这两个时间介词在殷墟甲骨文中已经出现了，但在后世出土文献中见不到时间介词“卒”。时间介词“尽”出现的时代较晚，只见于出土战国文献中。

第五节　出土先秦文献介词“于”“於”“乎”的发展

用作介词的“于”“於”“乎”三者之间到底是什么关系呢？是三个或两个不同的介词，还是一个虚词的3种不同的书写形式呢？

何乐士(2006)认为是前者，即认为它们是3个不同的介词。她立了“于”“於”“乎”三个词条。在“於”字条下，谈了“于”和“於”的区别；而在“乎”字条下，她又谈到介词“乎”和“於”的区别。蒲立本(1986)认为，“于”和“於”作为介词是有区别的：“于”的介词用法是由动词用法语法化而来的，“于”作为动词，义为“去”“往”；“於”最初的动词义应为静态的“在……里”。但是后来“于”和“於”用作介词的功能混同了。

本书认为“于”“於”“乎”是一个虚词的3种不同的书写形式。

“于”可能是“竽”的初文(裘锡圭，1980)。“於”字的本义是乌鸦，与“乌”本为同字。依据《说文解字》，“乎”本义是语句的余声。在甲骨文中，“于”被假借为“往、到”义的动词，并由此虚化出一系列介词用法。后来，介词“于”逐渐被“於”替代。“于”和“於”是什么关系？是两个不同的词(新词和旧词)，还是一个词的两个不同的字(古今字)？董秀芳(2006)把“於”“于”看作同一语言形式的不同写法，记作“於/于”，本书认为这是正确的。从上古音来说，“于”为鱼部、匣母、平声，而“於”为鱼部、影母、平声。韵部为叠韵关系，而声母为邻纽关系。孟蓬生(2001)认为影匣相通，可从。“婴”(yīng)、“荥”(xíng)两个字，前者从女，后者从水，但都是“荧省声”。从上古音来说，“婴”为影母、耕部，而“荥”为匣母、耕部。两者为耕部叠韵、影匣邻纽。可见，从音理上说，“于”“於”的上古音确实极为相近。冯其庸、邓安生等

（2006）认为“於”通“于”；王海根（2006）既认为“於”通“于”，也认为“于”通“於”。把“于”和“於”看成同一个词的不同书写形式的原因，可能是介词“于”和“於”的时代不同和用法有别，但是这种现象并不罕见。如在《楚辞》中，第一人称代词“余”还可以写成“予”，“予”用于宾语，而“余”用作定语；又如西周汉语中的代词“是”，又写作“时”，两种写法的用法并不相同。“于”和“於”记录的是一个词，早期写作“于”，后来逐渐被“於”所替代。“于”和“於”的关系，类似“尔”和“你”的关系，即原来写作“尔”，后来写作“你”。“乎”的上古音是鱼部、匣母、平声，它跟“于”上古音很相近，是双声叠韵的关系。“於”和“乎”上古音也很接近，韵部为叠韵关系，声母为邻纽关系。王海根（2006）认为“乎”可通“于”“於”，而“于”也可以通“乎”。“乎”跟“于”“於”的用法虽然有别，但仍是一个词的不同写法。

一、甲骨文中的动词“于”

动词“于”训为“往”。依据宗福邦等《故训汇纂》（第156页），古文献中的“于”可有“往也”的训释，把动词“于”训为“往”是有根据的。

（一）兼语句中的动词“于”

1. 动词“使”后的“于”应看成动词

① 庚申卜，古贞：王使人于陕，若？王占曰：吉，若。

贞：勿使人于 陕，不若？（《合集》376 正）

② 乙酉卜，宾贞：使人于河，沈三羊，　三牛？（《合集》5522）

③ 贞：使人于岳？

贞：勿使人于岳？（《合集》5520）

④ ☐ 㱿贞：妇好使人于眉？（《合集》6568）

2. 动词“令”后的“于”应看成动词

① 辛亥卜，出贞：令莫伯于𣅀？（《英藏》1978）

② 贞：令𠚤白于敦？（《英藏》1977）

③ □亥卜，宾贞：令㚘于𢦏？（《合集》4770）

④ □巳卜，宾贞：令㚘于并？（《苏德》23）

⑤ 乙亥贞：令𢦏于𣪊？（《合集》32996）

⑥ 庚辰卜：令疋于成？（《合集》4584）

⑦ 乙巳贞：令多射于𢋺。（《英藏》2422）

⑧ 贞：令射𢀛于微？（《英藏》528）

⑨ 乙卯卜，亐贞：翌乙未令多射眔失于□？（《补编》1725）

⑩ 己卯卜，我贞：令豖翌庚于雀。（《合集》21631）

3. 动词“呼”后的“于”应看成动词

① 贞：呼去伯于冥？

贞：呼去伯于冥？（《合集》635 正）

② 呼牧于朕刍？（《合集》148）

③ 贞：方女呼于敦？（《合集》7852）

（二）单动句中的动词“于”

1. “X＋刍＋于＋地名”这种句式中的“于”应看成动词

① 庚辰卜，宾贞：朕刍于斗？
贞：朕刍于丘剢？（《合集》152）

② 贞：弓刍于𡆥？
贞：弓刍勿于𡆥？（《合集》151）

③ 雍刍于秋？
雍刍勿于秋？（《合集》150）

④ 𠃬刍于兹庯？
𠃬刍于𡆥？（《合集》249）

⑤ 戊戌卜：雀刍于教？（《合集》20500）

2. “表人名词＋于＋地名”这种句式中的“于”应看成动词

① 壬寅卜：王于商？（《合集》33124）

② 方于苋？
方勿于苋？（《合集》8648）

③ 己巳卜，争贞：方女于敦？
贞：方女勿于敦？（《合集》11018）

④ 贞：妟于冥？
妟勿于冥？（《合集》190）

⑤ 勿于敦？（《合集》7815）

⑥ 庚戌卜，贞：多羌自川？
庚戌卜，贞：羌于美？（《合集》22044）

（三）连谓句中的动词“于”

1. “比……于……”式中的“于”应是动词

① 壬戌卜，贞：亚旛比受于方？（《合集》28011）

② 辛巳贞：𠂤以妻于蜀，乃莫？（《英藏》2413）

③ 丙寅卜，贞：令逆比尽于㕚？（《合集》4915）

④ 丙寅卜，贞：勿𦨶令逆比尽于㕚？（《合集》4917）

⑤ 勿呼比求于不？（《合集》891）

⑥ 癸卯卜，壳贞：呼弜往于隹比𡍮？
癸卯卜，壳贞：［勿］呼弜往比𡍮于隹？（《合集》667）

2. “以……于……”式中的“于”应是动词

① 辛未贞：王令以戈于敏？
辛未贞：遘以新射于斲？（《合集》32997）

② 祥以刍于敦？（《合集》104）

③ 甲寅卜，争贞：㱃以逸于㕚？
贞：㱃以逸于㕚？（《合集》838）

二、介词“于”的来源

介词“于”的来源为何？学术界对此有3种不同的看法。

一是认为它是由“往”义的动词“于”虚化而来的。持此说的有蒲立本（1986）、洪波（1988）、郭锡良（1997、2005）、王鸿滨（2004）等。梅祖麟（2004）也认为介词“于”是由“往、行”义的动词虚化而来的，但他认为这个动词属于共同汉藏语，而不是上古汉语中的动词“于”。

二是认为介词“于”“於”“乎”来源于上古的泛声。持此说的是赵仲邑（1964），他看到上古汉语介词“于”“於”“乎”跟“以”“与”“为”有很大不同，认为可以根据来源把上古汉语的介词分为两个不同的系统，即来源于泛声的介词和来源于动词的介词。

三是认为介词“于”来源于远古汉语的格助词。持此说的是时兵（2003），他认为原始汉语的语法基本格局与古藏语大体相同，都是SOV型语言，没有前置介词，而使用格助词标识体词性成分在句子中的地位以及该成分与其他成分的关系。“于”的真正来源是远古汉语的格助词，它的语法功能与古藏语的格助词la大致相当。

本书赞同第一种说法，即介词“于”就是由动词“于”虚化过来的，其间经历了语法化的过程。

之所以由动词虚化为介词，首先是由于汉语这种特定语言的需要。汉语是孤立语，依靠语序和虚词这两种语法手段表达语法意义。殷商汉语比较原始，虚词还不是很发达，仅靠语序难以准确表达语法意义，迫切需要一些介词来引进处所、时间、对象等词语。正是这种需要促进了动词“于”向介词“于”的语法化。

那么，动词“于”具体是在什么样的句法环境中虚化的呢？

郭锡良（1997）、梅祖麟（2004）都认为介词“于”是由连动式“V_1V_2O”中的V_2变来的。我们认为这大抵是正确的，但仅仅指出这一点还不够，动词“于”所由虚化的环境还有更为具体的要求。“于”是运动动词，有“往、到”之义。当它成为“V_1V_2O”中的V_2时，它后面的O应该是处所名词，用以表示运动的终点。而“于”前的V_1也应是运动动词，如“步”“往”“先”等。这些运动动词本身具有移动、位移的特点，如“先”是“前往、先行”之义，所以从表示词汇意义的角度来看，用作V_2的“于”显得多余。这样，“于”就可能为适应语言的需要而虚化为介词。前面说过，动词“于”带处所宾语的例子很常见，同样，“于+处所宾语”出现在V_1后的例子也很常见。这种句式使用频率的增加，成了动词“于”虚化为介词的诱发因素。最能证明介词“于”源于动词“于”的，是两者意义相近，动词“于”是“往、到”的意思，而介词“于”在甲骨文中绝大多数是“到”的意思；另外，动词“于”和介词“于”后的宾语都是处所名词。

在动词“于”向介词“于”虚化的过程中，业已存在的“V+介+处所名词”这种句法格式成了类推的原动力。在殷商汉语中，存在着“V+介+处所名词”的格式。例如：

① 辛酉卜，尹贞：王步自商，亡灾？（《合集》24228）

② 乙酉卜，宾贞：王往从丧？（《合集》10931）

这两个例子中的“自”“从”都是介词，介词前的“步”“往”都是具有位移性的运动动词，介词后都是处所名词。受这种句式的类化，用作连动式中第二个动词的“于”变成了介词。

当“于”作动词时，“V_1V_2O”中的边界应在 V_2 之后，V_1 和 V_2 都是运动动词，O 表示位移的终点。但是，当用作 V_2 的“于”虚化为介词之后，结构被重新分析，边界由 O 前移到了 V_1 后。“于”成了介词，其后的处所名词成了“于”的宾语，“于”字介宾短语构成一个整体作 V_1 的补语。

在殷商汉语中，与其他用法相比，“于”介引处所的用法是先产生的，这跟它的源头有关，当时动词“于”的宾语都是处所名词。由于隐喻的作用，“于”的语义被逐渐抽象化和泛化，表义辖域由空间（处所、方位）扩大到时间，又由空间扩大到对象等。

由上述看来，介词“于”确实源于动词“于”，是由后者逐渐虚化而成的，它与介词“以”“为”“与”的来源相似。梅祖麟（2004）由语法化只能是单方向的特点，推出一开始“于”只有动词的用法。罗国强（2007）也认为，介词“于”是由动词“于”虚化而来的。

三、介词“于”的发展

（一）用作主事介词

主事包括施事、致事、经事、系事、起事等。主事介词“于”一般只有介引施事的用法，可译为“被”。

殷商时代的用例如：

① 丙寅卜，亘贞：王戠多屯，若于下乙？

贞：王戠多屯，若于下乙？（《合集》808）

② 贞：王戠［多］屯，不若、左于下上？

贞：王戠多屯，不左、若于下上？（《合集》809）

③ 己未［卜］，□贞：旨千若于帝？

贞：旨千不［允］若于帝，左？（《合集》14199）

④ 戊辰卜，王：气以人狩，若于㱿示？（《合集》1023）

⑤ 贞：商（赏）于丁？（《合集》10527）

⑥ 己酉卜，贞：受于丁？（《合集》1192）

殷商时代的“于”已经有介引施事的用法，出现在这种被动句式中的动词还比较少，只有“若”“左”“商（赏）”“受（授）”等。

西周时代的用例如：

① 息伯赐贝于姜，用作父乙宝尊彝。（《息伯卣铭》，《集成》10・5386）

② 作册麦赐金于辟侯。麦扬，用作宝尊彝。（《麦方尊铭》，《集成》11・6015）

③ 鬲赐贝于王，用作父甲宝尊彝。（《鬲作父甲尊铭》，《集成》11・5956）

④ 弃姛商（赏）赐贝于后，作父乙彝。（《弃姛方鼎铭》，《集成》4・2433）

⑤ 率怀不廷方，亡不閈于文武耿光。（《毛公鼎铭》，《集成》5・2841）

⑥ 屯蔑历于亢卫，用作䵼彝父乙。（《屯鼎铭》，《集成》4・2509）

战国秦代的用例如：

① 武侄寺（持）力，富敓（夺）楚京，赏于韩宗，令于晋公，昭于天子，用明则之于铭。（《𫛳羌钟铭》，《集成》1・157）

② 左关釜节于廩釜，关鉨节于廩半，关人筑桿戚釜，闭料于□外。（《子禾子釜铭》，《集成》16・10374）

（二）用作客事介词

客事包括受事、成事、位事、任事、使事、感事、涉事和止事。在客事介词“于”中，位事介词“于”的意义是“到”，而其他客事介词“于”的意义是“对”。

殷商时代的用例如：

①〼帝弗缶于王？（《合集》14188）缶：保，保护。

②□□卜，［亘］贞：祖丁隹循若于王？

祖丁隹循若于王？（《合集》1854）若：顺着。

③ 戊午卜，贞：令甫比二侯及眔元，王循于之，若？（《合集》7274）

殷商时代的客事介词“于”有 4 种用法，即介引受事、介引位事、介引感事和介引涉事。介引受事的例子如上引 3 例，介引位事的例子如：

① 贞：王往出于庙？（《合集》1110）

② 戊辰卜，争贞：王于生七月入于商？（《合集》1666）

③ 丙寅卜，亘贞：龟获羌，其至于鬲？（《合集》201）

④ 弜益襄人，方不出于之？

弜益涂人，方不出于之？（《合集》28012）

⑤ 王入，乃各于祭？（《合集》27165）

⑥ 戊子卜：又吉牛，弜尊于宜？（《花园》228）

有少数“于”是“在”的意思，例如：

① 五日甲子允酒，有设于东？（《合集》10302）

② 乙巳夕有设于西？（《合集》11497）

介引感事的例子如：

① 父乙大刍于王？（《合集》10302）刍：读为“畜”，好，悦。

② 贞：父乙刍于王？

贞：父［乙］刍［于］王？（《合集》）2221）

③ 甲寅卜：丁侃于子学商？用。（《花东》150）

④ 己卜：丁冬槸于子疾？

己卜：丁冬不槸于子疾？（《花东》150）槸：读为“虞”，忧虞。

介引涉事的例子如：

① 贞：其于一人囚？（《合集》557）囚：读为“祸”，危害，祸害。

② 癸丑卜，贞：不其于多子囚？（《合集》8988）

③ 庚辰贞：不于多尹囚？（《合集》5612）

④〼不于多妇囚？（《合集》2825）

西周时代的用例如：

① 师旂众仆不从王征于方雷。（《师旂鼎铭》，《集成》5・2809）

② 用辟于先王。（《师望鼎铭》，《集成》5・2812）

③ 今我唯即井（型）禀于先王正德。（《大盂鼎铭》，《集成》5・2837）

④ 王乘于舟……侯乘于赤旂舟。（《麦方尊铭》，《集成》11・6015）

西周时代的客事介词“于”有两种用法，即介引受事、介引位事。介引受事的例子如上引4例。介引位事的例子如：

① 王各于成周大庙。(《敔簋铭》,《集成》8·4323)

② 我乃至于淮小大邦……还至于蔡。(《驹父盨盖铭》,《集成》9·4464)

③ 王以侯内（入）于寝。(《麦方尊铭》,《集成》11·6015)

④ 令汝羞追于齐。(《五年师旋簋铭》,《集成》8·4323)

春秋时代的用例如：

余处江之阳，至于南行、西行。(《姑发胃反剑铭》,《集成》18·11718)

上引例句中的介词“于”是介引位事的。

战国时代的用例如：

① 铸为彝壶，节于醺（禋）醊，可法可尚。(《中山王譽方壶铭》,《集成》15·9735)醺醊：祭祀酒名。

② 毦毦舍（余）朕孳（兹）未则于天。(《上博楚简三·彭祖》)

战国时代客事介词“于”有3种用法，即用作受事介词、位事介词、涉事介词。用作受事介词的例子如上引两例。用作位事介词的例子如：

① 楚王酓（熊）章乍（作）曾侯乙宗彝，窴（奠）之于西旛。(《楚王酓章钟铭》,《集成》1·83)

② 亡體（体）之豊（礼），塞于四海（海）。(《上博楚简二·民之父母》)

③ 人过于丘虚，女鼠抱子逐人。(《睡虎地秦简·日书甲种》)

④ 矢兵不入于身，身不伤。(《睡虎地秦简·日书甲种》)

用作涉事介词的例子如：

① ▨□乃兵，害于亓王。(《楚帛书·乙篇》) 甘氏《岁星法》:“必害其王。”

② 泗（伊）尹既已受命，乃执兵钦（禁）暴，羕导（得）于民。(《上博楚简二·容成氏》)

（三）用作与事介词

与事介词“与”应是源于意义为“到”的处所介词“于”，可译为“向”“对”“给”“跟”。

殷商时代的与事介词“于”只有介引当事的用法。例如：

① 戊寅卜：翌己子其见（献）琡玉于丁，侃？用。(《花东》427)

② 己卜：其告季于丁，侃？

甲卜：才敦：皆见（献）卺于丁？

甲卜：才敦：卺见（献）于丁？(《花东》249)

③ 贞：王求牛于夫？

贞：勿求牛于夫？(《合集》940)

④ 惠白羊用于之，有大雨？(《合集》30552)

⑤ 甲申卜，宾贞：燎于东三豕三羊，⺍犬，卯黄牛？(《合集》14314)

⑥ 贞：翌丁亥㞢于祖丁？

贞：翌丁亥勿㞢于祖丁？(《合集》14130)

上引各例中“于”字介宾短语都出现在谓语中心词之后，有时“于”字介宾短语也出现在谓语中心词之前。例如：

① 于小乙祷？
于祖丁祷？
于父己祷？
于父甲祷？(《合集》27438）

② 于妣甲御？
勿于妣甲御？(《合集》2355）

③ 于多父舌？
于二父父己父庚舌？
于公舌？(《合集》27417）

④ 于高祖求，有丐？
于毓祖求，有丐？(《合集》32315）

西周时代的与事介词“于”也有介引当事的用法。例如：

① 多友廼献俘馘讯于公……武公廼献于王。(《多友鼎铭》，《集成》5・2835）

② 王降征令于大（太）保。(《大保簋铭》，《集成》8・4140）

③ 公告厥事于上。(《班簋铭》，《集成》8・4341）

④ 唯五月既望戊午，王在镐京，啻（禘）于昭王。(《鲜盘铭》，《集成》16・10166）

⑤ 用为宝器鼎二、簋二，其用享于厥帝（嫡）考。(《寏簋铭》，《集成》7・4097）

⑥ 矩伯庶人取堇（瑾）章（璋）于裘卫。(《裘卫盉铭》，《集成》15・9456）

春秋时代的与事介词“于”也有介引当事的用法。例如：

① 用享以孝于我皇祖文考。(《王孙遗者钟铭》，《集成》1・261）

② 于上天子用璧玉备……于大无司折（誓）、于大司命用璧、两壶、八鼎……于南宫子用璧二备、玉二司（笥）。(《洹子孟姜壶铭》，《集成》15・9729）

③ 用祈眉寿繁釐于其皇祖皇考。(《者減钟铭》，《集成》1・193）

④ 齐侯命大（太）子乘遽来句宗伯，听命于天子。(《洹子孟姜壶铭》，《集成》15・9729）

战国时代的“于”主要用作当事介词，偶尔用作共事介词。用作当事介词的例子如：

① 迼（寺）人内（入）告于君。(《上博楚简二・昔者君老》)

② 征虫飞鸟，叟（受）勿（物）于天。(《上博楚简六・用曰》)

用作共事介词的例子如：

勿有不义，訙之于不适。(《者汈钟铭》，《集成》1・125）訙：谋划。

（四）用作境事介词

境事介词“于”有介引处所和介引时间这两种用法。

殷商时代的处所介词“于”有介引处所、介引时间两种用法。介引处所的“于”，基本都是“到”的意思，表示到什么地方（做什么事或出现什么情况）。例如：

① 戊辰卜，宾贞：呼师般取于夫？(《合集》8836）

② 贞：令旃田于皿？
勿令旃田于皿？(《合集》10964）

③ 己丑卜，㱿贞：戠于丘商？

勿蕭𣪕于丘商？（《合集》776）

④ 贞：燎于咸𠂤（次）？

贞：勿燎于咸𠂤（次）？（《合集》1385）

⑤ 贞：告执于南室三宰？（《合集》806）

⑥ 贞：翌辛未其侑于血室三大牢？（《合集》13562）

上引诸例中的“于”字介宾短语都是作补语的，而下引诸例中的“于”字介宾短语则都是作状语的。例如：

① 于岳宗酒，有雨？

于戣宗酒，有雨？（《合集》30298）

② 甲子贞：于高舌？

于宗舌？（《合集》30619）

③ 于盂庭奏？

于新室奏？（《合集》31022）

介引时间的“于”，一般也是“到”的意思，为时段介词，表示到什么时间（做什么事或出现什么情况）。例如：

① 贞：于甲子步？（《合集》5212）

② 于壬王其田？（《合集》29245）

③ 丙戌卜，争贞：于来乙巳燎？（《合集》15560）

④ 戊辰卜，争贞：王于生七月入于商？（《合集》1666）

⑤ 于翌日壬归，有大雨？（《合集》28021）

⑥ 王勿于𦎫酒入？（《合集》16113）

上引各例中，“于”字介宾短语出现在谓语中心词前作状语。有时“于”字介宾短语出现在谓语中心词后作补语。例如：

① 癸亥卜：危方以牛其登于来甲申？（《合集》33191）

② 癸酉贞：射𠬝以羌自上甲乙亥？

癸酉贞：射𠬝以羌用自上甲于甲申？（《合集》32023）

③ 其置镛鼓于既卯？

于𠨍卯？（《合集》30693）

④ 丁酉卜，兄贞：其品司在兹？

其品司于王出？（《合集》23713）

偶尔也可以见到“于”用作时点介词，表示时间终点。例如：

丁卜：雨不延于庚？

丁卜：［雨］其延于庚？子占曰：□。用。（《花东》400）

西周时代的“于”可作境事介词中的处所介词，没有见到用作时间介词的用例。介引处所的“于”，多是“在”的意思，少数是“从”的意思。例如：

① 保侃母赐贝于庚宫。（《保侃母簋盖铭》，《集成》7·3744）

② 王令善夫克舍令于成周。（《小克鼎铭》，《集成》5·2796～2802）

③ 弈（恭）王在周新宫，王射于射庐。（《十五年趞曹鼎铭》，《集成》7·3744）

④ 汝其以成周师氏戍于𠂤（师）。（《录𢦚卣铭》，《集成》10·5419）

⑤ 唯戎大出于軝。(《臣谏簋铭》,《集成》8·4237)

⑥ 唯十月初吉壬申，驭戎大出于楷。(《䓯簋铭》，见张光裕《思源堂新藏西周䓯簋铭文识小》)

上引各例中，“于”字介宾短语作补语。“于”字介宾短语也有作状语的例子。如：

① 宓伯于成周休畀小臣金。(《小臣鼎铭》,《集成》5·2678)

② 厉曰：余执龏（恭）王恤工（功），于邵大室东逆燮（营）二川……（《五祀卫鼎铭》,《集成》5·2832)

还可以见到“于”字介宾短语作定语的例子。如：

① 赐田于敆五十田，于早五十田。(《敆簋铭》,《集成》8·4323)

② 赐于乍一田。(《卯簋盖铭》,《集成》8·4327)

春秋时代的“于”可作境事介词中的处所介词和时间介词。介引处所的例子如：

其配襄公之妣，而成公之女，雩生弔（叔）尸（夷），是辟于齐侯之所。(《叔夷钟铭》,《集成》1·285)

介引时间的“于”，一般作时点介词，表示时间的终点。例如：

至于万年，分器是寺（持）。(《邾公孙班镈铭》,《集成》1·140)

战国秦代的“于”可作境事介词中的处所介词和时间介词。用作处所介词的例子如：

① 厥辟𨌲（韩）宗彻，率征秦迮齐，入张（长）城，先会于平险（阴）。(《𠫑羌钟铭》,《集成》1·157)

② 陈侯午朝群邦者（诸）侯于齐。(《十年陈侯午敦铭》,《集成》9·4648)

③ 地虫斲（斗）于下，血上扇。(《睡虎地秦简·日书甲种》)

④ 唯送（朕）先王，茅（苗）蒐狃（田）猎，于皮（彼）新土，其逾（会）女（如）林。(《好盗壶铭》,《集成》15·9734)

用作时间介词的例子如：

① 五年覆吴，皮（克）并（併）之，至于含（今）。(《中山王嚳鼎铭》,《集成》5·2840)

② 宦于朝夕，而考（巧）於左右。(《上博楚简六·用曰》)

（五）用作关事介词

关事包括范围和方面。处所介词“于”有“在”“到”“从”等意思，由此义，特别是“在”义抽象化、泛化，就发展出“在……方面”的意思，这就成了方面介词；又发展出“在……中/里”“从……中/里”的意思，这就成了范围介词。

殷商时代的介词“于”，有介引方面的用法，但很少见。例如：

① 乙丑卜，古贞：妇姘鲁于黍年？(《合集》10132)

② 兹不用，孚于雨。(《合集》22758)

西周时代的介词“于”，也有介引方面的用法。例如：

① 曰古文王，初盭和龢于政，上帝降懿德大甹（屏）。(《史墙盘铭》,《集成》16·10175)

② 汝肇诲（敏）于戎工（功），赐弓一、矢束。(《不𡢁簋铭》,《集成》8·4328)

③ 覭盄（淑）文祖、皇考，克慎厥德，得纯用鲁，永冬（终）于吉。(《井人妄钟铭》,《集成》1·111)

春秋时代的介词“于”，也有介引方面的用法。例如：

① 惠于政德，盄（淑）于威义。（《王子午鼎铭》，《集成》5・2811）

② 汝肇敏于戎功……汝専（辅）余于艰恤。（《叔夷钟铭》，《集成》1・272～278）

战国时代的关事介词“于”可用作范围介词和方面介词。用作方面介词的例子如：

①《寺（诗）》员（云）：覀（淑）訢（慎）尔（爾）歨（止），不侃（訾）于义（仪）。（《郭店楚简・缁衣》）

② 日城（盛）于纵。（《上博楚简五・鲍叔牙与隰朋之谏》）

用作范围介词的例子如：

① 中山王譻诈（作）贞（鼎），于铭曰：於虖，语不废哉。（《中山王譻鼎铭》，《集成》5・2840）

② 有祱（祟）见于大川有汸，少（小）臣成敬之瞿〼。（《新蔡楚简》零：198、203）

（六）用作比事介词

比事介词“于”的意义是“跟”“同”“比”，这种用法应该是由意义为“到”的位事/处所介词发展而来的，因为“往”“到”义跟“跟”“同”“比”的意义是相通的。

战国时代的用例如：

① 参（三）坓（郤）中（忠）立（位）吕（以）正上下之讹，弜（强）于公豕（家）。（《上博楚简五・姑成家父》）

② 租不能实□，□轻重于程，町失三分。（《龙岗秦简》136）

四、介词“於”的发展

（一）用作主事介词

主事介词“於”只出现于出土战国秦代文献中，有介引施事和介引经事、介引系事3种用法。

第一种用法是介引施事，可译为“被”“由”。

战国秦代的用例如：

① 不韦（讳）所不孥（教）於帀（师）者三……此所不孥（教）於帀（师）也。（《上博楚简六・天子建州甲》）不教於师：不被老师所教。

② 忎（恐）后豉（诛）於吏（史）者。（《上博楚简六・竞公瘧》）

③ 君圣人，虘（且）良倀子，牺（将）正於君。（《上博楚简四・柬大王泊旱》）

④ 龟尹智（知）王之庶（炙）於日而疠。（《上博楚简四・柬大王泊旱》）试比较：□□於东室，日出炙之。（《九店楚简》53）

⑤ 女（如）载马、牛、羊，台（以）出入闗（关），则政（徵）於大府，毋政於闗。（《鄂君启舟节铭》，《集成》18・12113）

第二种用法是介引经事，可译为“被”。

战国秦代的用例如：

① 内居西南，妇不媚於君。（《睡虎地秦简・日书甲种》）媚：爱。

② 姑（苦）或（成）豕（家）父事敷（厉）公，为士宦行正（征）𧥂弜（强），吕（以）见亚（恶）於敷（厉）公。（《上博楚简五・姑成家父》）

③ 是以上之亙（恒）叐（务），才（在）訐（信）於众。(《郭店楚简·成之闻之》)

④ 宦及智（知）於王。(《睡虎地秦简·法律答问》)

第三种用法是介引系事。

战国秦代的用例如：

丁巳安於身，癸酉多衣。(《睡虎地秦简·日书甲种》) 安：安乐、舒服。

（二）用作客事介词

客事介词“於”有介引受事、介引位事、介引使事、介引感事、介引涉事和介引止事6种用法。

第一种用法是介引受事，可译为“对”或不译。

战国秦代的用例如：

① 必中青㠯（以）罷（罗）於勿（物），几杀而邦正。(《上博楚简六·天子建州甲》) 罗：包罗、囊括。

② 天道贵溺（弱），雀（削）成者以嗌（益）生者，伐於弜，责於□。(《郭店楚简·太一生水》)

③ 今之弋（式）於直（德）者，未年不弋（忒）。(《郭店楚简·唐虞之道》) 式：效法。

④ 亓政紿（治）而不赏，官而不雀（爵），无萬（励）於民。(《上博楚简二·容成氏》)

⑤ 从人觀（劝），肰（然）则孚（免）於戾。(《上博楚简四·内豊》)

⑥ 君子为豊（礼），以依於悬（仁）。(《上博楚简五·君子为礼》)

第二种用法是介引位事，可译为“在”“到”。

春秋时代的用例如：

侯氏从造（告）之曰：叶（世）万至於辝（台）孙子。(《齋镈铭》，《集成》5·2811)

战国秦代的用例如：

① 僕（仆）之父之骨才（在）於此室之䧳（阶）下。(《上博楚简四·昭王毁室》)

② 昔尧凥（处）於丹府与藋陵之间。(《上博楚简二·容成氏》)

③ 视（寘）盂炭（炭）亓下，加圜（圜）木於亓上，思民道（蹈）之。(《上博楚简二·容成氏》)

④ 臧（藏）於圂中垣下。(《睡虎地秦简·日书甲种》)

⑤ 王退（徙）於鄩郢之戢（岁）。(《新蔡楚简》甲二：14、13)

⑥ 窺（亲）輈（巡）远方，登於绎山。(《峄山刻石》)

⑦ 戊午之日，涉於孟濿（津），至於共、縢之间。(《上博楚简二·容成氏》)

“於”所介引的位事的动词，主要有三类，一是静态存在动词，如前引的“在”“处”；二是放置动词，如前引的“藏”“加”；三是位移运动动词，如前引的“徙”“登”“至”“涉”等。

第三种用法是介引使事，可不译。

战国秦代的用例如：

① 快於㠯（己）者之胃（谓）兑（悦）。(《郭店楚简·性自命出》) 快於己：使自己快乐。

② 三军大败……君乃自悠（过），㠯（以）敚（悦）於墓（万）民。（《上博楚简四·曹沫之阵》）悦於万民：使万民喜悦。

第四种用法是介引感事，可译为“对”或不译。

战国秦代的用例如：

① 毋辟（嬖）於便俾（嬖），毋倀（长）於父䨓（兄）。（《上博楚简四·曹沫之阵》）嬖：宠爱。

② 冒难軋（犯）央（殃），非忨於福。（《上博楚简六·用曰》）忨：爱。

③ 此言也，言余（舍）之此而尾（度）於天心也。（《郭店楚简·成之闻之》）度：揣度。

④ 不𢘓（忌）於天，而𢘓（忌）於人。（《上博楚简六·用曰》）忌：顾忌、忌惮。

⑤ 又（有）少（小）辠（罪）而弗亦（赦）也。不業（察）於道也。（《郭店楚简·五行》）察：明察。

⑥ 䖒（吾）见於君，不昏（问）又（有）邦之道。（《上博楚简四·相邦之道》）

“於”所介引的感事动词主要有两类，一是情绪类心理动词，如“嬖”“忨”“度”“忌”“察”；二是认知类动词，如“见”。

第五种用法是介引涉事，可译为“对”或不译。

战国秦代的用例如：

① 毋以丑徐（除）门户，害於骄母。（《睡虎地秦简·日书甲种》）

② 甚害於邦，不便於民。（《睡虎地秦简·语书》）

“於”所介引的涉事的动词一般都是性状动词，如上引例句中的“害”。

第六种用法是介引止事的“於”。

战国秦代的用例如：

其它冗吏、令史掾计者，及都仓、库、田、亭啬夫坐其离官属於乡者，如令、丞。（《睡虎地秦简·效律》）

上例中的“属”为关系动词，其后的“於”引进“属”的止事“乡”。

（三）用作与事介词

与事介词“於”有介引当事和介引共事两种用法。

第一种用法是介引当事，可译为“向”“给”“跟”。

战国秦代的用例如：

① 归備（佩）玉於二天子，各二璧。（《新蔡楚简》甲一：4）

② 凡宪（托）官於人，是胃（谓）邦固；宪（托）人於官，是胃（谓）邦薦（窳）。（《上博楚简五·三德》）

③ 忻（祈）福於司禑（祸）、司磋、司舵，各一痒（牂）。（《新蔡楚简》乙三：5）

④ 古之甬（用）民者，求之於㠯（己）为亙（恒）。（《郭店楚简·成之闻之》）

⑤ 君内（入）而语仆之言於君王。（《上博楚简四·柬大王泊旱》）

⑥ 公曰：向者䖒（吾）昏（问）忠臣於子思。（《郭店楚简·鲁穆公问子思》）

上引例子中的“归”“托”属于给予动词，“祈”“求”属于索取动词，“语”属于告知动词，“问”属于探问动词。

第二种用法是介引共事，可译为“跟”。

战国秦代的用例如：

① 上下和且辑，緙（姻）纪（配）於大国。（《上博楚简四·曹沫之阵》）

② 贞：既心疾，㠯（以）合於伓（背）。（《新蔡楚简》甲三：233、190）

上引两例中的“姻配”“合”属于互向动词。

（四）用作凭事介词

凭事介词“於”有介引工具和介引依据两种用法。

第一种用法是介引工具，可译为“用”。

战国秦代的用例如：

昔尧之卿（饗）埶（舜）也，饭於土輜（塯），欲（歠）於土型（鉶）。（《上博楚简四·曹沫之阵》）土塯：食器。土鉶：饮器。

第二种用法是介引依据，可译为“依据”“依靠”。

战国秦代的用例如：

壬午生，觳於武，好货。（《睡虎地秦简·日书乙种》）觳：活着。

（五）用作境事介词

境事介词“於”有介引处所和介引时间两种用法。

第一种用法是介引处所，可译为“在”“从”“到”。

春秋时代的用例如：

晋人救戎於楚竞（境）。（《刑篙钟铭》，《集成》16·10373）

战国秦代的用例如：

① 昔［者］埶（舜）静（耕）於鬲（鬲）丘，匋（陶）於河宾（滨），鱼（渔）於雷泽。（《上博楚简二·容成氏》）

② 墨（禹）乃聿（建）鼓於廷。（《上博楚简二·容成氏》）

③ 句（后）禝（稷）既已受命，乃飤（食）於埜（野），宿於埜（野）。（《上博楚简二·容成氏》）

④ 邵（昭）王为室於死沢（滑）之滸（淲）。（《上博楚简四·昭王毁室》）

⑤ 大司马邵易败晋师於襄陵之岁，夏栾之月，庚午之日。（《包山楚简》115）

⑥ 受聑（闻）之，乃出文王於虽（夏）莹（台）之下。（《上博楚简二·容成氏》）

⑦ 秎（利）㠯（以）取货於人之所，毋㠯（以）舍人货於外。（《九店楚简》42）舍：给予。

⑧ 郾（燕）客臧嘉闻（问）王於葳郢之岁。（《郾客问量铭》，《集成》16·10373）

前面说过，静态存在动词、位移运动动词和放置动词后的处所词语为位事。此外，用来表示处所的词语应该属于境事。

第二种用法是介引时间，可译为“在”“从”“到”。

战国秦代的用例如：

① 择日於八月暱祭竞坪（平）王㠯（以）逾至吝（文）君。（《新蔡楚简》甲三：201）

② 少（小）人之告纆牆（将）剸（专）於含（今）日。（《上博楚简四·昭王毁室》）将专於今日：今日将要进行。

③ 人之败也，亙（恒）於丌（其）戲（且）成也败之。（《郭店楚简·老子丙本》）

④ 为之於丌（其）亡又（有）也，絧（治）之於丌（其）未乱。（《郭店楚简·老子甲本》）

⑤ 六帝兴於古，虐（皆）采（由）此也。（《郭店楚简·唐虞之道》）

⑥ 於言又（有）之：褎衮㠯（以）至於含（今）才（哉）。（《上博楚简五·姑成家父》）

上引例①～④中的“於”应为所在介词，例⑤中的“於”应为起点介词，例⑥中的“於”应为终点介词。

（六）用作因事介词

因事介词“於”只有介引原因的用法，可译为“因为”。

战国秦代的用例如：

臣为君王臣，介備（服）名，君王�郪（徲）凥（处），辱於孝（老）夫。（《上博楚简六·平王问郑寿》）

（七）用作关事介词

关事介词“於”有介引对象、介引范围和介引方面 3 种用法。

第一种用法是介引对象，可译为“对”“对于”。

战国秦代的用例如：

① 君子之於叴（教）也，丌（其）道（导）民也不寖（浸），则丌（其）淳也弗深悛（矣）。（《郭店楚简·成之闻之》）

② 君子之於言也，非从末澅（流）者之贵。（《郭店楚简·成之闻之》）

③ 豊（礼）之於屎（尸）寣（庙）也，不腈（精）为腈（精）。（《上博楚简六·天子建州甲》）

④ 女（如）天（夫）毋悉（爱）珪璧帀（幣）帛於山川，毋乃不可？（《上博楚简二·鲁邦大旱》）

⑤ 士又（有）志於君子道，胃（谓）之旹（寺）士。（《郭店楚简·五行》）

⑥ 不汲於利，民产又芮。（《鸟书箴铭带钩》，《集成》16·10407）

对象介词和与事介词（包括当事介词、共事介词）是有区别的。首先，与事介词所介引的成分是句子语义结构中必有的语义成分（配价成分），对象介词所介引的成分则只是句子语义结构中可有的语义成分。前者如“问忠臣於子思”中的“子思”，后者如“士有志於君子道”中的“君子道”。其次，能支配与事的动词有交接动词、称呼动词、针对动词、互向动词，而能支配对象的动词是上述四种动词之外的其他动词。

第二种用法是介引范围，可译为“在……中/里”“在……上”“从……中/里”。

战国秦代的用例如：

① 情生於眚（性），豊（礼）生於情，厰（严）生於豊（礼），敬生於厰（严），悳（望）生於敬，耻生於悳（望），悡生於耻，歉（廉）生於悡。（《郭店楚简·语丛二》）

② 叴（教），所以生悳（德）於宔（中）者也。豊（礼）复（作）於青（情）。（《郭店楚简·性自命出》）

③ 又（有）人安（焉）又（有）不善，𤔔（乱）出於人。（《上博楚简三·恒先》）

④ 甲乙有疾，父母为祟，得之於肉。王母为祟，得之於黄色索鱼、堇酉（酒）。（《睡

虎地秦简·日书甲种》）

⑤ 又（有）祱（祟）见於卲（昭）王、蕙（惠）王、文君、文夫人、子西君。（《新蔡楚简》甲三：213）

⑥ 頣（夏）栾：建於未、鼸於申、敓於梄（酉）、坪於戌、寍於亥、工於子、坐於丑、盍於寅、城於卯、遉（复）於唇（辰）、莳於巳、敚於午。（《九店楚简》16）

⑦ 既为金桎，或（又）为酉（酒）池，諺（厚）乐於酉（酒）。（《上博楚简二·容成氏》）

范围介词和处所介词是不同的。处所介词所介引的词语往往都是处所名词，与介词一起表示动作行为的所在、起点和终点。而范围介词所介引的词语一般不是处所名词，这些词语与介词一起表示动作行为的范围。不过，处所介词和范围介词确实比较相近，有时候难以区分。

第三种用法是介引方面，可译为“在……方面”。

战国秦代的用例如：

① 民新（慎）於言而歎（谨）於行。告（诗）员（云）：“穆穆文王，於几义之。”（《上博楚简一·缁衣》）

② 此不贫於敚（美）而福（富）於悳（德）与（欤）?（《上博楚简四·曹沫之阵》）

③ 厚於义、専（薄）於悬（仁），障而不罕（亲）。（《郭店楚简·语丛一》）

④ 非之而不可亚（恶）者，篤（笃）於悬（仁）者也。（《上博楚简一·性情论》）

⑤ 古（故）君子惇於饭（反）𠳵（己）。（《郭店楚简·穷达以时》）

⑥ 衣備（服）选（过）折（制），遊（失）於美。（《上博楚简五·三德》）

方面介词和范围介词是不同的。方面介词是介引方面的，它所介引的辖域往往比范围介词所介引的辖域窄。正因如此，方面介词常常成对使用，和它的宾语一起表示这方面如何、那方面怎样。

（八）用作比事介词

比事介词“於”可以分为两类，一类是用来比高下的，这时“於”前一般是形容词；另一类是用来比异同的，这时“於”前一般是“异”或“同”。

“於”用来比高下时可译为“比”。

战国秦代的用例如：

① 肰（然）则臤（贤）於坖（禹）也。（《上博楚简五·君子为礼》）

② 氏（是）古（故）臤（贤）人大於邦。（《上博楚简五·季庚子问於孔子》）

③ 计脱实及出实多於律程，及不当出而出之。（《睡虎地秦简·效律》）

④ 盗罪轻於亡，以亡论。（《睡虎地秦简·法律答问》）

⑤ 丌（其）欲雨或甚於我。（《上博楚简二·鲁邦大旱》）

“於”用来比异同时可译为“跟”。

战国秦代的用例如：

① ▢ 蒖（异）於丘之所昏（闻）。（《上博楚简五·季庚子问於孔子》）

② 今异於而（尔）言。（《上博楚简四·曹沫之阵》）

③ 所以异於父，君臣不相才（存）也。（《郭店楚简·语丛三》）

五、介词“乎”的发展

介词“乎”只出现在出土战国文献中，不见于其他时代的出土文献里。

（一）用作客事介词

客事介词“乎”有介引位事、介引受事、介引感事和介引涉事4种用法。

第一种用法是介引位事。

战国秦代的用例如：

① 剌（列）唇（乎）其下，不斬（折）其枳（枝）。(《上博楚简五·弟子问》)

② 子乘唇（乎）轩而□。(《上博楚简五·弟子问》)

③ 人之眚（性）非与？止虖（乎）丌（其）孝。(《郭店楚简·语丛二》)

④ 古之所以行虖（乎）闵（蛮）喽（貉）者，女（如）此也。(《郭店楚简·忠信之道》)

第二种用法是介引受事。

战国秦代的用例如：

或（何）必寺（恃）虐（乎）名虐（乎）？(《上博楚简二·鲁邦大旱》)

第三种用法是介引感事。

战国秦代的用例如：

① 君子不帝（啻）明虐（乎）民敚（微）而巳（已），或（又）以智（知）丌（其）弌（一）亖（矣）。(《郭店楚简·六德》)

② 昏（闻）叁（舜）丝（慈）虖（乎）弟□□□□□□为民宔（主）也。(《郭店楚简·唐虞之道》)

第四种用法是介引涉事。

战国秦代的用例如：

受（授）旻（贤）㒸（则）民兴效（教）而蟡（化）僤（乎）道。(《郭店楚简·唐虞之道》)

（二）用作与事介词

与事介词“乎”有介引当事和介引共事两种用法。

第一种用法是介引当事。

战国秦代的用例如：

古（故）埜（尧）之堻（禅）虖（乎）叁（舜）也，女（如）此也。(《郭店楚简·唐虞之道》)

第二种用法是介引共事。

战国秦代的用例如：

① 浗（求）虖（乎）大人之兴，敚（微）也。(《郭店楚简·唐虞之道》）求：匹配，相比。

② 子赣曰：否，戝（偕）乎子女，適命其与。（《上博楚简二·鲁邦大旱》）偕：偕同。

（三）用作关事介词

关事介词“乎”可介引范围。

战国秦代的用例如：

夬（缺）生虖（乎）未㝵（得）也。又（有）生虖（乎）名。（《郭店楚简·语丛一》）

（四）用作比事介词

比事介词“乎”用来比高下，可译为“比”。

战国秦代的用例如：

① 莫新（亲）虖（乎）父母，死不䚕（顾）生。（《上博楚简五·弟子问》）

② 辠（罪）莫至（重）虖（乎）甚欲，咎莫僉（险）乎谷（欲）得，化（祸）莫大虖（乎）不智（知）足。（《郭店楚简·老子甲本》）

在出土西周文献中，有的“唬”字被读为“乎”，如“唯用妥福唬前文人”（《善鼎铭》）、“隹用妥神褱唬前文人”（《伯㦰簋铭》）。若此说可信，则在西周时代，介词“于”还可以写作“唬”。

总之，“于”“於”“乎”三者可能是同一个介词的三种不同的书写形式。

这个介词是由动词“于”语法化而来，其语义功能的发展应如下图所示：

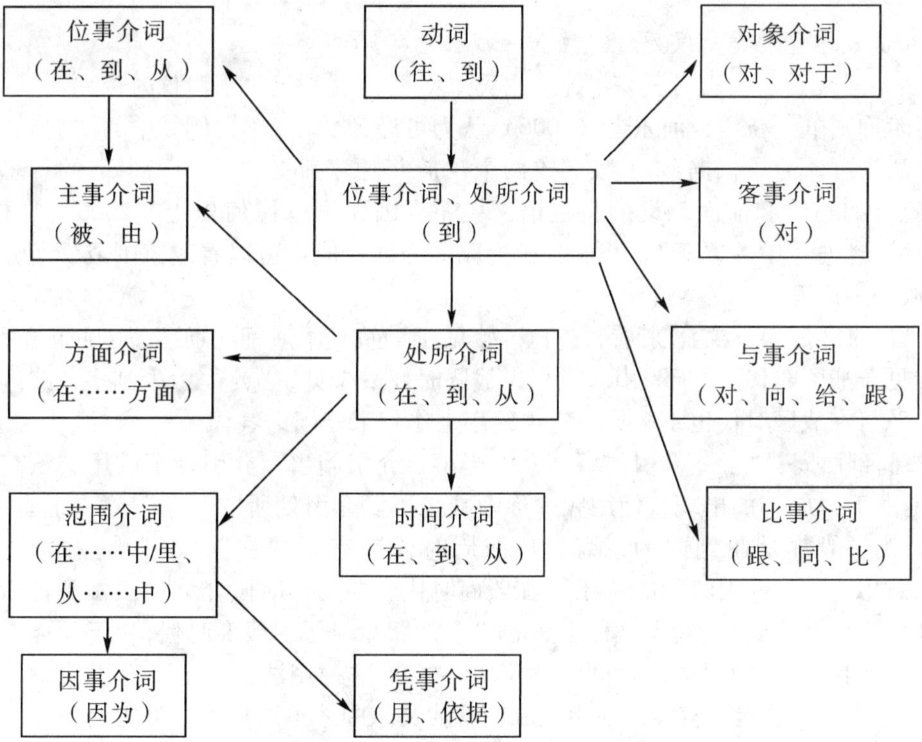

由“往”“到”义的动词虚化成意义为“到”的位事介词和处所介词，是一个语法化的过程，已如前述。作动词时，“于”的宾语都是处所词语，“于”虚化为位事介词和处所介词后亦然。意义为“到”的位事介词和处所介词“于”本来是终点介词，后来，其语法意义泛化，不但用作终点介词，也用作所在介词和起点介词。由“在”到“从”义的处所介词变为有“在”到“从”义的时间介词，这是由于隐喻的作用，“于”由表空间义转为表时间义。“於”的对象介词、客事介词、与事介词、比事介词等用法，都应该是由意义为“到”的位事/处所介词发展而来的，因为“往”“到”义跟“对”“向”“跟”“给”义是相通的——往某个地方去其实就是向着/对着某个方向。洪波（1988）就是这样看的，本书认为此说可从。

主事介词“於”应源自位事/处所介词“於”。郭锡良、李玲璞（1992）就是这样看的，他们认为表示处所是介词“於”最基本的用法，甚至在一些表示被动意义的句子里，介词“於”也只是介绍动作行为的处所，而不是引出主动者，如“百里奚举於市”（《孟子·告子下》）。在个别表示被动意义的句子里，介词“於”究竟是引出主动者还是介绍动作行为的处所是难以确定的，如“昔司马喜膑脚於宋，卒相中山”（邹阳《狱中上梁王书》）、“屈原放逐於楚国”（《盐铁论·相刺》），这里的“膑脚於宋”和“放逐於楚国”可有两种理解，“於＋名词”既可以认为是介绍动作行为的处所，又可以认为是引出动作行为的主动者。郭锡良说可从。

处所介词“於”是“在”“到”“从”的意思。由此义逐渐抽象化和泛化，引申为“在……中/里”“从……中”，这样就变成了范围介词；由处所介词的意义引申为“在……方面”，就变成了方面介词。因事介词、凭事介词其实都是源自范围介词。先看下引两例：

① 余必使尔罢於奔命以死。(《左传·成公七年》)

② 於诸侯之约，大王当王关中，关中民咸知之。(《史记·淮阴侯列传》)

上引例①中的“於”，何乐士（2006）认为可译为“由于”；例②中的“於”，何乐士（2006）认为可译为“根据”。其实，这两个“於”原来都是“在……中”的意思，只是由于“於”的宾语和前面动词的特定语义关系，因而可以像何乐士（2006）那样翻译。又如“辱于老夫”中的“于”，我们分析为原因介词，但也可以看成范围或处所介词，意思是“从……这里”。

从现有的出土先秦文献来看，“于”始见于殷商时代，而“於”始见于春秋时代，“乎”始见于战国时代。“于”由多到少，战国时代最少见；“於”由少到多，战国时代最常见；“乎”在战国时代也不多见，它主要用来作句末疑问语气词。

从殷商到西周，“于”介引位事、介引当事、介引施事、介引受事的用法没有太大变化，只是由于“於”的出现，使用频率逐渐减少了。介引处所的“于”意义上有了变化，在殷商时代一般都是“到”的意思，从西周时代起有了“在”“从”的意思，而且以“在”的意思为主。介引时间的“于”在殷商时代主要用作时段介词（表示到什么时间做什么事），意义为“到”，后世这种用法的“于”很少见了。殷商时代，“于”已有时点介词（表示时间终点）的用法，后世的“于”主要是这种用法。“于”介引范围、介引共事、介引比事的用法起源较晚，在出土战国秦代文献中才可以见到这类用例。

“於”出现于春秋时代，但很少见，只有介引位事、介引处所两种用法。但到了战国时代，介词“於”的使用频率迅速提高，而且用法也增多，已经有主事介词、客事介词、与事介词、凭事介词、境事介词、因事介词、关事介词和比事介词 8 种用法。

“乎”出现于战国时代，只有客事介词、与事介词、关事介词和比事介词 4 种用法，而且它只出现在楚简之中，具有地域性的特点。

第六节 出土先秦文献介词“以”的发展

一、介词“以”的起源

“以”在甲骨文中作㠯形，裘锡圭（1992）认为，㠯大概像人手提一物的样子，本义是提挈、携带。

郭锡良（1998）认为甲骨文中的“以”都用作动词，此说可信。甲骨文中的“以”有些是携带、带来的意思。例如：

① 庚子卜，争贞：其祀于河，以大示至于多毓？（《合集》14851）

② 皁以新鬯，惠今夕？（《合集》13868）

③ 癸亥贞：危方以牛其登于来甲申？（《合集》33191）

④ 辛丑卜贞：皁以羌王于门寻？（《合集》261）

有些是带领、率领之义，例如：

① 丁未卜，争贞：勿令皁以众伐邛？（《合集》26）

② 戊戌贞：惠亚㠱以人狩？（《屯南》961）

上述两种意义的联系是十分明显的。这种动词用法的“以”明显是后世虚词“以”的源头。

“以”之所以发生由实词到虚词的变化，首先是语言的需要。随着社会的发展，人们对语言提出了精密化的要求。正是为了适应这种要求，汉语中产生了用来表达工具、依据等的介词“以”，这在殷商汉语中并不存在。

“以”所由虚化的具体句法环境，应是“以”作前一个动词的连谓结构。这种结构在甲骨文中很常见。例如：

① 惠亚㠱以人[illegible]？（《屯南》340）

② 丁卯卜：令执以人田于𧰼？（《合集》1022）

③ 丁未卜，贞：惠亚以众人步？（《合集》35）

④ 贞：王气以众伐邛？（《合集》29）

“以”和其后的动词本来都是主要动词，后来随着表义重点经常落到后一个动词上，前面的“以”趋向虚化。

前面说过，甲骨文中的“以”有两个密切相关的义项，即“携带、带来”以及“带领、率领”。前者的宾语常常是物（或者是被当作物的人，如“羌”），后者的宾语常常是人。“以”带表示物的宾语作连动式第一个动词时，就很容易虚化为表示工具的介词“以”；“以”带表示人的宾语作连动式的第一个动词时，就可能语法化为表示共事的介词。事实上，上引例④“以众伐邛”中的“以”跟后世文献中“率领”义的“以”（如《左传·桓公五年》“王以诸侯伐郑”）从意义上看十分相近。

“以”是在西周时代虚化为介词的。在西周时代，已存在“介词 + O + VP”的句式，这是“以”虚化的类推原动力。例如：

① 自天佑之。(《周易·大有》)

② 我有好爵，吾与尔靡之。(《周易·中孚》)

③ 走其眔厥子子孙孙万年永宝用。(《走簋铭》)

④ 王麻冕黼裳，由宾阶隮。(《尚书·顾命》)

特别是在西周汉语中存在的与“以”意义十分相近的介词“用”，更成为“以”虚化的类推原动力。例如：

① 曶用兹金作朕文考宄白𩰫牛鼎。(《曶鼎铭》)

② 用兹彝对令。(《大保簋铭》)

③ 国既卒斩，何用不监？(《诗经·小雅·节南山》)

④王欲玉女，是用大谏。(《诗经·大雅·民劳》)

“用”作为介词，出现的时代比“以”略早，“以”明显受到“用”的类化。作为介词，“以”和“用”很相似，都常作工具介词、依据介词、原因介词等。特别是西周汉语中既有“是用”“何用”，又有“是以”“何以”，更说明问题。

由于受到其他虚词，特别是“用”的类化，“以”开始虚化，而对结构的重新分析让这种虚化过程更加确定。原来“以＋O＋VP”被分析为连动结构，后来被分析为偏正结构。这种重新分析标志着“以”的虚化过程最终完成。

重新分析业已发生的征兆，应是“以＋O”语序的改动。当“以”为动词时，它只作连动结构中的第一个动词；但当它虚化为介词后，“以＋O”就受其他介宾结构的影响，不仅可以出现在VP前，也可以出现在VP之后，而所表示的语义关系基本相同。“以”虚化为介词后，意义上也逐渐被抽象化和泛化了，表义辖域随之扩大。最初由动词“以”虚化而来的，应是表示工具、共事等用法，后来则可以表示依据、方式、材料、原因、受事等，而且又由介词进一步虚化为连词。

二、介词“以”的发展

介词“以”主要是作客事介词、与事介词、凭事介词、境事介词和因事介词。

(一) 用作客事介词

客事介词“以”，主要是引介受事。所谓受事，是动作行为直接涉及的对象，可译为“把”“将”。

西周时代的用例如：

① 卫以邦君厉告于井伯、伯邑父、定伯、倞伯、伯俗父。(《五祀卫鼎铭》，《集成》5·2832)

② 曶或以匡季告东宫。(《曶鼎铭》，《集成》5·2838)

③ 鬲比以攸卫牧告于王。(《鬲比簋盖铭》，《集成》8·4278)

④ 乃师或以女告。(《𠑇匜铭》，《集成》16·10285)

⑤ 女敢以乃师讼。(《𠑇匜铭》，《集成》16·10285)

⑥［曶］使厥小子□以限讼于井叔。(《曶鼎铭》，《集成》5·2838)

⑦ 俗（欲）女弗以乃辟凾（函）于艰。(《毛公鼎铭》,《集成》5·2841)

⑧ 弗以我车凾（函）于艰。(《不嫢簋铭》,《集成》8·4328)

⑨ 余献妇氏以壶。(《召伯虎簋铭》,《集成》8·4292)

春秋时代的用例如：

① 公曰：甬（勇）！甬（勇）！商（赏）之台（以）邑。(《庚壶铭》,《集成》15·9733)

② 归献于灵公之所，商（赏）之台（以）兵皋车马。(《庚壶铭》,《集成》15·9733)

战国秦代的用例如：

① 今盗盗甲衣，买（卖），以买布衣（衍）而得，当以衣及布畀不当？(《睡虎地秦简·法律答问》)

② 者（诸）候（侯）客节（即）来使入秦，当以玉问王之谓毄。(《睡虎地秦简·法律答问》) 问：赠送。

③ 尧邑（以）天下壤（让）於臤（贤）者，天下之臤者莫之能受也。(《上博楚简二·容成氏》)

④ 者（诸）侯享（献）台（以）吉金，用作平寿适器敦。(《十年陈侯午敦铭》,《集成》9·4648)

⑤ 将军材以钱若金赏，毋（无）恒数。(《睡虎地秦简·法律答问》)

⑥ 其所告且不审，有（又）以它事告之。(《睡虎地秦简·法律答问》)

⑦ ☐□，毗邑（以）二豨☐。(《新蔡楚简》零：333)

⑧［凡］天子𦘔（建）之邑（以）州，邦君𦘔之邑（以）垢（都），大夫𦘔之邑（以）里，士𦘔之邑（以）室。(《上博楚简六·天子建州甲》)

⑨ 季𧺆（桓）子叏（使）中（仲）弓为刣（宰），中弓邑（以）告孔子。(《上博楚简三·中弓》)

⑩ 有秩吏捕阑亡者，以畀乙。(《睡虎地秦简·法律答问》)

战国秦代客事介词“以”有时与“为”构成“以……为……”的固定格式。例如：

① 免老告人以为不孝，谒杀。(《睡虎地秦简·法律答问》) 老人控告人不孝，要求判以死刑。

② 炁（爱）以身为天下，若可以迲（寄）天下矣。(《郭店楚简·老子乙本》)

（二）用作与事介词

可以细分为两类，一类是作当事介词。所谓当事，是表示交接对象或针对对象的，可译为“给”“向”“替”“对”等。

战国时代的用例如：

① 𡕥（舜）又（有）子七人，不邑（以）亓子为逡（後），见埅（禹）之臤（贤）也，而欲邑（以）为逡（後）。埅乃五壤（让）邑（以）天下之臤（贤）者。(《上博楚简二·容成氏》)

② 见𠫤（皋）咎（陶）之臤（贤）也，而欲邑（以）为后。𠫤（皋）秀（陶）乃五壤（让）邑（以）天下之臤（贤）者。(《上博楚简二·容成氏》)

另一类是作共事介词。所谓共事，是指动作行为的协同参与者，可以译为“率领”“与”“同”。

西周时代的用例如：

① 王赐命鹿，用作宝彝，命其永以厥多友𣪘飤。(《命簋铭》，《集成》7·4112)

② 用自作宝器，万年以厥孙子永宝用。(《肆簋铭》，《集成》8·4192)

③ 食仲走父作旅盨，永宝用，走父以其子子孙孙宝用。(《食仲走父盨铭》，《集成》9·4427)

④ 王射大龏禽，侯乘于赤旂舟，从，死（尸）咸，王以侯内（入）于寝。(《麦方尊铭》，《集成》11·6015)

⑤ 王其以吴朿、吕刚合豳□师邦君射于大池。(《静簋铭》，《集成》8·4273)

⑥ 应公作宝尊彝，曰：奄以乃弟用夙夕鬻享。(《应公鼎铭》，《集成》5·2553)

战国时代的用例如：

① 姑（苦）戓（成）冡（家）父㠯（以）亓族叄（三）垟（郤）正（征）百㒩。(《上博楚简五·姑成家父》)

② 遯（鲁）昜（阳）公㠯（以）楚帀（师）逡（後）城鄚（郑）之戢（岁），冬栾之月。(《包山楚简》2~5)

③ 王遈（徙）凥（居）於坪（平）澫（漫），卒（卒）㠯（以）大夫饮酒於坪澫（漫）。(《上博楚简四·昭王毁室》)

④ 王戒（诫）邦大夫㠯（以）饮。(《上博楚简四·昭王毁室》)

⑤ 炎帝乃命祝融以四神降。(《楚帛书·甲篇》)

⑥ 不得除其故官佐、吏以之新官。(《睡虎地秦简·秦律十八种》)

⑦ 爨月辛未之日，辻命（令）人周甬受正李𠟭耴㠯（以）𢿌田於章䢎（域）𧊒邑。(《包山楚简》78)

⑧陵辻尹墙㠯（以）杨虎敛关金於郙敓䀆仿之新阳一邑。(《包山楚简》149)

（三）用作凭事介词

凭事介词“以”可以细分为四类，即工具介词、材料介词、方式介词、依据介词。由于这4类介词同属于凭事介词，所以有时难以区分。

第一类是工具介词。所谓工具，是句子语义结构中动作行为发出者进行某种动作行为的凭借，可译为“拿”“用”。

西周时代的用例如：

① 女以我车宕伐𤞷允（狁）于高陵。(《不嬰簋铭》，《集成》8·4328)

② 凡以公车折首二百又□又五人。(《多友鼎铭》，《集成》5·2835)

春秋时代的用例如：

① 铸其龢钟，台（以）恤其祭祀、盟祀，台（以）大夫，台（以）宴士庶子。(《郘公华钟铭》，《集成》1·245)

② 自作鬻彝𩱛鼎，用享以孝于我皇祖文考，用旂（祈）眉寿。(《王子午钟铭》，《集成》5·2811)

③ 自作龢钟，……用享台（以）孝于刣（台）皇祖文考，用宴用喜，作乐嘉宾。

(《齐陶氏钟铭》,《集成》1·142)

④ 余赐汝马、车、戎兵、釐仆三百又五十家，汝台（以）戒戎钕。(《叔夷钟铭》,《集成》1·272～278)

战国秦代的用例如：

① 暊与良志㠯（以）陵尹怿之髗髀为君贞：怀（背）膺疾，㠯（以）痒（胖）瘬（胀）、心悹（闷）。(《新蔡楚简》零：584，甲三：266、277)

② 置垣瓦下，置牛上，乃以所操瓦盖之，坚貍（埋）之。(《周家台秦简·病方及其它》)

③ 邦客与人斗，以兵刃、投（殳）梃、拳指伤人，擎以布。(《睡虎地秦简·法律答问》)

④ 以牡棘之剑刺之。(《睡虎地秦简·日书甲种》)

⑤ 已前以布巾裹，如衃（衃）血状。(《睡虎地秦简·封诊式》)

⑥ 小子骃敢慎（以）芥（玠）圭、吉璧、吉叉（琡），以告于华大山。(《秦骃玉版铭》)

⑦ 温病不汗者，以淳（醇）酒渍布，饮之。(《周家台秦简·病方及其它》)

⑧ 楚王酓（熊）肯乍（作）铸匜贞（鼎），台（以）共（供）岁棠（尝）。(《楚王酓肯鉈鼎》,《集成》4·2479)

战国秦代工具介词“以”有时跟“为”构成“以……为……”（“为”是动词）的固定格式。例如：

① 市人以白茅为富，其鬼受於它而富。(《放马滩秦简·墓主记》)

② 帀（幣）帛，所以为訐（信）牙（与）譂（徵）也。(《郭店楚简·性自命出》)

③ 王子曰：薵可（何）㠯（以）为？(《上博楚简六·平王与王子木》)

战国秦代工具介词“以”有时跟介词“为”构成“以……为……”（“为”一般是当事介词）的固定格式。这种格式在战国简牍中很常见。例如：

① 鄦吉㠯（以）驳靁为左尹㠳贞：出入侍王，自荆层之月㠯（以）就集岁之荆层之月，尽集岁，躳身尚毋有咎。(《包山楚简》234)

② 苛光㠯（以）长恻为右（左）尹邵㠳贞：疠（病）腹疾，㠯（以）少懸（气），尚毋又（有）咎。(《包山楚简》207)

③ 登遣㠯（以）少（小）敐（筹）为悤固贞：既痤，㠯（以）孩（骇）心。(《望山楚简》1～9)

④ 某以壶露、牛胙为先农除舍。(《周家台秦简·病方及其它》)

第二类是材料介词。所谓材料，是句子语义结构中施事者进行某种动作行为时所使用的原材料、所耗费的物资，可译为“拿”“用”。

春秋时代的用例如：

① 择其吉金，以作铸缶，以祭我皇祖，𪭢（吾）以旂（祈）眉寿。(《栾书缶铭》,《集成》16·10008)

② 吕大叔以新金为贰车之斧十。(《吕大叔斧铭》,《集成》18·11788)

战国秦代的用例如：

① 律所谓者，以丝杂织履，履有文，乃为“锦履”，以锦缦履不为。(《睡虎地秦简·

法律答问》)

② 曰:“㠯(以)穜(种)𣏟(麻)。”王曰:“可(何)㠯(以)𣏟(麻)为?”倉(答)曰:“㠯(以)为衣。”(《上博楚简六·平王与王子木》)

③ 以桃为弓,牡棘为矢。(《睡虎地秦简·日书甲种》)

④ 陈侯午台(以)群者(诸)侯献金,乍(作)皇妣孝大妃祭器鍈敦。(《十四年陈侯午敦铭》,《集成》9·4646)

⑤ 戉王差郐以其钟金铸其戕戟。(《越王戈铭》,《汇编》1408)

⑥ 择其吉金,台(以)作厥元配季姜之祥器,铸兹寶簠。(《陈逆簠铭》,《集成》9·4629)

战国秦代材料介词“以”有时跟“为”构成“以……为……”的固定格式。例如:

① 以犬矢为完(丸),操以咼(过)之。(《睡虎地秦简·日书甲种》)

② 取故丘之土,以为伪人犬。(《睡虎地秦简·日书甲种》)

③ 其金及铁器入以为铜。(《睡虎地秦简·秦律十八种》)

上引例②、③中“以”的宾语省掉,这时“以”和“为”连在一起。

第三类是方式介词。所谓方式,是句子语义结构中施事者为完成某种动作行为所采取的方法和形式,可译为“依”“挨”“用”等。

战国秦代的用例如:

① 有(又)且课县官,独多犯令而令、丞弗得者,以令、丞闻,以次传。(《睡虎地秦简·语书》)

② 以县次传诣成都,成都上恒书太守处,以律食。(《睡虎地秦简·封诊式》)

③ ☑以孤虚循求盗所道入者及臧(藏)处。(《周家台秦简·日书》)孤虚:一种古代方术。

④ 别书江陵布,以邮行。(《睡虎地秦简·语书》)

⑤ 辄以书言澍〈澍〉稼、诱(秀)粟及豤(垦)田畼毋(无)稼者顷数。(《睡虎地秦简·秦律十八种》)

⑥ 程禾、黍□□□□以书言年,别其数,以稟人。(《睡虎地秦简·秦律十八种》)

⑦ 有事设殹,必以书,毋口请。(《睡虎地秦简·秦律十八种》)

⑧ 有不当入而阑入,及以它诈伪入□□□□☑。(《龙岗秦简》12)

第四类是依据介词。所谓依据,是指句子语义结构中施事者进行动作行为时所依照的标准、前提或基础,可译为“按照”“根据”“凭着”“由”等。

西周时代的用例如:

史儿至,以王令曰:余令汝史(使)小大邦。(《中甗铭》,《集成》3·949)

春秋时代的用例如:

① 中尃盟井(刑),台(以)尃戒公家。(《叔夷钟铭》,《集成》1·272-8)

② 翼受明德,以康奠协朕国。(《秦公钟铭》,《集成》1·262-3)

战国秦代的用例如:

① 大攻(工)尹脽台(以)王命命集尹悊(愒)糌、裁(织)尹逆、裁(织)敍(令)阢,为鄂君启之府赋(就)铸金节。(《鄂君启舟节铭》,《集成》18·12113)

② 夫盗千钱,妻所匿三百,可(何)以论妻?妻智(知)夫盗而匿之,当以三百论

为盗。(《睡虎地秦简·法律答问》)

③ 遣识者以律封守。(《睡虎地秦简·封诊式》)

④ 以小犯令论。(《睡虎地秦简·法律答问》)

⑤ 毋以传貣（贷）县。(《睡虎地秦简·秦律十八种》)

⑥ 夫是，则戰（守）之㠯（以）信。(《上博楚简二·从政甲》)

⑦ 今甲癘（疠），问甲可（何）以论，当䙴（迁）癘（疠）所处之。(《睡虎地秦简·法律答问》)

⑧ 凡君子所以立身大法晶（三）。(《郭店楚简·六德》)

战国秦代依据介词“以”有时跟“为”构成“以……为……”的固定格式。例如：

① 妻智（知）夫盗，以百一十为盗。(《睡虎地秦简·法律答问》)

② 以此为人君则鬼。(《睡虎地秦简·为吏之道》) 鬼：通“怀”，和柔。

战国秦代介词“以”的宾语可以前置，这时“以”和“为”连在一起，例如：

① 三言以为史（使）不足，或命之，或虖（呼）豆（属）。(《郭店楚简·老子甲本》)

② 信以为言，莫奚（偏）干（干）。(《上博楚简六·慎子曰恭俭》)

“以”的宾语也可以省略：

① 坴（舜）君天下非以为异（己）名。(《上博楚简五·君子为礼》)

② 亓（期）会之不难，所㠯（以）为和於豫。(《上博楚简四·曹沫之阵》)

（四）用作境事介词

出土先秦文献中只见介引时间的境事介词“以”，有时可以译为“用”，有时可以译为“在”，有时可以译为“到”，有时可以译为“从”。

时间介词“以”有时可以译为“用”。

战国秦代的用例如：

① 毋以丑徐（除）门户。(《睡虎地秦简·日书甲种》)

② 是胃（谓）达日，秎（利）㠯（以）行帀（师）徒，出正（征），导（得）。㠯（以）祭，少（小）大吉。(《九店楚简》30)

③ 春三月甲乙，不可以杀，天所以张生时。(《睡虎地秦简·日书甲种》)

④ 壬申会癸酉，天以坏高山，不可取妇。(《睡虎地秦简·日书甲种》)

时间介词“以”有时可以译为“在”。

战国秦代的用例如：

① 讯丙，辞曰：以三岁时病疕。(《睡虎地秦简·封诊式》)

② 正月以朔旱，岁善，有兵。(《睡虎地秦简·日书甲种》)

③ 士五（伍）甲盗，以得时直（值）臧（赃）。(《睡虎地秦简·法律答问》)

④ 都官以计时雠食者籍。(《睡虎地秦简·秦律十八种》)

⑤ 阴（侌）人苛冒、趄卯㠯（以）宋客盛公䢼之岁，荆屎之月，癸巳之日，僉杀仆之兄叨。(《包山楚简》132～133)

⑥ 王四月，鄲（单）孝子台（以）庚寅之日命铸飤鼎鬲。(《鄲孝鼎铭》，《集成》5·2574)

时间介词“以”有时可以译为“到”。

战国秦代的用例如：

以其来日致其食。(《睡虎地秦简·秦律十八种》)

时间介词“以”有时可以译为“从”。

战国秦代的用例如：

① 以十二月朔日免除。(《睡虎地秦简·秦律十八种》)

② 隶臣田者，以二月月禀二石半石。(《睡虎地秦简·秦律十八种》)

③ 小隶臣妾以八月傅为大隶臣妾，以十月益食。(《睡虎地秦简·秦律十八种》)

④ 隶臣妾有亡公器、畜生者，以其日月减其衣食。(《睡虎地秦简·秦律十八种》)

战国秦代时间介词“以”有时跟“为”构成“以……为……”的固定格式。当“为”是动词时，“以……为……”表示“在……时候干什么”。例如：

① 乙以迺二月为此衣，五十尺，帛里。(《睡虎地秦简·封诊式》) 迺：是。

② 酉吕（以）甘固之戢（岁）为偏於鄗，居隋里。(《包山楚简》90)

③ 以此日枼屋，屋以此日为盖屋。(《睡虎地秦简·日书乙种》)

介词“以”的宾语可以省去。例如：

① 是胃（谓）侌（陰）日，秎（利）吕（以）为室豪（家）。(《九店楚简》29)

② 四废日，不可以为室，覆屋。(《睡虎地秦简·日书甲种》) 例中“可”义同“利”。“以”为时间介词。

③ 戌不可以为牀，必以炼（殚）死人。(《睡虎地秦简·日书甲种》) 例中“可以”不是一个词。

当“为”是当事介词时，“以……为……”表示“在……时候为谁干什么”。例如：

遳（鲁）昜（阳）公吕（以）楚帀（师）逡（後）城奠（郑）之戢（岁），屈栾之月，丁巳之日，佧大敂（令）悆吕（以）为剁敂（令）囩隆剁人。(《包山楚简》2~5)

（五）用作因事介词

这种“以”主要用来表示原因，可译为“因”“由”等。

西周时代的用例如：

搏伐猃狁于洛之阳，折首五百，执讯五十，是以先行。(《虢季子白盘铭》，《集成》16·10173)

战国秦代的用例如：

① 己丑之日，吕（以）君不懌（怿）之古（故），遼（就）祷三楚先屯一痒（牂）。(《新蔡楚简》乙一：17)

② 直以多子故，不欲其生。(《睡虎地秦简·法律答问》)

③ 甲、乙交与女子丙奸，甲、乙以其故相刺伤。(《睡虎地秦简·法律答问》)

④ 大剌（宰）言：君王，元君，不吕（以）丌（其）身叟（变）藿尹之棠（常）古（故）。(《上博楚简四·柬大王泊旱》)

⑤ 君子吕（以）此皇（横）于天下。(《上博楚简二·民之父母》)

⑥ 以将阳有（又）行治（笞）。(《睡虎地秦简·法律答问》) 以将阳：因游荡罪。

⑦ 毋以少（小）悔（谋）败大惰（图），毋以卑（嬖）御憩（塞）妝（庄）句（后），毋以卑（嬖）士憩（塞）大夫、卿、事（士）。(《郭店楚简·缁衣》)

⑧人奴妾治（笞）子，子以肪死，黥颜頯，畀主。(《睡虎地秦简·法律答问》)

战国秦代因事介词“以”有时跟“为”构成“以……为……”的固定格式。例如：

① 子羔曰：可（何）古（故）㠯（以）导（得）为帝？(《上博楚简二·子羔》)

② 江海所以为百浴（谷）王，以丌（其）能为百浴（谷）下，是以能为百浴（谷）王。(《郭店楚简·老子甲本》)

例①中原因介词“以”的宾语“何故”提前，意思是说“为什么能够成为帝”。例②中介词“以”的宾语省去，“以”和“为”连在一起。

三、用“以”作语素的介词的发展

“以”常常单独使用，作动词、介词、连词。它有时出现在固定格式中，如“何以”“所以”“有以”“无以”等，这时它也是一个词。

但在出土先秦文献中，有些“以”出现在复合词当中，这时“以”应看作一个语素，而不是一个词。用“以”作语素的词，有些也是介词。

（一）以至

介词“以至”的源头应是连词“以”＋动词“至”。“以”最初是用于介宾短语和动词“至”之间的连词，“以”后的“至”表示实在的动作。后来，“至”不再表示实在的动作，意义虚化了，“至”和前面的“以”融合为一个整体，拥有了跟“至于”一样的用法，这时“以至”这个介词就产生了。处所介词“以至”先产生，时间介词“以至”后产生。

介词“以至”有时间介词和处所介词两种用法。

1. 用作时间介词

时间介词“以至”与前面的“自”前后呼应，构成“自……以至……”的格式，引进时间名词语，表示时间的终点，可译为“到”“一直到”。

战国秦代的用例如：

① 自䪿（夏）栾之月㠯（以）至𡊄（来）戠（岁）䪿（夏）栾，尚毋又（有）大咎。(《新蔡楚简》乙一：19)

② 自䪿（夏）栾之月㠯（以）至各（冬）栾之月，𦘔（尽）七月尚毋又（有）大[咎]。(《新蔡楚简》乙一：31、25)

③ ☐栾之月㠯（以）至𡊄（来）戠（岁）之䪿（夏）栾，尚毋又（有）大咎。(《新蔡楚简》甲三：117、120)

④ ☐以至十月，三☐。(《新蔡楚简》甲三：191)

2. 用作处所介词

处所介词“以至”与前面的“从”前后呼应，构成“从……以至……”的格式，引进处所词语，表示处所的终点，可译为“到”“一直到”。

战国秦代的用例如：

① 从内宫以至中宫卅步。(《兆域图铜版》，《集成》16·10478)

② 从丘欧（坎）以至内宫六步。(《兆域图铜版》，《集成》16·10478)

时间介词“以至”只见于《新蔡楚简》之中，未见于其他出土战国文献里。处所介词“以至”只见于中山国金文当中。

（二）以就

介词“以就”的源头，应是连词“以”+动词“就”。所由虚化的具体环境即“自”“介宾短语+以+动词就”。连词“以”可用于介宾短语和VP之间，“就”可以作动词。后来，当“就”后出现时间名词语时，“就”就不再表示具体的动作，其意义虚化了。“就”和前边的“以”逐渐融合为一个整体，共同起一个介词的作用，跟“至于”类似，这时介词“以就”就产生了。“以就”与“自”前后呼应，构成“自……以就……”的格式，更显示出它的词性。

“就”有“至”“到”义，所以“以就”跟前边讲过的“以至”意义相近，用法和词性也相同。

1. 用作与事介词

介词“以就”介引有次序的与事，表示动作行为所涉及的与事的终点，可译为“到”“一直到”。与“自”前后呼应，构成“自……以就……”的格式。

战国秦代的用例如：

① 舉祷荆王，自熊丽吕（以）就武王五牛五豕。(《包山楚简》246)

② 册告自吝（文）王吕（以）豪（就）圣超王，各束絵（锦）珈璧。(《新蔡楚简》甲三：137)

③ 册告自吝（文）王吕（以）遱（就）圣超［王］☐。(《新蔡楚简》甲三：267)

2. 用作时间介词

介词“以就”介引时间，表示动作行为的时间终点，可译为“到”“一直到”。与“自”前后呼应，构成“自……以就……”的格式。

战国秦代的用例如：

① 盬吉吕（以）宝家为左尹妵贞：出内侍王，自夏层之月吕（以）就集岁之夏层之月，尽集岁，躳身尚毋有咎。(《包山楚简》213)

② 大司马悼滑逆楚邦之师徒吕（以）救郙之岁，荆层之月，己卯之日，鄦吉吕（以）驳需为左尹妵贞：出入侍王，自荆层之月吕（以）就集岁之荆层之月，尽集岁，躳身尚毋有咎。(《包山楚简》234)

③ 乙未之日，盬吉吕（以）保家为左尹妵贞：自荆层之月吕（以）就荆层之月，出入事王。(《包山楚简》197)

④ 自埶［层］吕（以）逾集戢（岁）之埶☐。(《望山楚简》1～29、30)

对于例④中的“吕（以）逾”，《望山楚简》的整理者认为“以”下一字似当作“至”或“经”解（第93页），而张光裕、袁国华（2004）则认为此字就是“就”字，后说可从。

“以就”只出现在楚简里，不见于其他出土战国文献里，也许它是楚地的一个方言词。在传世战国文献当中也没有见到。

总之，动词“以”的本义是“提挈”“携带”。由此义引申出“拿”“用”的意义。这种意义的“以”首先虚化为工具介词“以”。这种工具介词“以”，意义也是“拿”

"用"，用什么工具做什么事，也就是拿着这个工具。意义是"拿""用"的动词"以"同时虚化为材料介词，材料介词"以"也是"拿""用"的意思，用什么材料做什么，也就是拿着这个材料。

方式介词和依据介词显然是由工具介词、材料介词进一步虚化而来的。由后者向前者发展的动因，主要在于介词"以"引进内容的变化：工具介词和材料介词"以"一般是引进表示具体有形事物的名词语；而方式介词和依据介词"以"一般引进的是抽象名词，这个抽象名词用以表示完成动作行为所采取的方法、形式，以及所依据的标准、前提或基础。原因介词"以"应源自依据介词"以"，这两种"以"常常不易分辨，说明两者有极为密切的关系。

受事介词，相当于解惠全、蓝鹰（1987）所说"引进动作行为的直接对象"的介词。解文认为这种介词"以"源自工具介词，本书认为可从。出土战国文献中的"以"，有两例是用作当事介词的，这在传世战国文献中见不到。这种"以"可能源自受事介词"以"，因为受事、当事都是动词后的配价成分。当然，这种用法的"以"，也可能是受"於"类化而产生的。共事介词"以"如解惠全、蓝鹰（1987）所说，是由"率领"义的动词"以"虚化而来的。"率领"义的动词"以"的在殷商时代已很常见，后来直接虚化为共事介词"以"。

时间介词"以"的情况复杂一点。解惠全、蓝鹰（1987）认为是源自"凭借"义的介词"以"，而周守晋（2004）则认为是源自工具介词。如前所述，时间介词"以"常常可译为"用"，因而周守晋（2004）说可能更准确一些。最初"以＋表日名词"就是用这个日子干什么的意思。但是，如前所述，不少时间介词"以"已经不能译为"用"，而可以译为"在""到""从"。这种变化，可以视为时间介词"以"意义的泛化（语法意义的泛化），也可以认为是时间介词"以"受到时间介词"於"的类化。这两个词既然都可以引进时间词语，可见其相互影响，时间介词"以"也可以跟"於"一样有"在""到""从"的意义。

介词"以"语义功能源流可用下图表示：

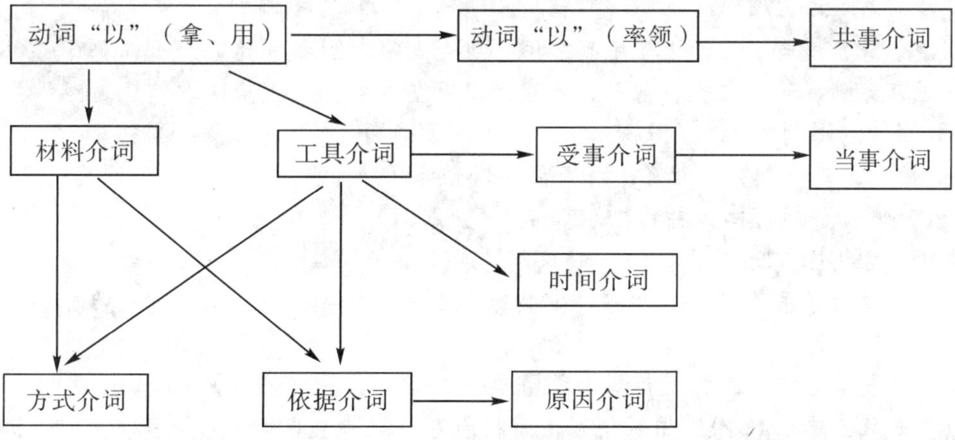

介词"以"语义功能源流

※ 当事介词、时间介词的发展，可能受到介词"於"的类化。

“以”在殷墟甲骨文中已经出现了，当时它还是一个动词。到了西周时代，“以”已经语法化为介词，这个介词已经有了凭事介词中的工具介词和依据介词、因事介词中的原因介词、与事介词中的共事介词和客事介词等用法。到了春秋时代，已经可以见到凭事介词中材料介词的用法。战国时代继承了西周时代介词“以”的各种用法，同时又发展出与事介词中的当事介词、凭事介词中的方式介词、境事介词中的时间介词等用法，同时还产生了“以至”“以就”等复音介词，以及“以……为……”等固定格式。

第七节　出土先秦文献介词“用”的发展

“用”本为动词，是“使用”“运用”的意思。例如“于以用之？公侯之事”（《诗经·召南·采蘩》）、“然则一羽之不举，为不用力焉；舆薪之不见，为不用明焉”（《孟子·梁惠王上》）。

动词“用”虚化为介词“用”的机制跟“以”相同。动词“用”首先虚化为工具介词和材料介词“用”，由工具介词和材料介词“用”再虚化为依据介词，由依据介词再进一步虚化为原因介词。此外，由工具介词还发展出时间介词的用法。

在出土先秦文献中，“用”可以作凭事介词、境事介词和因事介词。

一、用作凭事介词

凭事介词“用”可以有工具介词、材料介词和依据介词三种用法。

第一种用法是工具介词，仍可译为“用”。

西周时代的用例如：

① 宁肇諆（其）作乙考尊簋，其用各（格）百神，用妥（绥）多福，世孙子永宝。（《宁簋盖铭》，《集成》7·4021）

② 师器父作尊鼎，用享考（孝）于宗室，用旂（祈）眉寿、黄耈、吉康。（《师器父鼎铭》，《集成》5·2727）

③ 姬鬻彝，用蒸用尝，用孝用享，用丐眉寿无疆。（《姬鼎铭》，《集成》5·2681）

④ 王易赤雝、芾、玄衣、黹屯、銮旗，曰用左右俗父。（《庚季鼎铭》）

春秋时代的用例如：

自作龢钟，卑（俾）匀彶好，用享台（以）孝于訇（台）皇祖文考，用宴用喜，用乐嘉宾，及我倗友。（《齐陶氏钟铭》，《集成》5·2681）

战国秦代的用例如：

① 隶妾及女子用箴（针）为缗绣它物，女子一人当男子一人。（《睡虎地秦简·秦律十八种》）

② 邳伯夏子自作尊罍，用祈眉寿无疆。（《邳伯缶铭》，《集成》16·10007）

③ 丧史賓自作鈚（鉼），用征用行，用祈眉寿。（《丧史賓瓶铭》，《集成》16·9982）

④ 作兹宝簋，用追孝於我皇毁（舅）。（《陈贮簋盖铭》，《集成》8·4190）

⑤ 悍（忏）乍（作）距末，用差（佐）商国。（《悍距末铭》，《集成》18·11915）

这种用法的“用”在传世文献中也可以见到，例如“齐氏用戈击公孟”（《左传·昭公二十年》）、“是直用管窥天，用锥指地也”（《庄子·秋水》）。

第二种用法是材料介词，仍可译为“用”。

西周时代的用例如：

曶用兹金作朕文考宄白鬻牛鼎。（《曶鼎铭》，《集成》5·2838）

春秋时代的用例如：

① 郱叔之伯友择厥吉金，用铸其龢钟。（《郱叔之伯钟铭》，《集成》1·87）

② 唯曾伯陭廼用吉金鐈攸，用自作醴壶。（《曾伯陭壶铭》，《集成》15·9712）

战国秦代的用例如：

① 县、都官用贞（桢）、栽为傰（棚）牏。（《睡虎地秦简·秦律十八种》）

② 者（诸）侯享（献）台（以）吉金，用乍（作）平寿适器敦。（《十年陈侯午敦铭》，《集成》9·4648）

③ 者（诸）侯寘（賨）荐吉金，用作孝武趄（桓）公祭器敦。（《陈侯因脊敦铭》，《集成》9·4649）

第三种用法是依据介词，仍可译为“用”。

战国秦代的用例如：

今余其念譎，乃有斋休祝成，用再（偁）刺（烈）妝（壮）。（《者沪钟铭》，《集成》1·25）后一小句的意思是据此发扬壮烈 。

这种用法在传世文献中可以见到，如“卫青、霍去病亦以外戚贵，然颇用材能自进”（《史记·佞幸列传》）。

二、用作境事介词

“用”介引时间词语，可译为“在”。

战国秦代的用例如：

虚日……用得，必复出。（《睡虎地秦简·日书乙种》）

此例中的“用得，必复出”，是说在（虚日）得到，一定会再出去。这个“用”跟“以”有相同的用法，都可用作时间介词。

三、用作因事介词

“用”介引原因，可译为“因为”。

西周时代的用例如：

① 伯赐赏，用作宝簋。（《生史簋铭》，《集成》7·4100）

② 赐贝百朋，伯姜对扬天子休，用作宝尊彝。（《伯姜鼎铭》，《集成》5·2791）

③ 若敬乃正，勿法（废）朕令，盂用对王休，用作祖南公宝鼎。（《大盂鼎铭》，《集成》5·2837）

④ 敢对扬天子丕显鲁休，用作朕皇祖南公、亚祖公仲。（《南公乎钟铭》，《集成》1·181）

⑤ 呜呼，王唯念𢦚烈考甲公，王用肇事（使）乃子𢦚率虎臣御淮戎。（《𢦚方鼎铭》，《集成》5·2824）

⑥ 是用寿考。（《毛公旅方鼎铭》，《集成》5·2724）

上引各例中介词“以”的宾语一般都省去，只有例⑥没有省，其宾语“是”出现在“用”的前面。

春秋时代的用例如：

① 王商（赏）作册般贝，用作父己尊。（《作册般甗铭》，《集成》3·944）

② 余赐汝……夷用或敢再拜稽首，膺受君公之赐光。（《叔夷钟铭》，《集成》1·272－8）

战国秦代的用例如：

① 蒿（告）閈（简）之无驅（匹），甬（用）乍宗彝尊壶。（《曾姬无卹壶铭》，《集成》15·9710）

② 百姓不当老，至老时不用请。（《睡虎地秦简·秦律杂抄》）

③ 以施及子孙，用唯朕所放（傚）。（《中山王譽方壶铭》，《集成》15·9735）

介词“用”在西周时代已经产生了，此时已经有工具介词、材料介词、因事介词等用法。到了战国时代，介词“用”仍有这些用法，还发展出依据介词、时间介词等用法。不过，到了战国时代，由于介词“以”已被广泛使用了，具有同样意义和用法的“用”就不常用了。

第八节　出土先秦文献介词“因”的发展

在出土先秦文献中，介词“因”可以用作依据介词、方式介词和原因介词。

一、用作依据介词

这种介词“因”和它的宾语一起表示动作行为的依据、凭借，可译为“根据”“按照”“随着”“凭借”等。

战国秦代的用例如：

① 堂（当）事因方而𢇁（制）之。（《上博楚简一·性情论》）此例在《郭店楚简·性自命出》中作“堂（当）事因方而折之”。

② 豊（礼）因人情而为之即（节）𡖊（文）者也。（《郭店楚简·语丛一》）

③ 售（雍）也憧愚，忎（恐）怠（贻）虐（吾）子𢝊（羞），忨（愿）囙（因）虐（吾）子而訇（辞）。（《上博楚简三·中弓》）

④ 𡐓（禹）乃因山陵（陵）坪（平）隰（隰）之可垟（封）邑者而緐（繁）实之，乃因迩㠯（以）智（知）远，迲（去）𧓍（苛）而行柬（简），因民之欲，会天地之利。（《上博楚简二·容成氏》）

二、用作方式介词

方式介词“因”和它的宾语一起表示动作行为的方法和形式，可译为“通过”。

战国秦代的用例如：

《木瓜》……因木萿之保（报），㠯（以）俞（抒）丌（其）㥶（愿）者也。（《上博楚简一·诗序》）

三、用作原因介词

原因介词“因”和它的宾语一起表示动作行为的原因，可译为“因为”“由于”。

战国秦代的用例如：

① 反此道也，民必因此﨧（重）也以𨒅（报）之。（《郭店楚简·成之闻之》）

② 虐（吾）亡能紿（治）也，而囙（因）㠯（以）害君。（《上博楚简五·姑成家父》）

“因”应是在战国时代新出现的介词。陈永正（1986）认为介词“因”在西周晚期已经出现了，其用法是介引原因。他所举的例子是：“妊氏令蔑事保氒家，因付氒且仆二家。”（《蔑鼎铭》）但只有一例，不是确证，而且在出土春秋文献中还见不到这种例证，所以不能成为定说。

介词“因”均出现于楚简之中，未见于秦简，这是很有意思的现象。

第九节　出土先秦文献介词“与”的发展

一、介词和连词“与”的起源

在出土先秦文献中，虚词“与”有介词、连词和语气词等用法。

语气词“与”的来源有待探讨，而介词和连词“与”则来源于动词“与”。周生亚（1989）指出，“与”原来是一个意义为“给予”的动词，由此虚化为虚词。虚词“与”虚化的路线应为动词—介词—连词。于江（1996）也认为虚词“与”来源于“给予”义的动词。这种动词后面通常带着动作的对象。后来逐渐虚化，成为表示“为”“替”“和”等意义的介词、连词。

意义为“替”“为”的介词“与”没有出现在出土战国文献中，在传世文献中也极为少见。在出土战国文献中，“与”一般作共事介词和比事介词，意义是“跟”“同”“和”。这样的意义跟“给予”的意义相去较远，我们难以说清楚“与”是如何从“给予”义的动词变为意义是“跟”“同”“和”的介词的。所以这种看法不可取。

我们认为，介词“与”确实来源于动词“与”，但不是来源于“给予”义的动词，而是来源于“跟随”“在一起”义的动词。这种意义的动词“与”在古汉语中是存在的。例如：

① 桓公知天下诸侯多与己也，故又大施忠焉。(《国语·齐语》)

② 日月逝矣，岁不我与。(《论语·阳货》)

王力（2000）认为，前例中的“与”为“跟随”“亲附”义，后例中的“与”为“在一起”的意思。

介词“与”所由虚化的具体语法环境应为“NP_1 + 与 + NP_2 + VP”的连动式，NP_1 和 NP_2 一般是表人名词语。上述连动式表示，NP_1 跟随 NP_2，或者 NP_1 跟 NP_2 在一起，然后VP。当这种句式的使用频率大幅度增加以后，它就成了诱发“与”虚化的语法环境。

“与”虚化为介词的类推原动力为一种此前业已存在的常见的句法格式，即“主语 + 介词 + 宾语 + VP”式。例如：

① 甲辰卜：大乙眔上甲酒，王受有祐？

弜眔？(《屯南》2265)

② 镛鼓其眔熹鼓尊？

弜眔？(《合集》31017)

③ 走其眔厥子子孙孙万年永宝用。(《走簋铭》)

④ 面相诬蒙，及尔颠覆。(《逸周书·芮良夫》)

在“主 + 介 + 宾 + VP”这种句式的影响下，“NP_1 + 与 + NP_2 + VP”中的“与”最终发生了变化，由动词变为介词。相应地，句式也发生了变化，由连动式变为以介宾为状语的单动式，句式也被重新分析：

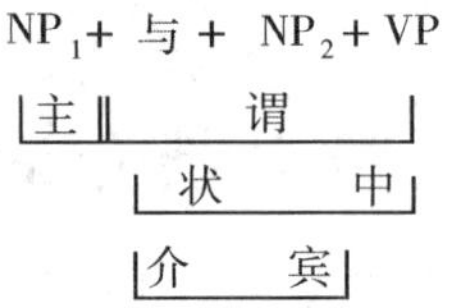

介词“与”产生之后，又进一步向连词发展。在“NP_1 + 与 + NP_2 + VP”中，介词引介的 NP_2 为“与”的宾语，表示共事。所谓共事，是主事所发出的动作行为的协同参与者，跟主事在许多方面有共同性。正因如此，共事的地位就可以上升，跟前边的主事一起作动作行为的主事。这时又发生了重新分析：

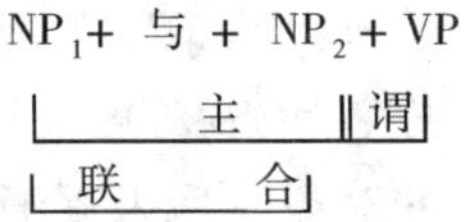

介词“与”和连词“与”常常不容易区分，有时分不清楚它到底是介词还是连词，这正说明介词“与”和连词“与”关系密切，以及连词有来源于这种介词的可能性。

所以说，用作主语的连词结构“NP_1 + 与 + NP_2”是最早产生的。后来“NP_1 + 与 + NP_2”不但可以作主语，也可以作宾语和定语。

二、介词“与”的发展

在出土先秦文献中，介词“与”可以作共事介词和比事介词。

（一）用作共事介词

介词“与”最常见的用法是作共事介词，可译为“跟”“和”“同”。“与”和它的宾语常出现在互向动词之前。所谓互向动词，是指需要两个参与者协同动作才能完成某种动作行为的动词。“与”所引进的，就是除主语所表示的施事者之外的动作行为参与者。

战国秦代的用例如：

① 九月戊申之日，佶（造）大戱六敂（令）周霰之人周雁讼付舉之关人周瑶、周敚，谓葬於丌（其）土。瑶、敚舉（与）雁成，唯周鳜之妻葬焉。（《包山楚简》91）成：和解。

② 以丌（其）审（中）心与人交，兑（悦）也。（《郭店楚简·五行》）交：交往。

③ 或与人斗，缚而尽拔其须麋（眉）。（《睡虎地秦简·法律答问》）

④ 甲往盗丙，毚到，乙亦往盗丙，与甲言。（《睡虎地秦简·法律答问》）言：交谈。

⑤ 客未布吏而与贾，赀一甲。（《睡虎地秦简·法律答问》）贾：交易。

⑥ 古（故）君不与少（小）悔（谋）大，昊（则）大臣不情（怨）。（《郭店楚简·缁衣》）谋：商议。

有时，一个动宾短语相当于一个互向动词，这时“与”字介宾短语也可以出现在它的前面。例如：

① 王所舍新大厩邑（以）啻苴之田，南与郊君执疆，东与菱君执疆，北与鄝君执疆，西与鄯君执疆。（《包山楚简》154）执疆：交界。

② 与民有期。（《睡虎地秦简·为吏之道》）有期：有约定。

有时，动词本身并不是互向动词，但在动词前加上“相”“更”一类副词，动词则相当于互向动词了，这时“与”字介宾短语也可以出现在它们的前面。例如：

① 甲怀子六月矣，白昼与同里大女子丙斗，甲与丙相捽。（《睡虎地秦简·封诊式》）相捽：相互揪住对方头发。

② 与里人更守之，侍（待）令。（《睡虎地秦简·封诊式》）更：轮流。

（二）用作比事介词

“与”有时介引比事，表示主事跟比事在某方面相同、相类。这时“与”构成异同类比较句，属于平比，可以译为“跟”“同”“和”。

战国秦代的用例如：

① 城旦之垣及它事而劳与垣等者，旦半夕参。（《睡虎地秦简·秦律十八种》）

② 新工初工事，一岁半红（功），其后岁赋红（功）与故等。（《睡虎地秦简·秦律十八种》）

③ 府中公金钱私貣用之，与盗同法。（《睡虎地秦简·法律答问》）

④ 其所受臧（赃），亦与盗同法。（《龙岗秦简》148）

⑤ 诈伪、假人符玺传及让人符传者，皆与阑入门同罪。（《龙岗秦简》4）

⑥ 吏弗劾论，皆与同罪。(《龙岗秦简》45)

“与”可以跟“之”构成“（甲）之与（乙）”的惯用格式，例如：

① 卑（譬）道之才（在）天下也，猷（犹）少（小）浴（谷）之𢍰（与）江海。(《郭店楚简·老子甲本》)

② 古者埜（尧）之𢍰（与）叁（舜）也：昏（闻）叁（舜）孝，智丌（其）能羖（养）天下之孝也。(《郭店楚简·唐虞之道》)

何乐士（2006）认为，“（甲）之与（乙）”这种格式，从甲和乙的关系来看，可以分为两大类：一类为甲和乙是并列关系，其中的“与”可译为“和”，是连词。另一类为甲和乙是主从关系，又分为两种：一种可译为“甲跟乙相比”；另一种可译为“甲对于乙”。这两种“与”都是介词。从这个方法来看，上引两例中的“与”都是介词，都不是简单的“和”的意思。例①中的“小谷之与江海”可译为“小谷跟江海相比”。例②中的“尧之与舜”可译为“尧对于舜”。例①中的“与”介引比事，而例②中的“与”介引对象，例②用法的“与”可能是受到介词“於”的类化而产生的。介词“於”有这样的用法，如“君子之於禽兽也，见其生，不忍见其死；闻其声，不忍食其肉”（《孟子·梁惠王上》)、“鲁之於晋也，职贡不乏，玩好时至”(《左传·襄公十九年》)。

就目前所能见到的出土先秦文献来看，介词“与”出现于战国时代。

由出土战国文献来看，介词“与”可能具有地域性。介词“与”在秦简和楚简中都常见，出现次数分别为95次和61次，在中山国金文中也出现了2次，但在曾简中一次也没有出现。

在出土战国文献中，虚词“与”可以作介词、连词和语气词，介词源于动词，连词源于介词，语气词则另有来源。介词、连词用法常见，语气词用法不常见。介词“与”在秦简和楚简中都常见，但在曾简中没有出现；连词“与”在楚简和曾简中都常见，在秦简中却十分罕见；语气词“与”只见于楚简中。

第十节　出土先秦文献介词“及”的发展

一、介词和连词“及”的起源

在出土先秦文献中，虚词“及”有介词和连词的用法，这些用法是从哪里来的呢？

于江（1996）认为，“及”原是动词，表示“追及”“涉及”。由这种意义的“及”虚化为“和”“同”义的介词“及”。这种说法大抵没错，但是把复杂的问题简单化了。

在殷商时代，“及”常作动词，是“赶上”的意思。例如：

① 令王族追召方，及于〼？(《合集》33017)

② 犬追亘，又（有）及？(《合集》302)

由这种动词“及”虚化为“赶在”“趁着”义的条件介词“及”。例如：

① 戊辰卜：及今夕雨？

弗及今夕雨？(《屯南》1062)

② 及兹月出采，受年？

于生月出采，受年？（《屯南》345）

由动词“及”虚化为介词“及”的基本前提是“及”和它的宾语出现在VP之前。由于句子结构信息的安排，往往是旧信息或已知信息在前，新信息或焦点在后，这样，“主语+及+O+VP”中的“及+O”是表示旧信息或已知信息的，其本身是表示伴随意义的，后一个动词才是句子的中心。特别是当作为连动式前一个动词“及”的宾语是时间名词时，“及”更是处于非中心位置。因为时间条件成分是修饰和附加、补充成分，不是句子句法结构的主干成分，只是语义结构中的可有成分。因此，随着这种句式的经常使用，动词“及”的意义发生了泛化以致弱化、虚化。在由动词“及”向介词“及”语法化的过程中，殷商时代早已存在的“NP+P+NP+VP”这种句式成了类推的原动力，例如“贞：王自余入”（《合集》3458）、“于祖乙用羌”（《合集》32122）。受这种原动力的推动，“及”逐渐虚化为介词，其意义趋于抽象，搭配对象范围扩大，凡可以表示条件的词语都可以出现在“及”之后。伴随“及”虚化为介词，人们对这种句式进行了重新分析，“$NP+VP_1+VP_2$”被分析为“NP+PP+VP”。

到了西周春秋时代，“及”仍有条件介词的用法，例如“我惟显服，及德之方明。”（《逸周书·度邑》）。

这时，介词“及”又有了时间介词（表示所到）、对象介词、共事介词等用法。用作时间介词的例子如“及期，百夫荷素质之旗于王前”（《逸周书·克殷》）、“及将致政，乃作大邑成周于土中”（《逸周书·作雒》）。用作对象介词的例子如“内奰于中国，覃及鬼方”（《诗经·大雅·荡》）、“之纲之纪，燕及朋友”（《诗经·大雅·嘉乐》）。用作共事介词的例子如“女及戎大敦搏”（《不娶簋铭》）、“我虽异事，及尔同寮”（《诗经·大雅·板》）。

“及”此时已有了并列连词的用法。例如“周公立，相天子，三叔及殷东徐奄及熊盈以略”（《逸周书·作雒》）、“侵镐及方，至于泾阳”（《诗经·小雅·六月》）。

表示所到的时间介词“及”应该是由表“及到”“达到”意义的动词“及”虚化而来的。动词“及”的“及到”“达到”义是由“赶上”“追上”意义的“及”引申而来的（王力，2000）。这种介词“及”所由虚化的具体句法环境也应是“主语+及+时间名词语+VP”，其语法化的机制与条件介词“及”相同。

对象介词“及”也是由意义为“及到”“达到”的动词“及”虚化而来的。这种介词“及”虚化的基本前提是出现在“$NP_1+VP+及+NP_2$”这样的句法环境中。由于“及”出现在VP之后，语音弱化，也由于“及”后出现的是表示关涉对象这一非基本、非核心、非中心成分，“及”开始虚化。“及”在由动词向介词虚化的过程中，受在殷商时已十分常见的“NP+VP+P+NP”句式的影响，这种句式是其虚化的类推原动力。例如“庚戌卜：侑岁于下乙”（《合集》22044）、“辛酉卜，尹贞：王步自商，亡灾”（《合集》24228）。介词“及”产生后，词义抽象化，搭配对象范围扩大化，凡是表时间的词语都可以出现在“及”之后。伴随介词“及”的产生，人们对“及”所在的句式进行了重新分析，“$NP+VP_1+VP_2$”被分析为“$NP_1+VP+P+NP_2$”。

共事介词“及”也是源于动词“及”的。作为共事介词“及”源头的动词“及”，应是“跟”的意思。“及”的本义是“追上”“赶上”，追赶者原是在后面跟着，即使追上了也是在后面，所以“及”应有“跟”的意思。由“跟”义的“及”虚化为表示共事的介词“及”，跟共事介词“与”的来源一样。共事介词“及”所由虚化的具体语法环境应是“主语+及+NP+VP”，其语法化的机制应与条件介词和时间介词“及”一样。共事介词“及”产生之后，受“于”“自”等介词影响，和它的宾语一起不仅可以出现在VP之前，也可以出现在VP之后。

并列连词“及”的来源如何？对此，学者们大都认为源于动词“及”。周生亚（1989）认为，连词“及”和介词“及”可能是同时由动词“及”引申而成的，它不一定非得经过动词—介词—连词的发展过程。于江（1996）认为，表示“和”“同”义的连词“及”是由“追及”“涉及”义的动词“及”虚化而成的。洪波、蓝鹰等（2001）也认为，上古汉语的动词“及”有“追赶”“赶上”“到达”等义，表并列的连词“及”是由动词虚化而成的。

笔者认为，上述三家的说法值得商榷。连词“及”可能跟连词“与”一样，也经历了动词—介词—连词的发展过程。我们知道，并列连词“与”是由共事介词“与”发展而来的，所由虚化的语法环境是“NP_1+与+NP_2+VP”。并列连词“及”的来源应该跟并列连词“与”是一样的。在殷商时代，“及”还没有共事介词的用法，因而也没有并列连词的用法。张玉金（1994）认为，甲骨文中有并列连词“及”，并举了下面这个例子：“甲戌卜，殸贞：雀及子商徒基方，克?”（《合集》6573）但是，裘锡圭认为此例中的“及”可能是“尸”字（沈培，1994），还有人释为“人”字。除了这个有争议的例子之外，卜辞中还没有发现“及”作连词的用例。到了西周时代，“及”有共事介词的用法，同时也有并列连词的用法。在汉语语法发展史上，存在着“平行虚化”现象，这是洪波（1997）指出来的，如动词“使”虚化为假设连词，与它同义的“令”也虚化为假设连词；动词“见”在表示“遭受”的意义上虚化为表示被动的助动词，动词“被”在表示“遭受”意义上也有相同的虚化。既然如此，那么我们认为，并列连词“与”是由“跟”“同”义的共事介词虚化而来的；并列连词“及”也应该是由“跟”“同”义的共事介词虚化而来的。两者之间应是平行虚化。现代汉语中的并列连词“和”，刘坚等（1992）认为是由“连带”“连同”义的动词虚化而成的。我们则认为，并列连词“和”可能也是由“跟”“同”义的共事介词“和”（如“我和他商量”）发展而来的（至少是其来源之一）。

出土战国文献继承了出土西周、春秋文献中虚词“及”的所有用法，且多出了一个用作方面介词的用法。这种用法的“及”在传世文献中可以见到。例如：“不通经术知古今之大礼，不可以为三公；及左右近臣。少见之人，如从管中窥天也。”（《史记·梁孝王世家》）

这种介词“及”可能是由意义为“说到”“提及”的动词“及”发展而来的。在上古汉语中，有些“及”是这样的意义。例如：“群居终日，言不及义。”（《论语·卫灵公》）方面介词“及”所由虚化的具体句法环境应是“及+宾语+VP”（宾语是后面VP的话题），其语法化的机制与共事介词“及”等类似。

二、介词“及”的发展

在出土先秦文献中，介词“及”可以作共事介词、时间介词、对象介词、方面介词、条件介词等。

（一）用作共事介词

介词“及”可以作共事介词，可译为“跟”“与”“同”。

西周时代的用例如：

① 戎大同追汝，女及戎大敦搏。（《不嬰簋铭》，《集成》8·4328）

② 伯庶父作醴壶，彶（及）姜氏永宝用。（《伯庶父壶铭》，《集成》15·9619）

③ 皃叔作仲姬旅盨，皃叔其万年，永彶（及）仲姬宝用。（《皃叔盨铭》，《集成》9·4425）

④ 王曰：父厝！己曰彶（及）兹卿事寮大史寮于父即尹。（《毛公鼎铭》，《集成》5·2841）

战国秦代的用例如：

大夫寡，当伍及人不当？（《睡虎地秦简·法律答问》）

此例中的“伍”为动词，意思是合编为伍。“伍及人”是指跟其他人合编为伍。“及”字介宾短语放在动词之后。

这种“及”在传世战国文献中也可以见到，但“及”字介宾短语多是作状语的，如“秦大夫不询于我寡君，擅及郑盟”（《左传·成公十三年》）。

（二）用作时间介词

这种介词“及”一般表示时间终点，和它的宾语一起作状语，可译为“到”“等到”。

战国秦代的用例如：

① 隹（虽）丌（其）於善道也亦非又（有）译（择）娄（数）以多也，及丌（其）尃（博）长而厚（厚）大也，则圣人不可由（猶）与（豫）墠（惮）之。（《郭店楚简·成之闻之》）

② 憙（喜）惹（怒）恣（哀）悲之槩（气），眚（性）也。及丌（其）见於外，𠟭（则）勿（物）取之也。（《郭店楚简·性自命出》）

③ 方才（在）下立（位），不以匹夫为丞（轻）；及丌（其）又（有）天下也，不以天下为重。（《郭店楚简·唐虞之道》）

④ 及丌（其）为埜（尧）臣也，甚忠。（《郭店楚简·唐虞之道》）

⑤ 隹（虽）有死辠（罪），及参世，亡不若。（《中山王嚳鼎铭》，《集成》5·2840）

⑥ 不赁（任）其人，及官之敃岂可悔？（《睡虎地秦简·为吏之道》）敃：乱。

在传世文献中，“及”还可以作处所介词，表示事物运动的终点，可译为“到”“到达”，如“若阙地及泉，隧而相见，其谁曰不然”（《左传·隐公元年》）、“费人攻之，弗克，入及公侧”（《史记·孔子世家》）。

（三）用作条件介词

介词“及”和它的宾语一起作状语，可译为“赶在”“趁”“趁着”。

殷商时代的用例如：

① 戊辰卜：及今夕雨？

弗及今夕雨？（《合集》33273）

② 戊子卜，㱿贞：帝及四月令雨？

贞：帝弗其及今四月令雨？王占曰：丁雨，不，惠辛。旬丁酉允雨。（《合集》14138）

③ 乙酉卜，大贞：及兹二月有大雨？（《合集》24868）

④ 及兹月出采，受年？

于生月出采，受年？（《屯南》345）

战国秦代的用例如：

邦必岂（亡），我及含（今）可（何）若？（《上博楚简六·平王问郑寿》）及今何若：趁现在怎么办。

（四）用作对象介词

介词"及"表示动作行为涉及的对象，和它的宾语一起作补语，可译为"到"。

战国秦代的用例如：

① 是又（有）纯德遗训，以施及子孙。（《中山王嚳方壶铭》，《集成》15·9735）

② 亡圣（声）之乐，它（施）返（及）孙子。（《上博楚简五·民之父母》）

③ 陀（施）及五帝，莫能禁止。（《峄山刻石》）

④ 举劾不从令者，致以律，论及令、丞。（《睡虎地秦简·语书》）

⑤《甘［棠］》［思］及丌（其）人，敬蟋（爱）丌（其）查（树）。（《上博楚简一·诗序》）

（五）用作方面介词

介词"及"常表示话题转移，可译为"至于"。

战国秦代的用例如：

昔者尧叁（舜）墨（禹）汤，悬（仁）义圣智，天下法之。此吕（以）贵为天子，騕（富）又（有）天下，长年又（有）舉（举），后殜（世）遂之。则魂（鬼）神之赏，此明矣。返（及）桀受學（幽）萬（厲），焚圣人，杀讦者，恻（贼）百眚（姓），𤔲（乱）邦豪（家）。［此吕（以）桀折於鬲山，而受首於只（岐）袿（社），］身不叟（没）为天下芺（笑）。则魂（鬼）［神之罚，此明］矣。返（及）五（伍）子疋（胥）者，天下之圣人也，鸱巳（夷）而死。遂（荣）厺（夷）公者，天下之𤔲（乱）人也，长年而叟（没）。（《上博楚简五·鬼神之明》）

何乐士（2006）认为"及"的这种用法是转折连词，不可信。笔者认为，"及"跟"至于钱的问题，我们也没有好的办法"中的"至于"词性相同，都是介词。

介词"及"在殷商时代已经出现了，当时主要用作条件介词。西周时代的介词"及"主要是用作共事介词。到了战国时代，介词"及"的用法多样化了，可以作共事介词、时间介词、对象介词、方面介词、条件介词等，但都不常见。

第十一节　出土先秦文献介词“为”的发展

一、介词“为”的起源

“为”最常见的虚词用法是用作介词，这种“为”在出土战国文献中共出现了226次。介词“为”是怎么来的呢？

我们认为，介词“为”是由动词“为”虚化而来的。在上古汉语中，“为”常作动词。依据何乐士（2004）统计，在《左传》中，“为”共出现1 537次，其中作动词的就有1 291次，作介词的才243次。动词“为”常出现的格式为“S＋为＋$名_1$/代＋$名_2$/动”。动词“为”前的主语可以省略。紧挨着“为”后出现的是“$名_1$/代”，即名词语或者代词；然后是“$名_2$/动”，即名词或动词（若是动词，一般是用作名词的）。“$名_1$/代”和“$名_2$/动”之间可以是定中关系，也可以共同作“为”的双宾语。例如：

① 隶臣有巧可以为工者，勿以为人仆、养。（《睡虎地秦简·秦律十八种》）

② 姜氏何厌之有，不如早为之所。（《左传·隐公元年》）

③ 夫司寇行戮，君为之不举。（《左传·庄公二十年》）

④ 民疾而叛，为之聚也。（《左传·昭公三年》）

上引例①中的“仆”是指驾车的人，“养”是指负责炊烹的人，都是名词，“为”是动词。例②～④中的“为”，陈克炯（1983）认为都是动词，他认为“之”后面的动词语，都是指与行为或动作有关的事件。由“为”构成的上述句式很常见。这种句法环境里的动词“为”，正是介词“为”的直接来源。

我们知道，在上古汉语中，名词可以用作动词，动词也可以用作名词。上引例①的“仆”可以作名词，指驾车的人，如“屡顾尔仆”（《诗经·小雅·正月》），也可以作动词，指驾车或驾车人，如“子适卫，冉有仆”（《论语·子路》）。如果把例①中的“仆”“养”看作名词，那么“为”就是动词；如果把它们看作动词，那么“为”就应该是介词。上引例④的“聚”可以指聚民这个动作（动词），也可以指聚民这件事（名词），陈克炯（1983）认为是后者，所以他认为前面的“为”是动词；但若把“聚”看作动词，则前面的“为”应看成介词。

我们认为，介词“为”的产生，正是由于上述句式的重新分析。原本，在“S＋为＋$名_1$/代＋$名_2$”中，“为”是谓语中心，“$名_2$”是宾语或宾语中心。但是重新分析后，“$名_2$”用作动词，作谓语中心，而前面的“为”虚化为介词。在“S＋为＋$名_1$/代＋动”中，“为”本来是谓语中心，而“动”用作名词，作宾语或宾语中心。但重新分析发生后，谓语中心后移，由“为”移到了后面的“动”，后面的“动”又由名词变为动词。这样一来，介词“为”就产生了。例如：

① 謠生吕（以）⿱衛土箑为君贞。（《新蔡楚简》乙一：26）

② 彭定吕（以）驳⿱雨黽为君卒（卒）戢（岁）贞。（《新蔡楚简》乙四：46）

③ 郏輓吕（以）⿱衛土韦（箑）为君卒（卒）戢（岁）之贞。（《新蔡楚简》乙四：102）

上引例①中的“为君贞”，是替君贞问，其中的“为”应为介词。例②中的“为君卒岁贞”是说为君的一整年贞问（“卒岁”是时间名词），其中的“为”也是介词。例③中的“为君卒岁之贞”，我们也分析为状中结构，“为＋君卒岁”是介宾短语作状语，“之”用于状中之间，“贞”是谓语中心。

例③的“贞”前为什么用“之”，其来源为何？我们认为“为＋名$_1$＋之＋动”这种句式很可能最初是以“为”为谓语中心的，“名＋之＋动”是定中短语。但是重新分析发生之后，谓语中心移到后面的“动”上，前面的“为”成了介词，而“之”成了用于状中之间的助词。

重新分析之所以发生，是由于受到了“S＋介＋O＋VP”句式的类推，这种句式很早就已经产生了。例如：

① 走敢拜稽首，对扬王休，用自乍宝尊簋，走其眔厥子子孙孙万年永宝用。（《走簋铭》，《集成》8·4244）

② 面相诬蒙，及尔颠覆。（《逸周书·芮良夫》）

③ 我有好爵，吾与尔靡之。（《周易·中孚》）

这种句式是“为”虚化的类推原动力。在这类句式的影响下，“S＋为＋名$_1$/代＋名$_2$/动”被重新分析，介词“为”便产生了。

二、介词“为”的发展

介词“为”的语义功能，主要是作主事介词、与事介词、因事介词和关事介词。

（一）用作主事介词

主事介词“为”具体有两种用法，一是作施事介词，二是作经事介词。

“为”作施事介词，引进动词动作行为的发出者，可译为“被”，一般构成“为＋施事＋V”的句式。

战国秦代的用例如：

① 为天下㲻（僇）。（《中山王譽鼎铭》，《集成》5·2840）僇：辱。

② 身不叟（没），为天下英（笑）。（《上博楚简五·鬼神之明》）

③ 斗，为人殴殴。（《睡虎地秦简·法律答问》）

④ 生子，老为人治（笞）也。（《睡虎地秦简·日书甲种》）

⑤ 今马为人败，食人稼一石。（《睡虎地秦简·法律答问》）

“为”作经事介词，引进心理活动的发出者，可译为“被”，可构成“为＋经事＋V”的句式。

战国秦代的用例如：

古（故）为天下贵。（《郭店楚简·老子甲本》）贵：尊重。

何乐士（2004）指出，在《左传》中没有发现“为……所……”这种被动句式。我们进一步指出，在出土战国文献中也见不到这种句式。由于这种句式多见于《史记》，所以很可能是在西汉时才产生的。

（二）用作与事介词

介词“为”作当事介词，引进动作行为所为之而发的对象，往往是动作行为受益的对象，可译为“为”“替”“给”。

战国秦代的用例如：

① 哀公胃（谓）孔=（孔子）：子不为我圖（图）之？（《上博楚简二·鲁邦大旱》）

② 讆（许）定吕（以）陵尹怿之大保（宝）冢为君贞☐。（《新蔡楚简》乙二：27）

③ 攻尹之攻执事人夏槑、卫瘥为子左尹𦨶槑祷於亲王父、司马子音戠（特）牛。（《包山楚简》224）

④ 陈恳、宋献为王煮盐於海。（《包山楚简》147）

⑤ 安陵莫敖繇献为鄝贰越异之黄金七益，吕（以）䊩种。（《包山楚简》106）

⑥ 为黑夫、惊多问婴记事可（何）如？定不定？（《睡虎地秦牍》M4：11号）

⑦ 铸客为王后甲府为之。（《铸客为王后甲府鼎铭》，《集成》4·2394）

⑧ 大攻（工）尹脽台（以）王命命集尹悲（悎）楮、裁（织）尹逆、裁（织）敏（令）阢，为鄂君启之府賦（就）铸金节。（《鄂君启车节铭》，《集成》18·12110）

（三）用作因事介词

因事介词“为”有两种用法，一是作原因介词，二是作目的介词。

“为”用作原因介词，引进动作行为发生的原因，可译为“因为”。

战国秦代的用例如：

① 夫为丌（其）君之古（故）杀丌（其）身者，尝又（有）之矣。夫为丌（其）君之古（故）杀丌（其）身者，交（效）录（禄）雀（爵）者也。（《郭店楚简·鲁穆公问子思》）

② 善取，人能从之，上也。为古（故）銜（率）民向方者，唯悳（德）可。（《郭店楚简·尊德义》）

③☐遂（践）迬，为民之古（故），息（仁）之至。（《上博楚简六·慎子曰恭俭》）

④ 故腾为是而脩法律令、田令及为间私方而下之。（《睡虎地秦简·语书》）

“为”用作目的介词，引进动作行为的目的，可译为“为”“为了”。

战国秦代的用例如：

① 为父𢇍（绝）君，不为君𢇍（绝）父。为昆弟𢇍（绝）妻，不为妻𢇍（绝）昆弟。为宗族𠕋（杀）倗（朋）習（友），不为倗（朋）習（友）𠕋（杀）宗族。（《郭店楚简·六德》）

② 士为大夫之立身不字，大夫为邦君之立身不字，邦君为夫子之［立］身不字。（《上博楚简六·天子建州甲》）

③ 童（动）非为达也，古（故）窮（穷）而不□□□为名也。（《郭店楚简·穷达以时》）

④ 善於死者为生者。（《上博楚简四·曹沫之阵》）

⑤ 卿（向）为厶（私）諓（便），人牆（将）芙（笑）君。（《上博楚简四·柬大王泊旱》）

⑥ 为利桂（枉）［道则贪］。（《上博楚简二·从政甲》）

（四）用作关事介词

关事介词“为”主要用作对象介词，引进动作行为旁及的对象，可译为“对”“向”。

战国秦代的用例如：

①☐迺（将）为客告。(《上博楚简四·柬大王泊旱》) 为客告：向客人通报。

②讫命（令）尹不为之告。(《上博楚简四·昭王毁室》) 为之告：向楚王通报。

介词“为”只见于出土战国秦代文献中，主要是作主事介词、与事介词、因事介词和关事介词。

“为”的介词用法源于动词用法。前面说过，介词“为”所由虚化的具体语法环境是“S＋为＋名$_1$/代＋名$_2$/动”。当“为”后的两项作“为”的双宾语时，“名$_1$/代”这一项就是“为”的当事。当“为”虚化为介词后，“名$_1$/代”就成了其后动词的当事。所以当事介词这一用法是直接由动词来的，是最基本的用法，使用频率也最高。由当事介词用法发展出对象介词的用法，这两种用法很相近，语义也十分类似，有时甚至难以区分。由当事介词用法又发展出目的介词的用法，当事介词是介引动作行为所为之而发的对象，目的介词是介引动作行为的目的，两者相通，有时甚至都可译为“为”“为了”。由目的介词又发展出原因介词，因为目的和原因是相通的，为了什么而做和因为什么而做是类似的。至于施事介词，可能也是直接源于动词“为”的。前面说过，“S＋为＋名/代＋动”是“为”所由虚化的具体语法环境之一。当“为”是动词时，其后的“动”是动词用作名词，是“所动”之义。从语义上看，“为”后的“名/代”是“动”的施事。当“为”虚化为介词后，“动”又变回动词，这时“为”后的“名/代”成了“为”的宾语。在语义上，“名/代”仍是“动”的施事，如“兔不可复得，而身为宋国笑”(《韩非子·五蠹》) 中的施事介词“为”就是这样产生的。

在现有的出土战国秦代文献中，只见到虚词“为”有介词、连词的用法，未见到有语气词的用法。介词“为”常见，而连词“为”很少见。

第十二节　出土先秦文献介词“眔”的发展

介词“眔”在出土先秦文献中只有共事介词的用法。

“眔”用作共事介词，应该就是后世文献中的“暨”。共事介词“眔”表示“跟……一起”“同……一起”。

殷商时代的用例如：

① 甲辰卜：大乙眔上甲酒，王受有佑？
弜眔？
☐先上甲酒？吉。
三报二示眔上甲［酒］，王受佑？
弜眔？(《屯南》2265)

② 镛鼓其眔熹鼓尊？
弜尊？(《合集》31017)

③ 辛丑卜：公祷，惠今日酒，王受佑？
于癸酒，王受佑？
于父己父庚既祭乃酒？

夕酒？

[公] 罘二父酒？（《合集》27416）

④ 己巳贞：其馭祖乙，罘祖丁？

弜罘父丁宜？（《屯南》1128）

“罘”字结构既可以用作状语，也可以用作补语。用作状语如上引4个例子，用作补语的例子如下：

① 卯罘大乙？（《屯南》2648）

② 弜先酒罘祖乙？（《合集》27204）

③ □子贞：岳燎罘河？（《屯南》4397）

④ 己未卜：其侑岁于兄己一牛？

己未卜：其侑岁罘兄庚牢？（《合集》27615）

“罘”的宾语有时可以省去，它后面的谓语动词有时也可以省去。例如：

① 惠□喜令，有𢦏？

惠戍、马呼罘往？（《合集》27966）

② 乙酉卜□惠三百□令？

乙酉卜：王果令？

弜果令？

惠一族令？

惠三族马令？

罘令三族？

乙酉卜：于丁令马？（《合集》34136）

③ 其侑蔑，罘伊尹？

弜罘？（《合集》30451）

④ 甲寅卜：其登鬯于祖乙，小乙罘？

弜罘？

祖乙卯牢？

牢有二牛？

二牢？

小乙其罘，一牛？（《屯南》657）

西周时代的用例如：

① 友对扬王休，用乍厥文考尊簋，友罘厥子子孙孙永宝。（《友簋铭》，《集成》8·4194）

② 走敢拜稽首，对扬王休，用自乍宝尊簋，走其罘厥子子孙孙万年永宝用。（《走簋铭》，《集成》8·4244）

③ 罘蔡姬永宝用。（《走簋铭》，《集成》8·4244）

④ 赐君我唯赐寿，我不能不罘县白万年保。（《县妃簋铭》，《集成》8·4269）

⑤ 子子孙孙永宝，用享于宗。士父其罘□姬万年。（《士父钟铭》，《集成》1·145）

⑥ 厥罘公出厥命：邢伯、荣伯、民氏、师俗父、遣仲。（《永盂铭》，《集成》16·10322）

介词“眔”只见于出土殷商文献和出土西周文献中。

第十三节　出土先秦文献介词“如”的发展

何乐士（2006：338）认为“如”有介词用法：一是用作条件介词，二是用作对象介词。介词“如”仅见于出土战国文献中。

一、用作条件介词

用作条件介词的“如”表示引进动作行为的依据，可译为“按照”“依照”，如“如实论之，殆虚言也”（《论衡·书虚》）、“幸甚，如太尉请”（柳宗元《段太尉逸事状》）。

战国秦代的用例如：

① 其与城旦舂作者，衣食之如城旦舂。（《睡虎地秦简·秦律十八种》）

② 亡、不仁其主及官者，衣如隶臣妾。（《睡虎地秦简·秦律十八种》）

③ 田不从令者，论之如律。（《龙岗秦简》117）

④ 及稟鬃县中而负者，负之如故。（《睡虎地秦简·效律》）

⑤ 擎布入公如赀布，入赍钱如律。（《睡虎地秦简·法律答问》）

二、用作对象介词

何乐士所谓的对象介词“如”，是引进比较对象的，可译为“胜过”“比”“于”，如“善气迎人，亲如兄弟；恶气迎人，害于兵戈”（《管子·心术》）、“人之困穷，甚如饥寒，故贤主必怜人之困也，必哀人之穷也”（《吕氏春秋·爱士》）。

战国秦代的用例如：

① 爰母处其室，大如杵，赤白。（《睡虎地秦简·日书甲种》）

② 以枲索大如大指，旋通系颈。（《睡虎地秦简·封诊式》）

③ 处如资（斋），言如盟。（《睡虎地秦简·为吏之道》）

④ 君子敬如始。（《睡虎地秦简·为吏之道》）

第二章　出土先秦文献连词的发展

连词是在语法结构中起连接作用的词。

连词的语法特征主要有二：一是只起连接作用，不能成为句子成分或句子成分中实质性结构部分；二是具有双向性，只要有连词出现，不管是单个出现，还是配对照应出现，都一定有它所关涉的两个或几个单位出现。如果关涉两个单位，便是双向的；如果关涉三个或更多的单位，便是多向的。

连词与副词不同，连词具有双向性，能表明两个语法单位之间的关系；而副词具有单向性，能单独充当状语。连词与介词不同，如果是介词，前边已经出现或可以出现副词等状语性成分；如果是连词，组合单位后边已经出现或可以出现范围副词。介词和句间连词有不同的语义关系，句间连词表示“句”与“句”的关系，而介词只是表示“句内”的关系。

对连词的分类可以分两个层次进行：第一层根据连词所表示的关系意义来分类，如并列连词、顺承连词等；第二层着眼于连接单位的不同，可把连词分为词语连词和句间连词两大类。词语连词指在词或短语之间起连接作用的词；句间连词是指经常在分句和分句或者句子和句子之间起连接作用的词。当然，有些连词兼属词语连词和句间连词两类。

第一节　出土先秦文献连词“以”的发展

一、连词“以”的起源

解惠全、蓝鹰（1987）谈到连词“以”的十一用法及其来源是：

一是所连接的后项是前项的目的，可译为“来”“以便”。这种用法源自“凭借”义的介词“以”，其途径有二：一是介词“以”的宾语因经常省略而脱落；二是由于“以”字带前置谓词性宾语，而被固定在两个谓词性成分之间。

二是所连接的后一项是前一项的结果，可译为“以致”“因而”。这种用法是由“因为”义的介词“以”虚化而来，其途径同一。

三是连接因果复句，用于原因分句，这个分句可以在前，也可以在后，可译为“因为”“由于”。这种用法也是源于“因为”义的介词“以”，其途径有二：一是当“以”引进的是复杂的动词词组或句子形式时，整个句子变长，中间出现语音停顿，从而引起句子的重新切分，原来较长的介词宾语上升为分句，“以”的词性也随之变化；二是汉语的句子一般比较简洁，如果一个较复杂的介词结构插在主语和谓语之间，就显得拗口，改成复句更符合汉语习惯。

四是所连接的两项有先后相承的关系，用法同“而”。这是“以”的一、二两项连词用法受连词“而”影响类化而来。

五是所连接的前一项是后一项的方式、状态或程度。可分为两类：A. 连接动词、形容词和动词，这种用法的来源与四相同。B. 连接时间词与动词，这种用法的来源可能有二：一是由于“在”义的时间介词“以”及“按照”义的介词“以”带前置宾语，“以”从而被固定在时间词与谓语之间；二是受连词“而”的影响类化而来。

六是所连接的两项是并列关系，可分为两类：A. 连接名词或名词性词组，这种用法来源于“及”义的动词“以”，与动词“及”向连词“及”的虚化平行发展。B. 连接动词、形容词或动词、形容词词组，这是五 A 用法的扩展，即由连接名词扩展为连接动词和形容词。

七是所连接的两项有递进关系，可译为“并且”“而且”。这种用法与六 B 的作用相同，也可能与“以”受“而”类化有关。

八是所连接的两项有转折关系，可译为“但”“却”。这种用法也是受“而”的影响类化而成。

九是“以”放在“上”“下”“往”“来”等前面，共同表示空间、时间、数量等，这种用法是由“及”义的动词“以”虚化而来。

十是连接形容词、助动词与动词，这种用法是由“用”“凭”义的介词“以”虚化而来，其途径是由于“以”的宾语省略而失落。

十一是连接动词和名词，两者之间是述宾关系。这种用法是由“用”“凭”义的介词“以”虚化而来，其途径是“以”前宾语的省略。

解惠全、蓝鹰的观点可用下图表示：

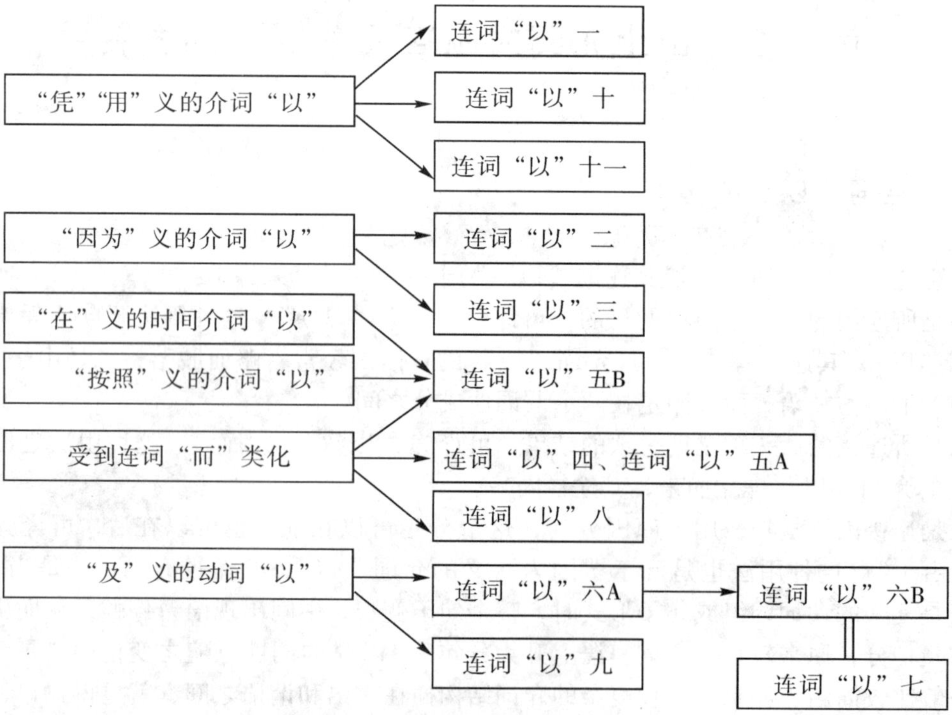

郭锡良（1988）认为，“以”先由动词虚化为介词，再由介词虚化成连词。由于介词“以”的宾语既可以前置，又可以省略，还可以用谓词充当，因而使它具备了进一步虚化为连词的条件。以“隐居以求其志，行义以达其道”（《论语·季氏》）为例，其中的“以”处于两个谓语结构之间，不是典型的介词语境，“以”进一步虚化，由介词语法化为连词，连接的两部分，后一部分表示动作行为的目的。连接目的语的连词“以”产生后，类推扩展，又可以连接两个并列的谓语性成分，意义更虚，作用跟连词“而”有些相似。

很明显，解惠全、蓝鹰（1987）的论述比较具体，而郭锡良（1988）的论述比较简略。但几位学者的基本观点相差不大。

笔者认为，解惠全、蓝鹰（1987）所列出的连词九和连词十一，都不是连词。连词九出现在“以上”“以下”“以北”“以来”“以往”等词语里，这些词语在上古汉语中大都已凝固成词（方位词），已不必再认为其中的“以”是连词。对于少数“以”后词语意义实在的（仍表动词义），“以”应看作连词，是用于状中之间的（状语一般由介词短语充当）。最初“以”后的词意义都比较实在，如“上”“下”“北”跟“来”“往”一样，表示实在动作，是往上、往下、往北行的意思。随着“以”后词语意义的虚化，不表示实在动作，“以×”就凝固为一个词了。连词十一并不是连词，而是介词，介引受事等词语，将其看作连词是不妥的。

解惠全、蓝鹰（1987）认为表示先后相承关系的连词“以”是受连词“而”影响类化而来的，这是我们不赞同的。这种顺承连词“以”是来源于结果连词“以”的，这两者在意义上相通，都是先做某种动作然后产生结果。方式状态连词“以”很可能也不是受连词“而”类化而来，而是由方式介词“以”虚化而来，其途径跟介词“以”变为目的连词“以”的途径是一样的。表示并列关系的“以”，解惠全、蓝鹰（1987）认为源于“及”义的动词“以”，却认为表示转折关系的“以”是源自“而”的类化，这不太可信。动词“以”是否有“及”义，还有待深入研究。即使有，也未必是连词“以”的源头，因为太不常用了。我们认为并列连词“以”、转折连词“以”很可能是目的连词、结果连词、顺承连词、方式连词“以”语法意义的泛化（generalization），当然在这个过程中可能受到“而”的影响。

连词“以”根据其表达的语法关系意义的不同，可以分为目的连词、结果连词、顺承连词（表示先后关系）、方式状态连词、修饰连词（用于状语和中心语之间）、并列连词、转折连词、原因连词等用法。

根据解惠全、蓝鹰（1987）的观点，再加上修正及术语，连词“以”的来源如下图所示：

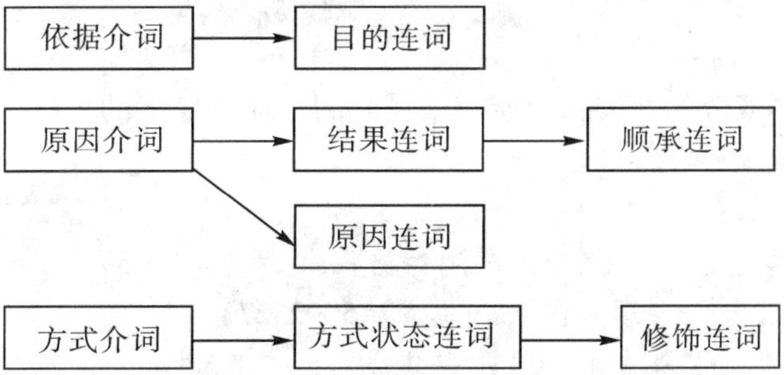

※目的连词、结果连词、顺承连词、方式状态连词、修饰连词 $\xrightarrow{\text{泛化为}}$ 并列连词、转折连词。

二、连词“以”关系意义的发展

（一）用作目的连词

连接两个动词语或分句，前项表示动作行为，后项表示动作行为的目的，可以译为“来”“以便”等。

春秋时代的用例如：

庚率二百乘舟入莒从河，台（以）亟（殛）伐彘□丘。（《庚壶铭》，《集成》15·9733）

战国秦代的用例如：

① 是以圣王作为法度，以矫端民心，去其邪避（僻），除其恶俗。(《睡虎地秦简·语书》)

② 埅（禹）肰（然）句（后）刣（始）为之唬（号）羿（旗），㠯（以）攴（辨）亓左右，思民毋惑（惑）。(《上博楚简二·容成氏》)

③ 有秦嗣王敢用吉玉、宣璧，使其宗祝邵鼛布檄告於丕显大神厥湫，以底楚王熊相之多罪。(《诅楚文·大沈厥湫文》)

④ 欲归爵二级以免亲父母为隶臣妾者一人。(《睡虎地秦简·秦律十八种》)

⑤ 羕陵攻尹快与乔尹黄驈为羕陵貣越异之黄金三十益二益，㠯（以）糴种。(《包山楚简》107)

⑥ 今吾老赒（贾）亲率参军之众，以征不宜（义）之邦。(《中山王譻鼎铭》，《集成》5·2840)

（二）用作结果连词

连接两个动词语或分句，前项表示某一种动作行为或原因，后项表示前项的结果，可译为“以至于”“从而”等。

战国秦代的用例如：

① 誉适（敌）以恐众心者，翏（戮）。(《睡虎地秦简·法律答问》)

② 分甲以为二甲蒐者，耐。(《睡虎地秦简·秦律杂抄》)

③ 告曰战围以折亡，叚（假）者耐。(《睡虎地秦简·秦律杂抄》)

④ 妻有罪以收。(《睡虎地秦简·法律答问》)

⑤ 女子不狂痴，歌以生商。(《睡虎地秦简·日书甲种》)

⑥ 追念乱世，分土建邦，以开争理。(《峄山刻石》)

（三）用作顺承连词

连接两个动词语或分句，表示前后两项在时间上或顺序上的先后关系，可译为“就”“才”或不译。

西周时代的用例如：

① 苏拜稽首，受驹以出。(《晋侯苏编钟铭》，《近出》1·59)

② 受令册，佩以出。(《颂鼎铭》，《集成》5·2827)

③ 受册，佩以出。(《善夫山鼎铭》，《集成》5·2825)

战国秦代的用例如：

① 臧（庄）王既成亡鏄（敌），㠯（以）昏（问）酖尹子桱。（《上博楚简六·庄王既成》）

② 既又（有）夫六（位）也，以貢（任）此［六戠（职）］也。六戠（职）既分，以衮（裕）六悳（德）。（《郭店楚简·性自命出》）

③ 贞：既心𢘟（闷）、瘁（胖）痮（胀），㠯（以）百腈體（体）疾。（《新蔡楚简》甲三：189）

④ 天陞相盒（合）也，以逾（降）甘霝（露）。（《郭店楚简·老子甲本》）

⑤ 铍、戟、矛有室者，拔以斗，未有伤殴，论比剑。（《睡虎地秦简·法律答问》）

⑥ 即取𦝫以归，到囷下。（《周家台秦简·病方及其它》）

（四）用作方式状态连词

连接两个动词语或分句，前项表示动作行为的方式状态，后项表示动作行为，可译为“地”“去”或不译。

西周时代的用例如：

有汝多兄（贶），毋有□汝，唯汝率我多友以事。（《𤰈父鼎铭》，《集成》5·2827）

战国秦代的用例如：

① 邑之䜣（近）皂及它禁苑者，麛时毋敢将犬以之田。（《睡虎地秦简·秦律十八种》）

② 人行而鬼当道以立，解发奋以过之，以若（箬）便（鞭）毄（击）之。（《睡虎地秦简·日书甲种》）

③ 奠（郑）寿出，居（据）逄（路）㠯（以）须。（《上博楚简六·平王问郑寿》）

④ 埅（禹）亲执枌〈朸〉（耒）耙（梠），㠯（以）波（陂）明者（都）之泽，决九河之渫（阻）。（《上博楚简二·容成氏》）

⑤ 九月己酉之日不遲李羕㠯（以）廷。（《包山楚简》40）

⑥ 女（如）载马、牛、羊，台（以）出内（入）闗（关），则征（徵）於大府。（《鄂君启舟节铭》，《集成》18·12113）

（五）用作修饰连词

连词“以”用在状语和中心语之间，充当状语的可以是介宾短语、名词状语、助动词、形容词或副词，充当中心语的一般是动词语。状语是用来修饰中心语的，所以把这种“以”称为修饰连词。

战国秦代的用例如：

① 以棘椎桃秉（柄）以恿（敲）其心，则不来。（《睡虎地秦简·日书甲种》）

② 君王之瘵从今日以瘥（瘥）。（《上博楚简四·柬大王泊旱》）

③ 乃因迩㠯（以）智（智）远，迲（去）蠱（苛）而行柬（简）。（《上博楚简二·容成氏》）

④ 盍（盖）东南之遇（寓），日以凥（居）。（《九店楚简》55）

⑤ 戉（越）王者旨於睗择厥吉金，自祝（铸）禾（龢）𢆶（联）翟（鑃），台（以）乐可康，嘉而（尔）宾客，甸甸以鼓之。（《越王者旨於睗钟铭》，《集成》1·144）

⑥ 君子道人以言，而𢘉（恒）以行。（《郭店楚简·缁衣》）

（六）用作并列连词

连接两个谓词语（主要是形容词语，有时是动词语），表示前后两项的并列关系，可译为“而”“又”等。

战国秦代的用例如：

① 丙寅生子，武以圣。(《睡虎地秦简·日书甲种》)

②［天不足］於西北，丌（其）下高以弜（强）。(《郭店楚简·太一生水》)

③ 思民之初生，多陰（险）㠯（以）难成。(《上博楚简六·用曰》)

④ 孝羕（养）父母，㠯（以）善亓新（亲），乃及邦子。(《上博楚简二·容成氏》)

（七）用作转折连词

连接两个谓词语（包括形容词语、动词语），表示前后两项在意义上互相转折，可译为“但”“却”“而”。

战国秦代的用例如：

① 𤔲（卒）谷（欲）少㠯（以）多。(《上博楚简四·曹沫之阵》) 少以多：少而精。

② 戩（战）又（有）㬎（显）道，勿兵㠯（以）克。(《上博楚简四·曹沫之阵》) 勿兵以克：不战而屈人之兵。

③ 九月甲辰之日，不贞周𢘓之奴㠯（以）至（致）命。(《包山楚简》20)

④ 唯（虽）不𡚭（当）殜（世），台（以）义毋售（旧），立死可（何）𣦢（伤）才（哉）！(《上博楚简五·姑成家父》)

（八）用作原因连词

用于因果复句中的原因分句之首（原因分句可以在结果分句之前，也可以在其后），连接表示原因和结果的分句，可译为“因为”“由于”等。

战国秦代的用例如：

① 贞：走趣（趋）事王、大夫，㠯（以）亓未有篧（爵）立（位），尚速㝵（得）事。(《望山楚简》1·22)

② 以某数更言，毋解辞，治（笞）讯某。(《睡虎地秦简·封诊式》)

③ 以一曹事不足独治殹，故有公心。(《睡虎地秦简·语书》)

④ 九月戊申之日，郙陈午之里人蓝讼邓令尹之里人苛䲨，㠯（以）亓丧亓子丹、而得之於䲨之室。(《包山楚简》92)

三、连词“以”连接单位的发展

（一）用来连接两个分句

这类“以”可以分为两类，一类是原因连词，另一类是非原因连词。

第一类，原因连词“以”所在的原因分句出现在结果分句之前。

战国秦代的用例如：

① 㠯（以）僕（仆）之不㝵（德），并僕（仆）之父母之骨厶（私）自塼（敷），让命（令）尹不为之告。(《上博楚简四·昭王毁室》)

② 以丌（其）不静（争）也，古（故）天下莫能与之静（争）。(《郭店楚简·老子

甲本》）

“以”所在的原因分句有时出现在结果分句之后，例如：

① 冬栾之月、癸丑之日，周赐讼鄝之兵甲执事人宫司马競丁，㠯（以）亓政（正）亓田。（《包山楚简》81）

② 十月戊戌之日，中昜（阳）□盘邑人郚緐㠯（以）讼坪（平）昜（阳）之枸里人文适，㠯（以）亓敚妻。（《包山楚简》97）

第二类，非原因连词“以”用在复句的后一分句之首，而且“以”紧接动词；这个动词与前一分句中的主要动词往往是同一个主语（或同一施事）。

春秋时代的用例如：

庚率二百乘舟入莒从河，台（以）亟（殛）伐彘□丘。（《庚壶铭》，《集成》15・9733）

战国秦代的用例如：

① 汤乃尃（辅）为正（征）复（籍），㠯（以）正（征）闗（关）市。（《上博楚简二・容成氏》）

② 陞（降）自鸣攸（條）之述（遂），㠯（以）伐高神之门。（《上博楚简二・容成氏》）

③ 支（辨）为五音，㠯（以）定男女之聖（声）。（《上博楚简二・容成氏》）

④ 君毋𢝊（惮）自裳（劳），㠯（以）观上下之青（情）悬（伪）。（《上博楚简四・曹沫之阵》）

⑤ 克𩌏戎事，台（以）異（翼）四戔（践）。（《上博楚简六・用曰》）

⑥ 君子訢（慎）六立（位），以巳（祀）天祟（常）。（《郭店楚简・成之闻之》）

（二）用来连接两个动词语

“以”可以用来连接两个动词语（动词和动词性词组），中间没有停顿语气，不用在“以”前加标点符号。

西周时代的用例如：

① 苏拜稽首，受驹以出。（《晋侯苏编钟铭》，《近出》1・59）

② 受令册，佩以出。（《颂鼎铭》，《集成》5・2827）

③ 有汝多兄（贶），毋有□汝，唯汝率我多友以事。（《𤔲父鼎铭》，《集成》5・2827）

战国秦代的用例如：

① 敬城（成）亓悳（德）㠯（以）临民。（《上博楚简五・季庚子问於孔子》）

② 万勿（物）方（旁）复（作），居以须遉（复）也。（《郭店楚简・老子甲本》）

③ 古（故）伥（长）民者，章（彰）志以邵（昭）百眚（姓），𣅜（则）民至（致）行㠱（己）以敓（悦）上。（《郭店楚简・缁衣》）

④ 君子之立（莅）民也，身備（服）善以先之，敬訢（慎）以寸（守）之。（《郭店楚简・成之闻之》）

⑤ 其前谋，当并臧（脏）以论。（《睡虎地秦简・法律答问》）

⑥ 其吏主者坐以赀、谇，如官啬夫。（《睡虎地秦简・效律》）

（三）用来连接两个形容词语

“以”可用于连接两个形容词语（形容词和形容词词组），“以”前不可加逗号，一般是表示并列关系的。

战国秦代的用例如：

① 季（教）以豊（礼），则民果以巠（劲）。季（教）以只（技），则民少（小）以叐（吝）。(《郭店楚简·尊德义》)

② 吏有五失：一曰谤以泄，二曰贵以大（泰）。(《睡虎地秦简·为吏之道》)

③ 乙丑生子，武以攻（工）巧。(《睡虎地秦简·日书甲种》)

“以”偶尔用来连接两个名词，表示两者的联合关系。这种例子在出土战国文献中只有一处：

室人皆毋（无）气以息。(《睡虎地秦简·日书甲种》)

（四）用来连接名词语和动词语

“以”可用于名词语和动词语之间。

战国秦代的用例如：

① 盍（盖）东南之遇（寓），日以尻（居）。(《九店楚简》55)

② 武王素甲㠯（以）申（陈）𣪊（殷）蒿（郊）。(《上博楚简二·容成氏》)

③ 武王於是虖（乎）素完（冠）弁（冕）㠯（以）告吝（闵）于天。(《上博楚简二·容成氏》)

④ 毋凶備（服）以亯祀。(《上博楚简五·三德》)

（五）用于形容词语和动词语之间

“以”前的形容词语一般是作状语的，其后的动词语一般是作中心语的。

战国秦代的用例如：

① 含（今）之君子，孚（愎）怂（过）戏（捍）析，戁（难）以内（纳）谏。(《上博楚简三·中弓》)

② 青（静）㠯（以）寺（待），寺（待）寺（时）出。(《上博楚简四·相邦之道》)

③ 戚（戚）肰（然）㠯（以）冬（终）。(《上博楚简一·性情论》)

④ 丌（其）剌（烈）㫷（则）流女（如）也以悲，條（悠）肰（然）以思。(《郭店楚简·性自命出》)

（六）用于助动词和动词语之间

“以”前的助动词，一般是作状语的。

战国秦代的用例如：

① 其日䟜以收责之。(《睡虎地秦简·秦律十八种》) 䟜：足。

② 终岁衣食不䟜以稍赏（偿）。(《睡虎地秦简·秦律十八种》)

（七）用于副词和动词语之间

“以”前的副词，一般是作状语的。

战国秦代的用例如：

① 古（故）牆（将）㠯（以）告息（仁）人之道。(《上博楚简六·孔子见季趠子》)

② 过十分以上，先索以稟人，而以律论其不备。(《睡虎地秦简·秦律十八种》)

③ 入禾，发扇（漏）仓，必令长吏相杂以见之。(《睡虎地秦简·秦律十八种》)

④ 县啬夫若丞及仓、乡相杂以印之。(《睡虎地秦简·秦律十八种》)

《睡虎地秦简》中的“索”为范围副词，“杂”也是范围副词，“相杂”联系紧密，用法上相当于一个副词，表示“共同”“一起”。

（八）用于介宾短语和动词语之间

“以”前的介宾短语是作状语的。

战国秦代的用例如：

① 小子骃敢吕（以）芥（玠）圭、吉璧、吉叉（瑵），以告于华大山。（《秦骃玉版铭》）

② 君王之疠（病）牆（将）从今日吕（以）已。（《上博楚简四·柬大王泊旱》）

③ 反此道也，民必因此坙（重）也以遉（报）之，可不靳（慎）虐（乎）！（《郭店楚简·成之闻之》）

④ 即斩豚耳，与腏以并涂囷廥下。（《周家台秦简·病方及其它》）

四、以“以”为语素的连词的发展

以“以”为语素的连词有“是以”“此以”“以到”“以起”“以会”等。

（一）是以

1.“是以”的起源

“是以”最初见于西周时代的语料。“是”是指示代词，它不管是作动词的宾语还是作介词的宾语，一般都要放在前面。当时除了“是以”之外，还有“是用”，如“王赐乘马，是用左（佐）王”（《虢季子白盘铭》，《集成》16·10173）。“以”和“用”都是介词，“是”作它们的宾语都要前置。在西周时代的语料中，“是以”还不多见，当时很可能还是介宾短语。

“是以”中的“是”，是话语复指代词，回指前面的分句；而“以”是原因介词。正因如此，“是以”前后的小句，事实上存在因果关系，整个复句可视为因果复句。“是”所指代的内容，就在它前面的小句里，因此，“是”容易被虚化；“是”虚化后，“以”的介词性也不鲜明了。随着“是以”使用频率的提高，“是以”逐渐融合为一体，它们在自身意义的基础上吸收了语境中的因果关系意义，变成了表示结果的连词。

“是以”变成连词之后，就具有了连词的功能和性质。当它还是介宾短语时，一般只出现在主语之后，在小句中作状语。但是当它变成连词之后，它就经常出现在主语之前了，不但可用于复句之中，还经常用于句群中，用来连接句子。后一种用法，西周时代是没有的。在西周时代，没有“以……是以……”格式，而这种格式在战国时代的语料中可以见到，这是“是以”已经变为连词的明证。

一般都认为，战国时代的“是以”是连词，用来表示原因的结果，可以译为“因此”“所以”。

2.“是以”的发展

连词“是以”明显可以分为两类。一是用于因果复句之中，用来连接分句，表示因果关系，可译为“因此”。

西周时代的用例如：

丕显子白，壮武于戎工（功），经维四方，搏伐猃狁于洛之阳，折首五百，执讯五十，是以先行。(《虢季子白盘铭》，《集成》16·10173)

战国秦代的用例如：

① 寡人庸其德，嘉其力，氏（是）以赐之厥命。(《中山王嚳鼎铭》，《集成》5·2840)

② 当（倘）者（诸）侯不治骚马，骚马虫皆丽衡厄（轭）鞅韅辕靷，是以炎之。(《睡虎地秦简·法律答问》)

③ 君子娩（美）丌（其）青（情），贵［丌（其）宜（义）］，善丌（其）即（节），好丌（其）颂（容），乐丌（其）衍（道），兑（悦）丌（其）畬（教），是以敬安（焉）。(《郭店楚简·性自命出》)

④ 天陛（地）［逿（復）相補（辅）］也，是以成神明。神明逿（復）相補（辅）也，是以成侌（阴）昜（阳）。(《郭店楚简·太一生水》)

⑤ 大一生水，水反補（辅）大一，是以成天。天反補（辅）大一，是以成陛（地）。(《郭店楚简·太一生水》)

二是用于因果句群之中，用来连接句子，表示因果关系，可译为“因此”。

战国秦代的用例如：

① 古者，民各有乡俗，其所利及好恶不同，或不便於民，害於邦。是以圣王作为法度，以矫端民心，去其邪避（僻），除其恶俗。(《睡虎地秦简·语书》)

② 丌（其）糃（荡）也固悘（矣），民管（孰）弗訐（信）？是以上之亙（恒）柔（务），才（在）訐（信）於众。(《郭店楚简·成之闻之》)

③ 法（乏）勿（物）慈（滋）章（彰），眺（盗）恻（贼）多又（有）。是以圣人之言曰：我无事而民自禧（富）。(《郭店楚简·老子甲本》)

④ 上不以丌（其）道，民之从之也难。是以民可敬道（导）也，而不可穽（掩）也；可馯（御）也，而不可擘（牵）也。(《郭店楚简·成之闻之》)

⑤ 人之败也，亙（恒）於丌（其）叡（且）成也败之。是以［圣］人欲不欲，不贵戁（难）㝵（得）之货；学不学，逿（復）众之所沘（货）。(《郭店楚简·老子丙本》)

⑥ 夫乐［杀，不可］以㝵（得）志於天下。古（故）吉事上（尚）左，䘮（丧）事上右。是以支（偏）牐（将）军居左，上牐（将）军居右。(《郭店楚简·老子丙本》)

战国秦代“是以”通常是单独使用的，但有时候与表原因的连词“以”、关联副词“唯”前后呼应，构成“以……是以……”“唯……是以……”句式，共同表示原因和结果的关系。例如：

① 江海所以为百浴（谷）王，以丌（其）能为百浴（谷）下，是以能为百浴（谷）王。(《郭店楚简·老子甲本》)

② 夫唯啬，是以㫚（早）备。(《郭店楚简·老子乙本》)

③ 天〈夫〉唯弗居也，是以弗去也。(《郭店楚简·老子甲本》)

这种与原因连词、关联副词连用的“是以”，都是用于复句中的，也就是说，“以……是以……”“唯……是以……”都是用来关联复句的，不用于句群之中。

（二）此以

1. “此以”的起源

“此”这个代词见于西周传世文献之中，没有见于西周出土文献。在西周时代的语料中，没有“此以”这个代词。“此以”之所以产生，是因为受到了“是以”的类化。在战国时代，“此”跟“是”是同义词，尽管它们是有区别的。由于“是”可以跟“以”构成“是以”一词，受此影响，“此”也跟“以”构成“此以”一词，用来表示结果。

2. “此以”的发展

“此以”可用于因果复句之中，用来连接两个分句，表示因果关系，可译为“因此”。

战国秦代的用例如：

① 求之於中，此㠯（以）不惑。(《上博楚简六·孔子见季起子》)

② 大人不睪（亲）丌（其）所贤，而信丌（其）所贱，季（教）此㠯（以）遊（失），民此㠯（以）緮（变）。(《上博楚简一·缁衣》)《郭店楚简·缁衣》中有一段文字与此同。

“此以”也可用于因果句群中，用来连接句子，表示因果关系，可译为“因此”。

战国秦代的用例如：

① 昔者尧峑（舜）墨（禹）汤，悬（仁）义圣智，天下法之。此㠯（以）贵为天子，瞙（富）又（有）天下，长年又（有）舉（举），后殜（世）遂之。(《上博楚简五·鬼神之明》)

② 三（四）枳（肢）朕（倦）陞（惰），耳目聪明衰，韋（禅）天下而受（授）旻（贤），退而羧（养）丌（其）生（性）。此㠯（以）智丌（其）弗利也。(《郭店楚简·唐虞之道》)

③ 君子言又（有）勿（物），行又（有）陞（格）。此㠯（以）生不可敚（夺）志，死不可敚（夺）名。(《上博楚简一·紂衣》)

上引3个例子中的“此以”所在的句子，其主语都省去了。下引3个例子中的主语都出现了，“此㠯（以）”均用于主语之前。用于句群中的“此㠯（以）”，没有出现在主语之后的例子。例如：

① 古（故）君子之春（友）也又（有）曾（向），丌（其）恶也又（有）方。此㠯（以）迩者不惑，而远者不惷（疑）。(《上博楚简一·紂衣》)

② 邦豪（家）之不寍（宁）也，昊（则）大臣不台（治）而执（褻）臣怋（托）也。此㠯（以）大臣不可不敬，民之蕝（蕝）也。(《郭店楚简·缁衣》)

③ 唯（虽）丌（其）於善道也亦非又（有）译（择）娄（数）以多也，及丌（其）専（博）长而垕（厚）大也，则圣人不可由（犹）与（豫）埤（惮）之。此㠯（以）民皆又（有）眚（性）而圣人不可莫（慕）也。(《郭店楚简·成之闻之》)

（三）以到

1. “以到”的起源

“以到”的产生，很可能是“以上到”的省略、紧缩。例如：“其不可食者不盈百石以下，谇官啬夫；百石以上到千石，赀官啬夫一甲；过千石以上，赀官啬夫二甲。”(《睡虎地秦简·秦律十八种》）如果把上例中的“以上到”紧缩成“以到”，则“百石以上到千石”可说成“百石以到千石”。这种“以到”和下面例子中的“以到”完全相同。

2. “以到”的发展

“以到”共有两种用法：一是用于两个表示钱数的词语中间；二是用于两个表示时间的词语之间。但这两种“以到”都有共性，即“以到”前面的数字要小于“以到”后面的数字。

战国秦代的用例如：

① 过二百廿钱以到二千二百钱，赀一盾。(《睡虎地秦简·效律》)

② 廿二钱以到六百六十钱，赀官啬夫一盾。(《睡虎地秦简·效律》)

③ 直（值）百一十钱以到二百廿钱。过二百廿钱以到千一百钱。过千一百钱以到二千二百钱。(《睡虎地秦简·效律》)

④ 十分一以到不盈五分一，直过二百廿钱以到千一百钱。过千一百钱以到二千二百钱。百分一以到不盈十分一，直过千一百钱以到二千二百钱。(《睡虎地秦简·效律》)

⑤ 已入月，数朔日以到六日，倍之；七日以到十二日，左之；十三日以到十八日，向之；十九日以到廿四日，右之；廿五日以到卅日，复倍之。(《周家台秦简·日书》)

“以到”只出现在秦简当中，未见于其他出土战国文献。

（四）以起、以会

1. “以起”“以会”的起源

“以起”这个虚词的源头应是“（连词）以 +（动词）起”。所由虚化的具体语法环境应是“时间名词语 + 以 +（动词）起”。前面说过，连词“以”可用于时间名词状语和VP之间，如“日月以冀”(《左传·昭公七年》)。当“起”后出现时间名词语时，“起”已不再表示具体的动作，其意义虚化了；同时“起”与前面的“以”融合为一个整体，共同起到连词的作用。这时连词“以起”就产生了。“以会”的产生机制与“以起”相同。

2. “以起”“以会”的发展

“以起”用于两个时间名词语之间。如果看作虚词，那么应归为连词，起连接作用。

战国秦代的用例如：

① 庚申之昏吕（以）起辛酉之日祷之。(《新蔡楚简》甲三：109)

② ☐甲戌之昏吕（以）起乙亥之日廌（荐）之。(《新蔡楚简》甲三：119)

③ ☐戊申𣪘（以）起己酉祷之。(《新蔡楚简》乙二：6、31)

④ ☐[吕（以）]起己酉祷之。(《新蔡楚简》甲三：144)

⑤ ☐戊申之夕吕（以）起己[酉]☐。(《新蔡楚简》甲三：126)

例①中的“庚申”和“辛酉”，是紧紧相连的两个干支，这就是说“庚申”的第二天即“辛酉”。从“庚申之昏”到“辛酉之日”时间很短，“庚申之昏以起辛酉之日”很可能是指“庚申之昏”和“辛酉之日”交界之时，也就是指“庚申之昏”结束而“辛酉之日”开始（起）之时。如果是这样，那么“庚申之昏以起辛酉之日”是指一个时间点，而不是指一个很长的时间段。

与“以起”用法相同的还有“以会”。

战国秦代的用例如：

凡是戊唇（辰）吕（以）敓（会）己巳祷之。(《新蔡楚简》甲一：10)

上引例句中“以会”前后的“戊辰”和“己巳”也是紧相连接的两个干支，“戊辰”的第二天即“己巳”。“戊辰以会己巳”很可能是指“戊辰”和“己巳”相交之时，即这两天的交界之时，也是指某一个时点，而不是指一个很长的时间段。

“以起”“以会”这两个词，都只见于楚简之中，未见于其他出土战国文献。

总之，连词“以”在西周时代已经出现了，但用法还比较简单，可以用于两个动词语之间，表示两个动作行为的顺承关系、方式状态关系等。到了春秋时代，连词“以”可以用于两个分句之间，表示目的关系。到了战国时代，连词“以”有了很大的发展，它所表达的语法意义更多样，所出现的句法环境也更复杂，还跟其他的语素一起组成一些复音的连词，表达更为具体明确的语法意义。

第二节　出土先秦文献连词“用”的发展

一、连词“用”的起源

在出土先秦文献中，“用”有顺承连词的用法，其来源可以参照“以”。“以”也有顺承连词的用法，其来源为原因介词—结果连词—顺承连词。

顺承连词“用”也应是这样来的。“用”作原因介词的例子前面已举过。“用”也可以用作结果连词，如“思辑用光”（《诗经·大雅·公刘》）、“譬彼坏木，疾用无枝”（《诗经·小雅·小弁》）。顺承连词“用”直接来自这种结果连词“用”。

二、连词“用”的发展

（一）用作原因连词

用于因果复句的前一分句中，表示原因，可译为“因为”。

西周时代的用例如：

① 呜呼哀哉！用天降大丧于下国，亦唯噩侯驭方率南淮尸、东尸，广伐南国东国，至于历内，王乃令西六师、殷八师曰：“扑伐噩侯驭方，勿遗寿幼。”（《禹鼎铭》，《集成》5·2833）

② 用猃允（狁）放（方）瘈（兴），广伐京师，告追于王，命武公遣乃元士，羞追于京师。（《多友鼎铭》，《集成》5·2835）

③ 用天子宠蔑梁其历，梁其敢对天子丕显扬。（《梁其钟铭》，《集成》1·187－8）

④ 用夨𫠇（扑）散邑，廼即散用田。（《散氏盘铭》，《集成》16·10176）

（二）用作顺承连词

“用”用作顺承连词，连接前后分句，表示前后两项的顺承关系，可译为“于是”“来”“廼”等。

战国秦代的用例如：

① 不可慉，用曰婁（迩）君婁（迩）戾。（《上博楚简六·用曰》）

② 亦不可婁（迩）於恻（贼），用曰：远君远戾。（《上博楚简六・用曰》）

③ ☐难之，而亦弗能弃，用曰：盍事虩（赫）虩（赫）。（《上博楚简六・用曰》）

④ 则方繇而弗可矣，用曰咎群言之弃。（《上博楚简六・用曰》）

对于“用”的这种用法，张光裕（2007：287）说：“‘用’可训为‘乃’，如《诗经・大雅・江汉》：‘肇敏戎公，用锡尔祉。’‘用曰’犹言‘乃曰’。”此说可从。何乐士（2006：525）指出“用”可作顺承连词，连接前后分句，表示前后两项的顺承关系，可译为“于是”“来”等。她举的例子有“假寐永叹，维忧用老”（《诗经・小雅・小弁》）、“谨尔侯度，用戒不虞”（《诗经・大雅・抑》）。“用曰”的“用”，就属于这种用法。

就现有的出土文献而言，原因连词“用”只见于西周时代，顺承连词“用”只见于战国时代。

第三节　出土先秦文献连词“因”“因而”的发展

一、连词“因”和“因而”的产生

连词“因”“因而”源自介词“因”，而介词“因”源自动词“因”。“因”作动词有依靠的意思，如“因谁之力？因宋人、蔡人、卫人之力也”（《公羊传・隐公十年》）。这种“因”出现在“因+名词语+VP”的连谓结构之中，经常使用，就可以虚化为介词。首先由动词“因”虚化为依据介词，再由依据介词“因”发展为方式介词“因”和原因介词“因”。“因”的发展过程十分清楚。前面说过，介词“因”常与“而”构成“因……而……”的介词框架。当介词“因”的宾语省略之后，“因”和“而”就可以连在一起，同时“因”又处于顺承复句的后一分句之首，“因”就转化为连词。由于“因”后可以出现“而”，就产生了“因而”这个连词，它产生的方式是邻词黏合。

二、连词“因”的发展

连词“因”应源自介词“因”。前面说过，介词“因”的宾语可以承前省去，这时“因”处于VP之前。当“因+VP”之前有语音停顿，而前一分句和后一分句有顺承关系时，连词“因”就产生了。

连词“因”的产生和连词“以”的产生类似，介词“以”后宾语省略，是连词“以”产生的途径之一。连词“因”可用作顺承连词。

“因”常用于顺承复句后一分句之首（后一分句不出现语句主语），表示前后两个分句的顺承关系，即前后两个分句在时间顺序或事理上先后相承接，可译为“于是”“就”。

西周时代的用例如：

妊氏令蛕事保厥家，因付厥祖仆二家。（《蛕鼎铭》，《集成》5・2765）

战国秦代的用例如：

① 王遈（徙）凥（居）於坪（平）澫（漫），卒（卒）㠯（以）大夫饮酒於坪澫

（漫），因令至俑毁室。（《上博楚简四·昭王毁室》）

② 邦家大旃（旱），痼（因）瘀（资）智於邦。（《上博楚简四·柬大王泊旱》）

③ 争书，因恙（佯）瞋目扼揞（腕）以视（示）力。（《睡虎地秦简·语书》）

④ 犀武论其舍人□命者，以丹未当死，因告司命史公孙强。（《放马滩秦简·墓主记》）

⑤ 严敬不敢怠荒，因载所美，邵跋皇工（功）。（《中山王嚳方壶铭》，《集成》15·9735）

⑥ 臣请具刻诏书金石刻，因明白矣。（《峄山刻石》）

三、连词“因而”的发展

“因而”是复音虚词，用于后一分句的谓语之前，表示前后两个分句的承接关系，可译为“于是”“就”。

战国秦代的用例如：

① 大材执（艺）者大官，少（小）材执者少官，因而它（施）录（禄）安（焉）。（《郭店楚简·六德》）

② 听其有矢，从而贼（则）之，因而征之。（《睡虎地秦简·为吏之道》）

第四节 出土先秦文献连词“与”的发展

连词“与”和介词“与”两者之间应该如何区别呢？

王克仲（1984）认为，用介词“与”构成的句式，有三种基本类型，即“（与 + 介词宾语） + 动词”“主语 + （与 + 介宾短语） + 动词”和“［与 + （ ）］ + 动词”。第一种和第三种句式中的“与”都容易跟连词“与”区别开来，只有第二种句式中的“与”容易跟连词“与”相混。第二种句式可以表达为“X + 与 + Y + 动词”。王克仲认为可以从三个角度来分析：第一，从这类结构的上文来看，当“与”是介词时，主语是 X，X 和 Y 之间并非并列关系而是递进关系；第二，从这类结构的下文来看，当“与”是介词时，其后小句的主语应是 X，而不是 X 与 Y；第三，当“与”是介词时，在“与”之前可以加其他句子成分。

何乐士（2006）也谈到介词“与”和连词“与”的区别，认为有以下几点：第一，“与”作介词时，它前面的主语常可承上省略，而“与”作连词时，所连接的前后两项都不能省略；第二，介词“与”前面可有各种修饰成分，而连词“与”前不能有任何修饰成分；第三，介词“与”前面的主语和后面的宾语绝不能共同充当句中的一个成分，而连词“与”和它所连接的前后两项必须共同充当句中的一个成分，绝不能把它们拆分开来；第四，连词“与”所连接的前后两项是平等并列关系，词序可以互换而不影响上下文义，而介词“与”前的主语和后面的宾语不是平等并列的关系，词序不可任意变换；第五，在多个并列成分中，连词“与”一般都位于最后两个并列成分之间，介词“与”一般位于并列成分的前面。

上述两位学者的说法很有启发性，对于正确区别介词“与”和连词“与”有一定的帮助。我们认为，还可以借鉴现代汉语语法学中区别单纯并列连词和介词的方法来区别介词“与”和连词“与”。

介词“与”和连词“与”一般容易区别开来，特别是当“与”前的主语省略，或“与”后的宾语省略，或“与”前出现状语的时候，“与”都应视为介词。只有当“与”前有主语、其后有名词语成“与”前没有修饰语时（即“X + 与 + Y + VP”句式中的“与”）才容易相混。我们认为，在充分理解上下文意义的条件下，可以使用下列方法区别：①替换法。用表示复数的代词来替换 X 与 Y，替换后语义不发生变化的是连词，否则是介词。②互换法。就是把 X 和 Y 的位置前后互相调换，调换后意思基本不变的是连词，否则是介词。这一点王克仲和何乐士两位学者都谈过。③分解法。就是把 X 和 Y 分解开来，分别同后面的 VP 组合，重新组合后意思基本不变的是连词，否则是介词。④插入法。就是在 X 和“与 + Y”之间插入状语，可以插入的是介词，否则是连词。这一点王克仲和何乐士也已谈过了。⑤题化法。就是在 X 之后略作停顿，加上句中语气词，凡是可以题化的是介词，否则是连词。⑥转换法。就是把 X 移到“与 + Y + VP”之后，重新与其他词语组合，凡是可以转换的是介词，否则是连词。通过上述 6 种方法，我们能够把介词“与”和连词“与”区别开来。

一、连词“与”关系意义的发展

并列连词“与”始见于春秋时代，只见到一个例子：

𩫖叔有成劳于齐邦，侯氏赐之邑二百又九十又九邑，䢦（与）鄩之民人都鄙。（《𬍠镈铭》，《集成》1·271）

大量的连词“与”出现在出土战国文献中。

（一）用作并列连词

并列连词“与”一般是用来连接名词性词语的，表示它们之间的并列关系。并列连词“与”的连接功能可以细分为三种，即并连、合连和分连。

具有并连功能的“与”可以构成并连式。在并连式“X + 与 + Y + VP”中蕴含了两个独立的命题，可以表述为“X + 与 + Y + VP→X + VP∩Y + VP”；反过来，“X + VP”“Y + VP”这两个命题由于 VP 相同而合并为“X + 与 + Y + VP”的复合命题。X 与 Y 也可以作动词的宾语，构成“S + V + X + 与 + Y”式，它也可以表达为“S + V + X + 与 + Y→S + V + X∩S + V + Y”；反之亦然。

战国秦代的用例如：

①㚝（隰）倗（朋）𢍰（与）鞄（鲍）꧄（叔）䎽（牙）皆拜。（《上博楚简五·竞建内之》）

②执（势）牙（与）聖（声）为可𥜽（察）也。（《郭店楚简·语丛一》）

③乐与饵，怂（过）客𡴭（止）。（《郭店楚简·老子丙本》）

④身虘（且）有㾏（病），亚（恶）䔢（菜）与飤（食）。（《上博楚简五·三德》）

⑤墨（禹）乃迥（通）经（泾）与渭，北豉（注）之河。（《上博楚简二·容成氏》）

⑥ 凡不吉日，杨（利）吕（以）见公王与贵人。(《九店楚简》41、42)

具有合连功能的“与”可以构成合连式。这种句式“X＋与＋Y＋VP”表达一个独立的命题，句式不能分开表达，即“X＋与＋Y＋VP≠X＋VP∩Y＋VP”。这种句式中的核心动词一般是互向动词。“X＋与＋Y”也可以作定语，但是是“X＋与＋Y＋中心语≠X＋中心语∩Y＋中心语”的结构。

战国秦代的用例如：

① 𢇍（绝）学亡惪（忧），唯与可（呵），相去几可（何）？光（美）牙（与）亚（恶），相去可（何）若？(《郭店楚简·老子乙本》)

② 昔者而弗殜（世）也，善与善相受（授）也。(《上博楚简二·子羔》)

③ 命牙（与）度（文）牙（与），虗（呼）勿（物）。(《郭店楚简·语丛三》) 第二个“与”是相等的意思。

④ 圣牙（与）智𦤎（就）壴（矣），悬（仁）牙（与）宜（义）𦤎（就）壴，宖（忠）牙（与）訐（信）𦤎（就）壴。(《郭店楚简·六德》)

⑤ 名与身篙（孰）新（亲）？身与货篙（孰）多？貴（得）与貢（亡）篙（孰）疠（病）？(《郭店楚简·老子甲本》)

⑥ 昔尧凥（处）於丹府与藋陵之间。(《上博楚简二·容成氏》)

⑦ 一褔紫鱼与录（绿）鱼之箙。(《曾侯乙墓竹简》39)

具有分连功能的“与”可以构成分连式。在分连式“X＋与＋Y＋VP”中蕴含了两个独立的命题，其中的VP是两个不同的概念，常见的形式是“$V + NP_1 +$ 与 $+ NP_2$”。所以这种句式可以展开为“$X +$ 与 $+ Y + V + NP_1 +$ 与 $+ NP_2$”，其中X指向NP_1，Y指向NP_2。也可以分开表述为“$X +$ 与 $+ Y + V + NP_1 +$ 与 $+ NP_2 \rightarrow X + V + NP_1 \cap Y + V + NP_2$”。

战国秦代的用例如：

① 赏与坓（刑），祡（祸）福之羿（基）也。(《郭店楚简·尊德义》)

② 天地与人，若经与纬，若纕（表）与里。(《上博楚简三·彭祖》)

上引例①可以说成“赏，祸之基也；刑，福之基也”。例②类此。

（二）用作选择连词

“与”作选择连词可分为两种。一种用于单句中，用来连接两个谓词性成分（前项是肯定的，后项是否定的），表示选择关系，可译为“还是”“或者”。

战国秦代的用例如：

① 子左尹命漾陵之邑大夫察州里人阳锗与亓父阳年同室与不同室。(《包山楚简》127)

② 甬（庸）又（有）果与不果。(《上博楚简三·恒先》)

这种用法的“与”应该是由表示并列关系的“与”发展而来的，并列关系与选择关系都是联合关系，比较相近。

另一种用于复句中，用来连接两个分句，表示选择关系。“与其……宁……”所表示的选择关系是比较性的，要在两者当中选择一个，一般都是舍弃前者而选择后者。

战国秦代的用例如：

蒦（与）其汋（溺）於人旃（也），宁汋於渊。(《中山王嚳鼎铭》，《集成》5·2840)

二、连词“与”连接单位的发展

绝大多数的并列连词“与”是用来连接两个并列项的。“与”所连接的并列项，可以是名词语，也可以是谓词语。前者很常见，后者少见。

（一）用来连接名词

“与”所连接的两个并列项，可以都是名词。

战国秦代的用例如：

① 天型（刑）成，人𦦙（与）勿（物）斨（斯）里（理）。（《郭店楚简·语丛三》）

② 埶（势）牙（与）聖（声）为可𥛚（察）也。（《郭店楚简·语丛一》）

③ 身𠭯（且）有㾊（病），亚（恶）𦴰（菜）与𩚬（食）。（《上博楚简五·三德》）

④ 命牙（与）𠭯（文）牙（与），虖（呼）勿（物）。（《郭店楚简·语丛三》）

⑤ 𡋻（禹）乃迵（通）经（泾）与渭，北豉（注）之河。（《上博楚简二·容成氏》）

⑥ 今与古亦肰（然）。（《上博楚简四·曹沫之阵》）

（二）用来连接定中短语

“与”所连接的两个并列项，可以都是定中短语。

战国秦代的用例如：

① 圣人之眚（性）与中人之眚（性），丌（其）生而未又（有）非之。（《郭店楚简·成之闻之》）

② 一䙱鼦（貂）与录（绿）鱼之箙。（《曾侯乙墓竹简》86）

③ 䙱鼦（貂）与录（绿）鱼之鞎（䙶），紫裣之里。（《曾侯乙墓竹简》106）

④ 一素纬䋷，有玉钩，黄金与白金之㦼。（《信阳楚简》2－07）

⑤ 长肠人与杙人之马，丽，埼（踦）马。（《曾侯乙墓竹简》164）

⑥ 乘畋车人两骒与其车。（《曾侯乙墓竹简》205）

（三）用来连接同位短语

“与”所连接的两个并列项，可以都是同位短语。

战国秦代的用例如：

① 羋䏶尹酉糟与蔡君之司马奉为皆告成。（《包山楚简》140 反）

② 羕陵攻尹快与乔尹黄驈为羕陵贰越异之黄金三十益二益，㠯（以）籴种。（《包山楚简》107）

（四）用来连接名词和名词性短语

“与”所连接的两个并列项，可以其中一个是名词，另一个是名词性短语。

战国秦代的用例如：

① 缃与素锦之紴（鞶）囊二十又一，缃与青锦之紴（鞶）囊七。（《信阳楚简》2－012）

② 王内（入），㠯（以）告安君与陵尹子高。（《上博楚简四·柬大王泊旱》）

③ 䙊紫鱼与貯（豻）之箙，屯狐白之聶。(《曾侯乙墓竹简》67)

④ 见于绝无后者与渐木立，㠯（以）亓古（故）敚之。(《包山楚简》249)

(五) 用来连接谓词语

"与"所连接的两个并列项，可以都是谓词语（动词、形容词、叹词、数词等）。

战国秦代的用例如：

① 赏与坓（刑），祡（祸）福之羿（基）也。(《郭店楚简·尊德义》)

② 女（汝）能新（慎）紿（始）与冬（终）。(《上博楚简五·弟子问》)

③ 战与型（刑）人，君子之述（坠）悳（德）也。(《郭店楚简·成之闻之》)

④ 𢼸（美）牙（与）亚（恶），相去可（何）若？(《郭店楚简·老子乙本》)

⑤ 圣牙（与）智豪（就）亖（矣）。(《郭店楚简·六德》)

⑥ 䪿（履）地戴（戴）天，竺（笃）义与信。(《上博楚简二·容成氏》)

⑦ 非信与忠，其佳（谁）能之？(《中山王礜鼎铭》，《集成》5·2840)

⑧ 唯与可（呵），相去几可（何）？(《郭店楚简·老子乙本》)

⑨ 四与五之閒（间）虖（乎）？(《上博楚简六·庄子既成》)

"与"连接两个谓词语是有条件的，即"谓词语$_1$＋与＋谓词语$_2$"只能作主语、宾语、定语和判断句谓语，而不能作一般谓语。

总之，连词"与"在楚简、曾简中都常见，在秦简中少见，虚词"与"在秦简中基本上都是作介词用的。

第五节　出土先秦文献连词"及"的发展

一、连词"及"关系意义的发展

"及"的并列连词用法，未见于殷墟甲骨文，它是西周时代新出现的虚词。

西周时代的用例如：

廼卑乡（饗）以曶酒伋（及）羊、丝三寽。(《曶鼎铭》，《集成》5·2838)

春秋时代的用例如：

① 余弗敢法（废）乃令，夷典其先旧，及其高祖。(《叔夷钟铭》，《集成》1·272－8)

② 公及王姬曰：余小子，余夙夕虔敬朕祀。(《秦公钟铭》，《集成》1·262－3)

战国时代的并列连词"与"很常见，用法也最复杂。

(一) 表示并连和合连关系

连词"及"常用来连接名词语。这种"及"所表示的绝大多数都是并连关系，即在"NP_1＋及＋NP_2＋VP""V＋NP_1＋及＋NP_2"中蕴含了两个独立的命题，可以分别表述为"NP_1＋及＋NP_2＋VP→NP_1＋VP∩＋NP_2＋VP""V＋NP_1＋及＋NP_2→V＋ NP_1∩V＋NP_2"。

战国秦代的用例如：

①《尹䛚（诰）》员（云）："隹（惟）尹（伊）夋（尹）及汤，咸有一悳（德）。"

(《郭店楚简·缁衣》)

② 故啬夫及丞皆不得除。(《睡虎地秦简·效律》)

③ 四海(海)之内圣(及)四海(海)之外皆青(请)社(贡)。(《上博楚简二·容成氏》)

④ 咸阳及它县发弗智者当皆赀。(《睡虎地秦简·法律答问》)

⑤ 隶妾及女子用箴(针)为缗绣它物,女子一人当男子一人。(《睡虎地秦简·秦律十八种》)

⑥ 寄及客,是谓"旅人"。(《睡虎地秦简·法律答问》)

上引6例为"NP_1 + 及 + NP_2 + VP"的例子,下引6例为"S + V + NP_1 + 及 + NP_2"的例子:

① 直(值)其所失臧(赃)及所受臧(赃),皆与盗同〼。(《龙岗秦简》137)

② 它垣属焉者,独高其置刍廥及仓茅盖者。(《睡虎地秦简·秦律十八种》)

③ 行命书及书署急者,辄行之。(《睡虎地秦简·秦律十八种》)

④ 县尉时循视其攻(功)及所为。(《睡虎地秦简·秦律杂抄》)

⑤ 不可取妇、家(嫁)女、出入货及生(牲)。(《睡虎地秦简·日书甲种》)

⑥ 县上食者籍及它费大(太)仓。(《睡虎地秦简·秦律十八种》)

少数"及"是用来表示合连关系的,即"NP_1 + 及 + NP_2 + VP"和"S + V + NP_1 + 及 + NP_2"表达一个独立的命题,句式不能分开表述。

战国秦代的用例如:

① 古者,民各有乡俗,其所利及好恶不同。(《睡虎地秦简·语书》)

② 吏已收臧(藏),官啬夫及吏夜更行官。(《睡虎地秦简·秦律十八种》)

③ 若我先君穆公及楚成王,是缪力同心,两邦若壹。(《诅楚文·大沈厥湫文》)

④ 丙与里人及甲等会饮食,皆莫肯与丙共桮(杯)器。(《睡虎地秦简·封诊式》)

⑤ 三军出,君自率,必訋(约)邦之贵人及邦之可(奇)士。(《上博楚简四·曹沫之阵》)

⑥ 已论,啬夫即以其直(值)钱分负其官长及冗吏。(《睡虎地秦简·秦律十八种》)

在出土战国文献中,未见到表示分连关系的"及"(所谓分连是指"NP_1 + 及 + NP_2 + VP"中蕴含了两个独立的命题,即可表述为"NP_1 + 及 + NP_2 + VP→NP_1 + V + NP_a ∩ NP_2 + V + NP_b")。

战国秦代连词"及"除了表示并连关系和合连关系之外,还有以下几种作用(周生亚,1989):一是表分类。"及"字具有区分多个并列项种类的作用,它居于两类之间,这种例子很常见。例如:

① 虚四彻不可入客、寓人及臣妾,必代居室。(《睡虎地秦简·日书甲种》)

② 其主车牛者及吏、官长皆有罪。(《睡虎地秦简·秦律十八种》)

二是表示未尽。"及"字之后的内容往往带有举例性质,而不是把所有的并列项都列出来。例如:

① 盗及者(诸)它罪,同居所当坐。(《睡虎地秦简·法律答问》)

② 祠固用心、肾及它支(肢)物,皆各为一具。(《睡虎地秦简·法律答问》)

③ 丙与里人及甲等会饮食,皆莫肯与丙共桮(杯)器。(《睡虎地秦简·封诊式》)

上引例①、②中，在“及”后的一项中有“它”，例③在“及”后的一项中有“等”。

三是表示主从。“及”前一项所表示的内容比后一项所表示的内容更为重要，所以“及”前后的两项一般不可颠倒。例如：

① 亦应受皇天上帝及大沈厥湫之几灵德赐。(《诅楚文·大沈厥湫文》)

② 百姓有母及同牲（生）为隶妾，非適（谪）罪殹（也），而欲为冗边五岁。(《睡虎地秦简·秦律十八种》)

③ 入室取妻及它物。(《睡虎地秦简·日书甲种》)

（二）表示并列关系

“及”还常用来连接动词语、分句。“及”用来表示并列关系时，可译为“和”“与”或“并”。

战国秦代的用例如：

① 诸马、牛到所，毋敢穿穽及置它机。(《龙岗秦简》103)

② 窦出入及毋（无）符传而阑入门者，斩其男子左趾。(《龙岗秦简》2)

③ 禁苑啬夫、吏数循行，垣有坏决兽道出，及见兽出在外，亟告县。(《龙岗秦简》39)

④ 即取车辖，毋令人见之，及毋与人言。(《周家台秦简·病方及其它》)

二、连词“及”连接单位的发展

从连接单位的角度看，并列连词“与”在西周和春秋时代只用于连接名词语。

西周时代的用例如：

① 奠（郑）登伯彶（及）叔嫞作宝鼎。(《郑登伯鼎铭》，《集成》5·2536)

② 廼卑乡（饗）以曶酒彶（及）羊、丝三孚。(《曶鼎铭》，《集成》5·2838)

春秋时代的用例如：

① 以乐楚王。者（诸）侯、嘉宾及我父兄、者（诸）士。(《王孙诰编钟铭》，《近出》1·122)

② 子犯及晋公率西之六师博（搏）伐楚荆，孔休。(《子犯编钟铭》，《近出》1·16)

战国秦代并列连词“及”很常见，用法也最为复杂。它有三种用法：一是连接名词语；二是连接谓词语或分句；三是连接名词语和谓词语。

（一）连接名词语

根据连接项数的不同，“及”又可以分为两类，一是连接两个名词语，二是连接三个以上（含三个）名词语。

1. 连接两个名词语

“及”所连接的两个部分，有些是两个名词，有些是名词性词组，还有一些是名词和名词性词组。

“及”可连接两个名词。

战国秦代的用例如：

① 问甲及吏可（何）论？(《睡虎地秦简·法律答问》)

② 省殿，赀工师一甲，丞及曹长一盾。(《睡虎地秦简·秦律杂抄》)

③ 凡制车及寇〈冠〉。(《睡虎地秦简·日书甲种》)

④ 不可取妇、家（嫁）女、出入货及生（牲）。(《睡虎地秦简·日书甲种》)

⑤ 啬夫免而效，效者见其封及隄（题）。(《睡虎地秦简·秦律十八种》)

⑥ 五种忌，丙及寅禾，甲及子麦，乙巳及丑黍，辰麻，卯及戌叔（菽），亥稻。(《睡虎地秦简·日书甲种》)

“及”可连接两个名词性词组。

战国秦代的用例如：

① 都官有秩吏及离官啬夫，养各一人。(《睡虎地秦简·秦律十八种》)

② 县上食者籍及它费大（太）仓。(《睡虎地秦简·秦律十八种》)

③ 取白茅及黄土而西（洒）之。(《睡虎地秦简·日书甲种》)

④ 小堂下及垣外地坚，不可迹。(《睡虎地秦简·封诊式》)

⑤ 某里士五（伍）甲缚诣男子丙及斩首一。(《睡虎地秦简·封诊式》)

⑥ 人若鸟兽及六畜恒行人宫。(《睡虎地秦简·日书甲种》)

“及”可连接名词和名词性词组。

战国秦代的用例如：

① 令县及都官取柳及木楘（柔）可用书者，方之以书。(《睡虎地秦简·秦律十八种》)

② 邑之新（近）皂及它禁苑者，麛时毋敢将犬以之田。(《睡虎地秦简·秦律十八种》)

③ 水减二百斗以上，赀工及吏将者各二甲。(《睡虎地秦简·效律》)

④ 鸟兽恒鸣人之室，燔鬒（鬈）及六畜毛邋（鬣）其止所，则止矣。(《睡虎地秦简·日书甲种》)

⑤ 当以布及其它所买畀甲。(《睡虎地秦简·法律答问》)

⑥ 甲乙梦被黑裘衣寇〈冠〉，喜，人〈入〉水中及谷，得也。(《睡虎地秦简·日书甲种》)

2. 连接三个名词语

在三个并列的名词语中，“及”出现的位置有三种情况：一是位于“$NP_1+NP_2+NP_3$”中的 NP_2 和 NP_3 中间；二是位于NP_1和NP_2之间；三是在NP_1和NP_2之间以及NP_2和NP_3之间都用。

用于“$NP_1+NP_2+NP_3$”中NP_2和NP_3之间的“及”一般是表示并连关系的。

战国秦代的用例如：

① 禁苑吏、苑人及黔首有事禁中，或取其□□□☒。(《龙岗秦简》6)

② 县啬夫、尉及士吏行戍不以律，赀二甲。(《睡虎地秦简·秦律杂抄》)

③ 大啬夫、丞及官啬夫有罪。(《睡虎地秦简·秦律十八种》)

④ 心、目汲言，是善败之经。(《上博楚简六·用曰》)

⑤ 故腾为是而脩法律令、田令及为间私方而下之。(《睡虎地秦简·语书》)

⑥ 虚四徹不可入客、寓人及臣妾，必代居室。(《睡虎地秦简·日书甲种》)

3. 连接四个名词语

在四个并列的名词语中，“及”的位置有三种情况：一是在“$NP_1+NP_2+NP_3+NP_4$”中的 NP_1 之后；二是在 NP_2 之后；三是在 NP_3 之后。

战国秦代的用例如：

① 遂取吾边城新郢及𨛲、长、敹。(《诅楚文·大沈厥湫文》)

② 吏主者、徒食牛者及令、丞皆有罪。(《睡虎地秦简·秦律十八种》)

③ 某里士五（伍）甲、乙缚诣男子丙、丁及新钱百一十钱、容（镕）二合。(《睡虎地秦简·封诊式》)

④ 相徙、中余与五连少（小）子及龙（宠）臣皆逗（属）。(《上博楚简四·柬大王泊旱》)

⑤ 县啬夫若丞及仓、乡相杂以封印之，而遗仓啬夫及离邑仓佐主禀者各一户。(《睡虎地秦简·秦律十八种》)

4. 连接五个名词语

在五个并列的名词语之中，“及”只有一种位置，即出现在“$NP_1+NP_2+NP_3+NP_4+NP_5$”中的NP_1之后。

战国秦代的用例如：

① 旱〈旱〉及暴风雨、水潦、蚤（螽）蚰、群它物伤稼者，亦辄言其顷数。(《睡虎地秦简·秦律十八种》)

② 凡入月七日及夏丑、秋辰、冬未、春戌，不可坏垣、起之。(《睡虎地秦简·日书甲种》)

③ 入月七日及冬未、春戌、夏丑、秋辰，是胃（谓）四敫，不可初穿门。(《睡虎地秦简·日书甲种》)

5. 连接六个名词语

在六个并列的名词语之中，“及”可以出现在“$NP_1+NP_2+NP_3+NP_4+NP_5+NP_6$”中的 NP_1 之后，也可以出现在 NP_2 之后。

战国秦代的用例如：

① 上造以下到官佐、史毋（无）爵者及卜、史、司御、寺、府，糲（粝）米一斗。(《睡虎地秦简·秦律十八种》)

② 土忌日：戊、己及癸酉、癸未、庚申、丁未，凡有土事弗果居。(《睡虎地秦简·日书甲种》)

6. 连接八个名词语

在八个并列的名词语之中，“及”出现在NP_5之后，表示并连关系。

战国秦代的用例如：

取妻龙日：丁巳、癸丑、辛酉、辛亥、乙酉及春之未戌、秋丑辰、冬戌亥。(《睡虎地秦简·日书甲种》)

（二）连接谓词语、分句

连词“及”常被用来连接动词语、分句，这时“及”都用来表示并列关系，可译为“和”“与”或“并”。“及”可以用来连接分句，也可以用来连接谓词语。

1. 连接两个动词语或分句

“及”最常见的用法是用在两个动词语或分句之间。

战国秦代的用例如：

① 冬三月之日，勿以筑室及波（破）地。(《睡虎地秦简·日书甲种》)

② 以此见人及战斗皆可。(《周家台秦简·日书》)

③ 有失伍及菌（迟）不来者，遣来识戏次。(《睡虎地秦简·封诊式》)

④ 侵食道、千（阡）、邵（陌），及斩人畴企（畦），赀一甲。(《龙岗秦简》120)

⑤ 使其弟子赢律，及治（笞）之，赀一甲。(《睡虎地秦简·秦律杂抄》)

⑥ 乃解索，视口鼻渭（喟）然不殹（也），及视索迹郁之迹。(《睡虎地秦简·封诊式》)

2. 连接三个动词语或分句

“及”用于连接三个并列项也较常见。在“$VP_1+VP_2+VP_3$”中，“及”可用于VP_1与VP_2之间，也可以用于VP_2和VP_3之间，还可以在VP_1和VP_2之间、VP_2和VP_3之间都用“及”。

“及”用于VP_1与VP_2之间，战国秦代的用例如：

① 斗，利祠及行贾、贾市，吉。(《睡虎地秦简·日书甲种》)

② 氐，祠及行、出入［货］，吉。(《睡虎地秦简·日书乙种》)

③ 隶臣妾之老及小、不能自衣者，如舂衣。(《睡虎地秦简·秦律十八种》)

④ 有责（债）於公及赀、赎者，居它县，辄移居县责之。(《睡虎地秦简·秦律十八种》)

“及”用于VP_2和VP_3之间，战国秦代的用例如：

① 以秋八月脩封捋（埒）、正疆畔及登千（阡）百（陌）之大草。(《青川秦牍》)

② 冲日，可以攻军、入城及行。(《睡虎地秦简·日书乙种》)

③ 离日，不可以家（嫁）女、取妇及入人民畜生。(《睡虎地秦简·日书甲种》)

④ 诈伪、假人符传及让人符传者，皆与阑入门同罪。(《龙岗秦简》4)

在VP_1和VP_2之间、VP_2和VP_3之间都用“及”，战国秦代的用例如：

① 计脱实及出实多於律程及不当出而出之，直（值）其贾（价），不盈廿二钱，除。(《睡虎地秦简·效律》)

② 关合符及以传书阅入之及□佩（佩）入司马门久（?）☑。(《龙岗秦简》5)

有时在VP_1和VP_2之间用及，在VP_2和VP_3之间用“若”，表示前两项之间是并列关系，后两项之间是选择关系。例如：

已阅及敦（屯）车食若行到繇所乃亡。(《睡虎地秦简·法律答问》)

3. 连接四个动词语或分句

战国秦代的用例如：

① 危日可以责（债）人及执人、系人、外政（征）。(《放马滩秦简·日书甲·建除书》)

② 房，取妇、家（嫁）女、出入货及祠，吉。(《睡虎地秦简·日书甲种》)

4. 连接七个动词语或分句

战国秦代的用例如：

是胃（谓）四敫，不可初穿门、为户牖、伐木、坏垣、起垣、彻屋及杀，大凶。

(《睡虎地秦简·日书甲种》)

(三) 连接名词语和谓词语

“及”所连接的两项，可以其中一项是名词语，另一项是谓词语。

战国秦代的用例如：

① 邦中之繇（徭）及公事官（馆）舍，其叚（假）公，叚（假）而有死亡者，亦令其徒、舍人任其叚（假）。(《睡虎地秦简·秦律十八种》) 馆：动词，居。

② 月食者已致稟而公使有传食及告归尽月不来者，止其后朔食。(《睡虎地秦简·秦律十八种》)

③ 不智（知）盗者可（何）人及蚤（早）莫（暮），毋（无）意殹（也）。(《睡虎地秦简·封诊式》)

④ 马牛误職（识）耳，及物之不能相易者，赀官啬夫一盾。(《睡虎地秦简·效律》)

⑤ 敢行驰道中者，皆迁之；其骑及以乘车、轺车、牛、牛车、挽车行之，又（有）没入其车、马、牛县、道［官］。(《龙岗秦简》54)

在出土战国文献中，并列连词“与”主要出现在楚简和曾简之中，并列连词“及”主要出现在秦简中。曾国靠近楚国，所以基本上可以说在南方用并列连词“与”，而在西部用并列连词“及”。

第六节　出土先秦文献连词“为”的发展

一、连词“为”的起源

连词“为”可能源于动词“为”。我们知道，上古汉语中动词“为”十分常见，有一些意义比较虚。当这种动词“为”出现在假设分句句首时，发生了语境吸收（absorption of context）的现象，“为”吸收了所在分句的假设意义，变成了假设连词。

二、连词“为”的发展

连词“为”主要有两种用法，都很少见：一是作原因连词，二是作假设连词。

(一) 用作原因连词

原因连词源于原因介词。当“为”的宾语由名词语变为分句，而且“为”所在的分句与后面的分句有因果关系时，“为”就由介词变为连词，可译为“因为”。

战国秦代的用例如：

① 为左（佐）大族，台（以）寺（持）民巴（选），宗词客敬为陻（禋）壶九。(《陈喜壶铭》,《集成》15·9700)

② 虐（吾）所以又（有）大患者，为虐（吾）又（有）身。(《郭店楚简·老子乙本》)

例②可与下例比较："江海所以为百浴（谷）王，以亓（其）能为百浴（谷）下，是以能为百浴（谷）王。"（《郭店楚简·老子甲本》）此例中的第二个"以"是连词，"以"与"是以"构成因果复句的形式。但由于"是以"句所讲的内容和前面"所以"句所讲的内容一样，所以"是以"句可以省去。由此看来，例②有省略，在"为"字句后可能省去了分句"是以又（有）大患"，因此"为"也应视为原因连词。

（二）用作假设连词

"为"还可以作假设连词，可译为"如果"。

战国秦代的用例如：

为车不劳，称议脂之。（《睡虎地秦简·秦律十八种》）劳：佻，疾。

上引例子意思是说："如果车运行不快，可酌量加油。"这种"为"在传世文献中也可以见到。例如："王甚喜人之掩口也。为近王，必掩口。"（《韩非子·内储说下》）"臣之御庶子鞅，愿王以国听之也。为不能听，勿使出境。"（《吕氏春秋·长见》）"孙叔敖疾将死，戒其子曰：'王亟封我矣，吾不受也。为我死，王则封女，女必无受利地！'"（《列子·说符》）

第七节　出土先秦文献连词"而"的发展

一、连词"而"的起源

连词"而"的来源如何？蓝鹰、洪波（2001）对此做过探讨。他们认为，"而"最初是中指代词，其连词用法是由指代词虚化而来的。汉语最初是顺行结构，又叫左行结构。在这样的语序中，指代词一般可以出现在三个位置，即句首、句中和句尾，其中在句首和句中的指代词就有可能虚化为连词。

作为指代词，"而"可以在句首作主语，复指前面分句的内容。上古汉语的指代词具有下述三个特点：一是近指和远指具有模糊性，而中指代词更是如此；二是指示代名词和指示形容词不分；三是具有虚指性。这些特点对于"而"的虚化有重要意义。出现在句首的指代词，如果没有实在的指代意味，它就起连接作用。"而"由指代词虚化为连词，最基本的用法是表示承接，可译为"那么"、"于是"。

句中的"而"，主要是指主谓之间和状中之间的"而"，也是由代词"而"演变而来的。原始汉语为左行结构，其名词短语的左行残留在上古汉语中还可以看到。当分句中有包括指代词在内的两个以上修饰成分时，指代词总是在这个短语的最后。这样，指代词实际上可以出现在下面的句法位置：指代词$_1$处在主谓之间，指代词$_2$处在连谓或状中之间，指代词$_3$处在句尾。如果它们无所谓指代，就可以分别虚化为主谓之间、连谓之间和状中之间的连接成分，句尾的则可以虚化为语气词。从壮侗语族的中指代词"那"来看，主谓之间的"而"正是在左行结构向右行结构的过渡中形成的。

方有国（2002）基本同意蓝鹰、洪波（2001）的观点，但认为句首的"而"是否左行结构现象，还可斟酌。这种"而"无后置修饰作用而是起复指作用，复指有结构和语用的需要。结构上，当句子主语很长时，往往用代词复指，以求和谓语平衡；语用上，主要是对复指成分的强调。所以这种“而”的虚化，不仅跟右行结构有关，跟它所处的位置和复指淡化也很有关系。

上述关于连词“而”来源的说法，可备一说，但是有存疑之处。首先，根据我们对出土战国文献的研究，尚未见到“而”用来连接主语和谓语的。其次，用于谓词语之间的“而”，最多的不是表示承接关系，而是表示转折关系。最后，远古汉语是否为左行结构/顺行结构，尚待研究。因为从甲骨文来看，殷商汉语的语序跟后世汉语的语序并没有太大的区别。

二、连词“而”关系意义的发展

一般认为，连词“而”始见于春秋时代。但是在下例中出现了“而”，而《殷周金文集成》把该时期定为西周晚期：

戎献金于子牙父百车，而赐𥂴屖敖金十钧，赐不讳。（《屖敖簋盖铭》，《集成》8·4213）

如果《殷周金文集成》的断代果真可信，则连词“而”是出现在西周晚期的。

春秋时代连词“而”的用例就比较常见了。例如：

① 余义楚之良臣，而逐之兹父。（《余購逐儿钟铭》，《集成》1·183）

② 其配襄公之妣，而鍼公之女。（《叔夷钟铭》，《集成》1·272－8）

③ 考寿万年，永保其身，卑（俾）百斯男而䎽斯字。（《叔夷钟铭》，《集成》1·272－8）

西周、春秋时代的连词“而”所连接的两个成分之间，可以是并列关系，如上引例①、例②、例③；也可以是顺承关系，如上引例①。

战国时代的连词“而”所连接的两个成分之间，可以是下述诸种语法关系之一：并列关系、顺承关系、递进关系、转折关系、结果关系、目的关系、方式状态关系、时间关系、修饰和被修饰的关系以及按断关系。

（一）并列关系

1. “而”所连接的两个谓词语之间是并列关系

战国秦代的用例如：

① 民訢（慎）於言而慬（谨）於行。（《郭店楚简·缁衣》）

② 古（故）上不可㝵（以）㝵（亵）型（刑）而翌（轻）雀（爵）。（《上博楚简一·缁衣》）

③ 凡民俾敝者，𡥈（教）而𢙄（诲）之，飤而飤（食）之。（《上博楚简二·容成氏》）

④ 𦦵（兴）而迟（起）之。（《上博楚简五·三德》）

⑤ 丌（其）乐安而屖，丌（其）诃（歌）绅（伸）而𦳝（逖），丌（其）思深而远，至矣。（《上博楚简一·诗序》）

⑥ 乙亥生子，穀（谷）而富。辛巳生子，吉而富。（《睡虎地秦简·日书甲种》）

⑦ 皇天之所弃而句（后）帝之所憎。（《上博楚简五·三德》）

⑧ 䜌（乱）节而㥾（哀）聖（声）。(《上博楚简五·弟子问》)

⑨ 中仉（处）而不茷（颇）。(《上博楚简六·慎子曰恭俭》)

⑩ 凡身谷（欲）青（静）而毋遧（动）。(《上博楚简一·性情论》)

2. “而”所连接的两个分句之间是并列关系

战国秦代的用例如：

① 此㠯（以）桀折於鬲山，而受首於只（岐）袿（社）。(《上博楚简五·鬼神之明》)

② 必共（恭）酓（俭）㠯（以）㝵（得）之，而乔（骄）大（泰）㠯（以）遊（失）之。(《上博楚简四·曹沫之阵》)

③ 是即明避主之明法殹，而养匿邪避（僻）之民。(《睡虎地秦简·语书》)

（二）顺承关系

1. “而”所连接的两个谓词语之间是顺承关系

战国秦代的用例如：

① 既詉（蔽）而卜之，孚。(《上博楚简四·柬大王泊旱》)

② 稼已生后而雨，亦辄言雨少多。(《睡虎地秦简·秦律十八种》)

③ 君内（入）而语仆之言於君王。(《上博楚简四·柬大王泊旱》)

④ 又（有）鷃（燕）监（衔）卵而階（错）者（诸）丌（其）前，取而軟（吞）之，寍（娠）。(《上博楚简二·子羔》)

⑤ 士（币）师鄝（易）庆吉启漾陵（陵）之厽（参）鉨（玺）而才（在）之。(《包山楚简》13) 在：察。

⑥ 生而能言，是悳（禹）也。(《上博楚简二·子羔》)

上引例①的“而”和前面的“既”构成“既……而……”的格式，表示两个动作行为的先后关系。上引例②中“而”前还有“后”，表示某件事发生后再发生另一件事。其余诸例类此。

2. “而”所连接的两个分句之间是顺承关系

战国秦代的用例如：

① 既为贞，而敚亓祱（祟）。(《新蔡楚简》甲三：219)

② 先索以稟人，而以律论其不备。(《睡虎地秦简·秦律十八种》)

③ 先之㠯（以）一璧，迟（乃）而遈（归）之。(《新蔡楚简》甲三：99)

④ 用贰羲（牺）、羊、豢、壹璧先之，而复（覆）华大山之阴阳。(《秦骃玉版铭》)

（三）递进关系

1. “而”所连接的两个谓词语之间是递进关系

战国秦代的用例如：

① 其罪当刑城旦，耐以为鬼薪而鋈足。(《睡虎地秦简·法律答问》)

② 纂园三岁比殿，赀啬夫二甲而法（废），令、丞各一甲。(《睡虎地秦简·秦律杂抄》)

③ 有行而急，不得须良日。(《周家台秦简·病方及其它》)

④ 一室井血而星（腥）臭，地虫斗于下。(《睡虎地秦简·日书甲种》)

⑤ 耷（闻）而智（知）之，圣也。圣人智（知）而〈天〉道也。智（知）而行之，

义也。(《郭店楚简·五行》)

⑥ 五行皆型（形）於内而时行之，胃（谓）之君［子］。(《郭店楚简·五行》)

2. “而”所连接的两个分句之间是递进关系

战国秦代的用例如：

① 凡法律令者，以教道（导）民，去其淫避（僻），除其恶俗，而使之之於为善殹。(《睡虎地秦简·语书》)

② 是即法（废）主之明法殹，而长邪避（僻）淫失（泆）之民。(《睡虎地秦简·语书》)

(四) 转折关系

1. “而”所连接的两个谓词语之间是转折关系

战国秦代的用例如：

① 隹（虽）多餌（问）而不春（友）臤（贤）。(《上博楚简五·弟子问》)

② 唯（虽）難（难）之而弗亚（恶），必聿（尽）丌（其）古（故）。(《郭店楚简·语丛四》)

③ 虽有母而与其母冗居公者，亦稟之。(《睡虎地秦简·秦律十八种》)

④ 虽不养主而入量（粮）者，不收，畀其主。(《睡虎地秦简·法律答问》)

上引4例中的“而”与前面的“虽”构成“虽……而……”的格式，表达前后两项的转折关系。有时，“而”所连接的两个谓词语，其中心语或修饰语为反义词，这时前后两项也是转折关系。

战国秦代的用例如：

① 贱士而贵货贝。(《睡虎地秦简·为吏之道》)

② 此不贫於散（美）而福（富）於悳（德）与（欤）？(《上博楚简四·曹沫之阵》)例中的“不”修饰的是“贫於美而富於德”。

③ 君子难得而惕（易）叓（使）也。(《上博楚简二·从政甲》)

④ 民不能大丌（其）頮（美）而少（小）丌（其）亚（恶）。(《上博楚简一·缁衣》)例中的“不”修饰的是“大其美而小其恶”。

⑤ 又（有）克正（政）而亡克戦（阵）。(《上博楚简四·曹沫之阵》)

⑥ 同出而异生（性），因生亓所慾（欲）。(《上博楚简三·恒先》)

有时，“而”所连接的两个谓词语，其中心语相同，但其中一个谓词语前加了否定词，或者两个谓词语应为顺接关系，但在后一个谓词语前加了否定词，这时前后两项也构成转折关系。

战国秦代的用例如：

① 是故君子新（慎）言而不新（慎）事。(《上博楚简二·从政甲》)

② 訢（忌）而不訢（忌），天乃墜（降）材（灾）；已而不已，天乃墜（降）鼎（异）(《上博楚简五·三德》)

③ 皆不受（授）亓子而受（授）臤（贤）。(《上博楚简二·容成氏》)

④ 賶（富）贵而不乔（骄）者，虐（吾）餌（闻）而未之见也。(《上博楚简五·弟子问》)

⑤ 口惠而不係。(《上博楚简二·从政乙》)

⑥ 可言而不可行，君子不言；可行而不可言，君子不行。(《上博楚简二·从政甲》)

2. “而”所连接的两个分句之间是转折关系

战国秦代的用例如：

① 是古（故）圣人能尃（辅）万勿（物）之自肰（然），而弗敢为。(《郭店楚简·老子甲本》)

② 惴惴小子，欲事天地、四亟（极）、三光、山川、神示（祇）、五祀、先祖，而不得氒（厥）方。(《秦骃玉版铭》)

③ 昔尧之乡（饗）坴（舜）也，饭於土轁（塯），欲〈歠〉於土型（鉶），而攺（抚）有天下。(《上博楚简四·曹沫之阵》)

④ 君子才（在）民之上，婞（执）民之中，絁（施）畬（教）於百眚（姓），而民不備（服）安（焉）。(《上博楚简五·季庚子问於孔子》)

（五）结果关系

1. “而”所连接的两个谓词语之间是结果关系

有些连词“而”前的谓词语表示原因，后面的谓词语表示结果。

战国秦代的用例如：

① 敝而粪者，靡蚩其久。(《睡虎地秦简·秦律十八种》)

② 龟尹智（知）王之庶（炙）於日而疠（病）。(《上博楚简四·柬大王泊旱》)

③ 作务及贾而负责（债）者，不得代。(《睡虎地秦简·秦律十八种》)

④ 臣邦人不安其主长而欲去夏者，勿许。(《睡虎地秦简·法律答问》)

⑤ 犹粎（迷）惑於子之而迲（亡）其邦，而皇（况）才（在）於少君虖（乎）?(《中山王譽鼎铭》，《集成》5·2840)

⑥ 毋能而易之。(《上博楚简五·三德》)

2. “而”所连接的两个分句之间是原因结果关系

战国秦代的用例如：

① 君贵我，而受（授）我众。(《上博楚简五·姑成家父》)

② 会才（在）天地之间，而橐（包）才（在）四海（海）之内，遅（畢）能亓事，而立为天子。(《上博楚简二·容成氏》)

有些连词“而”前的谓词语表示假设，后面的谓词语表示假设实现后所产生的结果。

战国秦代的用例如：

① 智（知）旣（既）而巟（荒）思不宎（殄）。(《上博楚简三·恒先》)

② 凡遉日，不吉，无为而可。(《九店楚简》22)

③ 十二岁更，弗而耐乃刑。(《睡虎地秦简·日书甲种》)

④ 未型（刑）而民愄（畏），又（有）心愄（畏）者也。(《上博楚简一·性情论》)

⑤ 行隮（险）至（致）命，餚（饥）滄而毋敓（忭）。(《上博楚简二·从政甲》)

⑥ 丌（其）言尔（爾）訐（信），古（故）但（转）而可受也。(《郭店楚简·忠信之道》)

3. “而”所连接的两个分句之间是假设结果关系

战国秦代的用例如：

① 宋人又（有）言曰：人而亡賨（恒），不可为卜箬（筮）也。(《郭店楚简·

缁衣》）

② 疵而在耳，乃折齿。（《睡虎地秦简·日书乙种》）

③ 言而狗（苟），㾴（牆）又（有）耳。（《郭店楚简·语丛四》）

有些连词“而”前的谓词语表示条件，后面的谓词语表示满足条件时所产生的结果。

战国秦代的用例如：

① 君子曰：唯又（有）丌（其）亘（恒）而可，能终之为难。（《郭店楚简·成之闻之》）

② 市人以白茅为富，其鬼受於它而富。（《放马滩秦简·墓主记》）

4. “而”所连接的两个分句之间是条件（偏句所表示的条件，有的是必要条件，有的是无条件）结果关系

战国秦代的用例如：

① 夫天［下］多异（忌）韦（讳），而民尔（弥）畔（叛）。民多利器，而邦慈（滋）昏。人多智，天〈而〉戗（奇）勿（物）慈（滋）记（起）。（《郭店楚简·老子甲本》）

② 舉（举）天下之为也，无夜（舍）也，无与也，而能自为也。（《上博楚简三·恒先》）

连词“而”前的谓词语表示动作行为，后面的谓词语表示前面的动作行为所造成的结果。

战国秦代的用例如：

① 可（何）谓“亡券而害”？亡校券右为害。（《睡虎地秦简·法律答问》）

② 羕（咏）思而敼（动）心，胃（喟）女（如）也。（《郭店楚简·性自命出》）

（六）目的关系

1. “而”所连接的两个谓词语之间是目的关系

战国秦代的用例如：

① 㠯（以）求郢（贤）者而壤（让）焉。（《上博楚简二·容成氏》）

② 祝曰：呼！垣止（址），笱令某龋已，予若叔（菽）子而徼之龋已。（《周家台秦简·病方及其它》）

③ 及隶臣折首为公士，谒归公士而免故妻隶妾一人者，许之。（《睡虎地秦简·秦律十八种》）

④ 愚（化）而雒（欲）复（作），酒（将）貞（镇）之以亡名之歜（樸）。（《郭店楚简·老子甲本》）

⑤ 文王乃起师以向丰、镐，三鼓而进之。（《上博楚简二·容成氏》）

⑥ 虐（吾）伐而弋（代）之。（《上博楚简二·容成氏》）

2. “而”所连接的两个分句之间是目的关系

战国秦代的用例如：

欲㠯（以）长聿（建）宔（主）君，而徃（御）［邦］难。（《上博楚简五·姑成家父》）

（七）方式状态关系

“而”所连接的两个谓词语之间是方式状态关系。

战国秦代的用例如：

① 王若（诺），牆（将）鼓而涉之。（《上博楚简四・柬大王泊旱》）

② 丁酉裚衣常（裳），……以坐而饮酒，矢兵不入于身，身不伤。（《睡虎地秦简・日书甲种》）

③ 从皇帝而行及舍禁苑中者皆□□□□□☑。（《龙岗秦简》15）

④ 大剸（宰）记（起）而胃（谓）之："君皆楚邦之牆（将）匍（军），复（作）色而言於廷。"（《上博楚简四・柬大王泊旱》）

⑤ 凡人有恶梦，觉而择（释）之，西北乡（向）择（释）发而驷（呬）。（《睡虎地秦简・日书乙种》）

⑥ 君衰𣏟（绖）而凥（处）立（位），一宫之人不劚（胜）丌（其）哀。（《郭店楚简・成之闻之》）

这种"而"前面的谓词语表示方式或状态，如上引例①中的"鼓"；后面的谓词语表示动作行为，如上引例①中的"涉之"。"将鼓而涉之"是说将要打着鼓涉过河。余例类此。

（八）时间关系

"而"所连接的两个谓词语之间是时间关系。

战国秦代的用例如：

① 不盈十斗以下及稟鬃县中而负者，负之如故。（《睡虎地秦简・效律》）

② 节（即）官啬夫免而效，不备，代者［与］居吏坐之。（《睡虎地秦简・秦律十八种》）

③ 圣人之眚（性）与中人之眚（性），丌（其）生而未又（有）非之。（《郭店楚简・成之闻之》）

④ 有大繇（徭）而曹斗相趣，是谓"逵卒"。（《睡虎地秦简・法律答问》）

⑤ 赋岁红（功），未取省而亡之。（《睡虎地秦简・秦律杂抄》）

⑥ 人生子未能行而死。（《睡虎地秦简・日书甲种》）

这种用法的"而"前面的谓词语是表示时间的，如上引例①中的"稟鬃县中"；后面的谓词语是表示动作行为的，如例①中的"负"；"稟鬃县中而负"是说从该县领漆时受到亏欠。例②中的"免而效"，是说免职时进行核验。其余诸例类此。

（九）修饰和被修饰的关系

用于状中之间的"而"，其前后两项是修饰和被修饰的关系。

战国秦代的用例如：

① 人毋故而骛（怒）也，以戊日日中而食黍於道。（《睡虎地秦简・日书甲种》）

② 以望日日始出而食之。（《睡虎地秦简・日书甲种》）

③ 即以所操瓦而盖□。（《周家台秦简・病方及其它》）

④ 治痿（痿）病：以羊矢（屎）三斗、乌头二七、牛脂大如手而三温煮之。（《周家台秦简・病方及其它》）

（十）按断关系

由"而"来连接的复句，前后分句之间是按断关系。前面的分句叙述情况，叫作"按"；后面的分句对前面的叙述作出评断，叫作"断"。

战国秦代的用例如：

① 臣邦父母产子及产它邦，而是谓“真”。（《睡虎地秦简·法律答问》）

② 虐（吾）言氏（是）不（否），而毋或（惑）者（诸）少（小）道与（欤）？（《上博楚简四·曹沫之阵》）

“而”所连接的两个谓词语或分句之间可以是并列关系、顺承关系、递进关系、转折关系、结果关系、目的关系、方式状态关系、时间关系、修饰和被修饰的关系、按断关系。那么究竟这些关系是不是由连词“而”本身表达出来的呢？

对这个问题，目前主要有两种看法：

一是认为“而”本身可以表达多种语法关系。

二是认为“而”本身并不表达多种语法关系，它有其基本作用，即连接谓词（动词、形容词）、谓词性词语或分句，表示两种行为、性质或事件的联系。

本书倾向于第二种看法。“而”的语法功能，就是把两个谓词性词语连接起来，构成多谓短语（谓词性联合短语、连谓短语、转折短语等，由此发展出用于状中之间的用法），以及把两个分句连接起来，构成复句。“而”的语法意义，其实就是表示两种行为、性质、事件的联系。至于“而”所连接的两种行为、性质、事件之间表达哪一种意义，是由上下文决定的，而不是由“而”表达出来的。正因为“而”不能具体表示某种语法关系，所以我们对“而”所连接的两个谓词性词语的语义关系不能一目了然，有时会产生歧义。如“任重而道远”，这到底是并列关系还是递进关系？正因为“而”字本身不能具体表达某种语法关系，所以“而”又与其他词组成复合词或固定词组，如“而况”“而又”“而遂”“而亦”“而后”“而且”“而乃”“而或”等，来具体表达某种语法关系。

三、连词“而”连接单位的发展

西周春秋时代的连词“而”可以分为两种。第一种是用来连接分句的，如下引例①~例③；第二种是用来连接谓词语的，如下引例④：

① 戎献金于子牙父百车，而赐鲁屖敖金十钧，赐不讳。（《屖敖簋盖铭》，《集成》8·4213）

② 余义楚之良臣，而逐之兹父。（《余購逐儿钟铭》，《集成》1·183）

③ 其配襄公之妣，而餓公之女。（《叔夷钟铭》，《集成》1·272－8）

④ 考寿万年，永保其身，卑（俾）百斯男而埶斯字。（《叔夷钟铭》，《集成》1·272－8）

“而”连接的复句有些是顺承复句，如上引例①；有些是并列复句，如上引例②、例③、例④。

战国时代的连词“而”则可以分为三种，第一种是用来连接谓词语的，第二种是用来连接状语和中心词的，第三种是用来连接分句的。

（一）连接谓词语

连词“而”一般是用来连接两个谓词语的。所谓的谓词语是指下述词语中的一种：

一是动词性词语，包括动词和动词性短语。例如：“丌（其）言尔（爾）訐（信），古（故）但（转）而可受也。”（《郭店楚简·忠信之道》）“即五画地，掓其画中央士而

怀之。”（《睡虎地秦简·日书甲种》）

二是形容词性词语，包括形容词和形容词性短语。例如：“宇最邦之下，富而痒。”（《睡虎地秦简·日书甲种》）“［悬（仁）］而不智则奉（逢）㚆（灾）害。”（《上博楚简二·从政甲》）上引两例中的形容词仍为形容词，而下引两例中的形容词则用作动词，仍可由“而”连接：“可（何）谓‘纵囚’？罪当重而端轻之，当轻而端重之，是谓不直。”（《睡虎地秦简·法律答问》）“天之所败，多亓憙（喜）而寡（寡）亓慐（忧）。”（《上博楚简五·三德》）

三是用作谓语的名词性词语，包括名词和名词性短语。有三种情况：一为名词性词语用作动词。例如：“君衰𦃃（绖）而尻（处）立（位），一宫之人不勳（胜）亓（其）哀。”（《郭店楚简·成之闻之》）二为名词性词语用作判断句谓语。例如：“奠（郑）躗（卫）之乐，𠟭（则）非亓（其）声而从之。”（《郭店楚简·性自命出》）三为名词性词语作描写句谓语。例如：“大辟（臂）臑而偻。”（《睡虎地秦简·日书甲种》）

四是代词性词语。有两种情况：一是谓词性代词，这种词本来就是用作谓语的，可以由“而”连接，例如：“敢䎽（问）可（何）女（如）而可胃（谓）民之父母？”（《上博楚简二·民之父母》）“秦人欲战，秦伯谓士会曰：‘若何而战？’”（《左传·文公十二年》）二是名词性代词作判断句谓语。例如：“主晋祀者，非君而谁？”（《左传·僖公二十四年》）“国胜君亡，非祸而何？”（《左传·哀公一年》）

从“而”所连接的两个成分来看，连接方式可以分为两种：一种是同类连接，即“而”所连接的两项都是动词性词语，或者都是形容词性词语，或者都是名词性词语，或者都是代词性词语；二是异类连接，即“而”所连接的两项不是同一词性的，可以是动词性词语和形容词性词语，或者是动词性词语和名词性词语等等。

1. 同类连接

同类连接有三种，即“动+而+动”“形+而+形”和“名+而+名”，前者最常见，中者次之，后者最少见。

用于两个动词性词语之间的“而”最为常见，即“动+而+动”。

战国秦代的用例如：

① 罷瘁（癃）守官府，亡而得。（《睡虎地秦简·法律答问》）

② 虚而不屈，達（动）而愈出。（《郭店楚简·老子甲本》）后一个“而”。

③ 弗言而葬，当赀一甲。（《睡虎地秦简·法律答问》）

④ 鬼来而击之。（《睡虎地秦简·日书甲种》）

⑤ 猬言胃（谓）郝倖窃马於下蔡而儥於阳城。（《包山楚简》120）儥：卖。

⑥ 臣䎽（闻）之：又（有）固悬（谋）而亡固城。（《上博楚简四·曹沫之阵》）

用于两个形容词性词语之间的“而”，即“形+而+形”较少见。

战国秦代的用例如：

① 盗者长而黑。（《睡虎地秦简·日书甲种》）

② 亓（其）思深而远，至矣。（《上博楚简一·诗序》）

③ 辛巳生子，吉而富。（《睡虎地秦简·日书甲种》）

④ 贫戔（贱）而不约者，虐（吾）见之直（矣）；賱（富）贵而不乔（骄）者，虐（吾）䎽（闻）而未之见也。（《上博楚简五·弟子问》）

⑤ 此不贫於散（美）而福（富）於悳（德）与（欤）？（《上博楚简四·曹沫之阵》）

⑥ 民斱（慎）於言而慬（谨）於行。（《郭店楚简·缁衣》）

“而”所连接的两个形容词，有时用作动词。

战国秦代的用例如：

① 贱士而贵货贝。（《睡虎地秦简·为吏之道》）

② 民不能大其媺（美）而少（小）其亚（恶）。（《郭店楚简·缁衣》）

用于两个名词性词语之间的“而”，即“名+而+名”很少见。

战国秦代的用例如：

① 皇天之所弃而句（后）帝之所憎。（《上博楚简五·三德》）

② 䜌（乱）节而㥗（哀）聖（声）。（《上博楚简五·弟子问》）

上引例①中的两个名词都作判断句谓语，而例②中的两个名词都作描写句谓语，这种用法的“而”在传世文献中也可以见到。例如：“夫君，神之主而民之望也。”（《左传·襄公十四年》）“白狄及君同州，君之仇雠而我之昏姻也。”（《左传·成公十三年》）“且是人也，蜂目而豺声，忍人也。”（《左传·文公一年》）“是子也，熊虎之状而豺狼之声。”（《左传·宣公四年》）

2. 异类连接

异类连接的形式有“动+而+形”“形+而+动”“名+而+动”“代+而+动”“动+而+代”等。

“而”的前项为动词性词语，其后项为形容词性词语，即“动+而+形”。

战国秦代的用例如：

① 丙辰生子，有疵於體（體）而恿（勇）。（《睡虎地秦简·日书甲种》）

② 庚寅生子，女为贾，男好衣佩而贵。（《睡虎地秦简·日书甲种》）

③ 有行而急，不得须良日。（《周家台秦简·病方及其它》）

④ 中伬（处）而不茷（颇）。（《上博楚简六·慎子曰恭俭》）

⑤ 今尚血出而少。（《睡虎地秦简·封诊式》）

⑥ 尧䎽（闻）之而散（美）亓行。（《上博楚简二·容成氏》）

例⑥中的“美”原为形容词，这里已用作动词，应是形容词的意动用法。

“而”的前项为形容词性词语，其后项为动词性词语，即“形+而+动”。

战国秦代的用例如：

① 戋（贱）而民贵之，又（有）悳（德）者也；贫而民聚安（焉），又（有）道者也。（《上博楚简一·性情论》）后一个“而”。

② 悳（直）而逑（遂）之，逮（肆）也。（《郭店楚简·五行》）

③ 戝（勇）而行之不果，丌（其）恞（疑）也弗枉（往）恞（矣）。（《郭店楚简·成之闻之》）

④ 孝而不谏，不成［孝］。（《上博楚简四·内豊》）

⑤ 壬辰生子，武而好衣剑。（《睡虎地秦简·日书甲种》）

⑥ 智而［有］信，斯人欲其［愈智也］。（《上博楚简五·君子为礼》）

值得注意的是，上引各例中的形容词虽然都出现在动词性词语之前，但都不是修饰其后的动词语的，都不作状语。

“而”的前项为名词性词语，其后项为动词性词语，即“名＋而＋动”。

战国秦代的用例如：

① 返（及）五（伍）子疋（胥）者，天下之圣人也，鸱层（夷）而死。（《上博楚简五·鬼神之明》）

② 君衰𦃃（绖）而凥（处）立（位），一官之人不勑（胜）丌（其）哀。（《郭店楚简·成之闻之》）

③ 口者，关；舌者，符玺也。玺而不发，身亦毋薛（辥）。（《睡虎地秦简·为吏之道》）

④ 非豊（礼）而民兑（悦），志（在）此小人矣。（《郭店楚简·尊德义》）

⑤ 长耳而操蔡。（《睡虎地秦简·日书甲种》）

⑥ 篙（孰）天子而可反？（《上博楚简二·容成氏》）

上引例①、例②中的“鸱夷”“衰绖”，均为名词用作动词，指“被装进革囊”“穿着丧服”。例③、例④中的“玺”“礼”均为判断句谓语；例⑤、例⑥中的“长耳”“孰天子”均为描写句谓语。总之，上引例子里的“名”虽用于动词语之前，但不是作状语的。

“而”前后都可以出现谓词性代词。

战国秦代的用例如：

① 鲁穆公昏（问）於子思曰：“可（何）女（如）而可胃（谓）忠臣?”（《郭店楚简·鲁穆公问子思》）

② 众人弗智（知），余亦弗智（知），而靡又（有）鼎（贞）休。吾穷而无奈之何。（《秦骃玉版铭》）

这种“而”一般是用在两个谓词语之间的，单独使用。但有时是三个谓词语连用，每两个谓词语之间都用“而”。

战国秦代的用例如：

① 急而画（划）於伓（背）而生。（《上博楚简二·子羔》）

② 王卬（仰）而啕而泣。（《上博楚简四·柬大王泊旱》）

（二）用来连接状语和中心词

连词“而”还可以出现在状语和中心语之间。“而”前的状语可以是介宾短语、助动词、形容词，也可以是时间名词语、数词、副词。这种“而”是从“谓词语$_1$＋而＋谓词语$_2$”，特别是具有偏正关系的“谓词语$_1$＋而＋谓词语$_2$”中发展而来的。在上述状语中，助动词、形容词、数词是谓词，而介词源自动词，副词有不少也是从谓词发展而来的。

1.“而”前的状语是介宾短语

“而”前的介宾短语有以下几种：“以”字介宾短语、“向”字介宾短语、“为”字介宾短语、“至”字介宾短语、“到”字介宾短语、“尽”字介宾短语、“当”字介宾短语、“因”字介宾短语。

（1）“而”前的状语是“以”字介宾短语。

战国秦代的用例如：

① 人毋故而弩（怒）也，以戊日日中而食黍於道。（《睡虎地秦简·日书甲种》）

② 以望日日始出而食之。（《睡虎地秦简·日书甲种》）

③ 即以所操瓦而盖□。（《周家台秦简·病方及其它》）

④ 治痿（痿）病：以羊矢（屎）三斗、乌头二七、牛脂大如手而三温煮之。（《周家台秦简·病方及其它》）

（2）“而”前的状语为“向”字介宾短语。

战国秦代的用例如：

王向日而立，王沧（汗）至带。（《上博楚简四·柬大王泊旱》）

（3）“而”前的状语为“为”字介宾短语。

战国秦代的用例如：

故腾为是而修法律令、田令及为间私方而下之。（《睡虎地秦简·语书》）

（4）“而”前的状语为“至”字介宾短语。

战国秦代的用例如：

① 至秋毋（无）雨时而以繇为之。（《睡虎地秦简·秦律十八种》）

② 亓馀执，将至时而剸之。（《包山楚简》137）

③ 至计而上廥籍内史。（《睡虎地秦简·秦律十八种》）

（5）“而”前的状语为“到”字介宾短语。

战国秦代的用例如：

① 到七月而纵之。（《睡虎地秦简·秦律十八种》）

② 到九月尽而止其半石。（《睡虎地秦简·秦律十八种》）

（6）“而”前的状语为“尽”字介宾短语。

战国秦代的用例如：

① 尽九月而告其计所官。（《睡虎地秦简·秦律十八种》）

② 尽七月而觱（毕）。（《睡虎地秦简·秦律十八种》）

③ 尽三月而止之。（《睡虎地秦简·秦律十八种》）

④ 赦期已尽六月而得。（《睡虎地秦简·法律答问》）

（7）“而”前的状语可以是“当”字介宾短语。

战国秦代的用例如：

正（当）丌（其）肰（然）而行，怠（治）安（焉）尔（爾）也。（《郭店楚简·语丛一》）

（8）“而”前的状语可以是“因”字介宾短语。

战国秦代的用例如：

① 垔（禹）乃因山陛（陵）坪（平）隁（隰）之可坣（封）邑者而敏（繁）实之。（《上博楚简二·容成氏》）

② 忎（愿）因（因）虐（吾）子而钓（辞）。（《上博楚简三·中弓》）

③ 豊（礼）因人情而为之即（节）虔（文）者也。（《郭店楚简·语丛一》）

④ 因古蒹（典）豊（礼）而章之。（《上博楚简五·季庚子问於孔子》）

（9）“而”前的状语由“当”字介宾短语和“因”字介宾短语联合充当。

战国秦代的用例如：

豊（礼）复（作）於青（情），或舁（兴）之也，堂（当）事函（因）方而折（制）之。（《郭店楚简·性自命出》）

2. “而”前的状语是助动词

“而”前的状语可以是助动词（能愿动词）。在汉语中，助动词出现在谓词语前，都是作状语的。

战国秦代的用例如：

① 犾则晋蚌（邦）之社禝（稷）可㝵（得）而事也，不犾则㝵（得）字（免）而出。（《上博楚简五·姑成家父》）

② ［犹有五起焉。］［子夏曰］：“□可旻（得）而䎽（闻）弆（欤）?”（《上博楚简二·民之父母》）

③ 古（故）不可㝵（得）天〈而〉亲，亦不可㝵（得）而疋（疏）；不可㝵（得）而利，亦不可㝵（得）而禼（害）；不可㝵（得）而贵，亦不可㝵（得）而戋（贱）。（《郭店楚简·老子甲本》）

④ 奚（倾）耳而圣（听）之，不可旻（得）而闻也；明目而视之，不可旻（得）而视也。（《上博楚简二·民之父母》）

3. “而”前的状语可以是时间名词或“者”字短语

战国秦代的用例如：

① 旦而最（撮）之。（《睡虎地秦简·日书甲种》）

② 男子矣亡，作不得亡，莫（暮）而得。（《放马滩秦简·日书甲·亡盗章》）

③ 生子，旬而死。（《睡虎地秦简·日书甲种》）

④ 卒岁而或陕（决）坏。（《睡虎地秦简·秦律十八种》）

⑤ 终岁而为出凡。（《睡虎地秦简·秦律十八种》）

⑥ 孔子曰：昔者而弗殜（世）也，善与善相受（授）也。（《上博楚简二·子羔》）

上引例⑥中“昔”与“者”构成表示时间的“者”字短语（有人认为这种“者”是语气词，不可从）作状语。

4. “而”前的状语是数词或“数词+时间名词”结构

战国秦代的用例如：

① 三年而天下之人亡讼狱者。（《上博楚简二·容成氏》）

② 工师善教之，故工一岁而成，新工二岁而成。（《睡虎地秦简·秦律十八种》）

③ 十月而徒秎（梁）城，一之日而车秎（梁）城。（《上博楚简五·鲍叔牙与隰朋之谏》）

④ ［牛］犙生者，食其母日粟一斗，旬五日而止之。（《睡虎地秦简·秦律十八种》）

⑤ 一日而得，论皆可（何）殴？（《睡虎地秦简·法律答问》）

⑥ 古者聖（圣）人廿（二十）而冒（帽），卅（三十）而又（有）家，五十而纟司（治）天下，七十而至（致）正（政）。（《郭店楚简·唐虞之道》）

上引例⑥中的“二十”“三十”“五十”“七十”都是指岁数，所以相当于在这些数词后省去了一个时间名词。

5. “而”前的状语可以是副词

战国秦代的用例如：

害？曰童（终）而皆臤（贤）於丌（其）初者也。（《上博楚简一·诗序》）

6. “而”前的状语可以是形容词

应该注意的是，这里的形容词是出现在谓词语前作状语的，是对其后的谓词语起修饰作用的。作状语的形容词和其后谓词语的地位是不平等的。

战国秦代的用例如：

① 古（故）君子多䎽（闻），齐而兽（守）之，多志，齐而新（亲）之；精智（知），逵（略）而行之。（《郭店楚简·缁衣》）

② 可明而智（知）与（欤）？（《上博楚简六·孔子见季趄子》）

③ 察察天地，焚焚（纷纷）而遑亓所欲。（《上博楚简三·恒先》）

④ 大旧（久）而不俞（渝），忠之至也。（《郭店楚简·忠信之道》）

上引例①中的“齐而守之”是说恭敬地守护它，“齐而亲之”是说恭敬地亲近它，“略而行之”是说大略地施行它。余例类此。

（三）用来连接分句

用“而”连接的复句，可以是并列复句、顺承复句、递进复句、按断复句，也可以是转折复句、条件复句、假设复句、因果复句、目的复句、紧缩复句。

1. 并列复句

由“而”连接的复句，前后两个分句之间是并列关系。这种复句又可以分为两种：

一是并举关系。各分句表示的几件事情或几个方面并存，可以用关联词语“亦”。

战国秦代的用例如：

① 竞之不骨（滑），而庶之亦不能韓（违）。（《上博楚简六·用曰》）

② 迩者不賦（惑），而远者不悘（疑）。（《郭店楚简·缁衣》）

③ 夫是邑（以）逮（近）者敓（悦）紿（治），而远者自至。（《上博楚简二·容成氏》）

二是对举关系。前后分句的意义相反或相对，也就是用肯定和否定两个方面对照来说明情况或表达所要肯定的意思。

战国秦代的用例如：

① 下之事上也，不从丌（其）所以命，而从丌（其）所行。（《郭店楚简·缁衣》）

② 大人不新（亲）丌（其）所臤（贤），而訐（信）丌（其）所戋（贱）。（《郭店楚简·缁衣》）

2. 顺承复句

用“而”连接的复句，前后分句按时间顺序表达连续的动作或相关情况，两个分句之间有先后相承的关系。

战国秦代的用例如：

① 乃出文王於𡒊（夏）坮（台）之下，而䎽（问）焉。（《上博楚简二·容成氏》）

② 氏（是）以寡人�（委）赁（任）之邦，而去之遊。（《中山王嚳鼎铭》，《集成》5·2840）

③（丙）直以剑伐痍丁，夺此首，而捕来诣。（《睡虎地秦简·封诊式》）

④ 公内（入），安（晏）子而告之。（《上博楚简六·竞公瘧》）

“而”可以跟“后”一起构成“而后”这一复合词语，表达前后两个分句的顺承关系。

战国秦代的用例如：

① 又（有）生又（有）智（知），而句（后）好亚（恶）生。（《郭店楚简·语丛一》）

② 又（有）迱（地）又型（形）又聿（尽），而句（后）又厚。（《郭店楚简·语丛一》）

3. 递进复句

用“而”连接的复句，前后分句之间可以是一般递进关系，即都表示肯定，层层推进。

战国秦代的用例如：

① 过六百六十钱以上，赀官啬夫一甲，而复责其出殹。(《睡虎地秦简·效律》)

② 告罪人，其所告且不审，又以它事告之。勿听，而论其不审。(《睡虎地秦简·法律答问》)

“而”有时候与“况”构成“而况”这一复合词，可以用来表示前后分句间的衬托递进关系，即前面分句是后面分句的衬托，后面分句的意思推进一层。

战国秦代的用例如：

① 龟筮猷（犹）弗智（知），而皇（况）於人虐（乎）?(《郭店楚简·缁衣》)

② 昔者，郾（燕）君子徻，叡（睿）弇夫牾（悟），张（长）为人宗，閈於天下之勿（物）矣，犹粯（迷）惑於子之而迮（亡）其邦，为天下殄，而皇（况）才（在）於少君虖（乎）?(《中山王譽鼎铭》，《集成》5·2840)

4. 按断复句

由“而”连接的复句，前后分句之间可以是按断关系。即前面的分句叙述情况，后面的分句对前面的叙述作出评断，叫作“断”。

战国秦代的用例如：

① 臣邦父母产子及产它邦，而是谓“真”。(《睡虎地秦简·法律答问》)

② 虐（吾）言氏（是）不（否），而毋或（惑）者（诸）少（小）道与（欤）?(《上博楚简四·曹沫之阵》)

5. 转折复句

由“而”连接的复句，前后分句的意思相反或相对，后面的分句是说话人要表达的正意。

战国秦代的用例如：

① 今法律令已具矣，而吏民莫用。(《睡虎地秦简·语书》)

② 令曰勿为，而为之。(《睡虎地秦简·法律答问》)

③ 民可叓（使）道之，而不可叓（使）智（知）之。民可道也，而不可强（强）也。(《郭店楚简·尊德义》)

④ 舜，人子也，而厽（三）天子事之。(《上博楚简二·子羔》)

6. 条件复句

由“而”连接的复句，有时是条件关系，即偏句提出条件，正句表示条件满足时所产生的结果。偏句所表示的条件，有的是必要条件，有的是无条件。

战国秦代的用例如：

① 夫天［下］多异（忌）韦（讳），而民尔（弥）畔（叛）。民多利器，而邦慈（滋）昏。人多智，天〈而〉戕（奇）勿（物）慈（滋）迟（起）。（《郭店楚简·老子甲本》）

② 畢（举）天下之为也，无夜（舍）也，无与也，而能自为也。（《上博楚简三·恒先》）

7. 假设复句

由“而”连接的复句，偏句提出假设，正句表示假设实现后所产生的结果。连词“而”有时用在假设分句中，跟“如”“若”用法相同，这时假设与结果是一致的。

战国秦代的用例如：

① 凿宇，葬，吉。而遇（寓）人，人必夺其室。（《睡虎地秦简·日书乙种》）

② 是谓“非公室告”，勿听。而行告，告其罪。（《睡虎地秦简·法律答问》）

③ 顷半（畔）“封”殴，且非是？而盗徙之，赎耐。（《睡虎地秦简·法律答问》）

④宋人又（有）言曰：人而亡貢（恒），不可为卜箸（筮）也。（《郭店楚简·缁衣》）。

⑤疵而在耳，乃折齿。（《睡虎地秦简·日书乙种》）

⑥言而狗（苟），牆（墙）又（有）耳。（《郭店楚简·语丛四》）

上引前 3 个例子，“而”前没有主语，直接出现在句首；后 3 个例子，“而”前有主语，出现在主谓之间。“而”都是表示前后分句的关系的，而不是连接主语和谓语的。

连词“而”有时出现在假设分句后的结果分句之前，这时假设与结果也是一致的。

战国秦代的用例如：

① 厌（侯）王能守之，而万勿（物）酒（将）自愚（化）。（《郭店楚简·老子甲本》）

② 君子道人以言，而丞（恒）以行。（《郭店楚简·缁衣》）

③ 諓（察）天人之分，而智（知）所行矣。（《郭店楚简·穷达以时》）

④ 訢（慎）求之於吕（己），而可以至川（顺）天祟（常）悏（矣）。（《郭店楚简·成之闻之》）

8. 因果复句

由“而”连接的复句，可以是因果关系，即偏句说出原因，正句表示结果。

战国秦代的用例如：

① 虐（吾）亡能絧（治）也，而囡（因）吕（以）害君。（《上博楚简五·姑成家父》）

② 一人不能词（治）正（政），而百眚（姓）吕（以）幽（绝）。（《上博楚简四·柬大王泊旱》）

③ 余智（知）其忠謣（信）旃，而专任之邦。（《中山王嚳方壶铭》，《集成》15·9735）

9. 目的复句

由“而”连接的复句是目的关系，即偏句表示行为，正句表示行为的目的。

战国秦代的用例如：

欲吕（以）长畫（建）宔（主）君，而徨（御）［邦］难。（《上博楚简五·姑成家父》）

10. 紧缩复句

“而”还可以用于紧缩复句之中，用来连接前后的分句。

（1）由“而”连接的紧缩复句有时是并列关系。

战国秦代的用例如：

① 古（故）悳（德）可易而饻（施）可𨒌（转）也。（《郭店楚简·尊德义》）

② 訏之为衍（道）也，群勿（物）皆成而百善𪈾（皆）立。（《郭店楚简·忠信之道》）

（2）由“而”连接的紧缩复句有时是顺承关系。

战国秦代的用例如：

① 肰（然）则邦坪（平）而民頫矣。（《上博楚简五·季庚子问於孔子》）

② 人行而鬼当道以立。（《睡虎地秦简·日书甲种》）

（3）由“而”连接的紧缩复句有时是转折关系。

战国秦代的用例如：

① 此以民皆又（有）眚（性）而圣人不可莫（慕）也。（《郭店楚简·成之闻之》）

② 今袭号而金石刻辞不称始皇帝。（《峄山刻石》）

（4）由“而”连接的紧缩复句有时是条件关系。

战国秦代的用例如：

今邦𤔲（弥）少（小）而钟愈大。（《上博楚简四·曹沫之阵》）

（5）由“而”连接的紧缩复句有时是假设关系。

战国秦代的用例如：

我无事而民自禧（富），我亡为而民自𧗼（化），我好青（静）而民自正，我欲不欲而民自朴。（《郭店楚简·老子甲本》）

（6）有时候，用于复句中的连词“而”可以连用。

战国秦代的用例如：

① 臣可（何）埶（艺）可（何）行，而䙴（迁）於身，而謐于帝祟（常）？（《上博楚简三·彭祖》）

② 皆不受（授）亓子而受（授）臤（贤）。亓悳（德）酋清，而上𢙇（爱）下，而一丌（其）志，而寝丌（其）兵，而官丌（其）才（材）。（《上博楚简二·容成氏》）

在上引例①中，两个“而”连用；例②中，四个“而”连用。但这样的例子很少见，通常的情况是连词“而”单用，用于复合句的两个分句之间，起连接作用。

复句中的“而”明显可以分为两种，可以记为而$_1$和而$_2$。而$_1$是一般情况下的连词“而”；而$_2$用于假设分句中，意义是“假设”、“如果”的连词“而”。而$_2$可以表达具体的假设意义，它之所以有这样的意义，是因为与“如”“若”等假设连词音近义通。而$_1$所连接的复句，可以是假设复句（指用于后一分句中的）、顺承复句、转折复句、因果复句、目的复句、并列复句、按断复句、条件复句或递进复句。这些关系不是由连词“而”具体地表达出来的。复句中连词而$_1$的基本作用是连接分句，表示两种事件的联系。由而$_1$连接的复句有多种关系，是由前后分句的意义决定的，而不是由而$_1$具体表达的。这就跟单句中的“而”一样，“而”所连接的两个谓词语之间可有多种语义关系，这是由上下文决定的，而不是由“而”具体地表示的。只有这样看，诸如“一个连词而$_1$为什么会表示那么多的语法关系”“什么是其基本用法，由这个基本用法是怎么发展出那么多用法的”的问题才可以得到解释。

四、以“而”为成分的复音虚词语的发展

所谓复音虚词语包括复音虚词和惯用词组，这两者有时难以区别，但它们有共性，即形式的固定性和意义的整体性。

由“而”作成分构成的复音虚词语较多，大体可以分为两类：一类是以“而”作为第一个构成成分的，如“而后”“而况”“而已”；另一类是以“而”作为后一个构成成分的，如“因而”“从而”“然而”。本书只谈第一类由“而”构成的复音虚词语，另一类分别放到作为其第一个构成成分的虚词中去谈（例如把“因而”放到“因”中去谈）。

以“而”为成分的复音虚词语，未见于出土西周春秋文献中。在出土战国文献中，以“而”作为第一个构成成分的复音虚词语只有下述三个，即“而后”“而况”和“而已”。

（一）而后

何乐士（2006）认为“而后”还不是一个复音虚词，只是一个惯用词组。“而后”表示前后两项的顺承关系，可译为“以后”“然后”，或仍作“而后”。

“而后”通常用于单句中，用来连接两个谓词语，表示两者的顺承关系。

战国秦代的用例如：

①智（知）忌（己）而句（后）智（知）人，智（知）人而句（后）智（知）豊（礼），智（知）豊（礼）而句（后）智（知）行。（《郭店楚简·语丛一》）

②凡恴（忧）思而句（后）悲，凡乐思而句（后）忻。（《郭店楚简·性自命出》）

③寺（待）勿（物）而句（后）乍（作），寺（待）兑（悦）而句（后）行，寺（待）习而句（后）奠。（《上博楚简一·性情论》）

④倲（桀）不易埅（禹）民而句（后）𤔲（乱）之，汤不易倲（桀）民而句（后）訂（治）之。（《郭店楚简·尊德义》）

⑤卉木须旹（时）而句（后）奮（奋）。（《上博楚简五·三德》）

⑥阴，是胃（谓）乍阴乍阳，先辱而后又（有）庆。（《睡虎地秦简·日书甲种》）

“而后”也可以用于复句中，构成顺承复句，表示前后两项的顺承关系，可译为“以后”“然后”，或仍作“而后”。

战国秦代的用例如：

①又（有）生又（有）智（知），而句（后）好亚（恶）生。（《郭店楚简·语丛一》）

②又（有）迱（地）又（有）型（形）又（有）聿（尽），而后（後）又（有）厚。（《郭店楚简·语丛一》）

③又命又廋（文）又名，而句（后）又鲧（伦）。（《郭店楚简·语丛一》）

④民五之，方各（格）；十之，方静（争）；百之，而句（后）葡（服）。（《郭店楚简·尊德义》）

（二）而况

何乐士（2006）认为“而况”是复音虚词，用作递进连词。“而况”用于递进复句的

后一分句里，表示语义上更进一层，句末一般有“乎”字与之配合呼应，可译为“何况”，或仍作“而况”。

战国秦代的用例如：

① 龟筮猷（犹）弗智（知），而皇（况）於人虖（乎）？（《郭店楚简·缁衣》）

② 昔者，郾（燕）君子徻，覩（睿）弇夫𤞞（悟），粻（长）为人主，闬於天下之勿（物）矣，犹粎（迷）惑於子之而迖（亡）其邦，为天下𣩵，而皇（况）才（在）於少君虖（乎）？（《中山王譻鼎铭》，《集成》5·2840）

（三）而已

何乐士（2006）认为“而已”为惯用词组，但不少学者认为它已是一个句末语气词。“而已”表示限止语气（意谓仅限于它前面的谓语所描述的范围），有往小里说的意思。“而已”有两种用法：

1. 用于语句之末，主要是单句的句末

战国秦代的用例如：

① 丌（其）晶（三）述（术）者，衍（道）之而巳（已）。（《郭店楚简·性自命出》）

② 君子不帝（啻）明虐（乎）民散（微）而巳（已）。（《郭店楚简·六德》）

2. 用于复句前一分句之末

战国秦代的用例如：

① 善者果而巳（已），不以取弜（强）。（《郭店楚简·老子甲本》）

② 訂（治）民非還（怀）生而巳（已）也，不以旨（嗜）谷（欲）害（害）丌（其）义。（《郭店楚简·尊德义》）

例①“而已”出现在复句中的前一分句句末，表示的仍是限止语气，例②中的“而已”亦然。但在例②中，语气词“而已”之后又出现了句末语气词“也”。两个语气词连用，各自表达了不同的语气（“也”表示判断语气），但语气的重点落在最后一个语气词之上。

第八节　出土先秦文献连词“则”的发展

一、连词“则”的起源

在出土战国文献中，虚词“则”主要有连词用法，虚词“则”是从哪里来的？对这个问题的回答主要有两种说法：

一是认为源自动词。李杰群（2001）持此看法。他认为“则”的本义是“划分”，词性是动词。划分肉食、划分土地都要按等级，按等级划分是一种法则，于是引申出“法则、效法”的意义。连词“则”就是由动词义“效法”虚化而成的。一事在前，一事在后，中间用“则”来连接，表示顺承关系，有前者必有后者。前者效法后者，本来是有后者才有前者，反过来也就成了有前者必有后者。再进一步虚化为表示抽象的事理上的承接。由于划分出来的物体多在两个以上，因此句式上有时又呈现出对待性。

二是认为源自代词。蓝鹰、洪波（2001：220～222）认为，“则”本是一个指代词，一般是在句首作主语，复指前一分句，如“楚失华夏，则析公之为也”（《左传·襄公二十六年》）。也可以用在主谓之间，如“大寇则至，使之持危城，则必畔”（《荀子·议兵》）。“则”在句首复指前一分句的情况，有承上启下的作用，逐渐虚化为承接连词，可译为“那么”“这样”“于是”，如“躬行君子，则吾未之有得”（《论语·述而》）。“则”的其他连词用法（如表假设、表转折）是在承接的基础上由上下文意造成的。

从上古汉语中“斯”用法的发展来看，上引后一种说法似是可信的。依据张玉金（2006：261～268），代词“斯”在西周时代业已出现，为近指代词，可以作主语、宾语、定语、状语。后来“斯”有了连词用法，可以表示两件事情的先后关系，也可以表示假设的结果。例如：“我欲仁，斯仁至矣。”（《论语·述而》）“王无罪岁，斯天下之民至焉。”（《孟子·梁惠王上》）很明显，“斯”的连词用法是从其代词用法发展而来的，其条件应是在句首复指前一小句的时候。“则”在上古汉语文献中很难找到其作代词的用例，蓝鹰、洪波（2001）举出一些“则”作代词的例子，一般都不可靠（多数应看成副词）。不过，“则”作连词的用法跟“斯”作连词时的用法相同，所以可以推测连词“则”和“斯”有相同的来源。

二、连词“则”关系意义的发展

连词“则”从其所表达的关系来看，可以分为三类：一是表示假设的结果，二是表示时间的先后，三是表示原因。

（一）结果连词

“则”一般用于假设复句中的结果分句之前，表示假设实现后所产生的结果，可译为“那”“就”“使”。

西周时代的用例如：

①□来岁弗赏（偿），则付四十秭。（《曶鼎铭》，《集成》5·2838）

②毕非正令，乃敢疾讯人，则隹尃（辅）天降丧。（《塱盨铭》，《集成》9·4469）

③敢不用令，则即井（刑）扑伐。（《兮甲盘铭》，《集成》16·10174）

④以君氏令曰：余老止公仆佣土田多积，弋白氏从许。公宕其参，女则宕其贰；公宕其贰，女则宕其一。（《召伯虎簋铭》，《集成》8·4292）

⑤王曰：小子，小臣，敬有□获则取。（《柞伯簋铭》，《近出》2·371）

战国秦代的用例如：

①女（如）载马、牛、羊，台（以）出入闢（关），则政（徵）於大府，毋政於闢（关）。（《鄂君启舟节铭》，《集成》18·12113）

②子羔曰：女（如）叁（舜）才（在）含（今）之殜（世），则可（何）若？（《上博楚简二·子羔》）

③女（如）㠯（以）此诘之，则善者或不赏，而暴［者或不罚］。（《上博楚简五·

鬼神之明》)

④䎽(闻)芺(笑)圣(声),杲(则)羴(鲜)女(如)也斯(斯)憙(喜)。昏(闻)诃(歌)詨(谣),杲(则)舀(陶)女(如)也斯(斯)奋(奋)。圣(听)琴(琴)开(瑟)之圣(声),杲(则)誖(悸)女(如)也斯(斯)難(叹)。(《郭店楚简·性自命出》)

⑤昏(闻)诃(歌)要(谣),则舀(陶)女(如)也斯奋。圣(听)琴(琴)瑟(瑟)之圣(声),则悸女(如)也斯难(難)。奮(观)《逩(賚)》、《武》,则懠(侪)女(如)也斯复(作)。奮(观)《邵(韶)》、《頣(夏)》,则免(勉)女(如)也斯佥。(《上博楚简一·性情论》)

⑥峑(教)以豊(礼),则民果以圣(劲)。峑(教)以乐,则民𣶒(淑)悳(德)清牆(壮)。峑(教)以支(辩)兑(说),则民埶(势)陸(陵)佂(长)贵以忘(妄)。峑(教)以埶(艺),则民埜(野)以静(争)。峑(教)以只(技),则民少(小)以哭(吝)。峑(教)以言;则民詷(讦)以戛(寡)訐(信)。峑(教)以事,则民力䎽(啬)以䀍(啗)利。峑(教)以憃(权)悬(谋),则民汤(淫)惃(昏),远豊(礼)亡新(亲)悬(仁)。(《郭店楚简·尊德义》)

"则"一般出现在结果分句的主语之前。主语省略时,出现在语句谓语之前(仍居句首),但有时候它也可以出现在结果分句的主语之后。

战国秦代的用例如:

①智而比即(次),则民谷(欲)丌(其)智之述(遂)也。福(富)而贫(分)贱,则民谷(欲)丌(其)福(富)之大也。贵而罷(能)壤(让),则民谷(欲)丌(其)贵之上也。(《郭店楚简·成之闻之》)

②佳天乍福,神则各(格)之。佳天乍宎,神则惠之。(《楚帛书·乙篇》)

③故常不利,邦失干常,少(小)邦则戋(划),大邦兆(过)𣪘(伤)。(《上博楚简五·三德》)

(二)顺承连词

"则"还可以用于顺承复句的后一分句之首,表示前后两件事的先后相承的关系,可译为"就""便"。

西周时代的用例如:

①王女(如)上侯,师俞从,王夜(掖)功,赐师俞金,俞则对阳(扬)厥德。(《师俞鼎铭》,《集成》5·2723)

②柞伯十爯(称)弓无废矢,王则畀柞伯赤金十反(钣)。(《柞伯簋铭》,《近出》2·371)

③武王既𢦏殷,微史烈祖廼来见武王,武王则令周公舍寓(宇)于周。(《墙盘铭》,《集成》16·10175)

④余有爽变,□千罚千,西宫□、武父则誓。(《散氏盘铭》,《集成》16·10176)

以上各例中的"则"用于主语后,下引各例中的"则"用于主语前:

①佳武王既克大邑商,则廷告于天。(《何尊铭》,《集成》11·6014)

②履付裘卫林晳里,则乃成夆(封)四夆(封)。(《九年卫鼎铭》,《集成》5·2831)

③格伯付良马乘于倗生,厥贾卅田,则析。(《倗生簋铭》,《集成》8·4262)

④ 唯正月初吉，晋侯僰马既为宝盂，则作尊壶。(《晋侯僰马壶铭》，《近出》2·449)

春秋时代的用例如：

① 黄君孟自作行器，子孙则永祜福。(《黄君孟鼎铭》，《集成》4·2497)

② 曾子□自作行器，则永祜福。(《曾子□簠铭》，《集成》9·4528)

战国秦代的用例如：

① 既出於口，则弗可悔。(《上博楚简六·用曰》)

② 诗云："亦既见耑（之），亦既訽（觏）耑（之），我心则［兑（悦）］。"(《郭店楚简·五行》)

有时，顺承连词"则"不是出现在两个分句之间，而是出现在句首状语和句子主干之间，表示到了什么时间就会做什么或发生什么事。

战国秦代的用例如：

① 及丌（其）尃（博）长而𦉢（厚）大也，则圣人不可由（犹）与（豫）墠（惮）之。(《郭店楚简·成之闻之》)

② 憙（喜）惹（怒）忞（哀）悲之燹（气），眚（性）也。及丌（其）见於外，𠟭（则）勿（物）取之也。(《郭店楚简·性自命出》)

（三）原因连词

"则"出现在解释原因的复句中，"则"前的部分述说结果，"则"后的部分说明原因，可译为"就是因为"。

西周时代的用例如：

① 不显文武受命，则乃且奠周邦。(《询簋铭》，《集成》8·4321)

② 王若曰：逑，丕显文武，膺受大命，匍有四方，则繇唯乃先圣祖考夹召先王，爵勤大命。(《逑盘铭》，《文物》2002年第6期)

战国秦代的用例如：

① 正（政）之不行，孝（教）之不成也，𠟭（则）坓（刑）罚不足耻，而雀（爵）不足憃（劝）也。(《郭店楚简·缁衣》)

② 翌（轻）㡭（绝）贫戋（贱），而垕（重）㡭（绝）賵（富）贵，𠟭（则）好悬（仁）不硻（坚），而亚（恶）亚（恶）不絸（著）也。(《郭店楚简·缁衣》)

③ 以内绝召公之业，乏其先王之祭祀，外之则将使上勤於天子之廟，而退与诸侯齿长於会同，则上逆於天，下不顺於人也，寡人非之。(《中山王嚳方壶铭》，《集成》15·9735)

④ 大臣之不新（亲）也，𠟭（则）忠敬不足，而賵（富）贵巳（已）逃（过）也。邦豙（家）之不盜（宁）也，𠟭（则）大臣不台（治），而执（亵）臣怋（託）也。(《郭店楚简·缁衣》)

从出土战国文献来看，"则"主要表示三种关系：一是假设条件下的结果；二是时间上的承接；三是原因。这些关系是有密切联系的，是同源关系。如李佐丰（2004：212）所说："'则'所连接的前后两件事，或是在时间上相距很近，或是前事出现就会导致后事的发生。前一部分如果是事实，则是现实中的紧接；前一部分所表现的内容如果是未曾发生的，便有假设的意思。"

三、连词“则”连接单位的发展

(一) 用于连接假设复句

“则”一般都是单用，即在一个假设复句中用一个连词“则”，但也有连用和对用两种情况。

1. 单用、连用和对用的“则”

(1) 单用的“则”也有两种情况，一种是在前面的假设分句中有假设连词的，另一种是在前面的假设分句中没有假设连词的。

“则”前面的假设分句中的假设连词常是“如”“苟”，与“则”构成“如……则……”“苟……则……”的固定格式，表示假设和结果的关系。

西周时代的用例如：

毕非正令，乃敢疾讯人，则隹尃（辅）天降丧。(《塱盨铭》，《集成》9·4469)

战国秦代的用例如：

① 女（如）川（顺）言弇亚（恶）虗（乎），则忎（恐）后豉（诛）於吏（史）者。(《上博楚简六·竞公瘧》)

② 走（上）句（苟）昌（倡）之，则民鲜不从俟（矣）。(《郭店楚简·成之闻之》)

③ 是古（故）走（上）句（苟）身備（服）之，则民必有甚安（焉）者。(《郭店楚简·成之闻之》)

“则”前面的假设分句中不用假设连词，只在结果分句中用“则”的情况更为常见。

西周时代的用例如：

① □来岁弗赏（偿），则付四十秭。(《智鼎铭》，《集成》5·2838)

② 敢不用令，则即井（刑）扑伐。(《兮甲盘铭》，《集成》16·10174)

战国秦代的用例如：

① 以灰渍之，则不来矣。(《睡虎地秦简·日书甲种》)

② 如此，则为人臣亦不忠矣。(《睡虎地秦简·语书》)

③ 新（慎）终若訂（始），则无败事壴（矣）。(《郭店楚简·老子丙本》)

④ 古（故）君不与少（小）悔（谋）大，昊（则）大臣不情（怨）。(《郭店楚简·缁衣》)

⑤ 𨛰（邻）邦之君明，则不可吕（以）不攸（修）政而善於民。(《上博楚简四·曹沫之阵》)

⑥ 上玗（好）悬（仁），则下之为悬（仁）也静（争）先。(《上博楚简一·缁衣》)

(2) 连用的“则”是指在一个假设复句中，假设分句之后有两个结果分句，每个结果分句之前都用了“则”。这种用法的“则”很少见，只见到下引两例：

① 民人弗智（知）岁，则无𦣞祭，祀则述（遂）。(《楚帛书·乙篇》)

② 曰：非九天，则大岆（逼），则母（毋）敢蔽天霝（灵）。(《楚帛书·甲篇》)

(3) 对用的“则”是指由两个或几个“假设分句+则+结果分句”构成多层并列复句或并列句群，其中的“则”处于相对的位置。

西周时代的用例如：

以君氏令曰：余老止公仆佣土田多积，弋白氏从许，公宕其参，女则宕其贰；公宕其贰，女则宕其一。(《召伯虎簋铭》，《集成》8·4292)

战国秦代的用例如：

① 君又（有）悬（谋）臣，则壤陛（地）不钞（削）；士又（有）悬（谋）友，则言谈不勺（弱）。(《郭店楚简·语丛四》)

② 谷（欲）人之炁（爱）己（己）也，则必先炁（爱）人；谷（欲）人之敬己（己）也，则必先敬人。(《郭店楚简·成之闻之》)

③ 古（故）杀［人众］，则以忞（哀）悲位（莅）之；戰（战）勳（胜），则以喪（丧）豊（礼）居之。(《郭店楚简·老子丙本》)

④ 丌（其）圣（声）叓（变），则心坐（从）之矣。丌（其）心叓（变），则丌（其）圣亦肰。(《上博楚简一·性情论》)

⑤ 长民者斈（教）之己（以）悳（德），齐之己（以）豊（礼），则民又（有）昱（耻）心。斈（教）之己（以）正（政），齐之己（以）型（刑），则民又（有）免心。(《上博楚简一·缁衣》)

⑥ 雚（观）桼（赉）、武，鼎（则）齐（斋）女（如）也异（斯）复（作）。雚（观）邵（韶）、頣（夏），鼎（则）免（靦）女（如）也异（斯）畲（敛）。(《郭店楚简·性自命出》)

以上各例是两个“假设分句+则+结果分句”并列，例①~③为多层并列复句，例④~⑥为并列句群。下引各例则是三个以上“假设分句+则+结果分句”并列。

战国秦代的用例如：

① 古（故）孥（孳）以炁（爱）之，鼎（则）民又（有）新（亲）；訢（信）以结之，鼎（则）民不伓（倍）；共（恭）以位（莅）之，鼎（则）民又（有）悉心。(《郭店楚简·缁衣》)

② 故辞礼敬，则贤人至；陟爱深，则贤人亲；作敛中，则庶民附。(《中山王嚳方壶铭》，《集成》15·9735)

2.“则”前后分句的数量

(1)“则”的前后，通常都是一个分句，即“则”前的假设分句是一个分句，“则”后的结果分句也是一个分句。

西周时代的用例如：

敢不用令，则即井（刑）扑伐。(《兮甲盘铭》，《集成》16·10174)

战国秦代的用例如：

① 以良剑刺其颈，则不来矣。(《睡虎地秦简·日书甲种》)

② 君必不已，则繇（由）丌（其）杲（本）虖（乎）？(《上博楚简四·曹沫之阵》)

③ 哭（邻）邦之君亡道，则亦不可不攸（修）政而善於民。(《上博楚简四·曹沫之阵》)

④ 母（毋）忘姑姊妹而远敬之，则民又（有）豊（礼）。(《上博楚简四·内豊》)

⑤ 上下相復（復）己（以）忠，则民懽（欢）丞（承）皐（教）。(《上博楚简三·中弓》)

⑥ 古（故）长民者章志己（以）卲（昭）百眚（姓），则民至（致）行己（己）己

(以)兑(悦)上。(《上博楚简一·缁衣》)

(2)有时候,“则”前是两个或三个分句,而“则”后是一个分句。

西周时代的用例如:

毕非正令,乃敢疾讯人,则隹尃(辅)天降丧。(《塱盨铭》,《集成》9·4469)

战国秦代的用例如:

① 受(授)又(有)智(知),舍(予)又(有)能,则民宜之。(《上博楚简四·曹沫之阵》)

② 又(有)郕(国)者章好章亚(恶),以视(示)民厚(厚),𥅀(则)民青(情)不紅(忒)。(《郭店楚简·缁衣》)

③ 毋辟(嬖)於便俾(嬖),毋张(长)於父眖(兄),赏均(均)圣(听)中,则民和之。(《上博楚简四·曹沫之阵》)

④ 臣事君,言丌(其)所不能,不訇(辞)丌(其)所能,𥅀(则)君不袋(劳)。(《郭店楚简·缁衣》)

(3)有时候,“则”前是一个分句,而“则”后是两个分句。

战国秦代的用例如:

① 从允怿(释)怂(过),则先者余(除),奎(來)者訐(信)。(《郭店楚简·成之闻之》)

② □ 舀(扰)事皆㝵(得)亓嚾(劝)而弜(强)之,则邦又(有)榞(奸)童(动),百眚(姓)送之㠯(以)□。(《上博楚简五·季庚子问於孔子》)

(4)有时候,“则”的前后都是两个或两个以上的分句。

战国秦代的用例如:

① 为上可覞(望)而智(知)也,为下可頪(类)而篙(等)也,𥅀(则)君不悘(疑)臣,臣不惑於君。(《郭店楚简·缁衣》)

② 可言不可行,君子弗言;可行不可言,君子弗行,𣅀(则)民言不陒(危)行,不陒(危)言。(《郭店楚简·缁衣》)

如果“则”的前后都只是一个分句,这时构成单层复句;如果“则”之前、之后或者前后都不止一个分句,则构成多层复句。

(二)用于连接假设紧缩复句

“则”还可以构成具有假设关系的紧缩分句。紧缩复句是由复句紧缩而成的,前后两个分句间没有语音停顿,假设分句中也不用假设连词。由“则”构成的假设紧缩复句可以分为两种:一种是前后两个分句的主语不同(主语可以省略);二是前后两个分句的主语相同(主语可以省略)。前者如“君𤔲(好)则民㕡(欲)之”(《上博楚简一·缁衣》),后者如“蜀(独)居则习父兄之所乐”(《上博楚简一·性情论》)。

1. 紧缩复句中“则”的单用、对用

“则”可以单用,也可以对用,但未见到在一个紧缩复句中连用“则”的。

(1)单用的“则”用来连接假设紧缩复句,一般自成一句,有时也作复句的一个分句。

西周时代的用例如:

王曰:小子,小臣,敬有□获则取。(《柞伯簋铭》,《近出》2·371)

战国秦代的用例如：

① 君玗（好）则民㳄（欲）之。（《上博楚简一・缁衣》）

② 君子不惓（宽）则亡目（以）颂（容）百眚（姓）。（《上博楚简二・从政甲》）

③ 言及则明舉（举）之而毋惪（伪）。（《上博楚简一・性情论》）

④ 战则录（禄）雀（爵）又（有）棠（常）。（《上博楚简四・曹沫之阵》）

⑤ 又（有）𨒦（过）则咎。（《上博楚简一・性情论》）

⑥ 君子不可目（以）不强，不强则不立。（《上博楚简五・季庚子问於孔子》）

（2）对用的"则"是指两个由"则"构成的假设紧缩复句，构成并列复句，复句中前后两个"则"相对使用。

战国秦代的用例如：

① 行不訏（信）则命不从，訏（信）不惷（著）则言不乐。（《郭店楚简・成之闻之》）

② 善则从（从）之，不善则㞢（止）之。（《上博楚简四・内豊》）

③ 君子居则贵左，甬（用）兵则贵右。（《郭店楚简・老子丙本》）

④ 宜曲则曲，宜植（直）则植（直）。（《鸟书箴铭带钩铭》，《集成》16・10407）

多个（两个以上）由"则"构成的紧缩复句可以组成一个并列复句。

战国秦代的用例如：

① 吏（使）人，不亲则不𦃇（庸），不和则不辑（辑），不羛（义）则不備（服）。（《上博楚简四・曹沫之阵》）

② 不共（恭）则亡目（以）叙（除）辱，不惠则亡目（以）聚民，不悬（仁）则亡目（以）行正（政）。（《上博楚简二・从政甲》）

③ 以此为人君则鬼（怀），为人臣则忠，为人父则兹（慈），为人子则孝。（《睡虎地秦简・为吏之道》）

④ 因亙（恒）则古（固），詧（察）㠯（匚）则亡避（僻），不党则亡悁（怨），让（上）思则□□。（《郭店楚简・尊德义》）

⑤ 少（小）人藥（乐）则悔（疑），恴（忧）则䎽（问），惹（怒）则𠜎（胜），愳（惧）则伓（背），耻则軋（犯）。（《上博楚简二・从政乙》）

⑥ 不悉（爱）则不新（亲），不□则弗褱（怀），不壅（勑）则亡畏，不忠（忠）则不訏（信），弗勇则亡遠（覆）。（《郭店楚简・尊德义》）

两个由"则"构成的假设紧缩复句也可以构成顺承复句。

战国秦代的用例如：

① 和则同，同则善。（《郭店楚简・五行》）

②［重积惪则亡］不克，［亡］不克𠟭（则）莫智（知）丌（其）亙（恒）。（《郭店楚简・老子乙本》）

多个（两个以上）由"则"构成的假设紧缩复句也可以构成顺承复句。

战国秦代的用例如：

① 和则㦒（乐），㦒（乐）则又（有）惪（德），又（有）惪（德）则邦家舉（举）。（《郭店楚简・五行》）

② 君子亡中心之恴（忧）则亡审（中）心之智，亡审（中）心之智则亡审（中）心

[之悦]，亡审心［之悦则］不安，不安则不樂（乐），不樂（乐）则亡悳（德）。（《郭店楚简·五行》）

③ 智之思也伥（长），伥（长）则导（得），导（得）则不亡（忘），不亡（忘）则明，明则见臤（贤）人，见臤（贤）人则玉色，玉色则型（形），型（形）则智。（《郭店楚简·五行》）

④ 圣之思也翌（轻），翌（轻）则型（形），型（形）则不亡（忘），不亡（忘）则聣（聪），聣（聪）则耷（闻）君子道，耷（闻）君子道则玉音，玉音则型（形），型（形）则圣。（《郭店楚简·五行》）

⑤ 行氣（气），実（吞）则適，適则神（申），神（申）则下，下则定，定则固，固则明（萌），明（萌）则张（长），张（长）则復（复），復（复）则天。（《行气玉铭》）

⑥ 悬（仁）之思也清（精），清则諓（察），諓（察）则安，安则悥（温），悥（温）则兑（悦），兑（悦）则豪（戚），豪（戚）则新（亲），新（亲）则炁（爱），炁（爱）则玉色，玉色则型（形），型（形）则悬（仁）。（《郭店楚简·五行》）

用于假设紧缩复句中的“则”其实是用来连接分句的，但“假设分句＋则＋结果分句”被紧缩为一个紧缩复句，像一个句子一样。

2. 紧缩复句中“则”前后的成分

“则”的前后可以是主谓短语（被紧缩之前就是一个分句），也可以是省略了主语的谓词性词语（被紧缩之前也是作分句的），诸如动词性短语、形容词性短语、名词性短语（作谓语）。

（1）“则”的前后都是主谓短语。

战国秦代的用例如：

① 子曰：民以君为心，君以民为体。心好㝵（则）体安之，君好㝵（则）民忩（欲）之。（《郭店楚简·缁衣》）

② 子曰：上人悷（疑）㝵（则）百眚（姓）賊（惑），下难智（知）㝵（则）君伥（长）裳（劳）。（《郭店楚简·缁衣》）

（2）“则”前为主谓短语，其后是动词性短语。

战国秦代的用例如：

君子不愋（宽）则亡㠯（以）颂（容）百眚（姓）。（《上博楚简二·从政甲》）

“则”前为动词性短语，其后是主谓短语的例子如：

①［重积悳则亡］不克，［亡］不克㝵（则）莫智（知）丌（其）亙（恒）。（《郭店楚简·老子乙本》）

② 和则礜（乐），礜（乐）则又（有）悳（德），又（有）悳（德）则邦家舉（举）。（《郭店楚简·五行》）

（3）“则”前为主谓短语，其后为形容词性词语。

战国秦代的用例如：

① 勿（物）𢧐（壮）㝵（则）老，是胃（谓）不道。（《郭店楚简·老子甲本》）

② 乐奮（繁）豊（礼）霝（灵）则詁（慢）。（《郭店楚简·语丛一》）

（4）“则”前为形容词性词语，其后为主谓短语。

战国秦代的用例如：

① 恭则民不情（怨）。(《郭店楚简·尊德义》)

② □［而］不武则志不逯（匿）。(《上博楚简二·从政乙》)

(5)“则”的前后都是动词性词语。

战国秦代的用例如：

君子居则贵左，甬（用）兵则贵右。(《郭店楚简·老子丙本》)

(6)“则”的前后都是形容词性词语。

战国秦代的用例如：

和则同，同则善。(《郭店楚简·五行》)

(7)“则”前为动词性词语，其后是形容词性词语。

战国秦代的用例如：

以此为人君则鬼（怀），为人臣则忠，为人父则兹（慈），为人子则孝。(《睡虎地秦简·为吏之道》)

(8)“则”前为形容词性词语，其后是动词性词语。

战国秦代的用例如：

不共（恭）则亡㠯（以）叙（除）辱，不惠则亡㠯（以）聚民，不恴（仁）则亡㠯（以）行正（政）。(《上博楚简二·从政甲》)

(9) 出现在“则”前后的名词性词语有三种：

第一种是作判断句谓语。

战国秦代的用例如：

大辠（罪）则夜处之㠯（以）型（刑）。(《上博楚简五·季庚子问於孔子》)

第二种是作描写句的谓语。

战国秦代的用例如：

① 聋（闻）君子道则玉音，玉音则型（形）。(《郭店楚简·五行》)

② 见瞍（贤）人则玉色，玉色则型（形）。(《郭店楚简·五行》)

第三种是名词用作谓词。

战国秦代的用例如：

① 其上旱则淳，水则干。(《睡虎地秦简·日书甲种》)

② 其居所水则干，旱则淳。(《睡虎地秦简·日书甲种》)

上引两例中的“水”都与“旱”前后为文，应是“涝”的意思。

(三) 用于连接顺承复句

“则”还可以用于顺承复句的后一分句之首，表示前后两件事的先后相承的关系，可译为“就”“便”，分为两种情况：一种是前一分句中有“既”，“既”和“则”构成“既……则……”的固定格式。

西周时代的用例如：

① 隹武王既克大邑商，则廷告于天。(《何尊铭》,《集成》11·6014)

② 唯正月初吉，晋侯僰马既为宝盂，则作尊壶。(《晋侯僰马壶铭》,《近出》2·449)

③ 武王既𢦏殷，微史烈祖迺来见武王，武王则令周公舍寓（宇）于周。(《墙盘铭》,《集成》16·10175)

战国秦代的用例如：

① 既出於口，则弗可悔。(《上博楚简六·用曰》)

② 诗云："亦既见迲（之），亦既訽（觏）迲（之），我心则［兑（悦）］。"(《郭店楚简·五行》)

另一种是只在后一分句之首用"则"。

西周时代的用例如：

① 柞伯十爯（称）弓无废矢，王则畀柞伯赤金十反（钣）。(《柞伯簋铭》，《近出》2·371)

② 余有爽变，□千罚千，西宫□、武父则誓。(《散氏盘铭》，《集成》16·10176)

③ 履付裘卫林晋里，则乃成夆（封）四夆（封）。(《九年卫鼎铭》，《集成》5·2831)

春秋时代的用例如：

① 黄君孟自作行器，子孙则永祜福。(《黄君孟鼎铭》，《集成》4·2497)

② 曾子□自作行器，则永祜福。(《曾子□簠铭》，《集成》9·4528)

战国秦代的用例如：

① 昔三弋（代）之明王之又（有）天下者，莫之舍（予）也，而□取之，民皆以为义。夫是，则兽（守）之目（以）信，季（教）之目（以）义，行之目（以）豊（礼）也。(《上博楚简二·从政甲》)是：用作谓词，意为这样以后。

② 号令於军中曰："缮甲利兵，明日牆（将）戰（战）"，则戢（厮）尾（徒）剔（伤）亡。(《上博楚简四·曹沫之阵》)

这种用"则"的顺承复句，未见到被紧缩为紧缩复句的例子。

（四）用于句首状语和句子主干之间

有时，顺承连词"则"不是出现在两个分句之间，而是出现在句首状语和句子主干之间，表示到了什么时间就会做什么或发生什么事。

战国秦代的用例如：

① 及丌（其）尃（博）长而垕（厚）大也，则圣人不可由（犹）与（豫）埤（惮）之。(《郭店楚简·成之闻之》)

② 憙（喜）惹（怒）忞（哀）悲之燹（气），眚（性）也。及丌（其）见於外，昗（则）勿（物）取之也。(《郭店楚简·性自命出》)

第九节　出土先秦文献连词"既"的发展

一、连词"既"的起源

"既"本为动词，是"尽"的意思。例如："辛巳贞：雨不既，其燎于亳土？"(《屯南》1105)"庚寅雨，中日既？"(《合集》21302)"既"可以用作动词语作宾语。例如：

“贞：于既父丁升岁酒?”（《合集》23224）意思是完成父丁“升岁”祭的时候进行酒祭。很明显，例中“既父丁升岁”的“既”是动词，而“父丁升岁”是其宾语。

副词“既”的直接来源，就是这种以VP为宾语的动宾结构。“既＋VP”的重点本来是“既”，随着重点后移，动宾结构转向状中结构，同时“既”也就由动词渐渐地变为副词。

最为典型的副词“既”用于单句的谓语动词前，表示动作行为已经发生或已经完成、结束，可译为“已”“已经”。例如：

①今天下之君子既可智（知）已。(《上博楚简四·曹沫之阵》)

②子昰（夏）曰：“‘五至’既䎽（闻）之矣。”(《上博楚简二·民之父母》)

③子左尹䛐（属）之新造让尹丹，命为仆至（致）典。既皆至（致）典。(《包山楚简》16)

④既廌（荐）之於东陵。(《新蔡楚简》零：303)

有些“既”出现在复合句的后一分句中，这种“既”的作用也比较单纯，表示“已”“已经”。例如：

①鲁臧（庄）公䣓（将）为大钟，型既城（成）矣。(《上博楚简四·曹沫之阵》)

②春秋还逋（转），而諮既汲（及）。(《上博楚简六·用曰》)

③若夫老老慈幼，既昏（闻）命壴（矣）。(《上博楚简三·中弓》)

④若此三者，既昏（闻）命壴（矣）。(《上博楚简三·中弓》)

“既”常用于顺承复句的前一分句之中，这时它主要是表示前一动作行为或状况已经出现或已经完结，可译为“已”“已经”；同时也起关联作用，表示做完某事之后再做另一件事。这种“既”跟单句中或复句后一分句中的“既”意思相同，其主要作用仍然是用于谓语动词前表已然，所以本书把这种“既”也看作副词。例如：

①既祕（蔽）而卜，孚。(《上博楚简四·柬大王泊旱》)

②既戳（战）逡（复）豫，虐（号）命（令）於军中。(《上博楚简四·曹沫之阵》)

③质既受命，复（作）为六頪（律）六郘（吕）。(《上博楚简二·容成氏》)

④室既成，䣓（将）袼（格）之。(《上博楚简四·昭王毁室》)

⑤既言之，䛐（属）之左尹。(《包山楚简》155)

⑥既寻（得）昏（闻）道，忈（恐）弗能守。(《上博楚简三·彭祖》)

“既”出现在顺承复句的前一分句里，后一分句有关联词语与它相呼应，构成“既……乃……”“既……安……”“既……而……”的固定格式，都可译为“既已……就……”或“既已……于是……”。例如：

①参（三）垟（郤）既亡，公家乃溺（弱）。(《上博楚简五·姑成家父》)

②既献泰成，乃降専惠。(《峄山刻石》)

③心㾓之既权，征民乃贵。(《上博楚简六·用曰》)

④女（如）日月既乱，乃又（有）兄（荒）祅。(《楚帛书·乙篇》)

⑤尔古须（稀），既袼（格），安从事。(《上博楚简四·昭王毁室》)

⑥昔先君祭，既祭，安命行先王之灋（法）。(《上博楚简五·竞建内之》)

⑦既戳（战），而又（有）殆心。(《上博楚简四·曹沫之阵》)

⑧ 既为贞，而敚（说）亓祱（祟）。（《新蔡楚简》甲三：219）

对这种“既”该如何看，其词性如何？何乐士（2006：233）曾谈到副词“既”和连词“既”的区别。她认为，“既”作连词主要表示并列或让步。表示并列时，“既”与后面分句的虚词“且”“又”“亦”等配合，强调两种情况同时存在。表示让步时，“既”表示先承认某一事实以引出下文的推论，主要表示“既然”之义，后分句常有“则”“亦”“何”“恶”等虚词与之配合。“既”作副词主要表示时间，强调动作行为已经完成，或前后两事间隔不久。若此说可信，那么上引诸例中的“既”都不应看作连词，而应看作副词。因为例中的“既”既不是表并列，也不是表让步，而都是表示时间的，“已经”的意思仍很鲜明。

笔者认为，何乐士的看法是可信的。“既”明显有关联作用，它与“乃”“安”“而”“以”相配合，构成固定格式，表示两事的先后关系。据此看来，“既”像连词。但是这种“既”还是已经的意思，还表时间上的已然，仍是作状语的。由这种“既”构成的“既”小句，在结构上不具有黏附性，仍具有独立性。从这一点来看，这种“既”的副词性仍然鲜明，还是应看作副词。侯学超（1998：307）曾谈到现代汉语中的虚词“既”，他认为现代汉语的连词“既”有两种，一种是跟“既然”相同；另一种表示并存，构成“既……又……”“既……且/而且……”“既……也……”的固定格式。他把“已经”意义的“既”看作副词。

“已经”意义的“既”可以和“则”构成固定格式“既……则……”，如“既见君子，我心则降”（《诗经·小雅·出车》）。对于这种“既”，古代汉语研究室（1999：275）看成副词。这种“既”明显和上引诸例中的“既”用法相同。

古代汉语中有复音虚词“既已”，学术界一般把它看成时间副词，这种“既已”可以和“乃”构成“既已……乃……”的固定格式。“既已”既然是副词，那么“既……乃……”中的“既”也应看成副词。表示并列和让步的“既”都是由副词“既”虚化而来的。

总之，“既”本为动词，后来变为副词，又由副词虚化为连词。

二、连词“既”的发展

连词“既”的用例只见于出土战国文献中。

本书同意传统的说法，即认为表示并列、让步的“既”是连词，主要基于以下的理由：第一，这两种用法的“既”，意义上已不再是已经的意思，或这种意义已不明显，失去了表示时间上已然的作用；第二，这种“既”必须与“且/又/亦”前后呼应，一般不能单用，“既”字句已失去了独立性，而有了明显的黏附性。

（一）并列连词

“既”可以连用，构成“既……既……”的固定格式，也可以跟“且/又/亦”前后呼应，构成“既……且……”“既……又……”“既……亦……”的固定格式。

“既……既……”的固定格式，古代汉语研究室（1999：277）认为是由两个连词“既”组成的，表示并列关系，可译为“既……又……”“又……又……”。

战国秦代的用例如：

① 羲（牺）豭既美，玉疋（糈）既精。（《秦骃玉版铭》）

② 百事既成，民心既宁。（《睡虎地秦简·为吏之道》）

“既……且……”的固定格式，是由连词“既”和“且”组成的，表示并列关系，可译为“既……又……”。

战国秦代的用例如：

① 以生子，既美且长，有贤等。（《睡虎地秦简·日书甲种》）

② ☐既嚳（皆）告，叡（且）祷也。（《新蔡楚简》甲三：138）

“既……又……”的固定格式，是由连词“既”和副词“又”组成的，关联两个分句，表示两件事情同时发生或两种情况同时存在。

战国秦代的用例如：

① 既只（跻）於天，或（又）椎（坠）於困（渊）。（《上博楚简三·彭祖》）

② 既为金桎，或（又）为酉（酒）池。（《上博楚简二·容成氏》）

③ 既生畜之，或（又）从而孝（教）忞（诲）之。（《郭店楚简·六德》）

④ 亓子脾既与虘（吾）同车，或（又）□衣由。（《上博楚简四·昭王与龚之脾》）

这种用例在传世文献中可以见到，例如：“既立之监，或佐之史。”（《诗经·小雅·宾之初筵》）

“既”和“亦”可以构成“既……亦……”的固定格式，表示并列关系；也可以构成“亦既……亦……”“亦既……亦既……”的固定格式，仍然表示并列关系。

战国秦代的用例如：

① 民之既教，上亦毋骄。（《睡虎地秦简·为吏之道》）

② 名亦既又（有），夫亦酒（将）智（知）步（止）。（《郭店楚简·老子甲本》）

③ 亦既见步（之），亦既訽（覯）步（之）。（《郭店楚简·五行》）

（二）让步连词

这种“既”是既然的意思，用于偏正复句的前一分句中，表示承认某一事实，以引出后面的推论。可与“则”构成“既……则……”的固定格式。

战国秦代的用例如：

① 既出於口，则弗可悔。（《上博楚简六·用曰》）

② 既导（得）丌（其）级（急），言必又（有）及之。（《郭店楚简·语丛四》）

③ [《柏舟》] 强志，既曰天也，猷又（有）悳（怨）言。（《上博楚简一·诗序》）

蓝鹰、洪波（2001：196）认为，“既”的这种用法源于“已经”义，即在肯定一个已然情况的前提下，推论相关的情况。句中“既”还有一点词汇意义，有的“已经”义还依稀可感，这正好暴露了它的来源。那么它是不是副词呢？马建忠的一段话不无道理：“‘既’字所附者，辞气未完，皆读也，故列入连词。不则何以异于状字？”（吕叔湘、王海棻：《马氏文通读本》，上海教育出版社1986年版）的确，副词“已经”义无论如何也不能讲成“既然”。副词“既”在单句中使用，绝无“辞气未完”的感觉，而连词“既”不能用在单句中。“既然”义的“既”字句不能单说，“既”的作用显然是跨句的。

第十节　出土先秦文献连词“虽”的发展

一、连词“虽”的来源

连词“虽”的来源如何？对此蓝鹰、洪波（2001：249～252）作过论述。他们认为表让步关系的“虽”是由副词虚化而成的。“虽”和“唯”存在着通假现象，“唯”假为“虽”。“唯”最常见的副词用法是表示对事物或动作范围的限定，可译为“只”“仅”等。例如“鸡鸣而驾，塞井夷灶，唯余马首是瞻”（《左传·襄公十四年》）、“唯天为大，唯尧则之”（《论语·泰伯》）。由这个义项引申为表示已然，可译为“已经”。例如“如鸟之覆卵，无形无声，而唯见其成”（《管子·禁藏》）、“回之家贫，唯不饮酒不茹荤者数月矣”（《庄子·人间世》）。表示让步关系的连词“唯”的形成，与上面两个副词义项都有关系。不过由于来源不同，让步连词“唯”也出现了两种对应形式。表范围限定的副词“唯”虚化为连词后一般用在句首，其限定范围的意义还可体会，相当于口语“就连……也……”，“唯”后的名词往往是限定范围的，如“唯信亦为大王不如也”（《史记·淮阴侯列传》）。表已然的副词“唯”虚化为连词后往往用在主语后，已然的意义有时还能体会，如“天下之人，唯各特意哉，然而有所共予也”（《荀子·大略》）。“虽”因为与“唯”有语音上的关系而有了“唯”的让步连词用法，并且也有两种形式，如“虽小道，必有可观者焉”（《论语·子张》）、“汤虽文深意忌不专平，然得此声誉”（《史记·张汤传》）。后来“唯”渐渐移交了让步连词的用法，“虽”成了专司此职的连词。

上段蓝鹰、洪波的论述中，存在着两个明显的问题。一是认为“唯”可表已然没有根据。“唯”这个词在殷墟甲骨文中已存在，写作“隹”，在传世文献中有“唯”“惟”“维”三种写法。研究古代汉语的学者大都不认为“唯”可表已然。从“唯”字用法的源流来看，它不应有此义项。二是没有谈到表示范围限定的用法的源头，而这种源头可能也是连词“虽”的源头之一。

张玉金（2001：35）认为，殷墟甲骨文中有“唯”，也有“惠”，它们的基本语气都是表示提示强调。西周以后，“惠”消亡了，都改用“唯”。“唯”由表示提示强调，发展出表示范围限定的用法，因为对某一事物加以提示强调，和指出事物的单一性很有相近之处。谢纪锋（1984）说：“被强调的事物很容易使人产生‘只有这个’的印象，久而久之，‘只有’就被认为是‘维’的一个义项了。”此说甚是。

不论是表示提示强调的“唯”，还是表示范围限定的“唯”，其含义都比较空虚。这样，当“唯”经常出现在让步分句之中时，就会发生语境吸收的现象，其句式义也就附着到“唯”上面了，“唯”也就成为让步连词了。这个让步连词最初也写作“唯”，后来为了区别，就借用“虽”来书写。比起表示范围限定的“唯”，表示提示强调的“唯”更容易发展为连词。

表示限定范围的“唯”常用于句首，但表示提示强调的“唯”则可用于句首，也可用于句中。所以由副词“唯”虚化而来的连词“虽”既可以用于句首，也可以用于句中。

另外，连词“虽”一旦形成，它的语法位置就遵循连词的一般规律——既可以出现在句首，也可以出现在句中。所以蓝鹰、洪波认为表范围限定的副词“唯”虚化为连词后一般放在句首，表已然的副词“唯”虚化为连词后往往用在主语后，也是值得商榷的。

吕叔湘（1982）曾把让步句分为纵予句和容认句，其中容认句所承认的是实在的事实，纵予句所承认的是假设的事实。通过考察发现，古代汉语中的“虽”可以用于纵予句，也可以用于容认句。用于纵予句中的“虽”是表示假设让步的，可译为“即使”，例如“虽我之死，有子存焉”（《列子·汤问》）。用于容认句中的“虽”是表示事实让步，可译为“虽然”，例如“楚虽有富大之名而实空虚；其卒虽多，然而轻走易北，不能坚战”（《史记·张仪列传》）。区别这两种“虽”的办法主要是根据上下文，看“虽”小句所表达的究竟是假设还是事实，以及看“虽”是翻译成“即使”“纵然”好，还是译成“虽然”好。

二、连词“虽”的发展

连词“虽”有表示事实让步和假设让步两种用法。

（一）事实让步连词

出土战国文献中的连词“虽”可用于转折复句中，也可用于紧缩复句中。

1. 用于转折复句中

“虽”可以译为“虽然”。

西周时代的用例如：

① 尔有唯（虽）小子，亡戠（识），眂（视）于公氏，有爵于天。（《何尊铭》，《集成》11·6014）

② 汝有隹（虽）小子，余令汝死（尸）我家。（《师訇簋铭》，《集成》8·4311）

③ 有汝隹（虽）小子，余亡康昼夜，经雍先王。（《㝬簋铭》，《集成》8·4317）

春秋时代的用例如：

① 余虽小子，穆穆帅秉明德。（《秦公镈铭》，《集成》1·270）

② 余唯（虽）末小子，余非敢宁忘（荒）。（《蔡侯甬钟铭》，《集成》1·210）

③ 余虽小子，敢帅井（型）先王。（《晋公盆铭》，《集成》16·10342）

战国时代表示事实让步的连词“虽”比较常见，它可以出现在让步分句的主语之前。例如：

① 唯（虽）世不识，必或智（知）之。（《上博楚简二·从政甲》）

② 唯（虽）丌（其）於善道也，亦非又（有）译（择）娄（数）以多也。（《郭店楚简·成之闻之》）

战国时代“虽”也可以出现在让步分句的主语之后。例如：

① 典、老虽不存，当论。（《睡虎地秦简·法律答问》）

② 凡人唯（虽）又（有）眚（性），心亡奠（定）志。（《郭店楚简·性自命出》）

③ 臣唯（虽）欲試（试），或不㝵（得）见公。（《上博楚简五·鲍叔牙与隰朋之谏》）

④ 僕（朴）唯（虽）妻（细），天陛（地）弗敢臣。（《郭店楚简·老子甲本》）

当让步分句的主语未出现时，“虽”就置于让步分句之首，分句谓语之前。

战国秦代的用例如：

① 虽有高山，鼓而乘之。（《睡虎地秦简·为吏之道》）

② 唯（虽）又（有）眚（性），心弗取不出。（《郭店楚简·性自命出》）

③ 唯（虽）能丌（其）事，不能丌（其）心，不贵。（《郭店楚简·性自命出》）

④ 唯（虽）㝵（得）字（免）而出，㠯（以）不能事君，天下为君者，隹（唯）欲畜女（汝）者才（哉）！（《上博楚简五·姑成家父》）

⑤ 舍公官（馆），旞火燔其舍，虽有公器，勿责。（《睡虎地秦简·法律答问》）

⑥ 售（雍）也不𢘅（敏），唯（虽）又（有）臤（贤）才，弗智（知）舉（举）也。（《上博楚简三·中弓》）

“虽”可以和“然”构成“虽然”的惯用词组。“虽”是让步连词，“然”是谓词性代词。“虽然”是“虽然如此”“虽然这样”的意思。

战国秦代的用例如：

赀一盾应律，虽然，廷行事以不审论，赀二甲。（《睡虎地秦简·法律答问》）

上引各例中的“虽”都是单用的，而下引两例不同，下引例①中“虽”和“而”前后呼应，构成“虽……而……”的固定格式；下引例②中“虽”和“苟”前后呼应，构成“虽……苟……，……”的固定格式。

战国秦代的用例如：

① 鲜多，雖（虽）非除道之时，而有陷败不可行。（《青川秦牍》）

② 唯（虽）才（在）屮（草）茆（茅）之宙（中），句（苟）臤（贤）……赏庆安（焉）。（《郭店楚简·六德》）

对于例①，有人给出如下释文：“鲜草离，非除道之时，有陷败不可行。”若按这种释文，这句话中就没有让步连词“虽”。然从上下文意来看，例①的释文似可取。

2. 用于紧缩复句中

用于紧缩复句之中时，“虽”一般都与“而”前后呼应，构成“虽……而……”的格式。这跟用于转折复句中不同，在转折复句里，“虽”很少与“而”前后呼应。有“虽”出现的紧缩复句主要有两种用法：一是作复句中的分句或分句的一部分，二是跟“者”构成“者”字短语。这两种用例见于战国时代的出土文献里。

作复句中的分句或分句的一部分的例子如：

① 禾粟虽败而尚可食殹，程之，以其秏（耗）石数论负之。（《睡虎地秦简·秦律十八种》）

② 唯（虽）𪓽（难）之而弗亚（恶），必聿（尽）丌（其）故。（《郭店楚简·语丛四》）

③ 隹（虽）多䎽（问）而不春（友）臤（贤）。（《上博楚简五·弟子问》）

④ 彼（破）日毋可以有为矣，虽利彼（破）水。（《放马滩秦简·日书甲·建除书》）

⑤ 三堵以下及虽未盈卒岁而或盗𨸏（决）道出入，令苑辄自补缮之。（《睡虎地秦简·秦律十八种》）

跟“者”构成“者”字短语的例子如：

① 虽不养主而入量（粮）者，不收。(《睡虎地秦简·法律答问》)

② 虽有母而与其母冗居公者，亦稟之，禾月半石。(《睡虎地秦简·秦律十八种》)

（二）假设让步连词

“虽”作假设让步连词也有两种情况：一是出现在转折复句中；二是出现在有让步关系的紧缩复句里。

1. 出现在转折复句中

“虽”可以译为“即使”。

当“虽”出现在转折复句的让步分句中时，它可以出现在语句主语的前面。

战国秦代的用例如：

① 文王䎽（闻）之曰：唯（虽）君亡道，臣敢勿事虖（乎）？唯（虽）父亡道，子敢勿事虖（乎）？(《上博楚简二·容成氏》)

② 唯（虽）戭（勇）力䎽（闻）於邦，不女（如）材。(《郭店楚简·语丛四》)

“虽”也可以出现在让步分句的主语之后。例如：

① 夫子唯（虽）又（有）与（举），女（汝）蜀（独）正之。(《上博楚简三·中弓附简》)

② 人唯（虽）曰不利，虐（吾）弗訐（信）之矣。(《郭店楚简·缁衣》)

③ 它日虽有不吉之名，毋所大害。(《睡虎地秦简·日书甲种》)

如果让步分句的主语省略，那么“虽”一般用于分句之首、谓语之前。

战国秦代的用例如：

① 甲寅之旬，不可取妻，毋（无）子。虽有，毋（无）男。(《睡虎地秦简·日书甲种》)

② 隹（虽）又（有）死辠，及参世，亡不若（赦）。(《中山王譻鼎铭》，《集成》5·2840)

③ 唯（虽）𨑎（厚）丌（其）命（令），民弗从之矣（矣）。(《郭店楚简·成之闻之》)

④ 唯（虽）至於死，从之。(《上博楚简四·内豊》)

⑤ 虽雨，见日。(《睡虎地秦简·日书甲种》)

⑥ 燔燧事，虽母（毋）会符，行殹（也）。(《新郪虎符铭》，《集成》18·12108)

例⑥中的“燔燧事”是假设，意思是如果是这种事，那么即使不会画符，也是可以做的。很明显，这个例子里的“虽”是表示假设让步的。

“虽”也可以跟“然”构成“虽然”的惯用词组。“虽”表示假设让步，“然”为谓词性代词，“虽然”是“即使如此”的意思。

战国秦代的用例如：

唯（虽）然，丌（其）廌（存）也不𨑎（厚），丌（其）重也弗多矣（矣）。(《郭店楚简·成之闻之》)

“虽”前可以出现句首语气词“夫”。

战国秦代的用例如：

夫唯（虽）母（毋）㵎（旱），而百眚（姓）迻㠯（以）迲（去）邦家。(《上博楚简四·柬大王泊旱》)

例中的“虽”跟后面的“而”前后呼应，构成“虽……而……”的固定格式。

“虽”还可以跟“苟”构成“苟……虽……，……”的固定格式。“苟”表示假设，

“虽”表示假设让步。

战国秦代的用例如：

① 句（苟）不从丌（其）繇（由），不反丌（其）夲（本），唯（虽）咒（强）之，弗内（入）恢（矣）。（《郭店楚简·成之闻之》）

②［句（苟）不］繇（由）丌（其）衍（道），唯（虽）𦔶（尧）求之，弗导（得）也。（《郭店楚简·六德》）

③ 句（苟）又（有）丌（其）青（情），唯（虽）未之为，𣁋（斯）人計（信）之壴（矣）。（《郭店楚简·性自命出》）

2. “虽”还可以用于紧缩复句中

这个紧缩复句可以单独成句，也可以作复合句中的一个分句。这种用例见于战国时代的出土文献里。

单独成句的例子如：

戊子以有求也，必得之。虽求頯（告）帝必得。（《睡虎地秦简·日书甲种》）

作复合句中一个分句的例子如：

① 五絽（纪）必（毕）周，唯（虽）贫必（毕）攸（修）。五絽（纪）不工，唯（虽）福（富）必（毕）遊（失）。（《上博楚简三·彭祖》）

② 邦四益，是胃（谓）方芋，唯（虽）温（盈）必虚。宫室迯（过）尾（度），皇天之所亚（恶），唯（虽）成弗居。（《上博楚简五·三德》）

③ 又（有）丌（其）人，亡丌（其）殜（世），唯（虽）臤（贤）弗行矣。（《郭店楚简·穷达以时》）

④ 上毋间陆，下虽善欲独可（何）急？（《睡虎地秦简·为吏之道》）

“虽”常与“必”构成“虽……必……”的固定格式，表示即使如何，也一定会怎样。“虽”也可以跟“苟”构成“苟……虽……”的固定格式。

战国秦代的用例如：

句（苟）邑（以）丌（其）情，唯（虽）怂（过）不亚（恶）；不邑（以）丌（其）情，唯（虽）难不遗。（《上博楚简一·性情论》）

第十一节　出土先秦文献连词“且”的发展

一、连词“且”的来源

在出土战国文献中，“且”有两种常见的用法，一是用作副词，二是用作连词，后者是源于前者的。

副词“且”表示时间。它用在谓词语前作状语，表示动作行为即将发生，可译为“将”“将要”“将会”等。“且”常单独用于谓语之前。例如：

① 身虘（且）有痣（病），亚（恶）盉（菜）与飤（食）；邦虘（且）亡，亚（恶）圣人之悬（谋）。（《上博楚简五·三德》）

② 高门，宜豕，五岁弗更，其主且为巫。(《睡虎地秦简·日书甲种》)

③ 甲谋遣乙盗，一日，乙且往盗。(《睡虎地秦简·法律答问》)

④ 人之败也，亙（恒）於丌（其）戲（且）成也败之。(《郭店楚简·老子丙本》)

⑤ 甲党（倘）有［它］当封守而某等脱弗占书，且有罪。(《睡虎地秦简·封诊式》)

⑥ 或率民不作，不治室屋，寡人弗欲。且杀之，不忍宗族昆弟。(《睡虎地秦简·为吏之道》)

时间副词“且”可与其他副词或时间名词共同出现在谓词语之前，这时“且”都出现在其他副词或时间名词之后。例如：

① 命书时会，事不且须。(《睡虎地秦简·为吏之道》)

② 有（又）且课县官。(《睡虎地秦简·语书》)

③ 凡且有为也，必先计月中间曰□□□。(《睡虎地秦简·日书乙种》)

④ 今且令人案行之。(《睡虎地秦简·语书》)

⑤ 占之曰：吉，荆层夏（且）见王。(《包山楚简》208)

例①、例②、例③中的“且”前分别有副词“不”“有（又）”“凡”，例④、例⑤中的“且”前分别有时间名词“今”“荆层”。

说连词“且”来源于副词“且”，只是笼统的说法，具体的情形又如何呢？蓝鹰、洪波（2001：247）曾谈到选择连词“且”的来源，他们认为，选择连词“且”跟“抑”“意”“将”“其”等一样，都是从副词虚化而来的。这些词无一例外都有“将要”“大概”“恐怕”的含义，表示未然是它们共同的语义特征之一。它们表示选择时，一般都是出现在疑问句中，而且是两项以上可供选择的疑问句中。可以认为，两个以上可供选择的句子并举是选择关系的内核。表示未然时，出现在疑问句中，是先秦选择连词形成的决定性条件。蓝鹰、洪波（2001：243）也曾谈到并列连词“且”的来源，认为它是由副词虚化来的，它通常在“且……且……”的格式中表并列。

按蓝鹰、洪波的说法，选择连词“且”、并列连词“且”都是直接从副词“且”虚化而来的。他们没有谈到递进连词“且”和让步连词“且”的来源。

我们认为递进连词“且”可能直接源自并列连词“且”，因为两者都表示联合关系，都是两项联合，只不过前者有递进关系的两项，后一项比前一项在意思上更进一层罢了。从意义上来说，表示并列关系的“且”可以译为“而且”；表递进关系的“且”，也可译为“而且”，详见何乐士（2006：312～314）。两者关系如此密切，可以认为递进连词“且”源自并列连词“且”。跟“且”相近的有“而”，它可以作并列连词，也可以作递进连词。

让步连词“且”可能直接源自副词“且”，“且”还是用于语句谓语之前，跟副词“且”所处的语法位置一致。副词“且”有“姑且”“暂且”的意思，让步连词“且”有“尚且”的意思，两者是有密切关系的。

二、连词“且”的发展

（一）并列连词

并列连词“且”可以分为两种：第一种是在单句内用来连接两个谓词语的；第二种是

在复句中用来连接两个分句的。在单句内用来连接两个谓词语的“且”也可分为两种：一种是用来连接两个形容词语；另一种是用来连接两个动词语。

用来连接两个形容词语的“且”，表示前后两种性质、状态同时存在，可译为“又”“和”“而且”。

西周时代的用例如：

琗琗鸦鸦，即和䖒（且）淑。（《戎生编钟铭》，《近出》4·41）

春秋时代的用例如：

① 中（终）翰䖒（且）扬，元鸣孔煌。（《王孙遗者钟铭》，《集成》1·261）

② 大师作为子仲姜沬盘，孔硕䖒（且）好。（《子仲姜盘铭》，《近出》4·14）

③ 台（以）作寺吁龢钟，振鸣䖒（且）龤……既孜䖒（且）紫。（《蔡侯甬钟铭》，《集成》1·223－4）

④ 孔淑䖒（且）硕，乃龢䖒（且）鸣。（《子犯编钟铭》，《近出》1·16）

⑤ 作铸和钟。我台（以）夏台（以）南。中（终）鸣且好。它它巳巳。子孙羕（永）保用之。（《谌邟镈铭》，《近出》1·228）

战国秦代的用例如：

① 以生子，既美且长，有贤等。（《睡虎地秦简·日书甲种》）

②《寺（诗）》员（云）：虐（吾）大夫共（恭）虘（且）韹（俭），林（靡）人不敛。（《郭店楚简·缁衣》）

③ 昊天又（有）城（成）命，二后受之，贵䖒（且）㬎（显）矣。（《上博楚简一·诗序》）

④ 上下和虘（且）咠（辑）。（《上博楚简四·曹沫之阵》）

上引例①中，“且”与“既”构成“既……且……”的固定格式。后3个例子都是“且”字单用。

用来连接两个动词语的“且”，表示前后两个动作同时进行，可译为“（一）边……（一）边……”“而且”。

战国秦代的用例如：

① 瞥（皆）告虘（且）祷之。（《新蔡楚简》零：452）

② □巳之昏廌（荐）虘（且）祷之。（《新蔡楚简》乙三：60）

③ 齐竞（景）公瘧（疥）虘（且）痁（瘧），夋戠（岁）不已。（《上博楚简六·竞公瘧》）

④ 牛攸（掔）丌（其）人，天䖒（且）劓，亡初，又（有）冬（终），九。（《香港中大竹简》2）

这些例子中的“且”都是单用的。上引诸例中的动词，一般是主动态的，如例①～例③；有的是被动态的，如例④。

在复句内用来连接两个分句的“且”，表示前后分句之间的并列关系，可译为“一面……一面……”“同时又”。

春秋时代的用例如：

余臧于戎攻（功），䖒（且）武，余毕龏（恭）威（畏）其（忌）。（《配儿钩鑃铭》，《集成》2·426）

战国秦代的用例如：

① 君圣人，且良倀（长）子。（《上博楚简四·柬大王泊旱》）

② ☐既瞀（皆）告，𠭯（且）祷也。（《新蔡楚简》甲三：138）

③ ☐［既］［心］悹（闷），𠭯（且）㾓（疥）不出，㠯（以）又（有）瘖，尚𨗻（速）出，毋为忧。（《新蔡楚简》甲三：198）

④ ☐既心悹（闷），㠯（以）疾，𠭯（且）㾅（胀），㾓不☐。（《新蔡楚简》甲三：291）

⑤ 贞：既心疾，㠯（以）合於伓（背），𠭯（且）心𤶣（闷）☐。（《新蔡楚简》甲三：233）

上引例①中，“且”字单用。例②～⑤中“且”与“既”构成“既……且……”的固定格式。例④、例⑤构成“既……以……且……”的固定格式，“既”和“以”之间是顺承关系，是第二层关系；“既”和“且”之间是并列关系，是第一层关系。

（二）递进连词

“且”可以分为两种：一是在复句中用来连接两个分句的；二是在句群中用来连接两个句子的。

在复句中用来连接两个分句的“且”，表示后一分句在意义上比前一分句所说的更进一层，可译为“况且”“而且”“并且”等。

战国秦代的用例如：

① 伍人相告，且以辟罪。（《睡虎地秦简·法律答问》）

② 克剂楚师，且复略我边城。（《诅楚文·大沈厥湫文》）

③ 圣（听）亓䋎（营），百事不述（遂），𠭯（且）事不成。（《上博楚简五·三德》）

④ 占之：恒贞吉，少有恶於王事，𠭯（且）又（有）悚於躳身。（《包山楚简》213）

⑤ 命攻解於漸木立，𠭯（且）徙亓凥而树之。（《包山楚简》250）

⑥ 甲辰生子，榖（穀），且武而利弟。（《睡虎地秦简·日书甲种》）

在句群中用来连接两个句子的“且”，表示后一句子在意义上比前一句子所说的更进一层，可译为“而且”“并列”。

战国秦代的用例如：

① 畣（答）曰：“绅（陈）攻（功）走（尚）臤（贤）。能治百人，事（使）倀（长）百人；能治三军，思（使）銜（帅）。受（授）又（有）智，舍（予）又（有）能，则民宜（义）之。𠭯（且）臣䎽（闻）之：‘𠦃（卒）又（有）倀（长）、三军又（有）銜（帅）、邦又（有）君，此三者所以戰（战）。’”（《上博楚简四·曹沫之阵》）

② 臣䎽（闻）之：“又（有）固悬（谋）而亡固城，又（有）克正（政）而亡克戦（阵）。”三弋（代）之戦（阵）皆廌（存），或㠯（以）克，或㠯（以）亡。且臣䎽（闻）之：“少（小）邦凥（居）大邦之间，啻（敌）邦交陸（地），不可㠯（以）先复（作）悁（怨）……所㠯（以）为倀（长）也。”𠭯（且）臣之䎽（闻）之：“不和於邦，不可㠯（以）出豫（舍）。不和於豫（舍），不可㠯（以）出戦（阵）。不和於戦（阵），不可㠯（以）戰（战）。”（《上博楚简四·曹沫之阵》）

③ 㥁（德）㠯（以）临民，民望亓道而備（服）安（焉），此之胃（谓）𢘑（仁）

之㠯（以）悳（德）。叓（且）筦（管）中（仲）又（有）言曰："君子龏（恭）则述（遂），乔（骄）则泬（侮）。"（《上博楚简五·季庚子问於孔子》）

"且"可以和"夫"一起构成"且夫"的固定词组，用于一句话的开头，既表示承接上文，又表示要进一步申述或引出另一层意思，可译为"而且""况且""再说"。

战国秦代的用例如：

孔子曰："繇（由）丘观之，则敚（微）言也已。叓（且）夫戬（㓨）含（今）之先人，丧三代之連（传）叏（史）。"（《上博楚简五·季庚子问於孔子》）

（三）选择连词

选择连词"且"有两种用法：一是用于选择问句中；二是用于正反问句中。

用于选择问句中的"且"，用在后一分句之首，表示前后两项之间是选择关系，可译为"还是"。

战国秦代的用例如：

① 问杀人者为贼杀人，且斗杀？（《睡虎地秦简·法律答问》）

② 问乙为诬人，且为告不审？（《睡虎地秦简·法律答问》）

③ 当以告不审论，且以所辟？（《睡虎地秦简·法律答问》）

④ 今当独咸阳坐以赀，且它县当尽赀？（《睡虎地秦简·法律答问》）

⑤ 妻有罪以收，妻賸（媵）臣妾、衣器当收，且畀夫？畀夫。（《睡虎地秦简·法律答问》）

⑥ 部佐为匿田，且可（何）为？（《睡虎地秦简·法律答问》）

上引各例中的"且"都用于复句之中。这种"且"也可以用在紧缩复句里。

战国秦代的用例如：

或捕告人奴妾盗百一十钱，问主购之且公购？（《睡虎地秦简·法律答问》）

上例的紧缩复句形式，并不单独成句，而是作动词"问"的宾语。

正反问句中的"且"，用在后一分句之首，表示前后两个问句之间是选择关系，可译为"还是"。

战国秦代的用例如：

① 顷半（畔）封殹，且非是？（《睡虎地秦简·法律答问》）

②"窦署"，即去殹，且非是？（《睡虎地秦简·法律答问》）

③ 人奴妾盗其主之父母，为盗主，且不为？（《睡虎地秦简·法律答问》）

④ 狱已断乃听，且未断犹听殹？（《睡虎地秦简·法律答问》）

⑤ 抉籥者已抉启之乃为抉，且未启亦为抉？（《睡虎地秦简·法律答问》）

（四）让步连词

何乐士（2006：314）认为，古代汉语中的"且"可用于复句的前一分句中，表示退让，以衬托并加强后一分句的推论，可译为"尚且"。

战国秦代的用例如：

"州告"者，告罪人，其所告且不审，有（又）以它事告之。（《睡虎地秦简·法律答问》）

第十二节　出土先秦文献连词“斯”和“此”的发展

一、连词“斯”的起源

连词“斯”是从哪里来的呢？蓝鹰、洪波（2001）认为是从代词“斯”虚化而来的。作为代词，“斯”在上古汉语中可以用作主语、宾语、定语等。连词“斯”的直接来源是用作主语的代词“斯”。上古汉语指示代词的特点是近指远指模糊，指示代名词和指示形容词同形。因此，“斯”可以表“这（样）”，也可以表“那（样）”。随着指代作用的虚化，“斯”成了句子中比较游离的成分，具有了承接上下文的作用。这种说法是可信的。

二、连词“斯”的发展

“斯”的代词用例在西周传世文献中已较为常见，但其连词用例直到战国初年的传世文献中才可见到。

就出土战国文献中“斯”所表示的关系来说，主要有两种：一是表示假设条件的结果；二是表示时间先后关系。

（一）结果连词

表示假设结果的“斯”比较常见，主要有两种用法：一是用于假设复句的结果分句之中；二是用于假设关系的紧缩复句之中。

用于假设复句结果分句中的“斯”，可译为“那么”“就”。

战国秦代的用例如：

①女（汝）能新（慎）紿（始）与冬（终），斯善歖（矣）。（《上博楚简五·弟子问》）

②智而［有］信，斯人欲其［愈智也］。（《上博楚简五·君子为礼》）

③贵而能让［贤］，斯人欲亓［愈］贵也。（《上博楚简五·君子为礼》）

④天型（刑）成，人弆（与）勿（物）斯（斯）里（理）。（《郭店楚简·语丛三》）

⑤☐为，斯人信之矣。（《上博楚简一·附一》）

⑥句（苟）又（有）丌（其）青（情），唯（虽）未之为，𣁋（斯）人訐（信）之直（矣）。（《郭店楚简·性自命出》）

用于假设关系的紧缩复句中的“斯”，可以译为“就”“于是”。

战国秦代的用例如：

①人不新（慎）𣁋（斯）又（有）怸（过），信直（矣）。（《郭店楚简·性自命出》）

②凡人怺（伪）为可亚（恶）也。怺（伪）𣁋（斯）叟（吝）直（矣），叟（吝）𣁋（斯）慮直（矣），慮𣁋（斯）莫牙（与）之结直（矣）。（《郭店楚简·性自命出》）

③憙（喜）𣁋（斯）慆（陶），慆（陶）𣁋（斯）奋（奋），奋（奋）𣁋（斯）兼

(咏)，羕(咏)异(斯)猷(摇)，猷(摇)异(斯)迮(舞)。(《郭店楚简·性自命出》)

④恩(愠)异(斯)恴(忧)，恴(忧)异(斯)慼(戚)，慼(戚)异(斯)戁(叹)，戁(叹)异(斯)寀(辟)，寀(辟)异(斯)通(踊)。(《郭店楚简·性自命出》)

由"斯"构成的紧缩复句，其功能相当于一个主谓短语，主要有两种用法：一是用作判断句的主语，这种句式应视为判断句，详见李佐丰(2004)；二是用作复句的一个分句，这种复句都是由三个以上紧缩复句构成的，各个分句之间应是顺承关系。

(二) 顺承连词

表示时间先后关系的"斯"很少见，在出土战国文献中见到一个用例：

生民斯(斯)必又(有)夫妇、父子、君臣。(《郭店楚简·六德》)

此例是说，有生民以后，就必然有夫妇、父子、君臣。此例应视为一个紧缩复句。

三、连词"此"的发展

用于假设复句结果分句中的"此"可译为"那么""就"。

殷商时代的用例如：

①惠辛巳酒，此有大雨？(《合集》41413)

②于岳祷年，此雨？

其祷年于河，此雨？(《合集》28258)

③勿酒，此王受又(祐)？(《合集》30831)

④王其侑母戊一䢅，此受又？

惠牛，王此受又？(《合集》27040)

⑤惠犬，此雨？

二犬，此雨？(《合集》31191)

⑥二宰，王此受又？

三宰，王此受又？(《合集》31190)

战国秦代的用例如：

①临事之纪，慎终如始，此无败事矣。(《郭店楚简·老子甲本》)

②天下皆知美之为美也，恶已；皆知善，此其不善已。(《郭店楚简·老子甲本》)

③知足之为足，此恒足矣。(《郭店楚简·老子甲本》)

④非伦而民服，世此乱矣。(《郭店楚简·尊德义》)

⑤德者，且莫大乎礼乐，故为政者，或论之，或养之，或由中出，或设之外，论隶其类焉。治乐和哀，民不可惑也。反之，此枉矣。(《郭店楚简·尊德义》)

⑥聿(进)飤(食)之衍(道)，此飤(食)乍(作)安(焉)。行聿(尽)，此友矣(矣)。(《郭店楚简·语丛三》)

⑦为孝，此非孝也；为弟(悌)，此非弟(悌)也。不可为也，而不可不为也。为之，此非也；弗为，此非也。(《郭店楚简·语丛一》)

⑧古（故）牆（将）吕（以）告悬（仁）人之道，衣备此中。（《上博楚简六·孔子见季趄子》）

上引例①中的“慎终如始，此无败事矣”，在《郭店楚简·老子丙本》中作“慎终如始，则无败事矣”，其中的“此”作“则”，很明显，“此”跟“则”的用法相同。例②中的“此”，在汉帛《老子》乙本和今本《老子》中均作“斯”，可见“此”跟连词“斯”的用法也相同。其余诸例类此。

第十三节　出土先秦文献连词“故”和“是故”的发展

在出土战国文献之中，“故”和“是故”都可以出现在因果复句或句群中的结果分句或句子前，表示结果，所以把它们放在一起来谈。

一、连词“故”和“是故”的起源

结果连词“故”是从哪里来的呢？吕叔湘（1982）说过：“文言用‘故’字，是否也是从名词变化而来的，还不能说定，就句中用法而论，已经是一个纯粹的关系词。”蓝鹰、洪波（2001：239～242）则认为连词“故”应是由“缘故”“原因”等义的名词“故”虚化而来的。他们认为，由名词“故”到连词“故”的演变途径可能有三种：

第一，“故”在句中原是单独成句的，总括前面的原因，是谓词性的，意为“由于这样的缘故，……”。例如：“吾少也贱，故，多能鄙事。”（《论语·子罕》）“乐岁终身饱，凶年免於死亡，然后驱而之善。故，民之从之也轻。”（《孟子·梁惠王上》）后来这个单独成句的“故”发展为属于后一分句。

第二，在“以故”“是故”的结构中，“以”“是”失落，于是“故”担负整个结构的功能。吕叔湘（1982）也有类似的看法：“‘是故’和‘以故’大盖是名词，但也未尝不可说是‘如是，故’、‘以此，故’的简省。这两个词的作用都和单用的‘故’字相同，但如前面的原因小句头上已有‘以’、‘为’等字，当然以单用‘故’字为宜。”

第三，是“以/为……故”的格式经过重新切分，变为“以/为……，故……”，由此改变了“故”的词性。“以……故”的例子如：“齐侯以我服故，归济西之田。”（《左传·宣公十年》）例中“以……故”之间是谓词性短语，可以重新切分为“齐侯以我服，故归济西之田”。特别是当“以”后是复杂的谓词性成分时，这种切分似乎更为必要。例如：“（张挚）以不能取容于世，故终身不仕。”（《史记·张释之列传》）

洪波、蓝鹰两位学者认为，三种设想中以第一种可能性为最大。但是，“故”可否单独成句，是值得怀疑的。即使以他们所举的两个例子来看，在“故”后也可以不加标点，这时“故”就是个结果连词。对“吾少也贱，故，多能鄙事”一例，杨伯峻（1980）就不在“故”后加标点。对“乐岁终身饱，凶年免於死亡，然后驱而之善。故，民之从之也轻”一例，杨伯峻（1984）也不在“故”后加标点。所以“故”可以单独成句这个前提值得怀疑，那么认为连词“故”源于这种单独成句的“故”的假设就不太可靠了。

第二种设想可能性也不大。这种设想成立的前提是，先有“以故”“是故”，而后有

"故"；古汉语中有省略介词"以"、定语"是"的机制。但是，张玉金（2004）认为，早在西周时代，已有连词"故"，比较常用，但是在西周时代却见不到"是故""以故"。很明显，是先有"故"，而后有"是故""以故"。可见这种设想的前提不成立。蓝鹰、洪波（2001：240）也说："我们试图通过统计来考察'是故''以故'和'故'从春秋到汉代的使用情况，但统计数据不能说明先有'是故'、'以故'，而后有'故'，因为比例差别不大。"

第三种设想也不太可能成立。这种设想成立的前提是，先有"以/为……故，……"，后有"以/为……，故……"，而且最早的由"故"构成的格式是"以/为……，故……"。但是依据张玉金（2004），在西周时代，连词"故"已较常见，它从不构成"以/为……，故……"的格式；而且在西周汉语中见不到"以/为……故，……"的格式。所以这种说法也难以成立。

本书认为，"故"确实是从意义为"缘故""原因"的名词"故"虚化而来的。这种"故"在上古汉语的文献中可以见到。例如："惠王问诸内史过曰：'是何故也？'"（《左传·庄公三十二年》）

连词"故"所由虚化的具体句法环境应为"原因分句＋故＋结果分句"，名词"故"用在结果分句前作状语。名词作状语这种现象在上古汉语中很常见，由于"故"本身的意义及其所处的环境，作状语的"故"就是"以故"的意思。

"故"由名词变为连词，业已存在的因果复句形式成了其类推的原动力。在西周时代，因果复句已经存在，而且在结果分句前可用结果连词，例如"昔在尔考公式，克弼文王，肆文王受兹大命"（《何尊铭》）、"诞淫厥泆，罔顾于天显民祇，惟时上帝不保，降若兹大丧"（《尚书·多士》）。

由于经常使用，处于因果复句中间的"故"吸收了语境中的语法意义，有了"以故""因此"等意义。与此相伴随，发生了重新分析，"故"由作状语的名词被分析为表示结果的连词，这样连词"故"就产生了。

"是故"不见于西周汉语语料，所以它应是在"故"之后产生的。"是"原来是指示代词，加在"故"之前作定语。"是"回指原因分句所表示的内容，是"这样"的意思。"是故"最初应是名词性短语作状语，后来虚化为连词。它的虚化机制应与"故"是一样的。

二、连词"故"的发展

（一）原因结果连词

1. 用于复句中

"故"作为结果连词，常用在因果复句的结果分句里，表示原因的结果，可译为"因此""所以"。当结果分句有主语时，"故"一般用在主语之前，有时也可以用在主语之后。

西周时代的用例如：

叡！酉（酒）无敢酣，有祡蒸祀无敢扰，古（故）天异（翼）临子，法保先王，[匍]右四方。（《大盂鼎铭》，《集成》5·2837）

战国秦代的用例如：

① 腹中攷（巧）貞（变），古（故）父母安。（《上博楚简四·内豊》）

② 归烞不言𤔲（乱）、不言𢤲（寝）、不言威（灭）、不言犮（拔）、不言耑（短），古（故）龟又（有）五异（忌）。（《上博楚简六·天子建州甲》）

③ 郾故君子哙，新君子之，不用礼仪，不顾逆顺，故邦亡身死。（《中山王方壶铭》，《集成》15·9735）

④ 以道从事者，必㡯（托）丌（其）名，古（故）事成而身长。（《郭店楚简·太一生水》）

⑤ 唯（虽）𠭁（勇）力䎽（闻）於邦不女（如）材，金玉浧（盈）室不女（如）𢘻（谋），众𢐾（强）甚多不女（如）旹（时），古（故）𢘻（谋）为可贵。（《郭店楚简·语丛四》）

⑥ 此两者枳（歧），虐（吾）古（故）[曰魂（鬼）神又（有）] 所明又（有）所不明。（《上博楚简五·鬼神之明》）

当结果分句主语不出现时，"故"就用于谓语前。

西周时代的用例如：

① 唯民亡𢓊才（哉）。彝昧天令，古（故）亡。（《班簋铭》，《集成》8·4341）

② 今旻天疾畏（威）降丧，首德不克妻，古（故）亡承于先王。（《师訇簋铭》，《集成》8·4342）

战国秦代的用例如：

① 尧之见叁（舜）之悳（德）䁲（贤），古（故）让之。（《上博楚简二·子羔》）

② 昔者而弗殜（世）也，善与善相受（授）也，古（故）能绐（治）天下，坪（平）万邦。（《上博楚简二·子羔》）

③ 虐（吾）子勿䎽（闻），古（故）𨠖（将）㠯（以）告悬（仁）人之道。（《上博楚简六·孔子见季𧼮子》）

④ 圣人无为，古（故）无败也；无执，古（故）[无遊（失）也]。（《郭店楚简·老子丙本》）

⑤ 不𥾝（强）其志，古（故）曰仩（居）首之首。（《上博楚简六·慎子曰恭俭》）

⑥ 天陛（地）名志（字）并立，古（故）怢（过）丌（其）方，不由（思）相尚（当）。（《郭店楚简·太一生水》）

有时不但在结果分句中用"故"，还在原因分句中用连词"以"或关联副词"唯"，构成"以……，故……"和"唯……，故……"的格式，表示原因和结果。

西周时代的用例如：

我闻殷述（坠）命，隹殷边侯田（甸）雩殷正百辟率肄于酉，古（故）丧师。（《大盂鼎铭》，《集成》5·2837）

战国秦代的用例如：

① 以丌（其）不静（争）也，古（故）天下莫能与之静（争）。（《郭店楚简·老子甲本》）

② 以一曹事不足独治殹，故有公心。（《睡虎地秦简·语书》）

③ 夫唯是，古（故）悳（德）可易而攺（施）可𨒥（转）也。（《郭店楚简·

尊德义》)

“故”有时与“是以”连用。

战国秦代的用例如：

大少（小）之多，惕（易）必多难。是以圣人犹难之，古（故）终亡难。(《郭店楚简·老子甲本》)

“故”有时跟“夫”构成惯用词组“故夫”，用于原因复句的结果分句之首，表示就原因的结果发议论，可译为“所以”“因此”。

战国秦代的用例如：

为楚邦之魂（鬼）神宔（主），不敢㠯（以）君王之身，叓（变）亂（乱）魂（鬼）神之祟（常），古（故）夫上帝魂（鬼）神高明。(《上博楚简四·柬大王泊旱》)

“故”有时又跟“此”构成惯用词组“故此”，用于原因复句的结果分句之首，表示原因的结果，可译为“所以”“因此”。

战国秦代的用例如：

青（静）㠯（以）寺（待），寺=（待时）出，古（故）此事使出政。(《上博楚简四·相邦之道》)

2. 用于紧缩复句中

出现结果连词“故”的原因复句，有时被压缩为紧缩复句。这时，在原因分句和结果分句之间不再有标点，没有语气停顿。

战国秦代的用例如：

① 为之者败之，执之者远之。是以圣人亡为古（故）亡败，亡执古（故）亡遊（失）。(《郭店楚简·老子甲本》)

② 炁（爱）睪（亲）古（故）孝，尊（尊）旻（贤）古（故）𡍮（禅）。(《郭店楚简·唐虞之道》)

3. 用于句群中

句群是由前后连贯共同表示一个中心意思的几个句子组成的。“故”可用于因果句群的结果句子之前，表示原因的结果，可译为“所以”“因此”。

战国秦代的用例如：

① 民以君为心，君以民为体。心好㫏（则）体安之，君好㫏（则）民忩（欲）之。古（故）心以体法（废），君以民芒（亡）。(《郭店楚简·缁衣》)

② 上好此勿（物）也，下必又（有）甚安（焉）者矣。古（故）上之好亚（恶），不可不斱（慎）也，民之表也。(《郭店楚简·缁衣》)

③ 父圣，子悬（仁），妇訐（信），君宜（义），臣宜〈忠〉。圣生悬（仁），智迣（率）訐（信），宜（义）叓（使）忠（忠）。古（故）夫夫、妇妇、父父、子子、君君、臣臣，此六者各行亓（其）戠（职），而忩（讪）奆（诱）靡由乍（作）也。(《郭店楚简·六德》)

④ 隹（唯）君子能玗（好）亓（其）匹，少（小）人敳（岂）能玗（好）亓（其）匹。古（故）君子之畜（友）也又（有）替（向），亓（其）恶也又（有）方。(《上博楚简一·缁衣》)

⑤ 才（在）少（小）不静（争），才（在）大不𤔲（乱）。古（故）为𡭔（少）必

圣（听）长之命，为戋（贱）必圣（听）贵之命。(《上博楚简四·内豊》)

⑥ 今法律令已具矣，而吏民莫用，乡俗淫失（泆）之民不止，是即法（废）主之明法殹（也），而长邪避（僻）淫失（泆）之民，甚害於邦，不便於民。故腾为是而脩法律令、田令及为间私方而下之，令吏明布，令吏民皆明智（知）之，毋巨（歫）於罪。(《睡虎地秦简·语书》)

⑦ 君子言又（有）勿（物），行又（有）格，此旨（以）生不可敓（夺）志，死不可敓（夺）名。古（故）君子多䎽（闻），齐而守之；多旹（志），齐而罢（亲）之；青（精）知，略而行之。(《上博楚简一·缁衣》)

例⑦中先出现“此以”，后出现“故”。“此以”用于复句中，关联分句；“故”用于句群中，关联句子。“故”的连接域大于“此以”。

有时可以几个“故”连用。

战国秦代的用例如：

① 闭丌（其）兑（兑），赛（塞）丌（其）门，和丌（其）光，迵（通）丌（其）新（尘），抽丌（其）颖，解丌（其）纷，是胃（谓）玄同。古（故）不可㝵（得）天〈而〉新（亲），亦不可㝵（得）而疋（疏）；不可㝵（得）而利，亦不可㝵（得）而禼（害）；不可㝵（得）而贵，亦［可］不可㝵（得）而戋（贱）。古（故）为天下贵。(《郭店楚简·老子甲本》)

② 君子之立孝，㤅（爱）是甬（用），豊（礼）是贵。古（故）为人君者，言人之君之不能㕜（使）丌（其）臣者，不与言人之臣不能事丌（其）君者。古（故）为人臣者，言人之臣之不能事丌（其）君者，不与言人之君之不能㕜（使）丌（其）臣者。古（故）为人父者，言人之父之不能畜子者，不与言人之子之不孝者。古（故）为人子者，言人之子之不孝者，不与言人之父之不能畜子者。古（故）为人侃（兄）者，言人之侃（兄）之不能慈俤（弟）者，不与言人之俤（弟）之不能氶（承）侃（兄）者。古（故）为人俤（弟）者，言人之俤（弟）之不能氶（承）侃（兄）［者，不与言人之兄之不能慈其弟者。故］曰：与君言，言㕜（使）臣；与臣言，言事君。与父言，言畜子；与子言，言孝父。与侃（兄）言，言慈俤（弟）；与俤（弟）言，言氶（承）侃（兄）。(《上博楚简四·内豊》)

（二）假设结果连词

“故”还可以用在假设复句的结果分句之前，表示假设的结果，可译为“那么”“就”。这种“故”很少见。它应是由原因结果连词发展而来的。两种“故”关系很密切，都是用在结果分句之前。只不过在原因复句中，“故”字句前是原因分句（一般是事实）；而在假设复句中，“故”字句前是一种假设（往往是假设的原因）。这种“故”在传世文献中可以见到：“宫无拘女，故天下无寡夫。”(《墨子·辞过》)“能独断者，故可以为天下主。”(《韩非子·外储说右上》)

战国秦代的用例如：

① 句（苟）令小子骃之病日复，故告大□大将军，人壹家，□王室相如。(《秦骃玉版铭》)

② 君子其它（施）也忠，古（故）䜌（蛮）罢（亲）尃（傅）也。丌（其）言尔（爾）訐（信），古（故）但（转）而可受也。(《郭店楚简·忠信之道》)

③ 忠人亡讹（诡），訐（信）人不怀（倍）。君子女（如）此，古（故）不皇（诳）生，不怀（倍）死也。(《郭店楚简·忠信之道》)

三、连词“是故”的发展

一般都认为“是故”已是一个复音虚词。

（一）用于因果复句的结果分句

它可以用于因果复句的结果分句中，表示原因的结果，可以译为“因此”“所以”。

战国秦代的用例如：

① 忞（哀）、乐，丌（其）眚（性）相近也，是古（故）丌（其）心不远。(《郭店楚简·性自命出》)

② 遊（失）掔（贤）一人，方（防）亦坂（反）是，是故君子訢（慎）言而不訢（慎）事。(《上博楚简二·从政甲》)

③ □又（有）城（成），是古（故）又（有）司不可不先也。(《上博楚简三·中弓》)

④ 今与古（故）亦列（间）不同矣，臣是古（故）不敢㠯（以）古貪（答）。(《上博楚简四·曹沫之阵》)

（二）用于因果句群

用于因果句群中的“是故”常用于结果句子的主语之前。

战国秦代的用例如：

① 圣人谷（欲）不谷（欲），不贵难得之货；教不教，遉（复）众之所𨑒（过）。是故圣人能専（辅）万勿（物）之自肰（然），而弗能为。(《郭店楚简·老子甲本》)

② 天陛（地）者，大一之所生也。是古（故）大一贇（藏）於水，行於时。(《郭店楚简·太一生水》)

③ 丘也昏（闻）君子田肥民则安，膣（邪）民不鼓。氏（是）古（故）臤（贤）人大於邦，而又（有）䀏心。(《上博楚简五·季庚子问於孔子》)

④ 唯（虽）肰（然），丌（其）廌（存）也不𡨄（厚），丌（其）重也弗多俟（矣）。是古（故）君子之求者（诸）㠯（己）也深。(《郭店楚简·成之闻之》)

⑤ 亓𡉚（去）之不速，亓遼（就）之不専（迫），亓壂（启）节不疾，此戰（战）之几（忌）。是古（故）矣（疑）戟（阵）败，矣（疑）戰（战）死。(《上博楚简四·曹沫之阵》)

⑥ 且臣餌（闻）之：不和於邦，不可㠯（以）出豫（舍）。不和於豫（舍），不可㠯（以）出戦（阵）。不和於戦（阵），不可㠯（以）战。是古（故）夫戦（阵）者，三教之末。(《上博楚简四·曹沫之阵》)

因果句群中结果分句的主语可以省去，这时“是故”就出现在谓语之前。

战国秦代的用例如：

① 君子所遉（报）之不多，所求之不远，誋（察）反者（诸）㠯（己）而可以智（知）人。是古（故）谷（欲）人之悉（爱）㠯（己）也，则必先悉（爱）人；谷（欲）

人之敬㠯（己）也，则必先敬人。（《郭店楚简·成之闻之》）

② 丌（其）道（导）民也不𡨄（浸），则丌（其）淳也弗深𢟜（矣）。是古（故）亡虐（乎）丌（其）身而廌（存）𠶷（乎）丌（其）𧥢（辞）。（《郭店楚简·成之闻之》）

③ 是胃（谓）外害日，不𥝤（利）㠯（以）行𧙕（作）。迈（𨖅）四方埜（野）外，必无堣（遇）𡨦（寇）逃（盗），必兵。是古（故）胃（谓）不𥝤（利）於行𧙕、埜事，不吉。（《九店楚简》32）

④ 㠯（以）远行，旧（久）。是古（故）不𥝤（利）㠯（以）行□。（《九店楚简》33）

第十四节　出土先秦文献连词“然”的发展

一、连词“然”的起源

“然”本是一个谓词性的近指代词，一般作谓语或谓语的一部分，可译为“如此”“这样”。例如“何必高宗，古之人皆然”（《论语·宪问》）、“木直中绳，輮以为轮，其曲中规。虽有槁暴，不复挺者，輮使之然也”（《荀子·劝学》）。

由代词“然”虚化为连词“然”。依据蓝鹰、洪波（2001：225～227），“然”虚化为连词后通常有两种用法：一是表承接；二是表转折。表承接的“然”可以译为“这样”“于是”，如“人人皆以我为越逾好士，然，故士至”（《荀子·尧问》）。代词“然”原本复指上文，它最初应该是单独成句的，意为“在这样的情况下”，进行某种行为或出现某种情况。虚化为连词后，有时还能感觉到指代的意味。表示转折是连词“然”的主要用法，可译为“但是”“不过”“然而”等，如“夫子则勇矣，然我往，必不敢启门”（《左传·定公十年》）。对于转折连词的来源，吕叔湘（1982）曾提出过两种看法：“‘然’字的开始盛行在‘然而’之后，我们也可以说是‘然而’之省，以‘然’摄‘而’，我们也可以说是‘虽然’之省，那就本来不一定要随从‘而’字。”但蓝鹰、洪波认为，从指代词虚化为连词的一般规律看，其基本用法是承接，而后受语境影响而有其他用法，“然”也应该如此。所以“然”不必组成“然而”后才获得转意，也不必是“虽然”之省。

我们认为，连词“然”确实是由代词“然”虚化而来的。代词“然”可用于上下两个分句之间，复指上一个分句。如果上下两个分句之间的关系是顺的，那么其间的“然”即虚化为表承接的连词。这种连词“然”还可以翻译为“这样”。如果上下两个分句之间的关系是逆的，那么其间的“然”就虚化为表示转折的连词“然”。

“然”还有助词用法，这时它跟“如”或“若”构成“如……然……”“若……然……”的固定格式。这种“然”也是由谓词性代词的用法虚化过来的。例如“人之视己，如见其肺肝然”（《礼记·大学》）、“其视杀人若艾草菅然”（《汉书·贾谊传》）。“如/若＋O＋然”这个结构的中心最初是在“然”上，“如/若＋O”是作状语的（或者说与“然”构成连谓短语）。后来，中心前移，“然”字虚化，变成助词了。

“然”还可以用作副词或形容词的后缀，这种“然”可能是由助词“然”进一步虚化而来的。

二、连词“然”的发展

连词“然”只出现于出土战国文献中。

在出土战国文献中，“然”主要有两种用法（“然”还可以作谓词性代词，此处从略）：一是作连词，表转折；二是用作助词。

用作连词的“然”很少见，只见到一个例子，是表示转折的。

战国秦代的用例如：

孔＝（孔子）曰：“言则媺（媺）矣。然亚（恶）勿叓（变），先人之所灋勿记（起）。”（《上博楚简五·季庚子问於孔子》）

这个例子里的“媺”是善的意思。“所灋”是指所遵奉的典法。“起”指发生、兴起。

三、连词“然而”的发展

连词“然而”只出现于出土战国文献中。

何乐士（2006：332）认为在传世战国文献中，“然而”已是一个复音虚词，作连词用，此说可从。谢质彬（1994）、李先耕（1994）、史佩信（1994）、朱城（1994）都认为，“然而”在上古汉语里表转折是通例，但也有表顺接的用法，他们还论述了之所以有这种用法的原因，此说亦可从。“然而”表转折的例子如“乐以天下，忧以天下，然而不王者，未之有也”（《孟子·梁惠王下》），表示顺接的例子如“士大夫务节死制，然而兵劲；百吏畏法循绳，然后国常不乱”（《荀子·王霸》）。

在出土战国文献中，两种“然而”都可以见到。

表示转折的例子如：

① 臣是古（故）不敢吕（以）古倉（答），肰（然）而古（故）亦有大道安（焉）。（《上博楚简四·曹沫之阵》）

② 以锦缦履不为，然而行事比焉。（《睡虎地秦简·法律答问》）

表顺接的例子如：

③ 訢（慎），恴（仁）之方也，肰（然）而丌（其）怂（过）不亚（恶）。（《郭店楚简·性自命出》）

四、连词“然则”的发展

连词“然则”只出现于出土战国文献中。

依据何乐士（2006：332），“然则”也是一个复音虚词，用作连词。跟“然而”不同的是，“然则”表顺承是通例，但也有表示转折的用法。前者的例子如“今取人则不然，不问可否，不论曲直，非秦者去，为客者逐。然则是所重者在乎色、乐、珠、玉，而所轻者在乎人民也”（李斯《谏逐客书》），后者的例子如“夫贵为天子，富有天下，是人情之所同欲也，然则从人之欲，则势不能容，物不能赡也”（《荀子·荣辱》）。

在出土战国文献中，只见到表示顺承的“然则”，有“（既然）如此，那么”“（既是）这样，那么”的意思。“然则”可用于复合句之中，也可用于句群里。

用于复句中的例子如：

① 从人观（劝），肰（然）则季（免）於戾。（《上博楚简四·内豊》）

② 夫子紿（治）十室之邑亦乐，紿（治）蔓（万）室之邦亦乐，肰（然）则篙（孰）臤（贤）？（《上博楚简五·君子为礼》）

③ 然亚（恶）勿叓（变），先人之所法勿迟（起），肰（然）则民逘（坐）不善，眯（迷）父兄子俤（弟）而再赇。（《上博楚简五·季庚子问於孔子》）

④ □非以异（已）名，肰（然）则臤（贤）於垩（禹）也。（《上博楚简五·君子为礼》）

用于句群中的例子如：

① 堂（当）亓（其）曲㠯（以）城（成）之。肰（然）则邦坪（平）而民頫矣。（《上博楚简五·季庚子问於孔子》）

②“……公弗愭（堵），必害其身。”公曰：“肰（然）恩（则）奚女（如）？”（《上博楚简五·鲍叔牙与隰朋之谏》）

③“……又（有）恳（忧）於公身。”公曰：“肰（然）则可敚（夺）舁（与）？”（《上博楚简五·竞建内之》）

五、连词“然后”的发展

连词“然后”只出现于出土战国文献中。

何乐士（2006：332）认为，“然后”是一个复音虚词，用作连词，表示顺承。一般用来表示前后两件事在时间上的顺承关系，仍可译为“然后”，或者译为“之后”。

在出土战国文献中，连词“然后”比较常见，它可以用于顺承复句的后一分句中，例如：

① 能为罷（一），肰（然）句（后）能为君子。（《郭店楚简·五行》）

② 女（如）是而不可，肰（然）句（后）从而攻之。（《上博楚简二·容成氏》）

③ 唯又（有）悳（德）者，肰（然）句（后）能金声而玉晨（振）之。（《郭店楚简·五行》）

④ 君子明唇（乎）此六者，肰（然）句（后）可以鬬（断）岙（讪）。（《郭店楚简·六德》）

⑤ 思（使）亓志迟（起），猷（勇）者思（使）憙（喜），羚（才）者思（使）㝵（谋），肰（然）句（后）改飼（始）。（《上博楚简四·曹沫之阵》）

⑥ 凡圣（声），丌（其）出於情也託（信），肰（然）句（后）丌（其）内（入）枭（拔）人之心也敂（厚）。（《郭店楚简·性自命出》）

“然后”还可以用于有顺承关系的紧缩复句之中，这个紧缩复句可以单独成句，也可以作复合句中的一个分句。例如：

① 智（知）豊（礼）肰（然）句（后）智（知）型（刑）。（《郭店楚简·语丛一》）

② 智（知）天所为，智（知）人所为肰（然）句（后）智道，智道肰（然）句

（后）智命。（《郭店楚简·语丛一》）

“然后”还可以用在句群之中，这时它出现在语句主语之后。例如：

① 四海（海）之内埅（及）四海（海）之外皆青（请）社（贡）。墨（禹）肰（然）句（后）飼（始）为之唐（号）羿（旗），邑（以）支（辨）丌（其）左右，思民毋惑（惑）。（《上博楚简二·容成氏》）

② 东方之羿（旗）邑（以）日，西方之羿（旗）邑（以）月，南方之羿（旗）邑（以）它（蛇），审（中）正之羿（旗）以澳（熊），北方之羿（旗）以鸟。墨（禹）肰（然）句（后）飼（始）行邑（以）畬（俭）。（《上博楚简二·容成氏》）

总之，在出土战国文献中，“然”除了用作谓词性代词之外，还可以用作连词、助词和词缀。用作连词时表示转折。用作助词时，跟现代汉语中的“一样”用法相同，都出现在秦简里。用作词缀时，表示动作行为的状态，用例出现在楚简之中。

以“然”为语素构成的复合词有“然而”“然则”“然后”。“然而”都用于复句之中，可以表示转折，也可以表示顺接，在楚简、秦简中都可以见到。“然则”只表示顺接，可用于复句之中，也可以用在句群里，只见于楚简中。“然后”只表顺承关系，可用于复句、紧缩复句里，也可用于句群中，都出现在楚简里。

第十五节　出土先秦文献连词“焉”的发展

作为连词的“焉”，有“焉”“安”“案”“按”四种写法，立词条时可写成“焉（安、案、按）”。

一、连词“焉”的起源

顺承连词“焉（安）”是由兼词“焉（安）”虚化过来的。依据何乐士（1988），意义是“於/于是”的兼词“焉（安）”不但可以出现在谓语中心词之后，也可以出现在谓语中心词之前，例如：“先王居梼杌于四裔，以御螭魅，故允姓之奸，居于瓜州。伯父惠公归自秦，而诱以来，使逼我诸姬，入我郊甸，则戎焉取之。戎有中国，谁之咎也?”（《左传·昭公九年》）何乐士认为这个例子里的“焉（安）”是兼词，是“在这里”的意思。我们认为顺承连词“焉（安）”就是从这种“焉”虚化过来的。前面说过，兼词“焉（安）”相当于“於/于+代词”，“焉”所包含的代词在上文有先行词，“焉”小句和前面的小句就会有某种关联性。由于“焉”所指代的内容已在前面的小句中出现，“焉”小句中“焉”的意义很容易虚化。在这种情况下，前后两个小句的关系意义就会落到业已虚化的“焉”的身上。这时“焉”就会被重新分析为表示某种关系的连词。兼词“焉（安）”跟惯用词组“於/于是”同义，所以两者发生了平行虚化——兼词“焉（安）”虚化为表示时间先后关系的顺承连词；惯用词组“於/于是”也是如此。例如：“杀舟之侨以徇于国，民於是大服。”（《左传·僖公二十八年》）

由两者发生平行虚化这个事实来看，把“焉（安）”看成介代兼词、意义跟“於/于是”相近，是可信的。

二、连词“焉”的发展

连词“焉（安）”见于出土战国文献中。

连词“焉（安）”常用在后一分句之首，有时用在后一分句的主谓之间，表示前后两件事的先后关系，可以译为“于是”“就”“才”等。

战国秦代的用例如：

① 古（故）大道登（废），安（焉）又（有）悬（仁）义。六亲不和，安又（有）孝孳（慈）。邦冡（家）緍（昏）𠭁（乱），安又（有）正臣。（《郭店楚简·老子甲本》）

② 又（有）惑安（焉）又（有）㷡（气），又（有）㷡（气）安又（有）又（有），又（有）又（有）安又（有）訂（始），又訂（始）安又（有）逩（往）者。（《上博楚简三·恒先》）

③ 复（作）安（焉）又（有）事，不复（作）无事。（《上博楚简三·恒先》）

④ 天下之兵大起，於是虐（乎）䍐（亡）宗鹿（戮）族戋（残）群安（焉）備（服）。（《上博楚简二·容成氏》）

由于“焉（安）”是表示时间先后关系的，所以它可以跟“先”构成“先……焉……”的固定格式；也可以跟“既”构成“既……焉……”的固定格式。

战国秦代的用例如：

① 先又（有）囩（圆），安（焉）又（有）枋（方）。先又晦（晦），安又明。先又耑（短），安又长。（《上博楚简三·恒先》）

② 先又（有）中（中），安（焉）又（有）外。先又少（小），安又大。先又矛（柔），安又刚。（《上博楚简三·恒先》）

③ 尔古须（稀），既祒（格），安（焉）从事。（《上博楚简四·昭王毁室》）

④ 昔先君祭，既祭，安（焉）命行先王之灋（法）。（《上博楚简五·竞建内之》）

第十六节　出土先秦文献连词“眔”的发展

一、连词“眔”的起源

“眔”本是个动词，表示一种动作，多是“跟……一块儿”的意思。例如：

① 贞：惠师乎眔舌？（《合集》6857）

② 惠□令眔多子族？（《合集》14921）

③ 壬子卜，争贞：惠戊乎眔舌？

　贞：惠师令旋畀长？（《合集》6855 正）

④ 壬子卜，争贞：惠戊乎眔？（《合集》6856）

⑤ 勿乎宁鼓眔？（《合集》3508）

从上引例③来看，例④中的“眔”后应是省说了一个名词，例⑤中的“眔”后亦然。

上引例①是说，让“师”跟“畣”在一块儿，此例中的“眔”是表示“（师）跟（畣）在一块儿”这样的行为的。其余几个例子中的“眔”类此。

下例中的“眔”也是动词：

甲寅卜：其登鬯于祖乙，小乙眔？

弜眔？

祖乙卯牢？

牢又二牛？

二牢？

小乙其眔，一牛？（《屯南》657）

上引例中第一条卜辞“其登鬯于祖乙”后有“小乙眔”一小句，这个小句是在说小乙跟（祖乙）一起（受“登鬯”），其实就是在奉献鬯酒给祖乙的同时奉献鬯酒给小乙的意思，该小句中的“眔”字事实上是用来表示两事时间关系的。例中第二条卜辞中的“眔”亦然。上引例中第三、第四、第五条卜辞是在卜问，用“牢”“卯”祭祖乙好，还是用一“牢”加二头牛或二“牢”（“卯”祭祖乙）好。例中第六条卜辞中的“小乙其眔”小句是说小乙跟（祖乙）一起（受“卯”祭），其实就是在“卯”祭祖乙的同时“卯”祭小乙的意思，这小句中的“眔”事实上也是用来表示两事时间关系的。

连词“眔”是由动词发展而来的。

二、连词“眔”的发展

“暨”和“眔”古音相近，两个字记录的应是同一个连词。在传世文献中一般作“暨”，在出土文献中一般作“眔”。“眔（暨）”既可以用来连接两个名词或名词语，也可以用来连接两个谓词语和分句。

（一）“眔”用来连接名词语

名词性词语如果用 NP 表示，那么“眔”字结构就是“NP_1 + 眔 + NP_2”。

殷商时代的用例如：

① 贞：遘眔永获鹿？允获。

贞：遘眔永不其获鹿？（《合集》1076）

② 惠羊？

豚眔羊皆用？（《合集》31182）

③ 癸未卜，㱿贞：告于妣己眔妣庚？

贞：勿告于妣己眔妣庚？（《合集》1248）

④ 戊子卜，疑贞：王曰：“余其曰多尹，其令二侯上丝眔仓侯，其［璞］周？”（《合集》23560）

殷商时代“眔”字结构（指“NP_1 + 眔 + NP_2”）则可以作施事主语、与格主语、受事主语、处所主语、受事宾语、与格宾语、介词宾语、兼语、句首状语、同位结构中的同位语等多种成分。例如：

① 雪眔门皆酒，有雨？（《英国》2366）“眔”字结构作与格主语。

② 北眔东不受年？（《合集》20652）“眔”字结构作处所主语。

③ 癸巳□于一月伐羊眔召方，受佑？（《合集》33019）“眔”字结构作受事宾语。

④ □□卜，穷贞：于来己亥酒高妣己眔妣庚？

贞：于来己亥酒高妣己眔妣庚？（《合集》2366）“眔”字结构作与格宾语。

⑤ 惠母己眔子癸酒？

惠兄辛眔子癸先？（《合集》27633）“眔”字结构作前置宾语。

⑥ 贞：令多子族眔犬侯璞周，载王事？（《合集》6813）“眔”字结构作兼语。

⑦ 辛眔壬王弜往于田，其每？

王惠乙往于田，丙乃启，亡灾？

乙王弜往于田，其每？（《合集》28605）“眔”字结构作句首状语。

西周时代的用例如：

① 王射，有司眔师氏、小子合射。（《令鼎铭》，《集成》5·2803）

② 王归自諆田，王驭溓中仆，令眔奋先马走。（《令鼎铭》，《集成》5·2803）

③ 胡叔眔信姬其易寿考，多宗永命。（《胡叔鼎》，《集成》5·2767）

④ 王乎史戊册令吴，司旃眔叔金。（《吴方彝铭》，《集成》16·9898）

⑤ 令女司成周里人眔者侯、大亚。（《𪓐簋铭》，《集成》8·4215）

⑥ 王令士上眔史寅殷于成周。（《臣辰卣铭》，《集成》10·5421）

在西周时代，“NP_1 + 眔 + NP_2”可作主语、宾语，也可以作兼语。上引6例中的“眔”都是单用的，“眔”还可以连续使用，构成3项以上的名词性词语的并列用法。例如：

① 王在周，令免乍司土，司奠还林眔吴眔牧。（《免盘铭》，《集成》9·4626）

② 王令静司射学宫，小子眔服眔小臣眔夷仆，学射。（《静簋铭》，《集成》8·4273）

③ 明公朝至于成周，诞令舍三事令，眔卿事寮，眔者尹，眔里君，眔百工，眔者侯：侯、甸、男，舍四方令。（《矢令方尊铭》，《集成》11·6016）

（二）“眔”用来连接谓词语和分句

“眔”可用来连接两个动词语，也可以用来连接两个分句。

殷商时代的用例如：

① 丙午卜，宾贞：皿八羊眔酒三十牛？（《合集》16223）

② 己未卜：中己岁眔兄己岁，酒☐？（《屯南》2296）

③ 丁巳卜，行贞：王宾□□岁眔小丁岁，亡尤？（《合集》23049）

④ 壬申卜，尹贞：王宾父己奏眔兄庚奏款，亡尤？（《合集》22624）

西周时代的用例如：

① 小臣謎蔑历，眔易贝。（《小臣謎簋铭》，《集成》8·4239）

② 谷百生豚，眔赏卣鬯贝。（《臣辰卣铭》，《集成》10·5421）

春秋时代的用例如：

汝康能乃有事（吏），眔乃敌寮。（《叔夷钟铭》，《集成》1·272－8）

第十七节　出土先秦文献假设连词的发展

韩陈其（1986）从古音韵出发，把古汉语中的单音假设连词分为十组：一是“若”组，包括“如”“而”“乃（迺）”；二是“苟”组，包括“假”“果”“为”；三是“藉”组，包括“借”“自”“即”“则”；四是“倘”组，包括“傥”“党”“当”“尚”“将”；五是“其”组，包括“讵”“且”“厥（氒）”；六是“使”组，只有“使”和“所”两个；七是“有”组，包括“或”“犹”“设”“令”；八是“诚”组，包括“令”；九是“第”组，只有“第”和“弟”两个；十是“向”组，只有“向”和“乡”两个。

在出土先秦文献中，可以见到如下几个单音假设连词，即“若”“如”“乃（迺）”“而”“苟”“为”“藉”“即”“倘”“将”“厥”“其”“所”“有”“或”等。很明显，这些假设连词可以分为七组。见不到八、九、十这三组单音假设连词。在出土先秦文献中，还可以见到“将”，可以归入“倘”组。

一、“若”组假设连词的起源和发展

在出土先秦文献中，“若”组单音假设连词有“乃（迺）”“若”“如”“而”等。

（一）乃（迺）

1. 乃

假设连词“乃”在西周传世文献中可以见到。“乃”可训为“若”，用作假设连词。王引之《经传释词》：“乃，犹若也。”“乃”可译为“如果”“假设”。

西周时代的用例如：

① 乃克至，余其舍汝臣十家。(《令鼎铭》，《集成》5・2803)

② 东宫迺曰：求乃人，乃弗得，汝匡罚大。(《曶鼎铭》，《集成》5・2838)

2. 迺

“迺”也可以用作假设连词。

西周时代的用例如：

迺繇宕，卑（俾）复虐逐厥君，迺作余一人咎。(《塱盨铭》，《集成》9・4469)

（二）若

连词“若”只见于出土战国文献中。“若”可作假设连词，是“如果”的意思；可作结果连词，是“那么”“就”的意思；可作选择连词，是“或者”“或”的意思；也可以作副词，是“似乎”“好像”的意思。

假设连词“若”的来源如何？蓝鹰、洪波（2001：252）认为是源于动词的。作为动词，“若”有“像”义，“像”就不是真的，由此引申为“假借”。当它表示“若……的话”时，词汇意义开始虚化，不表示具体的“像”，而表假定的情况。周守晋（2005）也认为，根据汉语实词虚化的一般规律，由表比况（表“如同”）发展为表假设，这是“若”功能延伸的基本途径。本书认为，上述两家的看法是可取的，假设连词“若”应是源自“如同”义的动词“若”。

结果连词“若”应是来源于代词用法的“若”。“若”可作近指代词，表示“这”“此”“如此”等义。由此虚化为结果连词“若”。跟“若”类同的是“斯”，它本来也是个近指代词，后来虚化为结果连词，有“就”“那么”的意思。

副词用法的“若”肯定是由动词“若”虚化过来的，这种副词“若”和动词“若”两者的意义还是相通的，当动词“若”出现在其他动词前，谓语的中心由“若”转向其后的动词时，副词“若”也就产生了。

选择连词的“若”自何而来，没有人谈过。但是蓝鹰、洪波（2001：247）曾谈到“抑”“意”“将”“且”“其”等选择连词的来源。他们认为这些选择连词都是从副词虚化而来的，都无一例外地有“将要”“大概”“恐怕”等含义。“若”也有副词用法，它作副词时是“似乎”“好像”的意思，这种意思与“将要”“大概”“恐怕”相通，都是不太肯定的意思。所以，选择连词“若”可能也是源自副词用法“若”。

1. 用作假设连词

“若”作假设连词，用于假设复句的假设分句中，表示假设，可译为“如果”“假设”。这种“若”共出现15次。

战国秦代的用例如：

① 壬亡其盗可得矣。若得，必有死者，男子矣。(《放马滩秦简·日书甲·亡盗章》)

② 若以是月殹（也）东徙，毄，东南刺离。(《睡虎地秦简·日书甲种》)

③ 若弗智（知），是即不胜任、不智殹（也）。(《睡虎地秦简·语书》)

④ 若弗得，乃弃其屦於中道，则亡恙矣。(《睡虎地秦简·日书甲种》)

⑤ 若不酢，烦居南方，岁在南方。(《睡虎地秦简·日书甲种》) 酢：报祭。

⑥ 表若不正，民心将移乃难亲。(《睡虎地秦简·为吏之道》)

上引例①、例②、例③、例⑤都是在假设分句中用连词“若”，而在结果分句中不用连词或关联副词。例④中的“若”，应是与后面的“则”相呼应，构成“若……则……”的固定格式，表示假设和结果。例中的“乃弃其屦於中道”，可以是属于假设分句的，“乃”表示“弗得”和“弃其屦於中道”的顺承关系。

周守晋（2005：120～122）认为，在《睡虎地秦简》中表示“如果”之义是用“若”，而在《郭店楚简》中表示“如果”之义则用“如”。我们考察了目前所能见到的出土战国文献，发现假设连词“若”确实都出现在出土秦文献之中。

2. 用作结果连词

有些“若”不是表示假设，而是表示假设的结果。用于假设复句中的结果分句，可译为“就”“那么”。

战国秦代的用例如：

［古（故）贵以身］为天下，若可以厇（托）天下矣。㤅（爱）以身为天，若可以迲（寄）天下矣。(《郭店楚简·老子乙本》)

何乐士（2006）不认为“若”有这种用法，但认为“如”有这种连词用法。她认为有些“如”用在前后两项间表顺承，可译为“就”。例如：“挟不信之心，怀不测之诈，见利如前，乘便而起。”(《盐铁论·世务》)“见利如前”是说见到利益就抢前。“如”既然有这样的用法，“若”也应该有，两者音近义通。

3. 用作选择连词

“若”最常见的连词用法则是作选择连词。选择连词“若”可以分为两大类：一是由“若”连接前后的成分构成选择关系的联合短语；二是由“若”连接前后成分构成选择复句。

用来构成联合短语的“若”也可以分成两种：一种用来连接名词性成分；另一种用来连接谓词性成分。用来连接名词性成分、构成联合短语的“若”可以单用，也可以连用，表选择关系，可译为“若”“或者”。连用的例子如：

或斗，啮断人鼻若耳若指若唇，论各可（何）殹？（《睡虎地秦简·法律答问》）

这个例子是三个“若”连用，连接四个选择项。但这种用法的“若”少见，一般是“若”用于两个选择项之间的。例如：

① 人妻妾若朋友死，其鬼归之者。（《睡虎地秦简·日书甲种》）

② 取车前草实，以三指竄（撮），入酒若粥中，饮之，下气。（《周家台秦简·病方及其它》）

“若”用于前后两项之间，构成“NP_1 + 若 + NP_2”的短语结构，可以作主语、宾语、兼语、定语、中心语等成分。

战国秦代的用例如：

① 野兽若六畜逢人而言，是票（飘）风之气。（《睡虎地秦简·日书甲种》）

② 县啬夫若丞及仓、乡相杂以封印之。（《睡虎地秦简·秦律十八种》）

③ 实官户关不致，容指若抉。（《睡虎地秦简·法律答问》）

④ 百姓有赀赎责（债）而有一臣若一妾，有一马若一牛，而欲居者，许。（《睡虎地秦简·秦律十八种》）

⑤ 以丹若髼书之。（《睡虎地秦简·秦律十八种》）

⑥ 将军材以钱若金赏，毋（无）恒数。（《睡虎地秦简·法律答问》）

⑦ 令君子毋（无）害者若令史守官。（《睡虎地秦简·秦律十八种》）

⑧ 叚（瘕）者，燔剑若有方之端，卒（淬）之醇酒中。（《周家台秦简·病方及其它》）有方：古代一种兵器。

⑨ 夬（决）裂男若女耳，皆当耐。（《睡虎地秦简·法律答问》）

⑩ 或斗，啮人頯若颜。（《睡虎地秦简·法律答问》）

⑪ 其女若母为巫。（《睡虎地秦简·日书乙种》）

“若”所连接的还可以是动词语。例如：

已阅及敦（屯）车食若行到繇所乃亡。（《睡虎地秦简·法律答问》）

用来连接动词语的“若”，构成“VP_1 + 若 + VP_2”这样的短语，可以自成一小句，也可以作谓语中心、谓语一部分、宾语及“者”字短语前的部分。

战国秦代的用例如：

① 不出三岁，弃若亡。取妻，不终，死若弃。（《睡虎地秦简·日书甲种》）

② 节（即）亡玉若人贸傷（易）之，视检智（知）小大以论及以齎负之。（《睡虎地秦简·法律答问》）

③ 若不，三月食之若傅之，而非人也，必枯骨也。（《睡虎地秦简·日书甲种》）

④ 鬼恒夜鼓人门，以歌若哭。（《睡虎地秦简·日书甲种》）

⑤ 惊远家故，衷教诏娶，令毋敢远就若取新（薪）。(《睡虎地秦牍》M4：6号)

⑥ 甲有罪，吏智（知），而端重若轻之。(《睡虎地秦简·法律答问》)

⑦ 未行而死若亡。(《睡虎地秦简·法律答问》)

⑧ 葆子以上，未狱而死若已葬。(《睡虎地秦简·法律答问》)

⑨ 斗乘轸，门有客，所言者宦御若行者也。(《周家台秦简·日书》)

⑩ 五酉、甲辰、丙寅，不可以盖，必有火起若或死焉。(《睡虎地秦简·日书甲种》)

⑪ 凡且有大行、远行若饮食歌乐、聚畜生及夫妻同衣。(《睡虎地秦简·日书甲种》)

⑫ 甲告乙盗牛若贼伤人。(《睡虎地秦简·法律答问》)

⑬ 为惊视祠若大发（废）毁，以惊居反城中故。(《睡虎地秦牍》M4：6号)

上引各例，是用“若”连接前后两项，构成短语。而下引3例中的“若”是连接前后两个分句的，构成选择复句：

① 妻悍，夫殴治之，夬（决）其耳，若折支（肢）、胅體（体）。问夫可（何）论？当耐。(《睡虎地秦简·法律答问》)

② 抉之且欲有盗，弗能启即去，若未启而得，当赎黥。(《睡虎地秦简·法律答问》)

③ 斗以箴（针）、鉥、锥，若箴（针）、鉥、锥伤人，各可（何）论？(《睡虎地秦简·法律答问》)

选择连词“若”目前只出现在出土秦文献中，包括《睡虎地秦简》《睡虎地秦牍》《周家台秦简》《龙岗秦简》，在其他出土战国文献中都见不到。

还可以见到副词用法的“若”，用在谓语动词前作状语，表示对情况不确定的推测或大致的估计，可译为“似乎”“好像”。

战国秦代的用例如：

中士昏（闻）道，若昏（闻）若亡。(《郭店楚简·老子乙本》)

（三）如

蓝鹰、洪波（2001：252～253）认为，假设连词“如”源自动词“如”。“如”作动词时意义是“像”。“像”就不是真的，由此引申为假设。在此基础上，当“如”表示“如……的话”时，词汇意义开始虚化，不表具体的“像”，而表假定的情况。蓝鹰、洪波的说法是可信的。

“如”有顺承连词用法，应是受到了“若”的影响。“若”本是代词，有“这”“此”“如此”的意思。由此发展出承接连词的用法，可译为“就”“那么”。“如”和“若”音近义通，“若”有顺承连词的用法，“如”受到“若”的类化，也有此用法。

用作词缀的“如”，可能也是由动词“如”虚化过来的。

1. 用作假设连词

“如”作假设连词，用于假设复句的假设分句中，表示假设，可译为“如果”“假如”。这种“如”只出现在出土战国文献中。“如”可与“则”前后呼应，构成“如……则……”的固定格式，表示假设和结果。

战国秦代的用例如：

① 女（如）载马、牛、羊台（以）出内（入）閘（关），则政（征）於大府，毋政（征）於閘。(《鄂君启节铭》，《集成》18·12113)

② 女（如）川（顺）言弇亚（恶）唇（乎），则忑（恐）后豉（诛）於吏（史）者。

(《上博楚简六·竞公瘧》)

③ 子羔曰：女（如）叁（舜）才（在）含（今）之殜（世），则可（何）若？(《上博楚简二·子羔》)

④ 女（如）子辠（罪）悬（仁），行圣人之道，则虖☐。(《上博楚简六·孔子见季趄子》)

“如”有时与“乃”前后呼应，构成“如……乃……”的固定格式。

战国秦代的用例如：

① 女（如）耇伽（加）之吕（以）敬，乃命又（有）䛐（司）箸集（祚）。(《上博楚简五·鲍叔牙与隰朋之谏》)

② 女（如）日月既乱，乃又（有）兄（荒）祅。(《楚帛书·乙篇》)

“如”还可与限定助词“者”（可译为“的话”）前后呼应，构成“如……者”的固定格式。

战国秦代的用例如：

其於久远也，如后嗣为之者，不称成功盛德。(《峄山刻石》)

“如”多是单用。它出现在假设分句中，在结果分句里没有用其他关联词语。当假设分句的主语出现时，连词“如”可以出现在主语之前，也可以出现在主语之后。

战国秦代的用例如：

① 女（如）天不雨，水䐗（将）沽（涸），鱼䐗（将）死。(《上博楚简二·鲁邦大旱》)

② 女（如）君王攸（修）郢高，方若肰（然）里，君王母（毋）敢栽大盖。(《上博楚简四·柬大王泊旱》)

③ 女（如）我㝵（得）孛（免），遂（后）之人可（何）若？(《上博楚简六·平王问郑寿》)

④ 繡（申）公曰：臣不智（知）君王之䐗（将）为君，女（如）臣智（知）君王之为君，臣䐗（将）或至（致）安（焉）。(《上博楚简六·申公臣灵王》)

⑤ 厌（侯）王女（如）能兽（守）之，万勿（物）䐗（将）自宾。(《郭店楚简·老子甲本》)

⑥ 君女（如）亲䢦（率），必聚群有司而告之。(《上博楚简四·曹沫之阵》)

如果假设分句的主语不出现，那么“如”就出现在假设分句的句首。

战国秦代的用例如：

① 女（如）褱（孚），䐗（将）祭之。(《上博楚简四·柬大王泊旱》)

② 女（如）反之，必禺（遇）凶央（殃）。(《上博楚简五·三德》)

③ 奠（郑）寿：女（如）不能，君王与楚邦惧戁（难）。(《上博楚简六·平王问郑寿》)

④ 生子，无俤（弟）；女（如）又（有）俤（弟），必死。(《九店楚简》25)

⑤ 女（如）远行，剉。(《九店楚简》35) 剉：通“挫”，有，得。

⑥ 车五十乘，岁赢返，毋载金、革、黾、箭，女（如）马、女（如）牛、女（如）犆，屯十台（以）堂（当）一车；女（如）檐（担）徒，屯廿檐（担）台（以）堂（当）一车。(《鄂君启节铭》，《集成》18·12110)

还可以见到表示假设的“如夫”。

战国秦代的用例如：

① 女（如）夫见人不嗜（狡），䎽（闻）豊（礼）不券（倦），则☐ 。（《上博楚简六·孔子见季趄子》）

② 女（如）夫政坓（刑）与惪（德），㠯（以）事上天，此是才（哉）。（《上博楚简二·鲁邦大旱》）

③ 女（如）夫毋悉（爱）珪璧帀（幣）帛於山川，毋乃不可。（《上博楚简二·鲁邦大旱》）

④ 趄子曰：女（如）夫悬（仁）人之未菩（对）亓☐☐。（《上博楚简六·孔子见季趄子》）

周守晋（2001：123）认为，在表示“如果”时，楚文献只用“如”，而秦文献只用“若”。这大抵是不错的。前面说过，假设连词“若”出现在出土秦文献之中。这里要说，假设连词“如”“如夫”，基本上都是出现在出土楚文献之中。

2. 用作顺承连词

“如”有顺承连词的用法，可训为“而”“就”。

战国秦代的用例如：

为民不羊（祥），告如诘之。（《睡虎地秦简·日书甲种》）

“如”还常用作形容词、动词的词尾，可译为“……的样子”。“谓词 + 如”一般作谓语。

战国秦代的用例如：

① 羕（咏）思而戴（动）心，䠄（喟）女（如）也。（《郭店楚简·性自命出》）

② 子惇惇如也。（《上博楚简五·弟子问》）

③ 又（有）丌（其）为人之㤉＝（㤉㤉）女（如）也，不又（有）夫柬＝（柬柬）之心则悉。又（有）丌（其）为人之柬＝（柬柬）女（如）也，不又（有）夫恒悊（忻）之志则曼。（《上博楚简一·性情论》）

④ 又（有）丌（其）为人之快女（如）也，弗敳（养）不可。又（有）丌（其）为人之葲（渊）女（如）也，弗杸（补）不足。（《郭店楚简·性自命出》）

⑤ 丌（其）臬（拔）累累女（如）也，戚（戚）肰（然）㠯（以）冬（终）。（《上博楚简一·性情论》）

⑥ 䎽（闻）芖（笑）聖（声），则羴（馨）女（如）也斯憙（喜）。（《上博楚简一·性情论》）

（四）而

“而”用作表示假设的连词，可以译为“如果”。

战国秦代的用例如：

① 是谓“非公室告”，勿听。而行告，告者罪。（《睡虎地秦简·法律答问》）

② 顷半（畔）“封”殹，且非是？而盗徙之，赎耐，可（何）重也？（《睡虎地秦简·法律答问》）

③ 人而亡䘮（恒），不可为卜箬（筮）也。（《郭店楚简·缁衣》）

④ 言而狗（苟），牅（墙）又（有）耳。（《郭店楚简·语丛四》）

二、“苟”组假设连词的起源和发展

“苟”组单音假设连词有“苟”和“为”。

（一）苟

假设连词“苟”见于西周传世文献中。它用作假设连词时，跟“如”一样，可译为“如果”“假如”。例如：“苟克有常，罔不允通。”（《逸周书·皇门》）就出土文献来说，假设连词“苟”只出现在出土战国文献中。

“苟”用于假设复句的假设分句中，表示假设，可译为“如果”“假如”“假使”。这种假设连词“苟”可以和“则”前后呼应，构成“苟……则……”的固定格式，表示假设和结果。

战国秦代的用例如：

①走（上）句（苟）昌（倡）之，则民鲜不从恢（矣）。（《郭店楚简·成之闻之》）

②是古（故）走（上）句（苟）身備（服）之，则民必有甚安（焉）者。（《郭店楚简·成之闻之》）

“苟”所出现的假设分句，其主语可以出现。这时“苟”出现在主语之后。

战国秦代的用例如：

①人句（苟）又（有）言，必聃（闻）其圣（声）。（《郭店楚简·缁衣》）

②先农苟令某禾多一邑，先农恒先泰父食。（《周家台秦简·病方及其它》）

当“苟”所在的假设分句的主语不出现时，“苟”就出现在句首。

战国秦代的用例如：

①句（苟）又（有）车，必见其敲（盖）。（《郭店楚简·缁衣》）

②句（苟）又（有）殜（世），可（何）慬（难）之又（有）才（哉）。（《郭店楚简·穷达以时》）

③句（苟）毋（无）大害，少桂（枉）内（入）之可也。（《郭店楚简·性自命出》）

④句（苟）能固战，馘（灭）速毋死（恒）。（《上博楚简五·季庚子问於孔子》）

⑤句（苟）不从丌（其）繇（由），不反丌（其）沓（本），未有可导（得）也者。（《郭店楚简·成之闻之》）

⑥笱（苟）能令某齲已，令若毋见风雨。（《周家台秦简·病方及其它》）

“苟”有时与“虽”“斯”配合，构成“苟……虽……斯……”的固定格式，表示在假设和结果之间有转折。

战国秦代的用例如：

句（苟）又（有）丌（其）青（情），唯（虽）未之为，异（斯）人計（信）之壴（矣）。（《郭店楚简·性自命出》）

结果分句中的“斯”也可以不用，可构成“苟……虽……，……”的固定格式。

战国秦代的用例如：

①句（苟）毋（无）直赤啻（帝）临日，它日虽有不吉之名，毋（无）所大害。

(《睡虎地秦简·日书甲种》)

② 句（苟）不从丌（其）繇（由），不反丌（其）沓（本），唯（虽）弝（强）之，弗内（入）悹（矣）。(《郭店楚简·成之闻之》)

③ 句（苟）㠯（以）丌（其）情，唯（虽）怂（过）不亚（恶）。(《上博楚简一·性情论》)

有时候，“苟”和“虽”调换位置，构成“虽……苟……，……”的固定格式。

战国秦代的用例如：

唯（虽）才（在）屮（草）茆（茅）之宙（中），句（苟）臤（贤）……赏庆安（焉）。(《郭店楚简·六德》)

（二）为

在传世文献中，“为”可用作假设连词，用于假设复句的假设分句中，表示假设，可译为“如果”。例如“王甚喜人之掩口也。为近王，必掩口”（《韩非子·内储说下》）、“臣之御庶子鞅，愿王以国听之也。为不能听，勿使出境”（《吕氏春秋·长见》）、“为有政如此，则国必乱，主必危矣”（《韩非子·五蠹》）、“为我死，王则封女，女必无受利地”（《列子·说符》）。

战国秦代的用例如：

为车不劳，称议脂之。(《睡虎地秦简·秦律十八种》)

三、“藉”组假设连词的起源和发展

“藉”组假设连词有“藉”“即”两个。

（一）藉

蓝鹰、洪波（2001：252～253）认为假设连词“借”来自动词。凡“借”者，必定非真为己有，由“非真”引申为假借。在此基础上，当它表示“假借……的话”时，词汇意义开始虚化，不表具体的“借”，而表假定的情况。蓝鹰、洪波对假设连词“借”来源的论述，基本是可信的。“借”是这样，“藉”也应如此。

“藉”可用于假设复句的假设分句中，表示假设，可译为“如果”“假设”。在传世文献中可见到这样的例子，如“《诗》云：藉曰未知，亦既抱子”（《汉书·霍光传》）。在出土战国文献中也可以见到“藉”作假设连词的用例，但只见到下引两个用例：

① 耤（藉）牢有六署，囚道一署旞，所道旞者命曰署人。(《睡虎地秦简·法律答问》)

② 耤（藉）秦人使，它邦耐吏、行旞与偕者，命客吏曰“匽”，行旞曰“面”。(《睡虎地秦简·法律答问》)

这两个例子中的“耤”通假为“藉”，都作假设连词。“藉”只见于秦简之中，未见于其他出土战国文献。

（二）即

蓝鹰、洪波（2001：252）认为假设连词“即”来源于副词“即”。“即”作副词，本身有表示“不定”的意思，都是表示未然的，很容易引申为在未然情况下出现某种结果（假设……就……）。他们的说法可供参考。

1. 用作假设连词

“即”可用于假设复句的假设分句中，表示假定的情况或条件，可译为“如果”“假如”。“即”所在的假设分句，其主语可以出现，也可以不出现。当主语出现时，“即”一般用于主语之后，但也可以出现在主语之前。

战国秦代的用例如：

① 節（即）官嗇夫免而效，不备，代者［与］居吏坐之。（《睡虎地秦简·秦律十八种》）

② 官嗇夫節（即）不存，令君子毋（无）害者若令吏守官。（《睡虎地秦简·秦律十八种》）

③ 更隶妾节（即）有急事，总冗，以律稟食。（《睡虎地秦简·秦律十八种》）

④ 尉计及尉官吏节（即）有劾，其令、丞坐之。（《睡虎地秦简·效律》）

⑤ 者（诸）候（侯）客节（即）来使入秦，当以玉问王之谓殹。（《睡虎地秦简·法律答问》）

⑥ 令书节（即）到，母视安陆丝布贱，可以为禅裙襦者，母必为之，令与钱偕来。（《睡虎地秦牍》M4：11 号）

当主语不出现时，“即”就出现在假设分句的句首。

战国秦代的用例如：

① 节（即）死久，口鼻或不能渭（喟）然者。（《睡虎地秦简·封诊式》）

② 节（即）新为吏舍，毋依臧（藏）府、书府。（《睡虎地秦简·秦律十八种》）

③ 节（即）以有为也，其央（殃）不出岁，小大必致（至）。（《睡虎地秦简·日书乙种》）

④ 节（即）有为也，其央出岁中，小大必治（殆）。（《睡虎地秦简·日书甲种》）

⑤ 节（即）亡玉若人贸傷（易）之，视检智（知）小大以论及以齎负之。（《睡虎地秦简·法律答问》）

⑥ 春三月庚辰可以筑羊卷（圈），即入之，羊必千。（《睡虎地秦简·日书甲种》）

假设连词“即”未见到有与结果连词“则”之类词连用的例子，都是单用的。假设连词“即”都出现在出土秦文献之中，未见于其他出土战国文献。

2. 用作顺承连词

除了用作假设连词之外，“即”还可以用作顺承连词，表示前后两项在时间上或事理上的承接关系，可译为“就”。

战国秦代的用例如：

① 乃鬻（煮）葉（贲）屦以纸（抵），即止矣。（《睡虎地秦简·日书甲种》）

② 夫子曰：言即至矣。（《上博楚简六·孔子见季趄子》）

“即”有时用作副词，用于判断句的主、谓之间，表示对谓语的确认和强调，可译为“就”“就是”。

战国秦代的用例如：

① 若弗智（知），是即不胜任、不智殹。（《睡虎地秦简·语书》）

② 智（知）而弗敢论，是即不廉殹。（《睡虎地秦简·语书》）

上引两例，判断句的谓语是由谓词语充当，“即”用于谓语之前，表示的是对动作行为、性质状态的确认。

四、“倘”组假设连词的起源和发展

在出土先秦文献中，“倘”组单音假设连词有“党”“当”“尚”，而“将”也可以归入这一组。

（一）党、当、尚

1. 党

用于假设复句的假设分句之首，表示假设，可译为“倘若”“如果”“假设”。

战国秦代的用例如：

① 甲党有［它］当封守而某等脱弗占书，且有罪。(《睡虎地秦简·封诊式》)

② 终所党有通迹，乃视其逜出不出。(《睡虎地秦简·封诊式》)

“党”是端纽、阳部，“倘”是透纽、阳部，两者韵部为叠韵关系，声母为旁纽关系。《睡虎地秦简》的整理者即把“党”读为“倘”。

2. 当

“当”用法同“党”。在传世文献中可以见到这种用法的“当”。例如：“虎豹之所以能胜人，执百兽者，以其爪牙也。当使虎豹失其爪牙，则人必制之矣。”（《韩非子·人主》）

战国秦代的用例如：

① 炎之可（何）？当者（诸）侯不治骚马，骚马虫皆丽衡厄（轭）鞅韅辕靷，是以炎之。(《睡虎地秦简·法律答问》)

② 当除弟子籍不得，置任不审，皆耐为侯（候）。(《睡虎地秦简·秦律杂抄》)

“当”是端母、阳部，与“党”有双声、叠韵关系，但两者字不同，记录的应是同一个词，也应读为“倘”。蓝鹰、洪波（2001：252）认为假设连词“当”是源自副词“当”。“当”作副词，有表不定、未然的意思，很容易引申为在未然情况下出现某些结果（假设……，就……）。这种说法可供参考。

3. 尚

“尚”用法同“党”“当”，在传世文献中可以见到。例如：“尚欲祖述尧舜禹汤之道，将不可以不尚贤。”（《墨子·尚贤》）

战国秦代的用例如：

① 尚有栖未到战所，告曰战围以折亡，叚（假）者耐。(《睡虎地秦简·秦律杂抄》)

② 公与页畣（答）之尚（倘）肰（然），是虐（吾）所亶（望）於女（汝）也。(《上博楚简六·竞公瘧》)

“尚”是禅母、阳部，与“当”韵部相同，声母相近，两者可以通用，也可以读为“倘”。

（二）将

1. 用作假设连词

何乐士（2006：233）认为“将”可以用作假设连词。用于假设复句的假设分句中，表示假设，可译为“如果”。“将”可与“则”构成“将……则……”的固定格式。例如“鸟有翢翢者，重首而屈尾，将欲饮于河，则必颠”（《韩非子·说林下》）、“将从先君之命，则国宜之季子也；如不从先君之命而与子，我宜当立者也”（《新序·节士》）。“将”是精纽、阳部，“党”是端纽、阳部，两者韵部有叠韵关系，其声母为准双声关系。所以可以把“将”归入“倘”组。

“将”与“如”连用，构成“如将”的惯用词组，共同表示假设。

战国秦代的用例如：

女（如）牆（将）又（有）败，鼪（雄）是为割（害）。（《郭店楚简·语丛四》）

2. 用作选择连词

“将”跟“若”类似，两者既可以作假设连词，又可作选择连词，但“将”很少见，“若”较常见。

战国秦代的用例如：

卯，会众。其后必有子将弟也死。（《睡虎地秦简·日书甲种》）

五、“其”组假设连词的起源和发展

（一）厥（氒）

“厥（氒）”在传世文献中写作“厥”，在出土文献中写作“氒”。“厥（氒）”可训为“若”，用作假设连词。裴学海《古书虚字集释》卷五，第358页：“厥，若也。”“厥（氒）”可译为“如果”“假如”。例如：

① 厥或告之曰“小人怨汝詈汝”，则皇自敬德。（《尚书·无逸》）

② 此厥不听，人乃训之。（《尚书·无逸》）

在出土文献中也可以见到这个连词。

西周时代的用例如：

① 氒非正令，乃敢疾讯人，则隹辅天降丧。（《塱盨铭》，《集成》9·4469）

② 氒非先告父厝，父厝舍令，毋又敢憃専令于外。（《毛公鼎铭》，《集成》5·2841）

（二）其

何乐士（2006：299）认为“其”有假设连词的用法，用于假设复句的假设分句中，表示假设，有“如果”“假如”之义。

假设连词“其”在西周传世文献中可以见到。用于假设复句前一分句之首，表示假设关系，可译为“如果”“假如”。例如：

① 谋之其臧，则具是违。谋之不臧，则具是依。（《诗经·小雅·小旻》）

② 其有宪命，求兹无远。（《逸周书·度邑解》）

从出土文献来看，假设连词“其”只见于出土战国文献中。

在出土战国文献中，有不少“其”用作推度副词的例子。用作推度副词的“其”表示不十分肯定的估计或推测，常与“乎”“欤”前后呼应，构成“其……乎”“其……欤”的固定格式，可译为“大概/可能/也许/大约……吧”。例如：

① 社禝其庶虖（乎）。（《中山王礜鼎铭》，《集成》5·2840）

② 前（延）陵季子，其天民也啓（乎）。（《上博楚简五·弟子问》）

③ 曹之丧，其必此虐（乎）。（《上博楚简五·弟子问》）

④ 虐（吾）告女（汝），其緄（阻）繼（绝）虐（乎）。（《上博楚简五·弟子问》）

上引4例，是“其”和“乎”相呼应，下引4例是“其”和“欤”相呼应：

① 诗丌（其）犹坪（平）與（欤）？（《上博楚简一·诗序》）

② 審（湛）零（露）之賹也，丌（其）犹軺与（欤）。（《上博楚简一·诗序》）

③ 天陧（地）之间，丌（其）犹囝（橐）籊（籥）与（欤）？（《郭店楚简·老子甲本》）

④ 人而亡恒，不可为卜簭（筮）也，丌（其）古之遗言与（欤）。（《郭店楚简·缁衣》）

“其”的假设连词用法应是源自表达不定、未然的意思的推度副词“其”。跟“其”类似的还有“傥”“将”“或”“如”“若”，它们有推度副词用法，也有假设连词用法。

值得注意的是，“若”作副词时，只有推度副词用法，如果假设连词“若”也是由副词发展过来的，那么只能由推度副词发展而来。

假设连词“其”可与限定助词“者”构成“其……者”的固定格式，共同表示假借，可译为“如果……的话”。

战国秦代的用例如：

① 时来鸟，黔首其欲弋射豲兽者，勿禁。（《龙岗秦简》30）

② 其弗亟而令败者，令以其未败直（值）赏（偿）之。（《睡虎地秦简·秦律十八种》）

③ 其故吏弗欲，勿强。其毋（无）故吏者，令有秩之吏、令史主。（《睡虎地秦简·秦律十八种》）

④ 利田畴，其有不尽此数者，可殹。其有本者，称议种之。（《睡虎地秦简·秦律十八种》）

⑤ 其入赢者，亦官与辨券，入之。（《睡虎地秦简·秦律十八种》）

⑥ 其不完者，以为隐官工。（《睡虎地秦简·秦律十八种》）

假设分句的主语出现时，“其”可以出现在主语之前，也可以出现在主语之后。

战国秦代的用例如：

① 其叚者死亡、有罪毋（无）责也，吏代赏（偿）（《睡虎地秦简·秦律十八种》）

② 隶臣妾其从事公，隶臣月禾二石，隶妾一石半，其不从事，勿稟。（《睡虎地秦简·秦律十八种》）

③ 八月、九月中其有输，计其输所远近。（《睡虎地秦简·秦律十八种》）

如果假设分句的主语不出现，“其”一般出现在假设分句之首。

战国秦代的用例如：

① 其叚百姓甲兵，必书其久，受之以久。（《睡虎地秦简·秦律十八种》）

② 其有欲坏更殹，必灋之。（《睡虎地秦简·秦律十八种》）

③ 其以牛田，牛减絜，治（笞）主者寸一。（《睡虎地秦简·秦律十八种》）

④ 其见智（知）之而弗捕，当赀一盾。（《睡虎地秦简·法律答问》）

⑤ 其有赢、不备，物直（值）之，以其贾（价）多者罪之。（《睡虎地秦简·效律》）

⑥ 其得，坐臧（赃）为盗。（《睡虎地秦简·法律答问》）

有时，“其”与“虽”前后呼应，构成“其……虽……，……”的固定格式。

战国秦代的用例如：

其盈岁，虽弗效，新吏与居吏坐之。（《睡虎地秦简·秦律十八种》）

六、“使”组假设连词的起源和发展

属于这一组的单音假设连词只有“所”。假设连词“所”用于假设复句的假设分句中，表示假设，可译为“如果”“假如”。

战国秦代的用例如：

① 所不当除而敢先见事，及相听以遣之，以律论之。（《睡虎地秦简·秦律十八种》）

② 所弗问而久毄（系）之，大啬夫、丞及官啬夫有罪。（《睡虎地秦简·秦律十八种》）

③ 人所恒炊（吹）者，上橐莫以丸礜，大如扁（蝙）蝠矢而干之。（《周家台秦简·病方及其它》）

例①、②中，“所”字单用，这种用例在传世文献中可以见到。例如：“献子怒，出而誓曰：所不此报，无能涉河!”（《左传·宣公十七年》）例③中，“所”与“者”前后呼应，构成“所……者”的固定格式，可译为“假如……的话”，这种例子在传世文献中也可以见到：“所不与舅氏同心者，有如白水。”（《左传·僖公二十四年》）

七、“有”组假设连词的起源和发展

在出土先秦文献中，属于这一组的单音假设连词有“有”和“或”，但都不多见。

（一）有

1. 用作假设连词

“有（又）”在传世文献中作“有”，在出土文献中作“又”。“有（又）”可训为“若”，作假设连词。裴学海《古书虚字集释》：“有，犹如也。”“有”可用于假设复句的假设分句中，表示假设，可译为“如果”“要么”。在传世文献中可以见到这样的用例：“有弗学，学之弗能，弗措也”（《礼记·中庸》）、“当今之时，世暗甚矣。人主有能明其德者，天下之士，其归之也，若蝉之走明火也”（《吕氏春秋·期贤》）。

西周时代的用例如：

① 又司事包，乃多乱。（《牧簋铭》，《集成》8·4343）

② 余又爽变，隐千罚千。（《散氏盘铭》，《集成》16·10176）

战国秦代的用例如：

① 又（有）丌（其）为人之佷=（佷佷）女（如）也，不又（有）夫柬=（柬柬）之心则悉。又（有）丌（其）为人柬=（柬柬）女（如）也，不又（有）夫恒悊（忻）之志则曼。（《上博楚简一·性情论》）

② 又（有）丌（其）为人之㔁（节）㔁女（如）也，不又（有）夫柬（简）柬之心，𠟭（则）采。又（有）丌（其）为人之柬柬女（如）也，不又（有）夫亙（恒）忎（殆）之志，𠟭（则）缦。（《郭店楚简·性自命出》）

上引两例中的“有”可与“则”前后呼应，构成“有……则……”的固定格式，表示假设和结果，可译为“如果……那么……”。

“有”也可以单独用于假设分句。

战国秦代的用例如：

① 又（有）丌（其）为人之慧女（如）也，弗牧不可。又（有）丌（其）为人之菓女（如）也，弗杈不足。(《上博楚简一·性情论》)

② 又（有）丌（其）为人之快女（如）也，弗靫（养）不可。又（有）丌（其）为人之菓（渊）女（如）也，弗杈（补）不足。(《郭店楚简·性自命出》)

2. 用作并列连词

“有”最常见的连词用法是用作并列连词，这时读为“yòu”，可以写作“有”，也可以写作“又”(常见)。一般用于整数和余数之间，表示整数之上又有余数。

殷商时代的用例如：

① 辛未王卜贞：田惠，往来亡灾？王占曰：吉。获象十、雉十有一。（《合集》37364）

② 丙戌卜，在箕：丁亥王阱？允擒三百有四十有八。(《屯南》663)

③ 大乙伐十羌？

大乙伐十羌有五？

大乙伐三十羌？

弜侑伐？(《屯南》2293)

④ 贞：来乙亥酒祖乙十伐有五，卯十宰？(《合集》892)

⑤☐呐册用十卣有五卣。(《屯南》110)

⑥ 唯十月有一月丁亥。(《我方鼎铭》)

⑦ 姜示四屯有一骨，亘。(《合集》15734)

⑧ 壬辰卜：其宁疾于四方三羌有九犬？(《屯南》1059)

⑨ 御小辛三牢有戌二？(《合集》21538)

⑩ 甲午卜，贞：翌乙未侑于□□羌十人，卯宰一有一牛？

甲午卜，贞：翌乙未侑于祖乙羌十有五，卯宰有一牛？(《合集》324)

⑪ 辛未贞：乙亥侑岁于大乙五牢有伐？(《屯南》2293)

⑫ 侑惠犬，侑宰有一人，晶（晴）？

侑宰有一人？(《合集》10344)

⑬ 癸酉贞：侑祖乙岁牢有牛一乙亥？(《合集》32505)

⑭ 甲申卜，贞：翌乙酉侑于祖乙宰有一牛有豕？(《合集》25)

殷商时代可以构成下述多种结构：“数词$_1$ + 有 + 数词$_2$”“数词$_1$ + 有 + 数词$_2$ + 有 + 数词$_3$”“数词$_1$ + 名/量 + 有 + 数词$_2$”“数词$_1$ + 名$_1$/量$_2$ + 有 + 数词$_2$ + 名$_2$/量$_2$”“数词$_1$ + 名$_1$/量$_1$ + 有 + 数词$_2$ + 名$_2$/量$_2$”“数词$_1$ + 名词$_1$ + 有 + 名词$_2$ + 数词$_2$”“名词$_1$ + 数词$_1$ + 有 + 数词$_2$ + 名词$_2$”“数词 + 名词$_1$ + 有 + 名词$_2$”“名词$_1$ + 有 + 数词 + 名词$_2$”“名词$_1$ + 有 + 名词$_2$ + 数词”“名词$_1$ + 有 + 名词$_2$”等。有些“有”跟前面提到的“暨”相近，也可以出现在两个名词语之间。例如：

① 庚戌贞：赐多女有贝朋？(《合集》11438)

② 其牢有牛？（《合集》37095）

③ 惠豚？

惠犬？

惠犬有豚用？

犬三豚三？（《合集》30867）

④ 庚子卜：惠牡有牛妣乙？（《合集》22068）

⑤ 丙戌卜，贞：惠犬有豕禘？（《合集》15983）

西周时代的用例如：

① 隹公大保来伐反尸年，才十又一月庚申。（《旅鼎铭》，《集成》5·2728）

② 隹王十又三年六月初吉戊戌，王才周康宫新宫。（《望簋铭》，《集成》8·4272）

③ 易尸司王臣十又三白，人鬲千又五十夫。（《大盂鼎铭》，《集成》5·2837）

④ 人鬲自驭至于庶人六百又五十又九夫。（《大盂鼎铭》，《集成》5·2837）

"有（又）"可连接名词性词语，表示人或事物的并列关系，可译为"和""与"。例如：

① 王蔑庚嬴历，易贝十朋又丹一柝。（《庚嬴卣铭》，《集成》10·5426）

②（东宫）乃或即曶用田二又臣一夫。（《曶鼎铭》，《集成》5·2838）

西周时代"有（又）"还可连接两个形容词性词语，表示性质状态的并列关系，可译为"而"。例如：

弘唯乃智，余非庸又昏。（《毛公鼎铭》，《集成》5·2841）余非庸又昏：我不是平庸而昏昧。

战国秦代的用例如：

① 梁廿又七年，大梁司寇肖（赵）亡智铸为量，庴（容）料齋。（《廿七年大梁司寇鼎铭》，《集成》5·2610）

② 汤王天下三十又一傑（世）而受复（作）。（《上博楚简二·容成氏》）

③ 千又百岁，日月夋（允）生。（《楚帛书·甲篇》）

④ 乐人之器：一槃桯首钟，小大十又三。（《信阳楚简》2·18）

战国秦代"有"最常见的是用于两个数词语之间，构成"数词语$_1$+有+数词语$_2$"的短语。相对说来，数词语$_1$为整数，数词语$_2$为零数。数词语$_1$和数词语$_2$之间是加的关系，而不是乘的关系。"数词语$_1$+有+数词语$_2$"常用于名词或量词之前，构成数名短语或数量短语。例如：

① 唯十又（有）四年，陈侯午台（以）群者（诸）侯献金，乍（作）皇妣孝大妃祭器錞敦。（《十四年陈侯午敦铭》，《集成》9·4646）

② 廿有六年，上荐高号，孝道显明。（《峄山刻石》）

③ 唯廿又再祀，屭羌乍（作）戎。（《屭羌钟铭》，《集成》1·157）

④ 唯王五十又六祀，返自西旟。（《楚王酓章钟铭》，《集成》1·83）

⑤ 隹十又二月，隹孛悳匿。（《楚帛书·乙篇》）

⑥ 尧於是虖（乎）为车十又五輮（乘），㠯（以）三从垄（舜）於甸（畎）畱（畝）之中。（《上博楚简二·容成氏》）

战国秦代"数词语$_1$+有+数词语$_2$"可以直接作谓语，或自成一小句。例如：

① 缃与素锦之綎（鞶）囊二十又一。(《信阳楚简》2·12)

② 小囊糗四十又八。(《信阳楚简》2·22)

③ 箬（席）十又二。(《望山楚简》2·49)

④ 丌（其）贯十又二。(《郭店楚简·六德》)

⑤□□□□ 箕四十又四，少（小）箕十又二。(《信阳楚简》2·6) 箕：篝的俗字，竹管。

⑥ 旬又五，公乃出见折。(《上博楚简六·竞公瘧》)

战国秦代“数词语$_1$ + 有 + 数词语$_2$”前加代词“其”，作语句的主语。例如：

亓百又八十长於畢地郝中。(《包山楚简》140反)

战国秦代“有”所连接的两项还可以是“数 + 量/名”结构，构成“数 + 量/名$_1$ + 有 + 数 + 量/名$_2$”的短语。“有”前后的“量/名”可以相同，也可以不同。例如：

① 大凡四十乘又三乘。(《曾侯乙墓竹简》121)

② 凡軽车十乘又二乘。(《曾侯乙墓竹简》120)

③ □所賠十真又五真。(《曾侯乙墓竹简》140) 真：领。

④ 小人邑（以）八月甲戌之日舍肉豢之豁人□□瞄客之□金十两又一两。(《包山楚简》145)

⑤ 嵩十檐（担）又三檐（担）三赤三篙。(《九店楚简》4)

⑥ 大凡八十马甲又六马之甲。(《曾侯乙墓竹简》141)

上引诸例中“有”前后的“量/名”相同。“有”前后的“量/名”不同的例子如：

① 宋良志受四匿又一赤。(《新蔡楚简》甲三：220)

② 孙达受一匿又三赤。(《新蔡楚简》甲三：206)

③ 嵩二秅又五来，敔稱之五檐（担）。(《九店楚简》1)

④ 嵩五稯又五来，敔稱之十檐（担）一檐（担）。(《九店楚简》3)

战国秦代由于省略的关系，“数 + 量/名$_1$ + 有 + 数 + 量/名$_2$”可以有一些变式。例如：

① 一鄬弓，矢二秉又六。(《曾侯乙墓竹简》43)

② 壐軥、驭昃受九匿又肋。(《新蔡楚简》甲三：292)

③ 窑人黾餌受二又杓。(《新蔡楚简》甲三：244)

④ 以桂长尺有尊（寸）而中折。(《睡虎地秦简·日书甲种》)

上引各例中的“有”，都是单独使用的。“有”也有连用的例子：

①〼八十匿又三匿又一肋、杓、颜首〼。(《新蔡楚简》甲三：90)

②〼受二匿又二赤又肋又杓。(《新蔡楚简》甲三：211)

③〼吴殴无受一赤又杓又弇□又颜首。(《新蔡楚简》甲三：203)

战国秦代“有”“又”作副词，都有“又”的意思。承接连词“有”可能就是由副词用法的“有”演变过来的。例如：

① 午，马矣，盗从南方入，有（又）从之出。(《放马滩秦简·日书甲·亡盗章》)

② 除其罪，有（又）赏之，如它人告〼。(《龙岗秦简》146)

③ 行之，有（又）没入其车、马、牛县、道［官］。(《龙岗秦简》58)

④ 盗同法，有（又）驾（加）其罪，如守县□金钱〼。(《龙岗秦简》44)

⑤ 遂取吾边城新郢及敫、长、敖，吾不敢曰可。今又悉兴其众。(《诅楚文·大沈厥

湫文》）

（二）或

假设连词“或”用于假设复句中的假设分句里，表示假设，可译为“如果”。

战国秦代的用例如：

① 百姓或之县就（僦）及移输者，以律论之。（《睡虎地秦简·效律》）

② 吏为失刑罪，或端为，为不直。（《睡虎地秦简·法律答问》）

下引两例中的“其或”可以看成两个同义假设连词的连用，而“其或”连用的用例在传世文献中见不到。例如：

① 其或叚（假）公器，归之，久必乃受之。（《睡虎地秦简·秦律十八种》）

② 其或亡之，有罪。（《睡虎地秦简·秦律十八种》）

“或”较常见的用法是作副词：一是作推度副词；二是作频率副词。

推度副词“或”用在谓语前作状语，表示说话人的推测、估计，可译为“或许”“大概”。

战国秦代的用例如：

① 丌（其）欲雨或甚於我。（《上博楚简二·鲁邦大旱》）

② 高子、国子盒（答）曰：身为新（薪），或可忕（祰）安（焉）。（《上博楚简六·竞公瘧》）

③ 女（如）臣智（知）君王之为君，臣牺（将）或至（致）安（焉）。（《上博楚简六·申公臣灵王》）

频率副词“或”可译为“又”，表示做了一件事，又做了另一件事。

战国秦代的用例如：

① 舉祷各一備（佩）璧，或舉祷於盛武君、命（令）尹之子璥各大牢。（《新蔡楚简》乙一：13）

② 可定名事里，所坐论云可（何），可（何）罪赦，或覆问毋（无）有。（《睡虎地秦简·封诊式》）

③ 郐之鄟客或执仆之兄炡，而旧（久）不为剸（断）。（《包山楚简》135）

④ 或得贤佐司马赒，而冢（重）赁（任）之邦。（《盗舒壶铭》，《集成》15·9734）

⑤☐ 萃（卒）戢（岁）或至来戢（岁）之頣（夏）栾☐。（《新蔡楚简》甲三：248）

（三）今

“今”用作假设连词，可译为“如果”。

如果假设分句有主语，“今”出现在主语之前。

战国秦代的用例如：

① 今甲有耐、赀罪，问吏可（何）论？（《睡虎地秦简·法律答问》）

② 今甲曰伍人乙贼杀人，即执乙，问不杀人，甲言不审，当以告不审论，且以所辟？（《睡虎地秦简·法律答问》）

③ 今士五（伍）甲不会，治（笞）五十。（《睡虎地秦简·法律答问》）

④ 今甲从事，有（又）去亡，一月得，可（何）论？（《睡虎地秦简·法律答问》）

⑤ 今初任者有罪，令当免不当？（《睡虎地秦简·法律答问》）

⑥ 今盗盗甲衣，买（卖），以买布衣而得，当以衣及布畀不当？（《睡虎地秦简·法律答问》）

如果假设分句没有主语，“今”出现在谓语之前，但仍居句首。

战国秦代的用例如：

① 今殴高大父母，可（何）论？比大父母。（《睡虎地秦简·法律答问》）

② 今夬（决）耳故不穿，所夬（决）非珥所入殹，可（何）论？（《睡虎地秦简·法律答问》）

③ 今内（纳）人，人未蚀奸而得，可（何）论？（《睡虎地秦简·法律答问》）

④ 今得，问安置其子？（《睡虎地秦简·法律答问》）

⑤ 今舍公官（馆），旞火燔其叚（假）乘车马，当负不当？（《睡虎地秦简·法律答问》）

第十八节　出土先秦文献中其他连词的发展

在出土先秦文献中，还有其他一些连词，出现次数比较少，所以放在一起讨论。

一、并列连词“于”的发展

在传世文献中，并列连词“于”可以连接两个名词性词语，表示人或事物的并列关系，可译为“和”。例如：

① 告汝德之说于罚之行。（《尚书·康诰》）

② 杀越人于货。（《尚书·康诰》）

“于”还可连接两个形容词性词语，表示性质状态的并列关系，可译为“而”“而又”。例如：

① 不克敬于和，则无我怨。（《尚书·多方》）

② 俾缉熙于纯嘏。（《诗经·周颂·载见》）意为“使我光明又伟大”。

③ 学有缉熙于光明。（《诗经·周颂·敬之》）

“于”又用于分句之间，表示分句的并列关系。例如：

子弗祗服厥父事，大伤厥考心；于父不能字厥子，乃疾厥子；于弟弗念天显，乃弗克恭厥兄。（《尚书·康诰》）

在出土文献中也可以见到这个连词。

殷商时代的用例如：

余其比多田（甸）于多伯征盂方☐？（《合集》36513）

西周时代的用例如：

杜伯乍宝盨，其用享孝于皇申且孝，于好朋友。（《杜伯盨铭》，《集成》9·4449）

二、并列连词“雩”的发展

“越”和“雩”古音相近，两者记录的应是同一个连词。“越”的写法见于西周传世文献中，而“雩”的写法见于西周出土文献中。传世文献中，“越（雩）”所连接的是名词性词语，表示人或事物的并列关系，可译为“和”。例如：

① 大诰尔多邦越尔御事。（《尚书·大诰》）

② 用肇造我区夏，越我一、二邦，以修我西土。（《尚书·康诰》）

③ 亦惟君惟长，不能厥家人越厥小臣、外正。（《尚书·康诰》）

在出土文献中也可以见到这个连词。

西周时代的用例如：

① 唯殷边侯田雩正百辟率肄于酉，古丧师。（《大盂鼎铭》，《集成》5·2837）

② 肆皇天亡斁，临保我有周雩四方。（《师訇簋铭》，《集成》8·4342）

③ 余其用各我宗子雩百生。（《善鼎铭》，《集成》5·2820）

④ 令女并司公族雩参有司：小子、师氏、虎臣雩朕亵事。（《毛公鼎铭》，《集成》5·2841）

⑤ 用好宗庙，享夙夕，好朋友，雩百者婚遘。（《乖伯簋铭》，《集成》8·4331）

春秋时代的用例如：

夷不敢弗憼戒，虔恤厥死（尸）事，勠和三军徒旃，雩厥行师，慎中厥罚。（《叔夷钟铭》，《集成》1·272－8）

三、顺承连词“是”的发展

何乐士（2006：363）认为“是”有顺承连词的用法，用于复句的后面分句里，表示前后两项是顺承关系，可译为“因此”“因而”“就”。例如“舜不穷其民，造父不穷其马，是舜无失民，造父无失马也”（《荀子·哀公》）、“刑罚罕用，罪人是希”（《史记·吕太后本纪》）。顺承连词“是”在出土战国文献中也可以见到。例如：

臣弟甕（丧），圅（谦）龚（恭）坓（淑）悳（德），民是覩（观）覛（望）。（《上博楚简六·平王问郑寿》）

对于这个例子中的“是”，陈佩芬（2007：263）引《尔雅·释言》训为“则”，可从。

四、顺承连词“延”的发展

“延”是“接着”“继续”的意思，用来表示两件事情的顺承关系。传世文献中的“诞”有这样的用例：“帝谓文王，无然畔援，无然歆羡，诞先登于岸。”（《诗经·大雅·皇矣》）

殷商时代的用例如：

① 王其省盂田，延从宫，亡灾？（《屯南》2357）

② 辛卯卜，㱿贞：王往，延鱼，若？

辛卯卜，㱿贞：王勿延鱼，不若？（《合集》12921）

③ 丁丑卜，㱿贞：王往莅刈，延比沚戓？（《合集》9557）

④ 丁丑王卜，贞：其振旅，延𡧊于盂，往来亡灾？（《合集》36426）

殷商时代“延”还用来表示结果关系，出现在假设复句后一分句里，可译为“那么”“就”。例如：

① 叀湿田耘，延受年？

叀上田耘，延受年？（《屯南》715）

② 贞：我至于□土，延亡祸？（《合集》8795）

③ 贞：令雀西，延𩰫？

贞：雀载王事？（《合集》10125）

西周时代的用例如：

① 王省武王、成王伐商图，延省东国图。（《宜侯夨簋铭》，《集成》8・4320）

② 唯王伐逨鱼，延伐潮黑。（《鄘伯簋铭》，《集成》8・4169）

五、递进连词“引（矧）”的发展

传世文献中的“矧”用于递进关系的复句之中，表示衬托递进关系，即前面分句是后面分句的衬托，后面分句的意思更进一层，可译为“何况”。例如：

①弗造哲，迪民康，矧曰其有能格知天命？（《尚书・大诰》）

②厥子乃弗肯堂，矧肯构？（《尚书・大诰》）

传世文献中的“矧”在出土文献中作“引”。

西周时代的用例如：

① 其用侑，亦引唯考（孝）。（《毛公鼎铭》，《集成》5・2724）

② 死（尸）毋童（动）一人在位。引唯乃智（知）余非，墉（庸）有闻。（《毛公鼎铭》，《集成》5・2841）

③ 无唯正昏，引其唯王智（知），乃唯是丧我国。（《毛公鼎铭》，《集成》5・2841）

六、选择连词“抑”的发展

（一）抑

假设连词“抑”有“殹”“伊”“罷”“意”四种写法。

“抑”用在选择复句的后一分句之中，表示在两种或几种情况中选择一种，可译为“还是”“或者”。“抑”前后的两个分句之末可以不用语气词。

战国秦代的用例如：

① 肥从又（有）司之遂（后），罷（抑）不智（知）民务（务）之安（焉）才（在）？（《上博楚简五・季庚子问於孔子》）

② 公剴（岂）不飤（饱）杒（粱）飤肉才（哉）？殹（抑）亡女（如）庶民可

(何)?(《上博楚简二·鲁邦大旱》)

“抑”前后的分句句末可以都用“乎”，也可以都用“与(欤)”，还可以都用“也与(欤)”(两个语气词连用)，构成“……乎，抑……乎”“……与，抑……与”“……也与，抑……也与”的固定格式。

战国秦代的用例如：

① 女(如)四与五之閈(间)，戴(载)之塼(传)车㠯(以)走(上)虖(乎)?殹(抑)四舿(舸)㠯(以)逾虖(乎)?(《上博楚简六·庄王既成》)

② 尧之得舜也，舜之德则诚善舉(与)?伊(抑)尧之悳(德)则甚明舉(与)?(《上博楚简二·子羔》)

③ 丌(其)父戔(贱)而不足偁也与?殹(抑)亦城(诚)天子也与?(《上博楚简二·子羔》)

上引各例，选择复句的两个分句紧相连接，中间并无其他成分。但下引一例不同，在选择复句的两个分句之间，加进了一个句子，是插话的性质。

战国秦代的用例如：

亓力能至安(焉)而弗为唬(乎)?虐(吾)弗智(知)也。意(抑)亓力古不能至安(焉)唬(乎)?(《上博楚简五·鬼神之明》)

(二)宁

“宁”用于选择复句的后一分句中，跟“与其”构成“与其……宁……”的固定格式，表示先舍后取。

战国秦代的用例如：

蒦(与)其汋(溺)於人旃，宁汋於渊。(《中山王嚳鼎铭》，《集成》5·2840)

七、条件连词“无”的发展

在传世文献中，有些“无”用在条件复句的前一分句之中，表示排除一切条件，后面的分句表示在任何条件下都会产生同样的结果，可译为“无论”“不论”。例如“人君无愚智贤不肖，莫不欲求忠以自为，举贤以自佐”(《史记·屈原列传》)、“今天下无大小国，皆天之邑也；人无幼长贵贱，皆天之臣也”(《墨子·法仪》)。在出土文献中也可以见到这种用法的“无”。

战国秦代的用例如：

① 无豤(垦)不豤(垦)，顷入刍三石、稾三石。(《睡虎地秦简·秦律十八种》)

② 无贵贱，以田少多出人。(《睡虎地秦简·秦律十八种》)

“无”还可以借用“毋”字。

战国秦代的用例如：

① 皆以匿租者，诈毋多少，各以其☑。(《龙岗秦简》142)

② 它毋小大尽吉。(《睡虎地秦简·日书甲种》)

条件连词“无”都出现在秦简里，没有例外。

八、让步连词“纵”的发展

依据何乐士（2006：637），在传世文献中，“纵”作为让步连词的用法，在让步中含有假设，常用于前一分句，提出一个假定或已有的事实，表示对某种情况的姑且承认，作为让步，以引出下文的推论，可译为“即使”“即便”“纵使”。例如：“纵江东父兄怜而王我，我何面目见之？纵彼不言，籍独不愧于心乎？”（《史记·项羽本纪》）在出土文献中也可以见到这种用法的“纵”。

战国秦代的用例如：

从（纵）忎（仁）、圣可牙（与），旹（时）弗可及歖（矣）。（《郭店楚简·唐虞之道》）

这个例子是说，纵然仁和圣可以为助，但是时机赶不上了。

九、原因连词“唯”的发展

在传世文献中，“唯（惟、维）”可用于因果复句的原因分句中，表示对原因的限定，后面的分句表示结果，可译为“就是因为”“只因为”。例如“卫懿公唯不去其旗，是以败于荧”（《左传·成公十六年》）、“维其有之，是以似之”（《诗经·小雅·裳裳者华》）。在出土文献中也可以见到这种用法的“唯”。

西周时代的用例如：

① 用天降大丧于下或，亦唯噩侯驭方率南淮尸东尸，广伐南或东或，至于历内，王乃令西六师、殷八师曰：“扑伐噩侯驭方，勿遗寿幼。”（《禹鼎铭》，《集成》5·2833）

② 唯殷边侯、田（甸）雩殷正百辟，率肄于酒，故丧师。（《大盂鼎铭》，《集成》5·2837）

③ 唯天将集厥命，亦唯先正□乂厥辟……迺唯是丧我国。（《毛公鼎铭》，《集成》5·2841）

战国秦代的用例如：

① 天〈夫〉唯弗居也，是以弗去也。（《郭店楚简·老子甲本》）

② 夫唯啬，是以㬅（早）备。（《郭店楚简·老子乙本》）

③ 夫唯是，古（故）悳（德）可易而攺（施）可退（转）也。（《郭店楚简·尊德义》）

十、结果连词“肆”的发展

传世文献中的“肆”用于因果复句的结果分句，表示结果，可训为“故”，译为“因此”。例如：

① 天閟毖我成功所，予不敢不极卒宁王图事，肆予大化诱我友邦君。（《尚书·大诰》）

② 敢弗于从率宁人有指疆土？矧今卜并吉？肆朕诞以尔东征。（《尚书·大诰》）

在出土文献中也可以见到这种用法的“肆”。

西周时代的用例如：

① 唯天将集厥命，亦唯先正襄薛厥辟，奉堇大命，肆皇天亡斁，临保我有周，不巩先王配命。(《毛公鼎铭》，《集成》5・2841)

② 弗克伐噩，肆武公乃遣禹率公戎车百乘、斯驭二百、徒千。(《禹鼎铭》，《集成》5・2833)

③ 赐君我唯赐寿，我不能不眔县伯万年保，肆敢肆于彝，曰其自今日，孙孙子子毋敢望（忘）伯休。(《县妃簋铭》，《集成》8・4269)

④ 用夹召厥辟，奠大命，盭龢雩政，肆皇天亡斁，临保我有周，雩四方民亡不康静。(《师訇簋铭》，《集成》8・4342)

第三章　出土先秦文献助词的发展

助词是在语法结构中起助加作用的词。它的主要语法特点有二：一是它附着于某个语法单位，帮助这个语法单位附加上某种语法意义，被附着的语法单位可以是一个词、一个短语，或者是一个小句。在语法结构中，助词是一种助加的单位，它仍然是词，但不充当句子成分。二是绝大多数的助词居于后位。典型的结构助词尽管用在定中之间、状中之间、中补之间，但也倾向于后附。少量助词居于前位，如“所”。

在出土先秦文献中，未见到时态助词和时制助词，另外五种助词则都可以见到。出土先秦文献中的助词系统如下：

1. 结构助词

之、所、者$_1$（以下写成“者”）、其：

“之”用于定中之间、状中之间、中补之间，还可以用于主谓之间、主语与介宾之间。

“所”用于动词或“介词＋动词”之前，是名词性的标记。

“者”用于名词性或谓词性词语之后，是名词性的标记。

“其”用于定中之间、状中之间，还可以用于主谓之间。

2. 比况助词

然：

“然”跟“如”构成“如……然”的固定格式，跟现代汉语中的“一样”“似的”相同。

3. 表数助词

馀：

“馀”用在表示整数的数词之后表示零数。

4. 列举助词

等、云：

“等”用在虚指代词或名词之后，表示列举未尽；“云”用在转述类话语的后面，表示确认上述话语为传闻。

5. 限定助词

者$_2$：

“者$_2$”用于假设分句之末，表示假设，类似于现代汉语中的“的话”。

第一节　出土先秦文献助词“然”的发展

“然”全部出现在秦简之中，没有例外。它跟“如”一起构成“如……然……”的固定格式，表示比较，可译为“像……一样”“像……似的”。对于“然”，魏德胜（2000：235）、何乐士（2006：330～331）都认为是助词，可从。现代汉语中的“一样”可以跟“如/像/好似”构成“如……一样”“像……一样”“好似……一样”的固定格式。例如“如睡在摇篮里一样”“像蚊子见了血一样”“好似下棋一样”。对于“一样”，侯学超（1998：646）认为是助词。很明显，古代汉语中的“然”和现代汉语中的“一样”在这一用法上是相同的，都应视为助词。

一、助词“然”的发展

“如……然”这个固定格式当中，可以嵌入名词语，也可以嵌入动词语。

战国时代嵌入名词语的例子如：

① 凡不能自衣者，公衣之，令居其衣如律然。(《睡虎地秦简·秦律十八种》)

② 上之所兴，其程攻（功）而不当者，如县然。(《睡虎地秦简·秦律十八种》)

③ 尉计及尉官吏节（即）有劾，其令、丞坐之，如它官然。(《睡虎地秦简·效律》)

战国时代嵌入动词语的例子如：

① 其出禾，有（又）书其出者，如入禾然。(《睡虎地秦简·效律》)

② 叚（假）而有死亡者，亦令其徒、舍人任其叚（假），如从兴戍然。(《睡虎地秦简·秦律十八种》)

③ 司马令史掾苑计，计有劾，司马令史坐之，如令史坐官计劾然。(《睡虎地秦简·效律》)

二、词缀“然”的发展

用作词缀的“然”最早见于传世西周文献中，出现在形容词、副词之后，可灵活译为“地”“着”“……的样子”。例如：

① 上帝不宁，不康禋祀，居然生子。(《诗经·大雅·生民》)

② 皎皎白驹，贲然来思。(《诗经·小雅·白驹》)

③ 南有嘉鱼，烝然罩罩。(《诗经·小雅·南有嘉鱼》)

④ 履错然，敬之，无咎。(《周易·离卦》)

从出土文献来看，用作词缀的“然”只出现在楚简之中，没有例外。“然”可以作形容词或副词词缀，表示动作行为的状态，可译为“地”“……的样子”。“X＋然”一般用作状语。在状语和谓词语之间可以出现连词“而”“以”，也可以无连词。

战国时代不出现连词的例子如：

① 人之逆（悦）肰（然）可与和安者，不又（有）夫慉（奋）犾（作）之青（情）昗（则）悉（瞀）。(《郭店楚简·性自命出》)

② 漉（洒）肰（然）牆（将）蒞（亡）。(《上博楚简五·鲍叔牙与隰朋之谏》)

战国时代出现连词“而”或“以”的例子如：

① 审（中）心该（辩）肰（然）而正行之，臭（直）也。(《郭店楚简·五行》)

② 哭之敨（动）心也，濈（浸）潊（杀），丌（其）剌（烈）戀（恋）戀（恋）女

（如）也，慼（戚）肰（然）以终。（《郭店楚简·性自命出》）

③ 乐之皷（动）心也，濬（濬）深賊（郁）舀（陶），丌（其）剌（烈）昊（则）流女（如）也以悲，條（悠）肰（然）以思。（《郭店楚简·性自命出》）

第二节　出土先秦文献助词“之”的发展

“之”有动词、代词和助词等用法，本节只讨论出土先秦文献中助词“之”的发展，不涉及其动词、代词的用法。结构助词“之”可用于定中之间、状中之间、中补之间、主谓之间、主语和介宾结构之间。

一、定中之间“之”的发展

定中之间的“之”是用来连接定语和中心语的。“之”前的定语，可以是体词性词语，也可以是谓词性词语。

（一）“之”前的定语是体词性词语

西周时代的用例如：

① 王用弗望（忘）圣人之后，多蔑历易休。（《师望鼎铭》，《集成》5·2812）

② 不（丕）显子白，壮武于戎工，经维四方，搏伐玁狁于洛之阳。（《虢季子白盘铭》，《集成》16·10173）

③ 王子剌公之宗妇邯婴，为宗彝将彝。（《宗妇鼎铭》，《集成》11·10152）

④ 甲申之晨，搏于□。（《多友鼎铭》，《集成》5·2835）

春秋时代的用例如：

① 姑冯昏同之子择其吉金，自作商句鑃。（《姑冯昏同之子句鑃铭》，《集成》2·424）

② 郐王庚之淑子沇儿，择厥吉金，自作龢钟。（《沇儿钟铭》，《集成》1·203）

战国时代的用例如：

① 攻（功）述（遂）身退，天之道也。（《郭店楚简·老子甲本》）

② 丙辰之日不察长陵邑之死。（《包山楚简》54）

③ 紫鱼之韔，鼆（貍）蓥之聶。（《曾侯乙墓竹简》45）

④ 襮鼩（貂）与紫鱼之箙，鼆（貍）蓥之聶。（《曾侯乙墓竹简》70）

⑤ 此所胃（谓）之旟（旱）母。（《上博楚简四·柬大王泊旱》）

⑥ 改（戒）忌（惎）勳（胜），为人上者之叐（务）也。（《郭店楚简·尊德义》）

（二）“之”前的定语是谓词性词语

西周时代的用例如：

① 王令东宫追以六师之年。（《启贮簋铭》，《集成》7·4047）

② 唯天子休于麦辟侯之年。（《麦尊铭》，《集成》11·6015）

战国秦代的用例如：

① 唯戉（越）王丌（其）北古，自乍（作）元之用之佥（剑）。（《越王其北古剑

铭》,《集成》18·11703)

② 不出三月,必有死亡之志至。(《睡虎地秦简·日书甲种》)

③ 君子执志必又(有)夫生(皇)生(皇)之心,出言必又(有)夫柬(简)柬(简)之訐(信)。(《郭店楚简·性自命出》)

④ 是以圣人居亡为之事,行不言之教。(《郭店楚简·老子甲本》)

⑤ 凡娶妻、出女之日,冬三月奎、娄吉。(《睡虎地秦简·日书甲种》)

⑥ 临事之纪:誓(慎)冬(终)女(如)忖(始),此亡败事矣。(《郭店楚简·老子甲本》)

⑦ 齐客陈异至(致)福於王之岁。(《新蔡楚简》甲三:27)

⑧ 大司马悼滑救郙之岁,享月,丙戌之日。(《包山楚简》牍1)

战国秦代,出现在"之"字之后作中心语的一般都是体词性词语。例如:

① 文王之型(刑)莫垕(重)安(焉)。(《郭店楚简·成之闻之》)

② 鄱牧之晶(参)匹驹骈,戎逄(路)。(《曾侯乙墓竹简》179)

③ 遉(復)尹之一骐一黄,㠯(以)乘鲁昜(阳)公之阩车。(《曾侯乙墓竹简》162)

④ 虽(独)凥(处)鼎(则)习父兄之所乐。(《郭店楚简·性自命出》)

⑤ 古之叓(事)君者,㠯(以)忠与敬。(《上博楚简三·中弓》)

战国秦代,当兼类词出现在"之"字之后作中心语时,一般是以名词的身份充当的。例如:

① 是以圣人之言曰:我无事而民自福(富)。(《郭店楚简·老子甲本》)

② 古(故)为孛(少)必圣(听)长之命,为戋(贱)必圣(听)贵之命。(《上博楚简四·内豊》)

③ 子思曰:"恒爯(称)丌(其)君之亚(恶)者,可胃(谓)忠臣矣。"(《郭店楚简·鲁穆公问子思》)

战国秦代,有些词通常是作动词或形容词的,但当它作中心语出现在"之"字之后时,就活用为名词。例如:

① 王八年,内史操左之造,咸昜(阳)工帀(师)屯。(《王八年内史操戈铭》,《汇编》1904)

② 四年,右库冶气之鈢(铸)。(《四年右库戈铭》,《集成》17·11266)

③ 蔡侯子从之用。(《蔡公子从剑铭》,《集成》18·11605)

④ 畛公之騋为左服,鄱牧之黄为右服。朱逄(路)。(《曾侯乙墓竹简》182)

⑤ 司马之白为右飞(騑)。乘马之骈。鱼轩。(《曾侯乙墓竹简》174)

战国秦代,定语和中心语之间的语义关系多种多样。"之"可以用在四种语义类型的定中短语之间,即领属关系、修饰关系、限制关系、同一关系。

首先,"之"可以用在领属性定语和中心语之间。例如:

① 君王尚(当)㠯(以)翻(问)大剌(宰)晋侯,皮(彼)圣人之子孙。(《上博楚简四·柬大王泊旱》)

② 民之父母新(亲)民易。(《郭店楚简·六德》)

③ 瑶、敓舉雁成,唯周鳏之妻葬焉。(《包山楚简》91)

④ 丌（其）内（入）𢰅（拔）人之心也敂（厚）。（《郭店楚简·性自命出》）

⑤ 鳏之身，沁吝（文）惠武。（《上博楚简六·用曰》）

⑥ 圣人之眚（性）与中人之眚（性），丌（其）生而未又（有）非之。（《郭店楚简·成之闻之》）

⑦ 夫旹（诗）也者，㠯（以）箸（誌）君子之志。（《上博楚简五·季庚子问於孔子》）

其次，“之”可以用在修饰性定语和中心语之间。例如：

① 豻（豻）殉之箙，貍（貍）貘（貘）之聶。（《曾侯乙墓竹简》2）

② 紫羊须之緄（紕），紫翠（羽）之常，二黄金之戚。（《曾侯乙墓竹简》6）

③ 以牡棘之剑刺之。（《睡虎地秦简·日书甲种》）

④ 二戈，屯一翼之翻。（《曾侯乙墓竹简》28）

⑤ 屯（纯）青黄之缘。（《信阳楚简》2-01）

⑥ 二酱白之觳，皆彫。（《包山楚简》253）

⑦ 毋（无）公端之心。（《睡虎地秦简·语书》）

⑧ 是即明避主之明法殹，而养匿邪避（僻）之民。（《睡虎地秦简·语书》）

⑨ 凡五卯，不可㠯（以）𠈇（作）大事，帝㠯（以）命嗌淒㙐（禹）之火。（《九店楚简》40下）

⑩ 蔡遗受铸剑之官宋强，宋强法丌（其）官事。（《包山楚简》18）

⑪ 二薦之鼎。（《包山楚简》265）

再次，“之”可以用在限制性定语和中心语之间。例如：

① 昔之明王之迟（起）於天下者，各㠯（以）亓殜（世）㠯（以）及亓身。（《上博楚简四·曹沫之阵》）

② 古之善为士者，必非（微）溺（妙）玄达，深不可志（识）。（《郭店楚简·老子甲本》）

③ 今之弋（式）於直（德）者，未年不弋（忒）。（《郭店楚简·唐虞之道》）

④ 禹以取棆山之女日也。（《睡虎地秦简·日书甲种》）

⑤ 夫季是（氏），河东之城（盛）冢（家）也。（《上博楚简三·中弓》）

⑥ 九成之台乍（作）［於累土］。（《郭店楚简·老子甲本》）九成：九层。

⑦ 百輮（乘）之家，十室之倍。（《上博楚简五·三德》）

最后，“之”可以用在同一性定语和中心语之间。例如：

① 夏层之月、癸亥之日执事人为之盟誓，凡二百人十一人。（《包山楚简》137）

② 凡大彻之日，利以远行。（《周家台秦简·日书》）

③ 祭祀之豊（礼）必又（有）夫齐齐之敬。（《郭店楚简·性自命出》）

④ 十一葉，右使车啬夫齐痓、工角。冢（重）一石八十二刀之冢（重）。（《十一葉方壶铭》，《集成》15·9684）

⑤ 王逻（徙）於鄩郢之散（岁），顕（夏）栾之月，癸嫚（亥）之日。（《新蔡楚简》甲三：204）

⑥ 㠯（以）亓不良恚瘳之古（故），尚毋又（有）米。（《新蔡楚简》甲三：184、185）

⑦ 以职（识）耳（佴）不当之律论之。（《睡虎地秦简·效律》）

二、状中之间“之”的发展

现代汉语口语中的结构助词“de”（可以写作“的”“地”“得”）不但可以用在定中之间，也可以用在状中之间。古代汉语中的“之”也可用于状中之间，充当状语的标志。例如：“哀我人斯，亦孔之将。”（《诗经·豳风·破斧》）“齐王何若是之贤也？则将必王乎？”（《韩非子·外储说右下》）现代汉语里的“之”也可以用在状中之间，如“非常之浪漫”。在出土文献中可以见到这种用法的“之”。

战国秦代的用例如：

① 士为大夫之立身不字，大夫为邦君之立身不字，邦君为天子之［立］身不字。（《上博楚简六·天子建州甲》）

② 丁睘（亥）之日，郏輓吕（以）鄦韋（箽）为君翠（卒）戠（岁）之贞。（《新蔡楚简》乙四·102）

③ 含（今）内之不旻（得）百生（姓），外之为者（诸）侯𪊟（笑），寡（寡）人之不剩也。（《上博楚简五·竞建内之》）

三、中补之间“之”的发展

现代汉语中的结构助词“的”，不但可以用在定中和状中之间，也可以用在中补之间。古代汉语中的“之”亦然，也可充当补语的标志。“之”用于中补之间的例子如“古人之观于天地、山川、草木、虫鱼、鸟兽，往往有得，以其求思之深而无不在也”（王安石《游褒禅山记》）。“求思之深”里的“深”是补语，“之”用在补语之前，“之”的前面是动宾结构。在出土文献中可以见到“之”的这种用法。

战国秦代的用例如：

① 凡甬（用）心之喿（躁）者，思为甚。甬（用）智之疾者，患为甚。甬（用）青（情）之至者，忞（哀）乐为甚。甬（用）身之兑（弁）者，兑（悦）为甚。甬（用）力之𦘦（尽）者，利为甚。（《郭店楚简·性自命出》）

② 酓（含）悳（德）之厚（厚）者，比於赤子。（《郭店楚简·老子甲本》）

四、主谓之间“之”的发展

出土文献中的“之”有这种用例。

（一）“主之谓”作句子成分

“主之谓”可作句子的主语。

战国秦代的用例如：

① 文王之见也女（如）此。（《郭店楚简·五行》）

② 民之从之也难。（《郭店楚简·成之闻之》）

③ 君子之求者（诸）㠯（己）也深。(《郭店楚简·成之闻之》)

④ 圣人之訂（治）民，民之道也。墨（禹）之行水，水之道也。戚（造）父之馭（御）马，马之道也。句（后）禝（稷）之䋈（艺）隆（地），隆（地）之道也。(《郭店楚简·尊德义》)

“主之谓”可作宾语。

战国秦代的用例如：

① 臣不智（知）君王之𨟻（将）为君。(《上博楚简六·申公臣灵王》)

② 子左尹命漾陵之宫大夫察州里人阳锗之与其父阳年同室与不同室。（《包山楚简》127）

③ 天下皆智（知）敚（美）之为敚（美）也。(《郭店楚简·老子甲本》)

④ 不量亓力之不足，记（起）师㠯（以）伐昏（岷）山是（氏）。(《上博楚简二·容成氏》)

⑤ 善事丌（其）上者，若齿之事肻（舌）。(《郭店楚简·语丛四》)

⑥ 㠯（以）仆之不导（德），并仆之父母之骨厶（私）自塼（敷）。(《上博楚简四·昭王毁室》)

“主之谓”可作定语和判断句的谓语。

战国秦代的用例如：

① 八月，己未之夕，㠯（以）君之疠（病）之［古（故）］☐。(《新蔡楚简》乙四·5) 病：是生病的意思，动词。

② 耳官（目）鼻口手足六者，心之役也。(《郭店楚简·五行》) 役：是役使的意思，动词。

（二）“主之谓”作联合复句中的分句

“主之谓”可以作并列复句中的分句。

战国秦代的用例如：

① 又（有）亡之相生也，难惕（易）之相成也，长耑（短）之相型（形）也，高下之相浧（盈）也，音圣（声）之相和也，先遂（后）之相墮（随）也。(《郭店楚简·老子甲本》)

② 君子所𨓏（復）之不多，所求之不远。(《郭店楚简·成之闻之》)

“主之谓”可以作顺承复句中的前一分句。

战国秦代的用例如：

① 心牘之既权，征民乃贵。(《上博楚简六·用曰》)

② 亙（恒）既（气）之生，因𨓏（復）亓所慾。(《上博楚简三·恒先》)

“主之谓”可以作解说复句中的前一分句。

战国秦代的用例如：

昔周室之邦鲁，东西七百，南北五百。(《上博楚简四·曹沫之阵》)

“主之谓”可以作按断复句中的前一分句。

战国秦代的用例如：

智（知）是之为是，此亙（恒）足矣。(《郭店楚简·老子甲本》)

（三）“主之谓”作偏正复句中的分句

“主之谓”可以作转折复句中的前一分句。

战国秦代的用例如：

① 金石之又（有）圣（声）也，弗钩（扣）不鸣。（《上博楚简一·性情论》）

② 人之怨子，立（泣）不［敢言］。（《上博楚简一·诗序》）

“主之谓”可以作条件复句中的偏句。

战国秦代的用例如：

县所葆苑之傅山远山，其土恶不能雨，夏有坏者，勿稍补缮，至秋毋雨时而以繇（徭）为之。（《睡虎地秦简·秦律十八种》）

“主之谓”可作假设复句中的偏句。

战国秦代的用例如：

① 又（有）丌（其）为人之伭＝（伭伭）女（如）也，不又（有）夫柬＝（柬柬）之心则悉。又（有）丌（其）为人之柬＝（柬柬）女（如）也，不又（有）夫恒怸（忻）之志则曼。（《上博楚简一·性情论》）

② 又（有）丌（其）为人之快女（如）也，弗牧（养）不可。又（有）丌（其）为人之菓（渊）女（如）也，弗杈（补）不足。（《郭店楚简·性自命出》）

“主之谓”可以作因果复句中的分句，既可以作偏句，也可以作正句。

战国秦代的用例如：

① 夫葛之见訶（歌）也，则以叶萋之故也。（《上博楚简一·诗序》）

② 正（政）之不行，孥（教）之不成也，㓝（则）坓（刑）罚不足耻，而雀（爵）不足懽（劝）也。（《郭店楚简·缁衣》）此例中的“则”是“是因为”的意思。

③ 畏（威）備（服）型（刑）罚之娄（屡）行也，繇（由）走（上）之弗身也。（《郭店楚简·成之闻之》）

④ 车䡅（盖）之莝（蔽）酭（翳），不见江沽（湖）之水。（《郭店楚简·语丛四》）

“主之谓”可以作时间复句中的偏句。

战国秦代的用例如：

① 圣人之才（在）民前也，以身逡（后）之。亓才（在）民上也，以言下之。（《郭店楚简·老子甲本》）

② 汤是之又（有）天下，厚悉（施）而泊（薄）畲（敛）。（《上博楚简二·容成氏》）

③ 古（故）君子之立（莅）民也，身備（服）善以先之。（《郭店楚简·成之闻之》）

④ 臤（贤）人之居邦豪（家）也，娶（夙）舉（兴）夜寐（寐）。（《上博楚简五·季庚子问於孔子》）

五、主语和介宾之间“之”的发展

“介词”源于动词，而且介词或多或少还保留有动词的特性，所以“主语＋之＋介宾”中的“之”和“主之谓”中的“之”应看作同一性质的词，且前者源自后者。这种“之”的基本语法功能仍是作定语的标志，“主语＋之＋介宾”也是名词性的结构。出土文献中的“之”有这种用例。

根据介词的不同，可以把“主语+之+介宾”分成3类：

（一）“主语+之+於宾”

战国秦代的用例如：

①是［古（故）］君子之於言也，非从末澅（流）者之贵，窮藻（源）反沯（本）之贵。（《郭店楚简·成之闻之》）

②君子之於䜭（教）也，丌（其）道（导）民也不憲（浸），则丌（其）淳也弗深悛（矣）。（《郭店楚简·成之闻之》）

③豊（礼）者，义之蜺（兄）也。豊（礼）之於屎（尸）窗（庙）也，不腈（精）为腈（精）。（《上博楚简六·天子建州甲》）

（二）“主语+之+与宾”

战国秦代的用例如：

①古者埜（尧）之异（与）叁（舜）也，昏（闻）叁（舜）孝，智（知）丌（其）能敓（养）天下之孝也；昏（闻）叁（舜）弟（悌），智（知）丌（其）能纣（事）天下之长也。（《郭店楚简·唐虞之道》）

②越里中之与它里界者，垣为完（院）不为？（《睡虎地秦简·法律答问》）

③卑（譬）道之才（在）天下也，猷（犹）少（小）浴（谷）之异（与）江海。（《郭店楚简·老子甲本》）

（三）“主语+之+在宾”

战国秦代的用例如：

①妥宾之在楚也为坪皇，其在申也为遅（夷）则。（《曾侯乙钟铭》，《集成》2·327）

②大（太）族（簇）之在周也为剌（厉）音，其在晋也为槃钟。（《曾侯乙钟铭》，《集成》2·322）

③宣钟之在晋也为六墉。（《曾侯乙钟铭》，《集成》2·293）

④穆音之在楚为穆钟，其在周为剌（厉）音。（《曾侯乙钟铭》，《集成》2·738）

第三节　出土先秦文献助词“者”的发展

一、结构助词“$者_1$”的发展

结构助词“$者_1$”（以下简称为“者”）是名词化的标记，兼有附着和称代两种作用，它的语法功能是标志其前面的成分是名词性的，它的语义功能是自指或者复指。这种“者”主要有两种用法：一是用在谓词性词语（包括动词语、形容词语、数词语以及主谓短语等）之后；二是用在名词性词语之后。

“名+者”中的“者”一般复指人、事物、原因、时间。“谓+者”中的“者”可以

指人、事物、原因。“名+者”和“谓+者”在指称类别方面也具有一致性。

(一)“谓+者”中的“者”

传世西周文献中的“者”用在动词性词语或时间词之后，构成名词性结构时指人，可译为“……的人”。例如：

① 彼谮人者，亦已太甚。(《诗经·小雅·巷伯》)

② 彼谮人者，谁适与谋。(《诗经·小雅·巷伯》)

这种用法的“者”最早见于出土春秋文献中。例如“执者献于灵公之所”(《庚壶铭》,《集成》15·9733)。这种用法的“者”大量出现在出土战国文献中。

1.“谓+者”中的“谓”

这种“谓”可指动词性词语、形容词性词语、数词以及其他可作谓语的词语。

(1) 动词性词语包括动词以及动词性的动宾短语、状中短语、中补短语、主谓短语、并列短语、连谓短语、转折短语、兼语短语和复句形式。

动词与“者”构成“者”字短语。

战国秦代的用例如：

① 凡孚(学)者隶〈求〉丌(其)心为难。(《郭店楚简·性自命出》)

② 从允怿(释)怂(过)，则先者余(除)，壵(来)者訏(信)。(《郭店楚简·成之闻之》)

③ □者收之。剔(伤)者䎽(问)之，善於死者为生者。(《上博楚简四·曹沫之阵》)

④ 名则可畏(畏)，步者可矛(柔)。(《上博楚简五·融师有成氏》)

⑤ 毋以戊辰，己巳入(纳)寄者。(《睡虎地秦简·日书乙种》)

⑥ 凡酉、午、巳、寅，以问病者，必代病。(《睡虎地秦简·日书乙种》)

动宾短语与“者”构成“者”字短语。

战国秦代的用例如：

① 智(知)命者亡札(必)，又(有)悳(德)者不迻。(《郭店楚简·语丛二》)

② 敹(窃)鉤(钩)者戜(诛)，敹(窃)邦者为者(诸)医(侯)。(《郭店楚简·语丛四》)

③ 古(故)为人子者，言人之子之不孝者，不与言人之父之不能畜子者。(《上博楚简四·内豊》)

④ 古之为邦者必巳(以)此。(《上博楚简五·季庚子问於孔子》)

⑤ 犯令者有罪。(《睡虎地秦简·秦律十八种》)

⑥ 夹颈者贵，在奎者富。(《睡虎地秦简·日书甲种》)

状中短语与“者”构成“者”字短语。

战国秦代的用例如：

① 夫为丌(其)君之古(故)杀丌(其)身者，尝又(有)之矣。(《郭店楚简·鲁穆公问子思》)

② 牙(与)不好教(学)者遊，员(损)。(《郭店楚简·语丛三》)

③ 能述(遂)者述(遂)，不能述(遂)者内(入)而死。(《上博楚简二·容成氏》)

④ 登（废）違（作）者死，弗行者死。(《上博楚简五·竞建内之》)

⑤ 有（又）令隶妾数字者，诊甲前血出及痈状。(《睡虎地秦简·封诊式》)

⑥ 壬癸死者，明鬼祟之。(《睡虎地秦简·日书乙种》)

中补短语与“者”构成“者”字短语。

战国秦代的用例如：

① 亚（恶）之而不可非者，达於义者也。(《郭店楚简·性自命出》)

② 甬（用）身之覍（弁）者，兑（悦）为甚。甬（用）力之聿（尽）者，利为甚。(《郭店楚简·性自命出》)

③ 凡见者之胃（谓）勿（物），快於其（己）者之胃（谓）兑（悦）。(《上博楚简一·性情论》)

④ 昔之明王之迟（起）於天下者，各㠯（以）亓殜（世），㠯（以）及亓身。(《上博楚简四·曹沫之阵》)

⑤ 司寇不踐，免城旦劳三岁以上者，以为城旦司寇。(《睡虎地秦简·秦律十八种》)

主谓短语与“者”构成“者”字短语。

战国秦代的用例如：

① 未孥（教）而民亘（恒），眚（性）善者也。(《上博楚简一·性情论》)

② 惪德至区者，㠯（治）者至亡间。(《郭店楚简·语丛三》)

③ 其画最多者，当居曹奏令、丞。(《睡虎地秦简·语书》)“画”读为“过”。

④ 官相纺（近）者，尽九月而告其计所官。(《睡虎地秦简·秦律十八种》)

⑤ 它垣属焉者，独高其置刍廥及仓茅盖者。(《睡虎地秦简·秦律十八种》)

并列短语与“者”构成“者”字短语。

战国秦代的用例如：

① 含（今）女（汝）相夫子所，澿（竭）丌（其）青（情），慬（尽）丌（其）訢（慎）者，三害近㪅矣。(《上博楚简三·中弓》)

② 又（有）眚（性）又（有）生者，亡非乐者。(《郭店楚简·语丛三》)

③ 隶臣有妻、妻更及有外妻者，责衣。(《睡虎地秦简·秦律十八种》)

④ 乐，或生或教者也。(《郭店楚简·语丛一》)

⑤ 有罪法耐署其后及法耐署者，皆不得受其爵及赐。(《睡虎地秦简·秦律十八种》)

连谓短语与“者”构成“者”字短语。

战国秦代的用例如：

① 为古（故）銜（率）民向方者，唯悳（德）可。(《郭店楚简·尊德义》)

② 誉适（故）以恐众心者，翏（戮）。(《睡虎地秦简·法律答问》)

③ 聋（闻）道而兑（悦）者，好悬（仁）者也。聋（闻）道而畏者，好义者也。(《郭店楚简·五行》)

转折短语（由两个动词性词语所构成，两者之间是转折关系）与“者”构成“者”字短语。

战国秦代的用例如：

① 事而弗受者，虐（吾）䎽（闻）而未之见也。(《上博楚简五·弟子问》)

② 不墠（禅）而能蝺（化）民者，自生民未之又（有）也。(《郭店楚简·唐虞

之道》）

③ 又（有）智（知）吕（己）而不智（知）命者，亡智（知）命而不智（知）吕（己）者。（《郭店楚简·尊德义》）

兼语短语与“者”构成“者”字短语。

战国秦代的用例如：

① 求盗勿令送逆为它，令送逆为它事者，赀二甲。（《睡虎地秦简·秦律杂抄》）

② 北乡（向），禹步三步，曰：“呼！我智（知）令某瘧，令某瘧者，某也。”（《周家台秦简·病方及其它》）

复句形式与“者”构成“者”字短语的例子较常见，可分为两种：一是一般复句形式与“者”构成“者”字短语；二是紧缩复句形式与“者”构成“者”字短语。

一般复句形式与“者”构成“者”字短语的例子如：

① 民不从上之命，不訐（信）丌（其）言，而能悆（含）悳（德）者，未之又（有）也。（《郭店楚简·成之闻之》）

② 少（小）又（有）利，進（转）而大又（有）憲（害）者，又（有）之。（《郭店楚简·尊德义》）

③ 广众心，声闻左右者，赏。（《睡虎地秦简·法律答问》）

④ 人奴妾毄（系）城旦舂，貣（贷）衣食公，日未备而死者，出其衣食。（《睡虎地秦简·秦律十八种》）

紧缩复句形式与“者”构成“者”字短语的例子如：

① 虽不养主而入量（粮）者，不收，畀其主。（《睡虎地秦简·法律答问》）

② 忠訐（信）厡（积）而民弗䍐（亲）訐（信）者，未之又（有）也。（《郭店楚简·忠信之道》）

③ 勿（物）又（有）里（理）而陸（地）能贪（含）之生之者，才（在）曩（造）。（《郭店楚简·语丛三》）

（2）形容词性词语包括形容词以及形容词性的并列短语、状中短语、中补短语、连谓短语、转折短语等。

形容词与“者”构成“者”字短语。

战国秦代的用例如：

① 尧吕（以）天下壤（让）於臤（贤）者，天下之臤（贤）者莫之能受也。（《上博楚简二·容成氏》）

② 牙（与）曼（慢）者尻（处），员（损）。（《郭店楚简·语丛三》）

③ 牙与牂（庄）者尻（处），嗌（益）。（《郭店楚简·语丛三》）

④ 敬者㝵（得）之，怠（怠）者遊（失）之。（《上博楚简五·三德》）

⑤ 此吕（以）迩者不惑，而远者不惫（疑）。（《上博楚简一·紂衣》）

⑥ 王堂方二百尺，丘平者五十尺，丌（其）坡五十尺。（《兆域图铜版》，《集成》16·10478）

⑦ 迿迿者叏（使）遝（堋）亓所吕（以）衰亡。（《上博楚简五·鲍叔牙与隰朋之谏》）

形容词性并列短语与“者”构成“者”字短语。

战国秦代的用例如：

① 古昔旻（贤）悳（仁）圣者女（如）此。（《郭店楚简·唐虞之道》）

② 大而晏（罕）者，能又（有）取安（焉）。少（小）而轸者，能又（有）取安（焉）。（《郭店楚简·五行》）

形容词性状中短语与“者”构成“者”字短语。

战国秦代的用例如：

① 到明出种，即□（趣）邑最富者。（《周家台秦简·病方及其它》）

② 行命书及书署急者，辄行之；不急者，曰觱（毕），勿敢留。（《睡虎地秦简·秦律十八种》）

形容词性中补短语与“者”构成“者”字短语。

战国秦代的用例如：

① 古（故）共是勿（物）也而又（有）深安（焉）者，可孛（教）而不可矣（疑）也。（《郭店楚简·尊德义》）

② 是古（故）走（上）句（苟）身備（服）之，则民必有甚安（焉）者。（《郭店楚简·成之闻之》）

③ 非之而不可亚（恶）者，簹（笃）於悬（仁）者也。（《上博楚简一·性情论》）

形容词性连谓短语与“者”构成“者”字短语。

战国秦代的用例如：

闻新地城多空不实者，且令故民有为不如令者实〼。（《睡虎地秦牍》M4：6号）

形容词性转折短语与“者”构成“者”字短语。

战国秦代的用例如：

贫戔（贱）而不约者，虗（吾）见之壴（矣）；賵（富）贵而不乔（骄）者，虗（吾）餌（闻）而未之见也。（《上博楚简五·弟子问》）

形容词语和动词语有时组合成一个短语，再与“者”组成“者”字短语。

战国秦代的用例如：

① 善事人而不返者，未又（有）蒈（哗）而忠者。（《郭店楚简·语丛二》）蒈而忠者：哗众取宠却忠实的人。

② 敝而粪者，靡蚩其久。（《睡虎地秦简·秦律十八种》）粪：除。

（3）数词与“者”构成“者”字短语。

战国秦代的用例如：

① 两者不瀌（废）。（《上博楚简三·恒先》）

② 晶（三）者迵（通），言行皆迵（通）。（《郭店楚简·六德》）

③ 浧（卒）又（有）倀（长），三军又（有）銜（帅），邦又（有）君，此三者所㠯（以）战。（《上博楚简四·曹沫之阵》）

④ 五者毕至，必有大赏。（《睡虎地秦简·为吏之道》）

⑤ 古（故）夫夫、妇妇、父父、子子、君君、臣臣，六者客（各）行丌（其）戠（职）。（《郭店楚简·六德》）

⑥ 凸（凡）此七者，正（政）之所冏（殆）也。（《上博楚简二·从政甲》）

“形＋名”式定中短语可以作谓，如“有豕白蹢（蹄），烝涉波矣”（《诗经·小雅·

渐渐之石》），所以它也可以跟“者”构成“者”字短语，如“卫侯为虎幄于籍圃，成，求令名者而与之始食焉”（《左传·哀公十七年》）。

战国秦代的用例如：

大材執（艺）者大官，少（小）材埶（艺）者少（小）官。（《郭店楚简·六德》）

两个“形＋名”构成联合短语，再与“者”构成“者”字短语。

战国秦代的用例如：

人之攷（巧）言利訶（词）者，不又（有）夫詘＝（诎诎）之心炅则湋（流）。（《上博楚简一·性情论》）

2. “谓＋者”的句法功能

“谓＋者”可以作主语、宾语、兼语、判断句谓语、定语、中心语。

（1）“谓＋者”作主语。

战国秦代的用例如：

① 古（故）倀（长）民者章（彰）志以卲（昭）百眚（姓），㝠（则）民至（致）行异（己）以敓（悦）上。（《郭店楚简·缁衣》）

② 居赀赎责者归田农，种时、治苗时各二旬。（《睡虎地秦简·秦律十八种》）

③ 迩者不賊（惑），而远者不悘（疑）。（《郭店楚简·缁衣》）

④ 敚（窃）鉤（钩）者戓（诛），敚（窃）邦者为者（诸）戻（侯）。（《郭店楚简·语丛四》）

⑤ 善事丌（其）上者，若齿之事肙（舌），而终弗醟（恣）。（《郭店楚简·语丛四》）

⑥ 凡𢽳（动）眚（性）者，勿（物）也；逆眚（性）者，兑（悦）也；交眚（性）者，古（故）也；万（砺）眚（性）者，宜（义）也；出眚（性）者，埶（势）也；羕（养）眚（性）者，习也；长眚（性）者，衍（道）也。（《郭店楚简·性自命出》）

⑦ 亚（恶）之而不可非者，达於义者也。非之而不可亚（恶）者，篙（笃）於息（仁）者也。（《郭店楚简·性自命出》）

（2）“谓＋者”作宾语。

战国秦代的用例如：

① 智（知）可为者，智（知）不可为者；智（知）行者，智（知）不行者，胃（谓）之夫。（《郭店楚简·六德》）

② 又（有）銜（率）人者，又（有）从人者；又叓（使）人者，又事人［者］，［又］斆（教）人者，又受者，此六戠（职）也。（《郭店楚简·六德》）

③ 取不可葆缮者，乃粪之。（《睡虎地秦简·秦律十八种》）

④ 天道贵溺（弱），雀（削）成者以嗌（益）生者，伐於弜（强），责於□。（《郭店楚简·太一生水》）

⑤ 帝胃（谓）尔无事，命尔司兵死者。（《九店楚简》44）

⑥ 闻号寇者不殴？（《睡虎地秦简·封诊式》）

“者”字词组作宾语可以置于动词之前，其后用“之”复指。

战国秦代的用例如：

① 君子之於言也，非从末湋（流）者之贵，窮藻（源）反杳（本）之贵。（《郭店楚简·成之闻之》）

② 凡见者之胃（谓）勿（物），快於㠯（己）者之胃（谓）兑（悦）。（《郭店楚简·性自命出》）

“谓+者”也可以作介词的宾语。

战国秦代的用例如：

① 牙（与）为䂂（义）者遊，嗌（益）。牙（与）𢈔（庄）者尻（处），嗌（益）。（《郭店楚简·语丛三》）

② 牙（与）曼（慢）者尻（处），员（损）。牙（与）不好教（学）者遊，员（损）。（《郭店楚简·语丛三》）

③ □者收之，剔（伤）者䎽（问）之，善於死者为生者。（《上博楚简四·曹沫之阵》）

④ 尧㠯（以）天下壤（让）於臤（贤）者，天下之臤（贤）者莫之能受也。（《上博楚简二·容成氏》）

（3）“谓+者”作兼语。

战国秦代的用例如：

① 令戍者勉补缮城。（《睡虎地秦简·秦律杂抄》）

② 令市者见其入，不从令者赀一甲。（《睡虎地秦简·秦律十八种》）

（4）“谓+者”可以作判断句的谓语。

战国秦代的用例如：

① 豊（礼），因人情而为之即（节）𥻘（文）者也。（《郭店楚简·语丛一》）

② 𦖞（闻）道而兑（悦）者，好𢜩（仁）者也；𦖞道而畏者，好义者也；𦖞道而共（恭）者，好豊（礼）者也；𦖞道而㦡（乐）者，好悳（德）者也。（《郭店楚简·五行》）

③ 凡古乐龙心，嗌（益）乐龙指，皆𦥯（教）亓（其）人者也。（《郭店楚简·性自命出》）

④ 可（何）谓“宫狡士”“外狡士”，皆主王犬者殹。（《睡虎地秦简·法律答问》）

上引各例，都是由“谓+者”作判断句谓语，其后都有句末语气词“也”或“殹”。“谓+者”作判断句谓语时，其后也可以不加“也”。例如：

① 售（雍），女（汝）智（智）者。（《上博楚简三·中弓》）

② 此能从善而迲（去）祁（祸）者。（《上博楚简五·竞建内之》）

③ 中（仲）尼：夫臤（贤）才不可穿（弇）也。𦥑（举）而（爾）所智（知），而所不智（知），人亓（其）䘮（舍）之者。（《上博楚简三·中弓》）

④ 竺（孰）能浊以朿（静）者，㝅（将）舍（徐）清。竺（孰）能庀（安）以迬（动）者，㝅（将）舍（徐）生。（《郭店楚简·老子甲本》）

（5）“谓+者”可以作定语。

战国秦代的用例如：

① 乐、備（服）悳（德）者之所乐也。（《郭店楚简·语丛三》）

② 使者之从者，食𥻗（粝）米半斗。（《睡虎地秦简·秦律十八种》）

③ 雎（推）忿𢙑（懑），改（戒）忌（惎）勳（胜），为人上者之攵（務）也。（《郭店楚简·尊德义》）

④ 后入者独负之，而书入禾增积者之名事邑里於廥籍。（《睡虎地秦简·秦律十

八种》）

⑤ 即两手搕病者腹。（《周家台秦简·病方及其它》）

⑥ 都官以计时雠食者籍。（《睡虎地秦简·秦律十八种》）

（6）“谓＋者”也可以作定语的中心语。“谓＋者”前的定语可以分为两大类，一类是非同一性定语，另一类是同一性定语。

“谓＋者”前是非同一性定语。

战国秦代的用例如：

① 古之甬（用）民者，求之於㠯（己）为亙（恒）。（《郭店楚简·成之闻之》）

② 今之弋（式）於直（德）者，未年不弋（忒）。（《郭店楚简·唐虞之道》）

③ 咎（皋）秀（陶）乃五壤（让）㠯（以）天下之臤（贤）者。（《上博楚简二·容成氏》）

④ 生民斯（斯）必又（有）夫妇、父子、君臣。君子明虖（乎）此六者，肰（然）句（后）可以䜣（断）讼（讪）。（《郭店楚简·六德》）

以上非同一性定语都用在“谓＋者”之前。数量短语作定语时，则可以放在中心语之后。

战国秦代的用例如：

① 其老当免老，小高五尺以下及隶妾欲以丁粼者一人赎，许之。（《睡虎地秦简·秦律十八种》）

② 丑，鼠也。其后必有病者三人。（《睡虎地秦简·日书甲种》）

“谓＋者”前是同一性定语。

战国秦代的用例如：

① 啬夫之送（徙）见它官者，不得除其故官佐，吏以之新官。（《睡虎地秦简·秦律十八种》）

② 婴儿之毋（无）母者各半石。（《睡虎地秦简·秦律十八种》）

③ 人之攷（巧）言利訂（词）者，不又（有）夫詘詘之心昗（则）澮（流）。（《郭店楚简·性自命出》）

④ 垦（禹）乃因山陛（陵）坪（平）𠍵（隰）之可垟（封）邑者而緐（繁）实之。（《上博楚简二·容成氏》）

⑤ 昔之明王之迟（起）於天下者，各㠯（以）亓殜（世），㠯（以）及亓身。（《上博楚简四·曹沫之阵》）

⑥ 古（故）为人父者，言人之父之不能畜子者，不与言人之子之不孝者。古（故）为人子者，言人之子之不孝者，不与言人之父之不能畜子者。（《上博楚简四·内豊》）

以上是同一性定语与“谓＋者”之间用“之”的例子，在同一性定语和“谓＋者”之间也可以不用“之”。

战国秦代的用例如：

① 下吏能书者，毋敢从史之事。（《睡虎地秦简·秦律十八种》）

② 令君子毋（无）害者若令史守官。（《睡虎地秦简·秦律十八种》）

③ 木可以伐者为“梃”。（《睡虎地秦简·法律答问》）

④ 有（又）令隶妾数字者，诊甲前血出及痈状。（《睡虎地秦简·封诊式》）

⑤ 铍、戟、矛有室者，拔以斗，未有伤殹，论比剑。(《睡虎地秦简·法律答问》)

⑥ 亡人挟弓、弩、矢居禁中者，弃市。(《龙岗秦简》17)

（二）“名+者”中的“者”

传世西周文献中的“者”可用在时间名词之后，构成名词性结构指时间，可译为“……时候”。例如“始者不如今，云不我可”(《诗经·小雅·何人斯》)。

1.“名+者”中的“名”

“名+者”中的“名”可以是名词，也可以是名词性的联合短语、定中短语、“所”字短语。

名词与“者”构成“者”字短语。

战国秦代的用例如：

① 五（伍）子疋（胥）者，天下之圣人也。遂（荣）丕（夷）公者，天下之𤔔（乱）人也。(《上博楚简五·鬼神之明》)

② 夫畤（诗）也者，㠯（以）箸（志）君子之志。(《上博楚简五·季庚子问於孔子》)

③ 琼者，玉检殹。(《睡虎地秦简·法律答问》)

④ 子也者，会𡏴（最）长材以事上，胃（谓）之宜（义）。(《郭店楚简·六德》)

⑤ 口者，关；舌者，符玺也。(《睡虎地秦简·为吏之道》)

以上是一般名词后加“者”的例子。时间名词也可以和“者”组成“者”字短语。

战国秦代的用例如：

① 古者，民各有乡俗。(《睡虎地秦简·语书》)

② 古者尭（尧）之𢍏（与）叁（舜）也，昏（闻）叁（舜）孝，智（知）丌（其）能敊（养）天下之孝也。(《郭店楚简·唐虞之道》)

③ 昔者天地之差（佐）叁（舜）而佑善，如是状也。(《上博楚简二·容成氏》)

④ 昔者君子有言曰：战与型（刑）人，君子之述（坠）惪（德）也。(《郭店楚简·成之闻之》)

⑤ 向者虐（吾）昏（问）忠臣於子思。(《郭店楚简·鲁穆公问子思》)

有些词本来是谓词，但用在判断句主语的位置上，业已名词化了，表示自指。“者”用在这样的词语之后，复指前面名词化了的谓词。

战国秦代的用例如：

① 悬（仁）者，子惪（德）也。(《郭店楚简·六德》)

② 智也者，夫惪（德）也。(《郭店楚简·六德》)

③ 訐（信）也者，妇惪（德）也。(《郭店楚简·六德》)

④ 宖（忠）者，臣惪（德）也。(《郭店楚简·六德》)

⑤ 圣也者，父惪（德）也。(《郭店楚简·六德》)

⑥ 返（反）也者，道［之］僮（动）也；溺（弱）也者，道之甬（用）也。(《郭店楚简·老子甲本》)

名词性定中短语也可与“者”构成“者”字短语。

战国秦代的用例如：

① 九邦者亓可逨（来）虖（乎）？(《上博楚简二·容成氏》)

② 厽（三）王者之乍（作）也女（如）是。(《上博楚简二・子羔》)

③ 君子道朝，肰（然）则夫二三子者☐。(《上博楚简五・弟子问》)

④ 二道者可㝵（得）䎽（闻）㝉（欤）?（《上博楚简六・孔子见季趄子》)

⑤ 丌（其）晶（三）述（術）者衍（道）之而巳（已）。(《郭店楚简・性自命出》)

⑥ 君子於此弌（一）𢼸（偏）者亡所法（废）。(《郭店楚简・六德》)

名词性联合短语与“者”构成“者”字短语。

战国秦代的用例如：

① 侌（阴）昜（阳）者，神明之所生也。(《郭店楚简・太一生水》)

② 天陛（地）者，大（太）一之所生也。(《郭店楚简・太一生水》)

名词性的“所”字短语之后加“者”，构成“者”字短语。

战国秦代的用例如：

① 斗乘角，门有客，所言者急事也。(《周家台秦简・日书》)

② 律所谓者，以丝杂织履，履有文，乃为“锦履”。(《睡虎地秦简・法律答问》)

③ 辛巳之日不㠯（以）所死於亓州者之居凥（处）名族至（致）命。(《包山楚简》32)

④ 虗（吾）所以又（有）大患者，为虗（吾）又（有）身。(《郭店楚简・老子乙本》)

⑤ 其所以埱者类旁凿。(《睡虎地秦简・封诊式》) 埱：挖洞。

⑥ 斅（教），所以生悳（德）於审（中）者也。(《郭店楚简・性自命出》)

2. “名+者”的句法功能

“名+者”可以作主语、判断句谓语、定语和中心语。

“名+者”可以作主语。这种例子在传世文献中常见，如“三子者出”（《论语・先进》）、“北山愚公者，年且九十”（《列子・汤问》）、“楚左尹项伯者，项羽季父也”（《史记・项羽本纪》）。

战国秦代的用例如：

① 遶（荣）丞（夷）公者，天下之𧓹（乱）人也。(《上博楚简五・鬼神之明》)

② 二道者可㝵（得）䎽（闻）㝉（欤）?（《上博楚简六・孔子见季趄子》)

③ 夫时（诗）也者，㠯（以）篟（志）君子之志。(《上博楚简五・季庚子问於孔子》)

④ 倀子吉，幽（幼）子者不吉。(《九店楚简》36)

⑤“臧（藏）人”者，甲把其衣钱匿臧（藏）乙室，即告亡，欲令乙为盗之，而实弗盗之谓殹。(《睡虎地秦简・法律答问》)

⑥ 门有客，所言者家室事，人中子也。(《周家台秦简・日书》)

“名+者”作宾语的例子在出土战国文献中未见到，但是在传世文献中常见。例如“有颜回者好学，不迁怒，不贰过”（《论语・雍也》）、“有蒋氏者，专其利三世矣”（柳宗元《捕蛇者说》）、“鱼，我所欲也；熊掌，亦我所欲也，二者不可得兼，舍鱼而取熊掌者也”（《孟子・告子上》）、“恶紫之夺朱也，恶郑声之乱雅乐也。恶利口之覆邦家者”（《论语・阳货》）、“君曰‘告夫三子者’”（《论语・宪问》）。

“名+者”可以作判断句谓语。

战国秦代的用例如：

斊（教），所以生悳（德）於审（中）者也。（《郭店楚简·性自命出》）

“名+者”可以作状语，一般都是作句首状语。

战国秦代的用例如：

① 古者埜（尧）生於天子而又（有）天下。（《郭店楚简·唐虞之道》）

② 古者民各有乡俗。（《睡虎地秦简·语书》）

③ 昔者吾先考成王早弃群臣。（《中山王譻鼎铭》，《集成》5·2840）

④ 昔者尧埊（舜）墬（禹）汤，悬（仁）义圣智，天下灋之。（《上博楚简五·鬼神之明》）

⑤ 孔子曰：昔者而弗殜（世）也，善与善相受（授）也。（《上博楚简二·子羔》）

⑥ 向者虐（吾）昏（问）忠臣於子思。（《郭店楚简·鲁穆公问子思》）

“名+者”还可以作定语。

战国秦代的用例如：

① 辛巳之日不启（以）所死於亓州者之居凥（处）名族至（致）命。（《包山楚简》32）

② 厽（三）王者之乍（作）也女（如）是。子羔曰：然则厽（三）王者筥（孰）为？（《上博楚简二·子羔》）

“名+者”可以作中心语。

战国秦代的用例如：

① 古之所以行虖（乎）闵（蛮）喽（貉）者，女（如）此也。（《郭店楚简·忠信之道》）

② 豊（礼）之所至者，乐亦至安（焉）。（《上博楚简二·民之父母》）

③ 丌（其）晶（三）述（術）者，衍（道）之而巳（已）。（《郭店楚简·性自命出》）

④ 虐（吾）所以又（有）大患者，为虐（吾）又（有）身。（《郭店楚简·老子乙本》）

⑤ 律所谓者，当繇，吏、典已令之，即亡弗会。（《睡虎地秦简·法律答问》）

⑥ 君子於此弌（一）䡓（偏）者亡所法（废）。（《郭店楚简·六德》）

（三）“谓+者”和“名+者”中“者”前的“也”

“谓+者”和“名+者”中的“者”字之前，还可以用“也”。

战国秦代的用例如：

① 夫峕（诗）也者，启（以）篟（志）君子之志。（《上博楚简五·季庚子问於孔子》）

② 子也者，会埻（最）长材以事上，胃（谓）之宜（义）。（《郭店楚简·六德》）

③ 智也者，夫悳（德）也。（《郭店楚简·六德》）

④ 訐（信）也者，妇悳（德）也。（《郭店楚简·六德》）

⑤ 又（有）为也者之胃（谓）古（故）。（《郭店楚简·性自命出》）

⑥ 凡勿（物）亡不异也者。（《郭店楚简·性自命出》）

⑦ 亡亡繇（由）也者。（《郭店楚简·语丛三》）

文言文中的“也”作为句中语气词，可以出现在主语和状语之后。例如“女也不爽，士贰其行。士也罔极，二三其德”（《诗经・卫风・氓》）、“天不为人之恶寒也辍冬，地不为人之恶辽远也辍广”（《荀子・天论》）。

句中语气词“也”也可以出现在定中之间。

战国秦代的用例如：

① 县料而不备者，钦书其县料殴之数。（《睡虎地秦简・效律》）

② 没入其贩假殴钱财它物于县、道官☐。（《龙岗秦简》26）

既然状中和定中之间都可以用句中语气词“也”，那么在“者”字短语中间用“者”就好理解了，因为“者”字短语的内部关系类似于定中短语的内部关系。句中语气词“也”用在主语、状语、定语之后，主要有两种作用：一是表示语音的停顿，起舒缓节奏的作用；二是对它前面的成分有提示、强调作用，“者”字短语中的“也”也起这样的作用。“者”跟它所附着的成分关系很紧凑，中间加上了“也”有了停顿，节奏舒缓了，“也”前的成分也得到了提示强调，更能引人注意了。

二、结构助词“者$_2$”的发展

出土先秦文献中有些“者”应训为“之”，是结构助词。例如：

《蜻=（菁菁）者莪》则邑（以）人益也；《棠=（棠棠）者芋》则贵也。（《上博楚简一・诗序》）

例中可训为“之”的“者”的用法只见于战国时代的人所引用的西周春秋文献中，而不见于战国时代形成的文献中，这说明这种“者”在战国时代已经不用了。

三、限定助词“者”的发展

出土文献中有些“者”字应视为限定助词。

战国秦代的用例如：

① 其於久远也，如后嗣为之者，不称成功盛德。（《峄山刻石》）

② 人所恒炊（吹）者，上橐莫以丸礜，大如扁（蝙）蝠矢而干之。（《周家台秦简・病方及其它》）

③ 伍人弗言者，与同法。（《龙岗秦简》21）

这种用法的“者”在传世文献中可以见到。例如：“若不得者，则大忧以惧”（《庄子・至乐》）、“所不杀子者，有如陈宗”（《左传・哀公十四年》）、“范蠡乃鼓进兵，曰：‘王已属政于执事，使者去！不者且得罪’”（《史记・越世家》）、“伍奢有二子，不杀者，为楚国患”（《史记・楚世家》）。

总之，从出土文献来看，助词“所”始见于春秋时代，但很少见；大量使用于战国时代。战国时代的虚词“者”主要有结构助词和限定助词两种用法。结构助词“者”出现在谓词性词语和名词性词语之后构成“者”字词组，用作名词化的标记，兼有附着和称代两种作用。限定助词“者”由结构助词“者”演变而来，用于假设分句的末尾表示假设。

第四节　出土先秦文献助词“所”的发展

结构助词“所”只见于出土战国文献中。

“所”可以跟动词性词语构成“所”字短语，根据“所”后动词语的不同，可以把“所”字短语分成两大类型：一是“所+动+（者）”，二是“所+介+动+（者）”。

一、所+动+（者）

“所+动+（者）”之后的“者”可以出现，也可以不出现；可以表示动作的受事，也可以表示动作的有关方面。

1.“所+动+（者）”中的“动”

“所+动+（者）”中的“动”可以是单个动词、状中短语、中补短语、动宾短语、并列短语、连谓短语和复句形式。

“动”是单个动词。

战国秦代的用例如：

①凡斈（学）者隶〈求〉亓（其）心为难，从亓（其）所为，𨑒（近）导（得）之壴（矣）。（《郭店楚简·性自命出》）

②皇天之所弃，而句（后）帝之所憎。（《上博楚简五·三德》）

③律所谓者，以丝杂织履，履有文，乃为“锦履”。（《睡虎地秦简·法律答问》）

④门有客，所言者急相穷事也。（《周家台秦简·日书》）

⑤右敏（令）建所䡴（乘）大𨏒。（《曾侯乙墓竹简》1）

⑥金石刻，尽始皇帝所为也。（《峄山刻石》）

⑦献鼎之岁，羕（养）陵公伺之睘（县）所造。（《羕陵公戈铭》，《集成》17·11358）

⑧十一年，库啬夫肖（赵）不兹、贮氏大令所为，空（容）二斗。（《十一年库啬夫鼎铭》，《集成》5·2608）

“动”是状中短语（以动词为中心语）。

战国秦代的用例如：

①此天之所不能杀，陛（地）之所不能蚉（埋），侌（阴）昜（阳）之所不能成。（《郭店楚简·太一生水》）

②王室所当祠固有矣，擅有鬼立（位）殹。（《睡虎地秦简·法律答问》）

③善政者必㠯（以）亓所又（有），㠯（以）攻人之所亡又（有）。（《上博楚简四·曹沫之阵》）

④舉（举）而（爾）所智（知），而（爾）所不智（知），人亓（其）𧧘（舍）之者？（《上博楚简三·中弓》）

⑤臣事君，言亓（其）所不能，不詞（辞）亓（其）所能，𠟭（则）君不褮（劳）。（《郭店楚简·缁衣》）

⑥不韦（讳）所不季（教）於帀（师）者三：弜（强）行、忠悬（谋）、信言，此所不季（教）於帀（师）也。(《上博楚简六·天子建州甲》)

"动"是中补短语。

战国秦代的用例如：

①辛巳之日不邑（以）所死於亓州者之居尻（处）名族至（致）命。（《包山楚简》32）

②所詎（属）於发尹利：荆尿壬申，鄢人胡佢余、瘳野。(《包山楚简》171)

③左尹邑（以）王命告子鄗公，命溓上之识狱为鄐人舒烜盟，亓所命於此书之中邑（以）为证。(《包山楚简》139)

④是虐（吾）所寬（望）於女（汝）也。(《上博楚简六·竞公瘧》)

⑤虐（吾）所旻（得）地於膚（莒）中者，无有名山名溪。(《上博楚简四·柬大王泊旱》)

⑥王所舍（予）新大厩邑（以）啻苴之田，南与鄵君执疆，东与菱君执疆，北与鄝君执疆，西与鄱君执疆。(《包山楚简》154)

"动"是动宾短语。

战国秦代的用例如：

①虐（吾）又（有）所餌（闻）之。(《上博楚简四·曹沫之阵》)

②毋以戊辰、己巳入（纳）寄者，入（纳）之所寄之。(《睡虎地秦简·日书乙种》)

③古（故）君子所退（报）之不多，所求之不远，戠（察）反者（诸）邑（己）而可以智（知）人。(《郭店楚简·成之闻之》)

④又（有）所又（有）舍（馀）而不敢孝（尽）之，又（有）所不足而不敢弗□。(《上博楚简二·从政甲》)

⑤君子亡所不足，无所又（有）叁（馀）。(《上博楚简五·弟子问》)

⑥凡官厩之马所入长埮之审五乘。(《曾侯乙墓竹简》208)

"动"为动词性的并列短语。

战国秦代的用例如：

①此君子从事者之所适趋也。(《上博楚简五·季庚子问於孔子》)

②告众之所畏忌，请命之所續，而言諎（语）之所记（起）。（《上博楚简六·用曰》)

③可定名事里，所坐论云可（何）？可（何）罪赦。(《睡虎地秦简·封诊式》)

"动"为连谓短语。

战国秦代的用例如：

①及臣邦君长所置为后大（太）子，皆为后子。(《睡虎地秦简·法律答问》)

②轻车、赿张、引强、中卒所载傅〈傳〉到军，县勿夺。（《睡虎地秦简·秦律杂抄》)

③刞敏（令）喜围㝬（命）之於王大子而邑（以）隆刞人所幼未隆。（《包山楚简》2-3）

"动"为复句形式。

战国秦代的用例如：

① 所又（有）责於寢戭五师，而不交於新客者，豕玟苛欿（夻）利之金一益削益。(《包山楚简》146)

② 所又责於剁寢戭、寢戭、緐戭五师，而不交於新客者，佶让六令李𦣞之金五益。(《包山楚简》146)

2. “所＋动＋（者）”的前后

“所＋动”可独立使用。

战国秦代的用例如：

① 悹（察）所智（知），悹（察）所不智（知）。(《郭店楚简·语丛一》)

② 盗盗人，买（卖）所盗，以买它物，皆畀其主。(《睡虎地秦简·法律答问》)

“所＋动”前可以出现名词性词语（或由名词性词语充当，或由名词性代词充当），在名词性词语和“所＋动”之间可以用“之”，也可以不用“之”。

战国秦代的用例如：

① 智（知）天所为，智（知）人所为，肰（然）句（后）智道。(《郭店楚简·语丛一》)

② 都寿之岁，襄城楚竟尹所戠。(《襄城楚境尹戈铭》，《汇编》1285)

③ 六年，相邦司工马，左库工帀申𠈇，冶肴明所为，緮事敋鬲执齐。(《六年相邦司空司铍铭》，《汇编》1632)

④ 蜀（独）智（知），人所亚（恶）也。蜀贵，人所亚（恶）也；蜀（独）賵（富），人所亚（恶）也。(《上博楚简五·君子为礼》)

⑤ 是虗（吾）所朢（望）於女（汝）也。(《上博楚简六·竞公瘧》)

⑥ 畢（举）而（爾）所智（知），而（爾）所不智（知），人丌（其）豫（舍）之者？(《上博楚简三·中弓》)

上引的例子，为“名＋所＋动”式。下引的例子，则为“名＋之＋所＋动”式：

① 众之所植，莫之能竔（升）也。(《上博楚简六·孔子见季趄子》) 升：谷物成熟。

② ☐ 蓂（异）於丘之所昏（闻）。(《上博楚简五·季庚子问於孔子》)

③ 皇天之所弃，而句（后）帝之所憎。(《上博楚简五·三德》)

④ 人之所禨（畏），亦不可以不禨（畏）。(《郭店楚简·老子乙本》)

⑤ 天之所败，多亓賛（喜）而暴（寡）其悥（忧）。(《上博楚简五·三德》)

⑥ 民之所欲，禨（鬼）神是有（祐）。(《上博楚简五·三德》)

“名＋所＋动”和“名＋之＋所＋动”中的“名”“名＋之”若由代词“其”替换，则形成了“其＋所＋动”式（“其”后不再出现“之”）。这种格式的存在能证明，“所＋动”前的“名”是定语。

战国秦代的用例如：

① 凡孚（学）者隶〈求〉丌（其）心为难，从丌（其）所为，𨑑（近）导（得）之壴（矣）。(《郭店楚简·性自命出》)

② 臣事君，言丌（其）所不能，不訇（辞）丌（其）所能，则君不裻（劳）。(《上博楚简一·紂衣》)

③ 昏昏不寍（宁），求亓所生。(《上博楚简三·恒先》)

④ 敓（悦）丌（其）人，必好丌（其）所为。(《上博楚简一·诗序》)

⑤ 子曰：大人不罕（亲）丌（其）所𠬝（贤），而信丌（其）所贱。（《上博楚简一·紂衣》）

⑥ 人各食其所耆（嗜），不踐以贫（分）人；各乐其所乐，而踐以贫（分）人。（《睡虎地秦简·为吏之道》）

“所＋动”之后也可以出现名词性词语，构成“所＋动＋（之）＋名”，“（之）”表示“之”可以出现，也可以不出现。“所＋动”与“名”所表达的内容基本相同。

战国秦代的用例如：

① 置垣瓦下，置牛上，乃以所操瓦盖之，坚貍（埋）之。（《周家台秦简·病方及其它》）

② 此所胃（谓）艮山，禹之离日也。（《睡虎地秦简·日书甲种》）

③ 君子亡所䭾（厌）人。（《上博楚简三·中弓》）

④ 所为衍（道）者四，唯人衍（道）为可衍（道）也。（《郭店楚简·性自命出》）

⑤ 所驭坪夜君之敏车。（《曾侯乙墓竹简》67）

⑥ 此所胃（谓）之滽（旱）母。（《上博楚简四·柬大王泊旱》）

“所＋动＋（之）＋名”中的“（之）＋名”可以用“者”来替换，形成“所＋动＋者”的格式。

战国秦代的用例如：

① 斗乘冀，门有客，所言者，行事也。（《周家台秦简·日书》）

② 所谓者，见书而投者不得，燔书，勿发。（《睡虎地秦简·法律答问》）

③ 所𣥠者目（以）迭（速）寋（赛）祷□。（《新蔡楚简》零：12）

④ 不韦（讳）所不孥（教）於帀（师）者三：弜（强）行、忠𢘓（谋）、信言。（《上博楚简六·天子建州甲》）

在“所＋动”的前后都可以出现名词性词语，构成“名$_1$＋（之）＋所＋动＋（之）＋名$_2$”这样的格式，一般说来，“名$_1$”为“动”的施事，“名$_2$”为“动”的受事。

战国秦代的用例如：

① 右敏（令）建所乗（乘）大𨋲。（《曾侯乙墓竹简》1）

② 邻连𨟻（敖）东臣所驭政车。（《曾侯乙墓竹简》12）

③ 十三葉，左使车啬夫孙固所𣪕（勒）輡（看）器。（《十三葉方壶铭》，《集成》15·9675）

④ 卅二年，单父上官嗣憙所受坪安君石（䃺）它（鉈）。（《卅二年坪安君鼎铭》，《集成》5·2764）

“名$_1$＋（之）＋所＋动＋（之）＋名$_2$”中的“（之）＋名$_2$”可以由“者”来替换，构成“名＋（之）＋所＋动＋者”的格式。

战国秦代的用例如：

① 豊（礼）之所至者，乐亦至安（焉）。（《上博楚简二·民之父母》）

②“五至”虖（乎），勿（物）之所至者，志亦至安（焉）。（《上博楚简二·民之父母》）

③ 律所谓者，以丝杂织履，履有文，乃为“锦履”。（《睡虎地秦简·法律答问》）

④ 虐（吾）所𠭁（得）地於膚（莒）中者，无有名山名溪。（《上博楚简四·柬大王

泊旱》）

这种格式中的“者”，只能认为是附着在“所+动”之上的，而不是附着在“名+（之）+所+动”之上的，文言文中常见“所+动+者”格式就能证明这一点。

“$名_1$+（之）+所+动+（之）+$名_2$”中的“$名_1$+（之）”可用“其”替代，于是就构成了“其+所+动+（之）+名”这样的结构。

战国秦代的用例如：

① 传者入门，必行其所当行之道。（《龙岗秦简》3）

② 其所受臧（赃），亦与盗同法。（《龙岗秦简》148）

③ 直（值）其所失臧及所受臧，皆与盗同☐。（《龙岗秦简》137）

“$名_1$+（之）+所+动+（之）+$名_2$”中的“$名_1$+（之）”可用“其”替换，“（之）+$名_2$”可用“者”替换，这样就构成了“其+所+动+者”的结构。

战国秦代的用例如：

古（故）君子之立（莅）民也，身備（服）善以先之，敬訢（慎）以寸（守）之，丌（其）所才（存）者内（入）悞（矣）。（《郭店楚简·成之闻之》）

二、所+介+动+（者）

1.“所+介+动”中的“介”

“所+介+动”格式中的“介”可以是“以”“由”“与”“道”。

战国秦代的用例如：

① 虐（吾）所以又（有）大患者，为虐（吾）又（有）身。（《郭店楚简·老子乙本》）

② 圣智（知），豊（礼）樂（乐）之所由生也，五［行之所和］也。（《郭店楚简·五行》）

③ 晶（三）者，君子所生牙（与）之立，死牙（与）之递（敝）也。（《郭店楚简·六德》）

④ 以孤虚循求盗所道入者及臧（藏）处。（《周家台秦简·日书》）

2.“所+介+动”中的“动”

“所+介+动”中的“动”可以是单个动词，也可以是动词性的状中短语、中补短语、动宾短语和联合短语。

“动”为单个动词。

战国秦代的用例如：

① 此三者所㠯（以）战。（《上博楚简四·曹沫之阵》）

② 夫不夫，妇不妇，父不父，子不子，君不君，臣不臣，緍（昏）所繇（由）迮（作）也。（《郭店楚简·六德》）

③ 子曰：下之事上也，不从丌（其）所以命，而从丌（其）所行。（《郭店楚简·缁衣》）

④ 圣智（知），豊（礼）樂（乐）之所由生也，五［行之所和］也。（《郭店楚简·五行》）

⑤ 以孤虚循求盗所道入者及臧（藏）处。（《周家台秦简·日书》）

⑥ 箱徙之器所㠯（以）行：一獬冠。（《包山楚简》）

“动”为状中短语。

战国秦代的用例如：

① 智（知）歨（止），所以不訂（殆）。（《郭店楚简·老子甲本》）

② 丹所以得復生者，吾犀武舍人，犀武论其舍人□命者，以丹未当死，因告司命史公孙强。（《放马滩秦简·墓主记》）

“动”为中补短语。

战国秦代的用例如：

① 古之所以行虖（乎）閔（蛮）嘍（貉）者，女（如）此也。（《郭店楚简·忠信之道》）

② 所以异於父，君臣不相才（存）也。（《郭店楚简·语丛三》）

③ 斈（教），所以生悳（德）于宙（中）者也。（《郭店楚简·性自命出》）

④ 此所㠯（以）为和於邦。（《上博楚简四·曹沫之阵》）

“动”为动宾短语。

战国秦代的用例如：

① 江海所以为百浴（谷）王，以丌（其）能为百浴（谷）下。（《郭店楚简·老子甲本》）

② 鼞（殷）人之所㠯（以）弋（代）之，觀（观）亓容，圣（听）亓言。（《上博楚简五·鲍叔牙与隰朋之谏》）

③ 瑰（鬼）神勑武，非所㠯（以）斈（教）民，唯君其知之。（《上博楚简四·曹沫之阵》）

④ 凡君子所以立身大法晶（三）。（《郭店楚简·六德》）

⑤ 小邦处大邦之间，敌邦交陛（地）不可㠯（以）先复（作）悁（怨），疆陛（地）毋先而必取口焉，所㠯（以）佢（距）鄸（边）。（《上博楚简四·曹沫之阵》）

⑥ 陞（登）丘毋訶（歌），所㠯（以）为天豊（礼）。（《上博楚简五·三德》）

“动”为联合短语。

战国秦代的用例如：

迿佝者叏（使）遅（堋）丌（其）所㠯（以）衰亡。（《上博楚简五·鲍叔牙与隰朋之谏》）

3. “所+介+动”的前后

“所+介+动”前边可以出现名词性词语，后边也可以出现名词性词语，构成“名$_1$+（之）+所+介+动+（之）+名$_2$”这样的结构。

战国秦代的用例如：

① 凡君子所以立身大法晶（三）。（《郭店楚简·六德》）

② 凡五亥，不可㠯（以）畜六牲膹（扰），帝之所㠯（以）翏（戮）六膹（扰）之日。（《九店楚简》40）

如果用“者”替换“名$_1$+（之）+所+介+动+（之）+名$_2$”中的“（之）+名$_2$”，则成为“名+（之）+所+介+动+者”这样的结构。

战国秦代的用例如：

① 丹所以得复生者，吾犀武舍人，犀武论其舍人□命者，以丹未当死，因告司命史公孙强。(《放马滩秦简·墓主记》)

② 古之所以行虖（乎）闵（蛮）喽（貉）者，女（如）此也。(《郭店楚简·忠信之道》)

③ 以孤虚循求盗所道入者及臧（藏）处。(《周家台秦简·日书》)

④ 虐（吾）所以又（有）大患者，为虐（吾）又（有）身。(《郭店楚简·老子甲本》)

如果用“其”替换“名$_1$ +（之）+所+介+动+（之）+名$_2$”中的“名$_1$ +（之）”，用“者”替换其中的“（之）+名$_2$”，则成为“其+所+介+动+者”这样的结构。

战国秦代的用例如：

其所以埱者类旁凿。(《睡虎地秦简·封诊式》) 埱：挖洞。旁：宽。

如果把“名$_1$ +（之）+所+介+动+（之）+名$_2$”中的“（之）+名$_2$”省去，则成为“名+（之）+所+介+动”这样的结构。

战国秦代的用例如：

① 悬（仁）义，豊（礼）所由生也，四行之所和也。(《郭店楚简·五行》)

② 江海所以为百浴（谷）王，以丌（其）能为百浴（谷）下。(《郭店楚简·老子甲本》)

③ 訾（殷）人之所㠯（以）弋（代）之，觀（观）亓容，圣（听）亓言。(《上博楚简五·鲍叔牙与隰朋之谏》)

④ 圣智（知），豊（礼）樂（乐）之所由生也，五［行之所和］也。(《郭店楚简·五行》)

把“其+所+介+动+者”或“其+所+介+动+（之）+名”中的“者”或“（之）+名”去掉，则成了“其+所+介+动”这样的结构。

战国秦代的用例如：

① 下之事上也，不从丌（其）所以命，而从丌（其）所行。(《郭店楚简·缁衣》)

② 逻（堋）亓所㠯（以）葬。(《上博楚简五·鲍叔牙与隰朋之谏》)

把“名+（之）+所+介+动+者”或“其+所+介+动+者”中的“名+（之）”或“其”省去，则成了“所+介+动+者”这样的结构。

战国秦代的用例如：

① 季（教），所㠯（以）生悳（德）於中者也。(《上博楚简一·性情论》)

② 者（书），所以会合古含（今）之恃（志）者也。(《郭店楚简·语丛一》)

③ 所道廋者，命曰“署人”。(《睡虎地秦简·法律答问》)

“所+介+动”可以单独使用。

战国秦代的用例如：

① 毋上（尚）获而上（尚）闻命，所㠯（以）为毋退。(《上博楚简四·曹沫之阵》)

② 亓（期）会之不难，所㠯（以）为和於豫（舍）。(《上博楚简四·曹沫之阵》)

③ 智（知）吕（己），所以智（知）人；智（知）人，所以智（知）命。（《郭店楚简·尊德义》）

④ 帀（幣）帛，所吕（以）为信与登（徵）也。（《上博楚简一·性情论》）

⑤ 夫丧，至悉（爱）之裘（卒）也，所吕（以）城（成）死也。（《上博楚简三·中弓》）

⑥ 杀𣪠（戮），所以敍（除）㥈（怨）也。（《郭店楚简·尊德义》）

三、“所”字短语的句法功能

这里所谓“所”字短语有两大类型，一是“所＋动＋（者）”，二是“所＋介＋动＋（者）”。

作为名词性短语，“所”字短语可以作主语、判断句谓语、宾语、定语、中心语等成分，还可以作联合短语及“者”字短语的一部分。

“所”字短语作主语。

战国秦代的用例如：

① 今夬（决）耳故不穿，所夬（决）非珥所入殹，可（何）论？（《睡虎地秦简·法律答问》）

② 一日吕（以）善立，所学（教）皆终。（《上博楚简三·中弓》）

③ 朝廷之立（位），壤（让）而凥（处）戔（贱），所尾（度）不远悗（矣）。（《郭店楚简·成之闻之》）

④ 所城有坏者。（《睡虎地秦简·秦律杂抄》）

⑤ 所杀直（值）二百五十钱。（《睡虎地秦简·法律答问》）

⑥ 所以异於父，君臣不相才（存）也。（《郭店楚简·语丛三》）

“所”字短语作判断句谓语。

战国秦代的用例如：

① 弜（强）行、忠悬（谋）、信言，此所不孥（教）於帀（师）也。（《上博楚简六·天子建州甲》）

② 此所吕（以）为和於邦。（《上博楚简四·曹沫之阵》）

③ 此三者所吕（以）战。（《上博楚简四·曹沫之阵》）

④ 帀（幣）帛，所吕（以）为信与登（徵）也。（《上博楚简一·性情论》）

⑤ 雀（爵）立（位），所以計（信）丌（其）肰（然）也。（《郭店楚简·尊德义》）

⑥ 魂（鬼）神物武，非所吕（以）夤（教）民，唯君其知之。（《上博楚简四·曹沫之阵》）

“所”字短语作宾语。

战国秦代的用例如：

① 严敬不敢怠荒，因载所美，邵（昭）友（蔡）皇工（功）。（《中山王嚳方壶铭》，《集成》15·9735）

② 君子亡所不足，无所又（有）叙（馀）。（《上博楚简五·弟子问》）

③ 諓（察）天人之分，而智（知）所行矣。（《郭店楚简·穷达以时》）

④ 后自得所亡。(《睡虎地秦简·法律答问》)

⑤ 盗盗人，买（卖）所盗，以买（卖）它物，以畀其主。(《睡虎地秦简·法律答问》)

⑥ 一曰不察所亲。不察所亲，则怨数至。二曰不智（知）所使。不智（知）所使，则以权衡求利。(《睡虎地秦简·为吏之道》)

“所”字短语作定语。

战国秦代的用例如：

① 其所受臧（赃），亦与盗同法。(《龙岗秦简》148)

② 十四葉，片器啬夫亮疸所斁（勒）韬（看）器。(《十四葉方壶铭》，《集成》15·9665)

③ 差（左）斂䩵（弘）所驭乘车。(《曾侯乙墓竹简》7)

④ 凡五亥，不可邑（以）畜六牲腯（扰），帝之所邑（以）翏（戮）六腯（扰）之日。(《九店楚简》40)

⑤ 凡君子所以立身大法畾（三）。(《郭店楚简·六德》)

⑥ 此所胃（谓）艮山，禹之离日也。(《睡虎地秦简·日书甲种》)

“所”字短语作中心语。

战国秦代的用例如：

① 金石刻，尽始皇帝所为也。(《峄山刻石》)

② 智（知）天所为，智（知）人所为，肰（然）句（后）智道。(《郭店楚简·语丛一》)

③ 古戢（岁）者，溼（湿）澡（燥）之所生也；溼（湿）澡（燥）者，仓（沧）然之所生也。(《郭店楚简·太一生水》)

④ 人各食其所耆（嗜），不踐以贫（分）人；各乐其所乐，而踐以贫（分）人。(《睡虎地秦简·为吏之道》)

⑤ 古者，民各有乡俗，其所利及好恶不同。(《睡虎地秦简·语书》)

⑥ 周人之所邑（以）弋（代）之。(《上博楚简五·鲍叔牙与隰朋之谏》)

有时，两个“所”字短语可构成名词性的联合短语。

战国秦代的用例如：

好亚（恶），眚（性）也。所好所亚（恶），勿（物）也。善不[善，眚（性）也]，所善所不善，埶（势）也。(《郭店楚简·性自命出》)

“所”字短语还可以作“者”字短语的一部分，这时“所”字短语与“者”的结合较紧密。

战国秦代的用例如：

① 可（何）如为“犯令”“法（废）令”？律所谓者，令曰勿为而为之。(《睡虎地秦简·法律答问》)

② 斗乘亢，门有客，所言者行事也、请谒事也。(《周家台秦简·日书》)

③ 豊（礼）之所至者，乐亦至安（焉）。(《上博楚简二·民之父母》)

④ 虐（吾）所旻（得）地於膚（莒）中者，无有名山名溪。(《上博楚简四·柬大王泊旱》)

⑤ 古之所以行虖（乎）闵（蛮）喽（貉）者，女（如）此也。（《郭店楚简·忠信之道》）

⑥ 虐（吾）所以又（有）大患者，为虐（吾）又（有）身。（《郭店楚简·老子乙本》）

总之，战国秦代之前未见到结构助词“所”。战国秦代的“所”是结构助词，有附着作用，是名词化的标记。结构助词“所”源于表处所义的名词“所”，其间经历了语法化的过程。

“所”字短语可以分为两种类型，即“所 + 动 + （者）”和“所 + 介 + 动 + （者）”。“所 + 动”中的“所”有替代作用，可以表示“动”的受事、施事、处所、凭借、原因、时间等，“所 + 介 + 动”可以表示工具、凭借、原因、处所、时间、目的、伴随等。“所 + 动”和“所 + 介 + 动”都是名词性的短语，可以作主语、判断句谓语、宾语、定语和中心语等成分。

“所”与“者”的区别主要是“者”后置于 VP，而“所”前置于 VP；“者”可以用于名词性词语之后起自指作用，而“所”不能；“者”前的 VP 名词化后一般是转指施事的，而“所”后的 VP 名词化后转指的对象是多样的。

第五节　出土先秦文献助词“其”的发展

一、结构助词“其”的起源

关于结构助词“之”，许多学者认为其源自代词。如王力（1958：335）、郭锡良（1989：88）、方有国（2002：195）、张敏（2003）、张玉金（2003）等。结构助词“其”应跟“之”一样，也源自代词。它们的虚化机制也应是一样的。

二、结构助词“其”的发展

“其”可以用作结构助词，这时用法同“之”。

（一）用于定中之间

结构助词“其”可以用于定中之间，可译为“的”。

西周时代的用例如：

琱生奉扬朕宗君其休。（《召伯虎簋铭》，《集成》8·4292）

战国秦代的用例如：

① 纕（襄）安君其鉼（瓶），式孛（榖）。（《襄安君扁壶铭》，《集成》15·9606）

② 天丌（其）沓（本）才（在）上，地丌（其）沓（本）才（在）下。（《行气玉铭》）

③ 廿年，相邦冉其造，西工师旬、丞冞、隶臣口。（《廿年相邦冉戈铭》，《集

成》17·11359）

④ 九年，将军张二月，溥官我其献。（《九年将军戈铭》，《集成》17·11325）

（二）用于状中之间

结构助词“其”也可以用于状语和中心语之间，可译为“地”。

战国秦代的用例如：

① 可（何）㠯（以）女（如）是亓疾與（欤）才（哉）？（《上博楚简五·姑成家父》）

② 古（故）道［之出言］，淡可（兮）丌（其）无味也。（《郭店楚简·老子丙本》）

③ 猷（犹）唇（乎）丌（其）贵言也。（《郭店楚简·老子丙本》）

④ 㬪（尽）之而㑒（疑），必攷（审）鎔（裕）之。（《郭店楚简·语丛四》）

（三）用于主谓之间

结构助词“其”也可以用于主谓之间。

战国秦代的用例如：

① 君子其它（施）也忠，古（故）蛮亲傅也。（《郭店楚简·忠信之道》）

② 虐（吾）昏（闻）夫叁（舜）丌（其）幼也，每㠯（以）□寺丌（其）言。（《上博楚简二·子羔》）

上引例①中的“施”是动词，是“行”“用”的意思。例②中的“幼”应是形容词，可作谓语，如“王孙满尚幼，观之”（《左传·僖公三十三年》）。例①中的“其”用于主语“君子”和“施”之间，“君子其施也”作主语；例②中的“其”用于主语“夫舜”和谓语“幼”之间，“夫舜其幼也”作宾语。

第六节　出土先秦文献中其他助词的发展

除了“之”“者”“所”“然”之外，在出土先秦文献中还有一些其他助词。下面分别予以讨论。

一、结构助词“攸”的发展

出土文献中的“攸”，写作“逌”，意义相当于“所”。

西周时代的用例如：

隹苟（敬）德，亡逌违。（《班簋铭》，《集成》8·4341）

二、结构助词“厥”的发展

出土文献中的“厥”，写作“氒”，意义相当于“之”。

西周时代的用例如：

① 乍册令敢扬明公尹氒宦，用作父丁宝尊彝。（《令彝铭》，《集成》16·9901）

② 对扬天子丕休，用乍朕文考惠仲宝尊簋。(《同簋铭》，《集成》8·4271)

三、表数助词“馀”的发展

表数助词“馀”可以用在表示整数的数词之后、名词之前，表示零数，可译为“多”。

战国秦代的用例如：

① 外大母同里丁坐有宁毒言，以卅馀岁时䙴（迁）。(《睡虎地秦简·封诊式》)

② 取十馀叔（菽）置粥中而饮之。(《周家台秦简·病方及其它》)

四、列举助词“等”的发展

列举助词“等”用在虚指代词或名词之后，表示列举未尽，仍可译为“等”。

（一）用在表人名词之后

战国秦代的用例如：

黑夫等直佐淮阳，攻反城久，伤未可智（知）也。(《睡虎地秦牍》M4：11号)

这种例子在传世文献中可以见到，例如“然臣之弟子禽滑厘等三百人已持臣守圉之器在宋城上而待楚寇矣”(《墨子·公输》)、“燕王喜、太子丹等，皆率其精兵东保于辽东”(《战国策·燕策》)。

（二）用在虚指代词之后

战国秦代的用例如：

① 甲等及里人弟兄及它人智（知）丙者，皆难与丙饮食。(《睡虎地秦简·封诊式》)

② 丙家节（即）有祠，召甲等，甲等不肯来。(《睡虎地秦简·封诊式》)

③ 甲等而捕丁、戊，戊射乙，而伐杀收首。(《睡虎地秦简·封诊式》)

④ 某里公士甲等廿人诣里人士五（伍）丙。(《睡虎地秦简·封诊式》)

⑤ 自昼甲将乙等徼循到某山。(《睡虎地秦简·封诊式》)

五、列举助词“云”的发展

列举助词“云”用在转述类话语之后，前面有动词“曰”与之呼应，标志着话语部分到“云”这里就结束了，“云”表示确认上述话语为传闻。

战国秦代的用例如：

凡鬼恒执匴以入人室，曰“气（饩）我食”云，是是饿鬼。(《睡虎地秦简·日书甲种》)

第四章　出土先秦文献语气词的发展

语气词起增加语句表达的信息量的作用。语气词的语法特点如下：一是通常附着在句子末尾，也可以出现在句子中，前者叫句末语气词，后者叫句中语气词；二是不仅配合句子语气表明特定意图，而且可以增加语句表达的信息量。

出土先秦文献中的语气词如下：

一、句末语气词

可以分为三大类：

1. 陈述语气词

共有“也（施）”“殹”“矣”“已”“而已”“耳”“尔”“焉”等。

“也（施）”和“殹”是静态语气词，表示判断、确认肯定的语气。

“矣”是动态语气词，表示出现新情况的语气。

“已”也是动态语气词，表示所述事件已经成为事实的肯定语气。

“而已”“耳”，将事态往小处说，表示限止语气。

“尔”“焉”，将事态往大处说，表示肯定提醒的语气。

2. 疑问语气词

共有“乎”“与”“抑”“执”等。

“乎”是一个表示真性疑问的语气词。

“与”表示半信半疑的语气。

“抑”和“执”只出现在甲骨文中，都是表示真性疑问的语气词。

3. 感叹语气词

共有“哉”“乎”“兮”“夫”等。

“哉”是专表感叹的语气词。

感叹语气词“乎”源自疑问语气词“乎”，也可以表示感叹语气。

“兮”可表感叹语气，同时有拉长声调、使语气舒缓的作用。

“夫”表示带有伤感的感叹语气。

二、句中语气词

共有“也”“殹”“矣”“尔”“乎”等。

句中语气词“也”“殹”“矣”“尔”分别源自句末语气词“也”“殹”“矣”“尔”，句中语气词“乎”则源自感叹语气词“乎”。

“也”可以用在主语、状语、兼语之后，也可以用在“者”字短语、连谓短语、转折短语中，表示停顿。

“殹”可用在主语、状语、定语之后，也可以用在转折短语中，表示停顿。

“矣”只用在转折短语、连谓短语中，表示停顿，也表示动作的实现体。

“尔”用于主语之后，表示停顿，又有夸大的意思。

“乎”可用在主语、状语之后，表示停顿，同时有表示感叹的作用。

第一节　出土先秦文献语气词“与”的发展

句末语气词“与”是怎么用的？表达什么语气呢？

郭锡良（1988、1989）认为，疑问句末用“与”，表示说话人猜想大约是这样，并非深信不疑，要求得到证实，是一种探询的语气。“与”用在其他类型的疑问句中也表示探询语气，即使在感叹句里，“与”仍表探询语气。李佐丰（2004：281～291）认为，“与”主要用在测问句中，除此之外，也能用在是非问、选择问、特指问和反问句中，这时或许多少仍有些测度的意味。

本书采用郭锡良（1988、1989）和李佐丰（2004）的观点。

语气词“与”只见于出土战国文献中。出土战国文献中的语气词“与”不用于感叹句中，只用于是非问、特指问、选择问和反问等问句中。

一、用于是非问句

用于是非问句中的语气词“与”最常见。

战国秦代的用例如：

①人而亡貢（恒），不可为卜簭（筮）也，亓（其）古之遗言舉（与）？（《郭店楚简·缁衣》）

②天陛（地）之刖（间），亓（其）猷（猶）囝（橐）籊（籥）与？（《郭店楚简·老子甲本》）

③曰：诗亓（其）猷坪（平）门与？（《上博楚简一·诗序》）

④审（湛）零（露）之賹也，亓（其）猷轮与？（《上博楚简一·诗序》）

⑤毋乃胃（谓）丘之倉（答）非与？（《上博楚简二·鲁邦大旱》）

⑥令尹胃（谓）太宰：“唯。必三匍（军）又（有）大事，邦家巳（以）杌隉，社禝（稷）巳（以）危与？（《上博楚简四·柬大王泊旱》）

⑦人之眚（性）非与？止虗（呼）亓（其）孝。（《郭店楚简·语丛三》）

⑧女（如）夫视人不猒（厌），问礼不倦，则□□□繇悬（仁）㝉（与）？（《上博楚简六·孔子见季趄子》）

⑨鞊（鲍）弔（叔）否（牙）會（答）曰：“曷（害）牆（将）埊（来），牆（将）又（有）兵，又（有）悳（忧）於公身。”公曰：“肰（然）则可敚（夺）㝉（与）？”（《上博楚简五·竞建内之》）

⑩ 庄公曰："沬，虐（吾）言氏（是）不（否），而毋或（惑）者（诸）少（小）道与？吾一欲闻三代之所。"（《上博楚简四·曹沬之阵》）

⑪ 桓子曰："二道者，可旻（得）䎽（闻）舁（与）？"夫子曰："言即至矣，唯（虽）吾子勿䎽（问），古（故）将㠯（以）告。"（《上博楚简六·孔子见季趄子》）

⑫［子复曰］："□可旻（得）而䎽（闻）舁（与）？"（《上博楚简二·民之父母》）

⑬ 桓子曰：女（如）夫恴（仁），人之未察亓行（？）□□凥（处），可明而智（知）与？（《上博楚简六·孔子见季趄子》）

⑭ 恴（仁）孚（励）恴（仁）而进之，不恴（仁）人弗得进矣，訇（治）旻（得）不可（考）人而与？（《上博楚简六·孔子见季趄子》）

⑮ 猶芑蘭礜（与）？（《信阳楚简》1－24）

二、用于特指问句

"与"可以用在特指问句的句末，但这种"与"很少见。

战国秦代的用例如：

可（何）㠯（以）女（如）是亓疾与才（哉）？（《上博楚简五·姑成家父》）

三、用于选择问句

"与"也可以用在选择问句的末尾，在两个分句末尾都用。

战国秦代的用例如：

① 子羔曰："尧之得舜也，舜之德则诚善与，伊（抑）尧之德则甚明与？"（《上博楚简二·子羔》）

② 厽（三）王者之乍（作）也，䀠（皆）人子也，而丌（其）父戔（贱）而不足偁也与？殹（抑）亦城（诚）天子也与？（《上博楚简二·子羔》）

四、用于反问句

"与"还用在反问句之中。

战国秦代的用例如：

① 鲁臧（庄）公酒（将）为大钟，型既城（成）矣，散（曹）蔑（沬）内（入）见曰："昔周室之邦（封）鲁，东西七百，南北五百，非山非泽，亡又（有）不民。今邦𢘓（弥）少（小）而钟愈大，君亓意（图）之。昔𦓤（尧）之乡（飨）叁（舜）也，饭於土𨟻（塯），欲〈啜〉於土型（鉶），而攷（抚）又（有）天下，此不贫於散（美）而福（富）於悳（德）与？"（《上博楚简四·曹沬之阵》）

② 舉（举）天下之名，无又（有）法（废）者与？（《上博楚简三·恒先》）

总之，语气词"与"只见于楚简中，在秦简中尚未见到。很可能在战国和秦代，秦地人的语言中不使用这个句末语气词（当地人使用连词"及"）。

第二节　出土先秦文献语气词“也”的发展

语气词“也”，一般写作“也”，有时写作“绥（緌）”，借作“也”（吴振武，2005）。句中语气词“也”出现于春秋时代，而句末语气词“也”仅见于出土战国文献中。

一、句末语气词“也”的发展

句末语气词“也”所表示的语气到底如何呢？郭锡良（2007：113～115）认为，“也”有一种基本的语气，主要用在判断句中，它的基本作用是帮助谓语表示判断语气。除判断句外，“也”字还用在其他类型的句子中，它所表达的语气虽然相应地有所变化，但基本上并没有脱离判断语气的范畴。“也”可用于陈述句、祈使句、疑问句、复句中，但都主要表示肯定语气。我们认为郭锡良的看法是比较可信的。

用于句末的“也”是助什么结构成分的呢？我们认为一个单句末尾的“也”，应是助单句的。复句前一分句末尾的“也”助前一分句；复句后一分句末尾的“也”助后一分句。

句末语气词“也”可以跟其他语气词连用，也可以单用。最常见的是单用的，连用的很少见。

（一）单用的“也”

单用的“也”可以出现在陈述句末尾，也可以出现在疑问句、感叹句、祈使句末尾。前一种“也”很常见，后三种“也”很少见。

1. 陈述句末尾的“也”

陈述句末尾的“也”可以出现在单句之末，也可以出现在复句（包括紧缩复句）之末，还可以出现在复句前一分句的末尾。

（1）单句之末的“也”。

出现在单句之末的“也”，可以出现在判断句之末，也可以出现在叙述句之末，还可以出现在描写句之末。

“也”前的判断句，其谓语可由名词或名词性短语充当。

战国秦代的用例如：

①□，关也。（《睡虎地秦简·为吏之道》）

②钦！是契也。（《上博楚简二·子羔》）

③憙（喜）惹（怒）哀悲之氣（气），眚（性）也。（《上博楚简一·性情论》）

上引各例，判断句谓语都由名词充当。下引各例，判断句谓语则由名词性短语充当。

战国秦代的用例如：

①叁（舜），人子也。（《上博楚简二·子羔》）

②此君子之大务（务）也。（《上博楚简五·季庚子问於孔子》）

③ 行之不怹（过），智（知）道者也。（《郭店楚简·性自命出》）

④ 此所不孥（教）於币（师）也。（《上博楚简六·天子建州甲》）

⑤ 孥（教），所目（以）生悳（德）於中者也。（《上博楚简一·性情论》）

⑥ 此则仆之辠（罪）也。（《上博楚简四·昭王与龚之脽》）

⑦ 金石刻，尽始皇帝所为也。（《峄山刻石》）

判断句谓语也可以由谓词性短语、主谓短语、介宾短语充当。

战国秦代的用例如：

① 叁（舜）呻（耕）於鬲（歷）山，匋（陶）笞（拍）於河匠（浦），立而为天子，堣（遇）尧（尧）也。（《郭店楚简·穷达以时》）

② 虽（夏）用戈，正（征）不備（服）也。（《郭店楚简·唐虞之道》）

③ 夫书者，目（以）箸（著）君子之悳（德）也。（《上博楚简五·季庚子问於孔子》）

④ 升为天子而不乔（骄），不流也。（《郭店楚简·唐虞之道》）

⑤ 悉（爱）睾（亲）亢（忘）叟（贤），忎（仁）而未义也。尊（尊）叟（贤）遗睾（亲），我（义）而未忎（仁）也。（《郭店楚简·唐虞之道》）

⑥ 奠（郑）卫之乐，则非丌（其）圣（声）而竺（从）之也。（《上博楚简一·性情论》）

以上各例，判断句谓语都由谓词性短语充当。

判断句谓语也可以是主谓短语。

战国秦代的用例如：

① 急而畫（划）於怀（背）而生，生而能言，是壆（禹）也。（《上博楚简二·子羔》）

② 公瘧（疥）且痞（瘧），夐（逾）戢（岁）不已，是虐（吾）亡良祝吏（史）也。（《上博楚简六·竞公瘧》）

判断句谓语还可以是复句形式。

战国秦代的用例如：

① 翌（轻）丝（绝）贫戔（贱），而至（重）丝（绝）賵（富）贵，貝（则）好息（仁）不硻（坚），而亚（恶）亚（恶）不絽（著）也。（《郭店楚简·缁衣》）

② 退与诸侯齿长於会同，则上逆於天，下不顺於人施也。（《中山王嚳方壶铭》，《集成》15·9735）

判断句谓语也可以由介宾短语充当。

战国秦代的用例如：

① 夫葛之见诃（歌）也，则以叶萋之故也。（《上博楚简一·诗序》）

② 今夫槐（鬼）神又（有）所明又（有）所不明，则目（以）亓赏善罚暴也。（《上博楚简五·鬼神之明》）

③ 紅（疏）斩布，实（绖）、丈（杖），为父也。（《郭店楚简·六德》）

④ 憃（吟），孛（由）哀也。（《上博楚简一·性情论》）

判断句主语问题也很复杂。可以是名词，也可以是代词，还可以是名词性短语。也可以由动词、谓词性短语、主谓短语、复句形式充当。

有些含有“也”的句子，不是判断句，而是叙述句。但句中的核心动词是“为”“谓”“言”“道”“曰”等，这些动词都含有“是”的意义。这种句子和判断句是相通的，因而句后也可以用“也”。

战国秦代的用例如：

① 凡人愿（伪）为可亚（恶）也。(《上博楚简一·性情论》)

② 凡人青（情）为可兑（悦）也。(《郭店楚简·性自命出》)

③ 非为媺（嫩）玉、肴生（牲）也。(《上博楚简六·竞公瘧》)

上引各例“为”可译为“是”。

核心动词可以是“谓”。

战国秦代的用例如：

① 又（有）郕（国）之母，可以长［久，是胃（谓）深根固柢之法］、长生旧（久）视之道也。(《郭店楚简·老子乙本》)

② 智（知）而事之，胃（谓）之障（尊）臤（贤）者也。(《郭店楚简·五行》)

③“明明才（在）上，虡（赫）虡（赫）才（在）下”，此之谓也。(《郭店楚简·五行》)

④ 谓“人貉”者，其子入养主之谓也。(《睡虎地秦简·法律答问》)

核心动词可以是“言”。

战国秦代的用例如：

① 支（偏）牆（将）军居左，上牆（将）军居右，言以䘮（丧）豊（礼）居之也。(《郭店楚简·老子丙本》)

②“槁木三年，不必为邦（封）羿（旗）”害？言寷（陈）之也。(《郭店楚简·成之闻之》)

与“谓”“言”同义的，还有“道”和“曰”。

战国秦代的用例如：

① ……害？道不说（悦）之司（辞）也。(《郭店楚简·成之闻之》)

② ……害？曰童而皆臤於丌（其）初者也。(《上博楚简一·诗序》)

“也”字也可以用在一般的叙述句之末。

战国秦代的用例如：

①［君子］新（慎）丌（其）蜀（独）也。(《郭店楚简·五行》)

② 牆（将）中（仲）之言不可不韦（畏）也。(《上博楚简一·诗序》)

③ 子䎽（问）之曰：“赐，不虗（吾）智（知）也。”(《上博楚简五·弟子问》)

④ 亓力能至安（焉）而弗为唬（乎）？虗（吾）弗智（知）也。(《上博楚简五·鬼神之明》)

⑤ 昔三弋（代）之明王之又（有）天下者，莫之舍（予）也。(《上博楚简二·从政甲》)

⑥ 众之所植，莫之能升（升）也。(《上博楚简六·孔子见季趄子》)

“也”字也可以用在描写句的句末。

战国秦代的用例如：

① 庚亡其盗，丈夫矣。其室在北方。其悒（邑）扁（偏）也。(《放马滩秦简·日书

甲·亡盗章》)

② 归官立正（政）相宜也。(《睡虎地秦简·日书甲种》)

③［四海（海）］之内，丌（其）眚（性）一也。(《上博楚简一·性情论》)

(2) 复句之末的“也”。

上引各例中的“也”都出现在单句之末，主要是出现在作为判断句的单句之末。除此之外，“也”也可以用于复句之末。

“也”可以用在并列复句之末。

战国秦代的用例如：

① 羕（养）眚（性）者，习也；长眚（性）者，道也。(《上博楚简一·性情论》)

② 蜀（独）智（知），人所亚（恶）也；蜀（独）贵，人所亚（恶）也；蜀（独）䝠（富），人所亚（恶）也。(《上博楚简五·君子为礼》)

③ 又（有）亡之相生也，难惕（易）之相成也，长耑（短）之相型（形）也，高下之相涅（盈）也，音圣（声）之相和也，先后之相墮（随）也。(《郭店楚简·老子甲本》)

④ 依惠则民材（财）足，不旹（时）则亡䜌（劝）也。(《郭店楚简·尊德义》)

⑤ 諬（教）非改道也，諬（教）之也。(《郭店楚简·尊德义》)

⑥ 导（得）丌（其）人臭（则）舉（举）安（焉），不导（得）丌（其）人臭（则）止也。(《郭店楚简·六德》)

“也”用于顺承复句末尾。

战国秦代的用例如：

① 晶（三）者皆迵（通），肰（然）句（后）是也。(《郭店楚简·六德》)

② 行此夏（文）也，肰（然）句（后）可踰也。(《郭店楚简·尊德义》)

③ 壆（禹）迵（通）淮与忻（沂），东豉（注）之海（海），於是虐（乎）競州、簷（莒）州飼（始）可凥也。(《上博楚简二·容成氏》)

④ 东豉（注）之河，於是於（乎）敘（豫）州飼（始）可凥（处）也。(《上博楚简二·容成氏》)

⑤ 既又（有）夫六立（位）也，以貢（任）此［六］［戠（职）］也。(《郭店楚简·六德》)

⑥ 員（损）之或（又）員（损），以至亡为也。(《郭店楚简·老子乙本》)

“也”用于解说复句末尾。

战国秦代的用例如：

曰：呼！我智（知）令某瘧，令某瘧者某也。(《周家台秦简·病方及其它》)

“也”用于递进复句末尾。

战国秦代的用例如：

① 叓（寡）人或安（焉），而未之导（得）也。(《郭店楚简·鲁穆公问子思》)

② 剽日，不可以使人及畜六畜，它毋有为也。(《睡虎地秦简·日书乙种》)

“也”用于转折复句末尾。

战国秦代的用例如：

① 唯（虽）又（有）叚（贤）才，弗智（知）舉（举）也。(《上博楚简三·中弓》)

② 民可道也，而不可弜（强）也。（《郭店楚简·尊德义》）

③ 所为衍（道）者四，唯人衍（道）为可衍（道）也。（《郭店楚简·性自命出》）

④ 明目而见之，不可㝵（得）而见也。（《上博楚简二·民之父母》）

⑤ 尧㠯（以）天下壤（让）於臤（贤）者，天下之臤（贤）者莫之能受也。（《上博楚简二·容成氏》）

⑥ 视之不足见，圣（听）之不足𦖞（闻），而不可既也。（《郭店楚简·老子丙本》）

"也"用于条件复句末尾。

战国秦代的用例如：

① 舉（举）天下之为也，无夜（舍）也，无与也，而能自为也。（《上博楚简三·恒先》）

② 人之不能㠯（以）憍（伪）也，可智（知）也。（《上博楚简一·性情论》）

"也"用于假设复句末尾。

战国秦代的用例如：

① 句（苟）毋害，少枉内之可也。（《上博楚简一·性情论》）

② 人而亡𢝊（恒），不可为卜筈（筮）也。（《郭店楚简·缁衣》）

③ 古（故）夫夫、妇妇、父父、子子、君君、臣臣，此六者各行丌（其）戠（职），而𧧼（讪）夸（夸）𤎩（靡）䌛（由）乍（作）也。（《郭店楚简·六德》）

④ 富不施，贫毋（无）告也。（《睡虎地秦简·为吏之道》）

⑤ 福（富）而贫（分）贱，则民谷（欲）丌（其）福（富）之大也。（《郭店楚简·成之闻之》）

"也"用于因果复句末尾。

战国秦代的用例如：

① 圣人无为，古（故）无败也。（《郭店楚简·老子丙本》）

② 君子女（如）此，古（故）不皇（诳）生，不伓（倍）死也。（《郭店楚简·忠信之道》）

③ 𢽾（抒）丌（其）志，求𦍒（养）新（亲）之志，害（盖）亡不以也，是以𢽺（绵）也。（《郭店楚简·六德》）

④ 天〈夫〉唯弗居也，是以弗去也。（《郭店楚简·老子甲本》）

⑤ 孔子曰：夫祭，至敬之沓（本）也，所㠯（以）立生也，不可不新（慎）也。（《上博楚简三·中弓》）

⑥ 上之𡚬（好）亚（恶），不可不新（慎）也，民之表也。（《上博楚简一·缁衣》）

"也"用于目的复句末尾。

战国秦代的用例如：

① 孝（教）此民尔（爾），𠬝（使）之又（有）向也。（《郭店楚简·六德》）

② 君子弜（强）行，㠯（以）祜（待）名之至也。（《上博楚简二·从政乙》）

"也"用于时间复句（此概念详见何乐士，2001：991）末尾。

战国秦代的用例如：

① 丌（其）才（在）民前也，民弗害也。（《郭店楚简·老子甲本》）

② 丌（其）安也，易朱（持）也。（《郭店楚简·老子甲本》）

③ 埜（尧）叁（舜）之王，利天下而弗利也。(《郭店楚简·唐虞之道》)

"也"用于紧缩复句（单独成句的）末尾。

战国秦代的用例如：

① 非圣智者莫之能也。(《郭店楚简·六德》)

② 句（苟）毋（无）大害，少枉（枉）内（入）之可也。巳（已）𠟭（则）勿復（復）言也。(《郭店楚简·性自命出》)

③ 化则難（难）犯（犯）也。(《郭店楚简·语丛三》)

④ 狀则晋畔（邦）之社祖（稷）可导（得）而事也。(《上博楚简五·姑成家父》)

上面讲的用于单句末尾的、用于目的复句末尾的和用于紧缩复句末尾的三种"也"，被学术界公认为句末语气词。

(3) 复句前一分句之末的"也"。

我们把复句前一分句之末的"也"也视为句末语气词，认为它与单句、复句之末的"也"性质、作用是基本一致的。

"也"用于并列复句前一分句末尾。

战国秦代的用例如：

① 亓生赐羕（养）也，亓死赐葬。(《上博楚简二·容成氏》)

② 悬（仁）为可新（亲）也，义为可奠（尊）也，宔（忠）为可訐（信）也，𦥯（学）为可嗌（益）也，𡥈（教）为可頪（类）也。(《郭店楚简·尊德义》)

③ 言之而不义，口勿言也；视之而不义，目勿视也；圣（听）之而不义，耳勿圣（听）也；達（动）而不义，身勿達（动）安（焉）。(《上博楚简五·君子为礼》)

④ 凡皶（动）眚（性）者，勿（物）也；逆眚（性）者，兑（悦）也；恣（交）眚（性）者，古（故）也；蕙（厉）眚（性）者，宜（义）也；出眚（性）者，埶（势）也。(《上博楚简一·性情论》)

⑤ 孔子曰：庶民智（知）敚（说）之事視（鬼）也，不智（知）型（刑）与悳（德）。(《上博楚简二·鲁邦大旱》)

⑥ 不可又（有）为也，而可以葬貍（埋）。(《睡虎地秦简·日书甲种》)

"也"用于顺承复句前一分句末尾。

战国秦代的用例如：

① 见咎（皋）咎（陶）之䝨（贤）也，而欲𠭊（以）为后。(《上博楚简二·容成氏》)

② 溼（湿）澡（燥）復（復）相補（辅）也，成岁而𡉓（止）。(《郭店楚简·太一生水》)

③ 天陸（地）相盒（合）也，以逾（降）甘零（露）。(《郭店楚简·老子甲本》)

"也"用于解说复句前一分句末尾。

战国秦代的用例如：

舉（举）天下之生同也，亓事无不復（復）。(《上博楚简三·恒先》)

"也"用于转折复句前一分句末尾的例子如：

① 唯（虽）丌（其）難（难）也，女（汝）隹（惟）𠭊（以）☐。(《上博楚简三·中弓》)

② 道四述也，唯人道为可道也。(《上博楚简一·性情论》)

③ 衍（道）不可遍也，能獸（守）弌（一）凸（曲）安（焉）。(《郭店楚简·六德》)

④ 金石之又（有）圣（声）也，弗钩（扣）不鸣。(《上博楚简一·缁衣》)

⑤ 態（宠）为下也，导（得）之若纍（惊），遊（失）之若纍（惊）。(《郭店楚简·老子乙本》)

⑥ 泰山高也，人居之。(《周家台秦简·病方及其它》)

“也”用于选择复句前一分句末尾。

战国秦代的用例如：

蒦（与）其汋（溺）於人也，宁汋（溺）於渊。（《中山王嚳鼎铭》，《集成》5·2840）

“也”用于条件复句前一分句末尾。

战国秦代的用例如：

人之不能㠯（以）愚（伪）也，可智（知）也。(《上博楚简一·性情论》)

“也”用于假设复句前一分句末尾。

战国秦代的用例如：

① 节（即）有为也，其央（殃）不出岁中，小大必治。(《睡虎地秦简·日书甲种》)

② 又（有）丌（其）为人之伭=（伭伭）女（如）也，不又（有）夫柬=（柬柬）之心则悉。(《上博楚简一·性情论》)

③ 戊子以有求也，必得之。(《睡虎地秦简·日书甲种》)

④ 谷（欲）人之敬㠯（己）也，则必先敬人。(《郭店楚简·成之闻之》)

⑤ 天下皆智（知）散之为娧（嬍）也，亚（恶）巳（已）。（《郭店楚简·老子甲本》）

⑥ 为上可覜（望）而智（知）也，为下可頪（类）而篙（等）也，景（则）君不悘（疑）丌（其）臣，臣不惑於君。(《郭店楚简·缁衣》)

“也”用于因果复句前一分句末尾。

战国秦代的用例如：

① 神明遉（复）相補也，是以成侌（阴）昜（阳）。(《郭店楚简·太一生水》)

② 仓然遉（复）相補也，是以成溼（湿）澡（燥）。(《郭店楚简·太一生水》)

③ 以丌（其）不静（争）也，古（故）天下莫能与之静（争）。(《郭店楚简·老子甲本》)

④《木瓜》有藏愿而未达也，因木瓜之保（报），以俞（抒）其愿者也。(《上博楚简一·诗序》)

⑤ 下，土也，而胃（谓）之陛（地）。(《郭店楚简·太一生水》)

⑥ 吉、实日，皆利日也，无不可有为也。(《睡虎地秦简·日书乙种》)

“也”用于时间复句前一分句末尾。

战国秦代的用例如：

① 昔埜（尧）之乡（飨）鲞（舜）也，饭於土輻（增）。(《上博楚简四·曹沫之阵》)

② 墉遅是（氏）之又（有）天下也，皆不受（授）亓子而受（授）臤（贤）。(《上

博楚简二·容成氏》)

③ 尧之取坌（舜）也，从者（诸）卉茅之中，与之言豊（礼）。（《上博楚简二·子羔》）

④ 臤（贤）人之居邦豙（家）也，婴（夙）譻（兴）夜寐（寐）。（《上博楚简五·季庚子问於孔子》）

⑤ 圣人之才（在）民前也，以身后之；亓才民上也，以言下之。（《郭店楚简·老子甲本》）

2. 疑问句末尾的“也”

“也”除了用于陈述句末尾之外，还可用于疑问句、感叹句、祈使句之后，但都很少见。

句末用“也”的疑问句有以下5类：

一是是非问句。

战国秦代的用例如：

① 二月辛巳，黑夫、惊敢再拜问中：母毋（无）恙也？（《睡虎地秦牍》M4：11号）

② 母力毋（无）恙也？（《睡虎地秦牍》M4：6号）

二是特指问句。

战国秦代的用例如：

① 而盗徙之，赎耐，可（何）重也？是，不重。（《睡虎地秦简·法律答问》）

② 是可（何）也？（《上博楚简五·竞建内之》）

③ 虐（吾）可（何）以智（知）丌（其）肰（然）也？（《郭店楚简·老子甲本》）

④ 敢䎽（问）可（何）胃（谓）也？（《上博楚简五·君子为礼》）

三是正反问句。

战国秦代的用例如：

辞相家爵不也？书衣之南军毋☐不也？（《睡虎地秦牍》M4：11号）

四是测问句。

战国秦代的用例如：

① 庚（康）子曰：“毋乃肥之昏也？”（《上博楚简五·季庚子问於孔子》）

② 惊敢大心问衷：母得毋恙也？（《睡虎地秦牍》M4：6号）

③ 惊多问：新负、娶皆得无恙也？（《睡虎地秦牍》M4：6号）

五是反问句。

战国秦代的用例如：

① 夫子唯又（有）舆（举），女（汝）蜀（独）正之，幾（岂）不又（有）恇（匡）也？（《上博楚简三·中弓》）

② 女（汝）安（焉）能也？（《上博楚简五·弟子问》）

3. 感叹句末尾的“也”

“也”还可以用于感叹句的末尾。

战国秦代的用例如：

① 虐（吾）子可（何）其膧（惰）也！（《上博楚简五·君子为礼》）

② 一何忧也！（《信阳楚简》1－039）

③《少（小）𩃉（雅）》員（云）：“夋（允）也，君子；𠟭（则）也，大𡍦（成）！”（《上博楚简一·缁衣》）

4. 祈使句末尾的“也”

“也”还可以用于祈使句的末尾。

战国秦代的用例如：

① 贞：才（在）郢为三月，尚自宜训（顺）也！（《新蔡楚简》乙四：35）

② 毋自隓（隋）也！（《上博楚简三·中弓》）

③ 新负勉力视瞻丈人，毋与☐勉力也！（《睡虎地秦牍》M4：11号）

（二）连用的“也”

关于语气词的连用，可以概括为如下几句话：语气词连用分别承担了各自语气表达的作用，但语气的重点一般落在最后一个语气词上（可能有例外）；不是任何两个或几个语气词都能连用；语气词连用的位序有规律性；语气词连用一般不在同一层面上；语气词连用是一种历时现象。

“也”与其他语气词连用可以分为3种情况。

1. “也”与陈述语气词连用

这时“也”有两种位置，一是“也”位于其他陈述语气词之后。

战国秦代的用例如：

正（当）丌（其）㒸（然）而行，怠（治）安（焉）尔（爾）也。（《郭店楚简·语丛一》）

上例中，“焉”“尔（爾）”连用，其后又出现了“也”，这种例子在传世文献中也可以见到。例如“管仲死，桓公使为之服。宦于大夫者之为之服也，自管仲始也，有君命焉尔也”（《礼记·杂记下》）。

二是“也”位于其他陈述语气词之前。

战国秦代的用例如：

① 䌛（由）丘䚕（观）之，则敚（微）言也已。（《上博楚简五·季庚子问於孔子》）

② 至（致）而亡及也巳（已）。（《郭店楚简·语丛四》）

2. “也”与疑问语气词连用

这时“也”总是位于疑问语气词之前。

战国秦代的用例如：

① 前（延）陵季子，其天民也虖（乎）？（《上博楚简五·弟子问》）

② 女（汝）弗智（知）也虖（乎）？（《上博楚简五·弟子问》）

③ 又（有）陁（施）之胃（谓）也虖（乎）？（《上博楚简五·弟子问》）

④“厽（三）王者之乍（作）也，皆（皆）人子也，而丌（其）父戔（贱）而不足偁也与？殹（抑）亦城（诚）天子也与？”孔子曰：“善，而（爾）昏（问）之也。”（《上博楚简二·子羔》）

3. “也”与感叹语气词连用

这时“也”总是出现在感叹语气词之前。

战国秦代的用例如：

① 孔子曰：此命也夫！（《上博楚简一·诗序》）

② 莫我智（知）也夫！(《上博楚简五·弟子问》)

③ 募（寡）人之不剌也，幾（岂）不二子之恩（忧）也才（哉）！(《上博楚简五·竞建内之》)

二、句中语气词“也”的发展

从出土文献来看，句中语气词“也”最早见于春秋时代的文献中，大量出现于出土战国文献里。

春秋时代的用例如：

正月季春元日己丑，余畜孙书也，斁（择）其吉金，吕（以）钕（作）盥（铸）缶（缶），吕（以）祭我皇祖，盧（吾）吕（以）𣪘（祈）釁（眉）耇（寿），䜌（栾）书之子孙，万褋（世）是䍃（宝）。(《栾书缶铭》，《集成》16·10008)

我们认为，句中语气词的“也”源自句末语气词的“也”。

句中语气词“也”可以出现在主语、状语、兼语之后，也可以出现在“者”字短语、连谓短语、转折短语之中。

句中语气词“也”的主要功能是用于某一句法成分之后表示停顿。用于主语或句首状语之后时，表示的停顿长一些；用于其他成分之后时，表示的停顿则短一些。

（一）主语之后

用于主语之后的句中语气词“也”最常见。句中语气词“也”前的主语有以下几种：

一是由名词充当。

战国秦代的用例如：

① 中（仲）弓畣（答）曰：售（雍）也弗昏（闻）也。(《上博楚简三·中弓》)

② 中（仲）弓曰：售（雍）也不悬（敏）。(《上博楚简三·中弓》)

③ 丘也昏（闻）君子田肥民则安。(《上博楚简五·季庚子问於孔子》)

二是由定中短语充当。

战国秦代的用例如：

① 二人也倗（朋）堂（党）、群獸（兽）薹（遱）。(《上博楚简五·竞建内之》)

② 此言也，言余（舍）之此而尾（度）於天心也。(《郭店楚简·成之闻之》)

③ 人之道也，或遜（由）中出，或遜（由）外内（入）。(《郭店楚简·语丛一》)

三是由“主＋之＋谓”充当，这种主语最常见。

战国秦代的用例如：

① 刚之桓（柱）也，刚取之也。(《郭店楚简·性自命出》)

② 后稷之见贵也，则吕（以）文武之悳（德）也。(《上博楚简一·诗序》)

③ 先王之䰜（教）民也，司（始）於孝弟。(《郭店楚简·六德》)

④ 文王之见也女（如）此。(《郭店楚简·五行》)

⑤ 虐（吾）子之答也可（何）女（如）？(《上博楚简四·相邦之道》)

⑥ 卑（譬）道之才（在）天下也，猷（犹）少（小）浴（谷）之𢍰（与）江海。(《郭店楚简·老子甲本》)

⑦ 上不以丌道，民之从之也难。(《郭店楚简·成之闻之》)

⑧ 君子之求者（诸）㠯（己）也深。(《郭店楚简·成之闻之》)

“主+之+谓”的“主”如果换成“其”，则“之”就可以不用了。

战国秦代的用例如：

① 古（故）君子之㕛（友）也又（有）嚮（向），丌（其）恶也又（有）方。(《上博楚简一·缁衣》)

② 父亡亚（恶），君猷（犹）父也。丌（其）弗亚（恶）也，猷（犹）三軍（军）之旌（旌）也。(《郭店楚简·语丛三》)

③ 言语斈（较）之，丌（其）勳（胜）也不若丌（其）巳（已）也。(《郭店楚简·成之闻之》)

④ 戋（残）民而㥶（怨）之，丌（其）甬（用）心也𥁕（将）可（何）女（如）？(《上博楚简一·诗序》)

⑤ 亓为忎（灾）也深矣。(《上博楚简五·鲍叔牙与隰朋之谏》)

⑥ 凡君子所以立身大法晶（三），丌（其）睪（绎）也六。(《郭店楚简·六德》)

在“其+谓”前还可以再出现“名词”。

战国秦代的用例如：

① 邦风丌（其）内（纳）勿（物）也尃（溥）。(《上博楚简一·诗序》)

② 君子其它（施）也忠。(《郭店楚简·忠信之道》)

四是由复句形式充当。

战国秦代的用例如：

子曰：正（政）之不行，孝（教）之不成也，𠟭（则）坓（刑）罚不足耻而雀（爵）不足𢦏（劝）也。(《郭店楚简·缁衣》)

五是由“主+之+介+宾”充当。

战国秦代的用例如：

① 君子之於言也，非从末𣻞（流）者之贵。(《郭店楚简·成之闻之》)

② 豊（礼）之於𡰥（尸）窋（庙）也，不腈（精）为腈（精）。(《上博楚简六·天子建州甲》)

③ 宣钟之在晋也为六墉。(《曾侯乙钟铭》，《集成》2·293)

④ 割㺇之在楚也为吕钟。(《曾侯乙钟铭》，《集成》2·293)

当“主+之+介+宾”中的“主”由“其”替代，则可以不用“之”。

战国秦代的用例如：

① 妥宾之在楚也为坪皇，其在申也为遟（夷）则。(《曾侯乙钟铭》，《集成》2·327)

② 大（太）簇之在周也为剌音，其在晋也为槃钟。(《曾侯乙钟铭》，《集成》2·322)

③ 其在楚也为文王。(《曾侯乙钟铭》，《集成》2·323)

④ 其於久远也，如后嗣为之者，不称成功盛德。(《峄山刻石》)

六是由谓词性词语充当。谓词性词语可以是状中短语、中补短语、兼语短语、转折短语。

战国秦代的用例如：

① 以己丑、酉、巳，不可家（嫁）女、取妻，交徙人也可也。（《睡虎地秦简·日书甲种》）

② 節（即）於而（儒）也，则猷（犹）是也。（《郭店楚简·成之闻之》）

③ 叀（使）民相新（亲）也難（难）。（《郭店楚简·六德》）

④ 篂（禅）而不遷（传），圣之盛也；利天下而弗利也，忎（仁）之至也。（《郭店楚简·唐虞之道》）

⑤ 聋（闻）君子之道而不智（知）丌（其）君子道也，胃（谓）之不圣。见臤（贤）人而不智（知）丌（其）又（有）悳（德）也，胃（谓）之不智。（《郭店楚简·五行》）

上引各例，“主语＋也”都出现在谓语之前。而下引3例，则是主谓倒置句，“主语”之后加“也”，仍为句中语气词。

战国秦代的用例如：

① 孔（孔子）曰：“善才（哉），商也！㨃（将）可孝峕（诗）矣。”（《上博楚简二·民之父母》）

② 孔子曰：“善，而（爾）昏（问）之也！”（《上博楚简二·子羔》）

③ 可言虖（乎），其信也？（《上博楚简五·弟子问》）

（二）状语之后

句中语气词“也”前的状语有两种：一是句首状语，二是句中状语。

“也”前的句首状语，有的是时间名词，有的是介宾短语。

战国秦代的用例如：

① 是戢（岁）也，晋人戗（伐）齐。（《上博楚简五·鲍叔牙与隰朋之谏》）

② 是岁也，恒思少司马屈䓪邑（以）足金六匀（钧）听命於柊。（《包山楚简》130）

③ 堂（当）是时也，㾮（疠）役（疫）不至。（《上博楚简二·容成氏》）

④ 及丌（其）又（有）天下也，不以天下为重。（《郭店楚简·唐虞之道》）

⑤ 及丌（其）为埜（尧）臣也，甚忠。（《郭店楚简·唐虞之道》）

⑥ 寺（待）其来也，沃之。（《睡虎地秦简·日书甲种》）

“也”前的句中状语，都是由介宾短语充当的。

战国秦代的用例如：

① 民必因此至（重）也以遉（復）之。（《郭店楚简·成之闻之》）

② 人之败也，亙（恒）於丌（其）叡（且）成也败之。（《郭店楚简·老子丙本》）

③ 又（有）逍春秋，亡不以丌（其）生也亡耳。（《郭店楚简·语丛三》）

④ 为此殜也从事。（《上博楚简五·姑成家父》）

（三）兼语之后

战国秦代的用例如：

① 是古（故）先王之耈（教）民也，不叀（使）此民也悳（忧）丌（其）身。（《郭店楚简·六德》）

② 叀（使）售（雍）也从於剀（宰）夫之遂（後）。（《上博楚简三·中弓》）

③ 其后必有子将弟也死。(《睡虎地秦简·日书甲种》) 将：或。

(四) 用于“者”字短语之中

“者”字短语有两种：一是“名词语 + 者”；二是“谓词语 + 者”。在这两种“者”字之前，都可以出现“也”。

战国秦代的用例如：

① 子也者，会𡊁(最) 长材以事上，胃之宜 (义)。(《郭店楚简·六德》)

② 夫昋 (诗) 也者，㠯 (以) 箸 (誌) 君子之志。夫义者，㠯 (以) 斤 (谨) 君子之行也。(《上博楚简五·季庚子问於孔子》)

③ 宜 (义) 也者，群善之蕝 (蕝) 也。习也者，又 (有) 㠯 (以) 习丌 (其) 眚 (性) 也。道也者，群勿 (物) 之道。(《上博楚简一·性情论》)

④ 以訐 (信) 从人多也。訐 (信) 也者，妇悳 (德) 也。(《郭店楚简·六德》)

上引各例都是“名词语 + 者”中间用了“也”。下引各例是“谓词语 + 者”中间用“也”的情况：

战国秦代的用例如：

① 𡕒 (禅) 也者，上直 (德) 受 (授) 𥆞 (贤) 之胃 (谓) 也。……不𡕒 (禅) 而能蝺 (化) 民者，自生民未之又 (有) 也。(《郭店楚简·唐虞之道》)

② 佋 (范) 天埅 (地) 也者，忠訐 (信) 之胃 (谓) 此〈也〉。(《郭店楚简·忠信之道》)

③ 句 (苟) 不从丌 (其) 繇 (由)，不反丌 (其) 本，未有可㝵 (得) 也者。(《郭店楚简·成之闻之》)

④ 又 (有) 为也者之胃 (谓) 古 (故)。(《郭店楚简·性自命出》)

⑤ 凡勿 (物) 亡不异也者。(《郭店楚简·性自命出》)

⑥ 亡亡繇 (由) 也者。(《郭店楚简·语丛三》)

关于“也者”，前人有过论述。何乐士 (2004：441) 认为，它是语气词连用，表示对主语的强调，同时标志主语是被下文解释、说明的对象。郭锡良 (2007：130) 也认为，“也者”连用，起停顿和舒缓语气的作用。

我们认为这样的说法值得商榷。

关于“者”，我们认为，它无论是出现在动词语之后，还是出现在名词语之后，都是结构助词，都与其前的成分构成“者”字短语。我们认为“也者”的“者”是结构助词，而不是语气词；“也”是用于“者”字短语之中的句中语气词。

赵世举 (2000：47) 认为用于谓词语之后的“者”是作中心语的，其前的谓词语作定语。这样说有一定的道理，如“所食之粟”可以说成“所食者”。在出土战国文献中，可以见到语气词“殹”用于定中结构之中的例子，如：

① 县料而不备者，钦书其县料殹之数。(《睡虎地秦简·效律》)

② 没入其贩假殹钱财它物于县、道官☐。(《龙岗秦简》26)

例①中的“县料殹之数”是定中短语，意思是称量出的数量，“县料”是定语，而“殹”用于其后。例②一般在“殹”后标点，但这样一来，后面小句就没有动词了。正确的做法是不标点，把“贩假殹钱财它物”看成定中短语，其中“贩假”为定语，“殹”用于定语之后。例②是说，由县、道官府没收其出卖或出借的钱财及其他物品。

既然“殹”可以用于定语 VP 和中心语“（之）+名”之间，那么当然也可以用于“VP+者”之间，因为“（之）+名”可以用“者”替代。

所以“也者”中的“者”不是语气词，而仍是结构助词。最能说明它不是语气词的有两点：一是这种“也者”不但可用于句中主语之后，也可以用于句末；二是这种“者”的结构助词功能十分明显，如“凡物亡不异也者”，其中“不异也者”这个“者”字短语作“亡”的宾语，“者”是“不异”名词化的标记，“不异者”是不异之物的意思。朱德熙（1983）明确指出，“VP+也者”是表示指称的名词性结构，这种“者”不能看成语气词。他的这种观点是可信的。

这种“也”的产生，也许是受到了状语之后的“也”的影响，或者说来源于状语之后的“也”。因为状语跟中心语构成偏正短语，定语与中心语也构成偏正短语；既然状语后可以用“也”表示停顿，那么定语之后也可以。依此类推，“者”字之前当然也可以用。定语之后、“者”字之前的“也”都是表示停顿的句中语气词。我们这个观点若能成立，那么朱德熙（1983）的观点就可商榷，他认为“X+也者”里的“X+也”应该看成一个潜在的同一性主谓结构的谓语部分。

（五）用于连谓短语之中

战国秦代的用例如：

①䎽（闻）芺（笑）圣（声），𠬝（则）羴（鲜）女（如）也斯（斯）憙（喜）。昏（闻）訶（歌）䚻（謡），则舀（陶）女（如）也斯（斯）畓（奋）。圣（听）𤪢（琴）开（瑟）之圣（声）则誖（悸）女（如）也斯（斯）戁（叹）。(《郭店楚简·性自命出》)

②雚（观）䞇（賚）、武，𠬝（则）齐（斋）女（如）也𣏟（斯）复（作）。雚（观）邵（韶）、頣（夏），𠬝（则）免（靦）女（如）也𣏟（斯）會（斂）。(《郭店楚简·性自命出》)

③乐之𢽳（动）心也，濬深䐮（郁）舀，丌（其）剌（烈）𠬝（则）流女（如）也以悲。(《郭店楚简·性自命出》)

④人有哀思也弗忘。(《睡虎地秦简·日书甲种》)

（六）用于转折短语之中

战国秦代的用例如：

①有为也而遇雨，命之央（殃）蚤（早）至。(《睡虎地秦简·日书乙种》)

②受不若也，可从也而不可及也。(《郭店楚简·尊德义》)

③古（故）共是勿（物）也而又（有）深安（焉）者，可㪍（教）而不可矣（疑）也。可孝（教）也而不可迪丌（其）民，而不可𣥺（止）也。(《郭店楚简·尊德义》)

总之，语气词“也”一般写作“也”，有时写作“绥（緌）”，借作“也”。句中语气词“也”出现于春秋时代（用于主语之后），而句末语气词“也”仅见于出土战国文献中。

战国时代的“也”有句末语气词和句中语气词两种用法。句末语气词“也”主要出现在陈述句末尾，也可以用于疑问句、感叹句末尾。它可以出现在单句、复句之末，也可以出现在分句之末。“也”表示的是判断、确认肯定的语气。句中语气词“也”，可以用在主语、状语、兼语之后，也可以用在“者”字短语、连谓短语、转折短语之中，其基本功能是表示停顿。句中语气词“也”应是由句末语气词“也”发展而来的。

第三节　出土先秦文献语气词“殹”的发展

由于语音相隔，我们难以把“殹”和“也”看成一个词的两种不同书写形式，而应看成不同方言里的两个同义词。“殹”和“也”的关系，正如“耶”和“欤”的关系一样。李学勤（1981）、冯春田（1993）、大西克也（1998）等，均认为“殹”是秦国方言词，这种看法是可信的。

语气词“殹”只见于出土战国文献中。

一、句末语气词“殹”的发展

华建光（2008）把复句中前一分句末尾的“也”都看成句末语气词，这是正确的。“也”如此，“殹”也是这样，因为两者性质、用法和语气都是相同的。“殹”用于单句之末，是助单句的；用于复句之末，是助复句的后一分句的；用于复句的前一分句之末，是助前一分句的。

用于判断句末尾的“殹”表示判断语气，这是最常见的用法，也是最基本的用法。而用于叙述句、描写句末尾的“殹”则表示确认肯定语气，都表示对事物加以判断和对事物加以确认肯定，两者是相通的，后者是前者发展出来的。当“小句 + 殹”之后为疑问语气、祈使语气时，我们认为“殹”仍表示判断、确认肯定的语气。

“殹”跟“也”不同，在出土战国文献中，“殹”从不与其他语气词连用，都是单用的，秦简里的“也”也从不与其他语气词连用。“殹”可用于陈述句末尾，也可以用于疑问句、祈使句末尾，用于陈述句末尾的“殹”最常见。

（一）用于陈述句末尾

用于陈述句末尾的“殹”有 3 种情况：一是用于单句之末，二是用于复句之末，三是用于分句之末。我们把分句之末的“殹”也看成句末语气词。

1. 用于单句之末

这种“殹”也有 3 种情况，一是用于判断句之末，二是用于叙述句之末，三是用于描写句之末。第一种最常见，第二种次之，第三种很少见。

（1）用于判断句之末。

“殹”前判断句的谓语，多数是由名词性词语充当的。

战国秦代的用例如：

① 琼者，玉检殹。(《睡虎地秦简・法律答问》)

② 丙，乙妾殹。(《睡虎地秦简・封诊式》)

③ 此甲、乙牛殹。(《睡虎地秦简・封诊式》)

④ 此所谓戎磨日殹。(《周家台秦简・日书》)

⑤ 此首，某里士五（伍）戊殹。(《睡虎地秦简・封诊式》)

⑥ 此弩矢，丁及首人弩矢殹。(《睡虎地秦简・封诊式》)

这种判断句的主语可以承前省去，只剩下“判断句谓词 + 殹”这个部分。

战国秦代的用例如：

① 可（何）谓“官均人”？官中主循者殹。（《睡虎地秦简·法律答问》）

② 可（何）谓“集人”？古主取薪者殹。（《睡虎地秦简·法律答问》）

在这种判断句谓语前，还可以加副词状语，从而加强判断语气，表示范围，或者表示对判断的否定。

战国秦代的用例如：

① 垣北即巷殹。（《睡虎地秦简·封诊式》）

② 此皆大罪殹。（《睡虎地秦简·语书》）

③ 可（何）谓“官狡士”“外狡士”，皆主王犬者殹。（《睡虎地秦简·法律答问》）

④ 所夬（决）非珥所入殹。（《睡虎地秦简·法律答问》）

“殹”前判断句的谓语也可以由谓词性词语、主谓短语充当。

战国秦代的用例如：

① 是即法（废）主之明法殹。（《睡虎地秦简·语书》）

② 其论可（何）殹？即去署殹。（《睡虎地秦简·法律答问》）

③ 凡法律令者，以教道（导）民，去其淫避（僻），除其恶俗，而使之之於为善殹。（《睡虎地秦简·语书》）

④“羊躯”，草实可食殹。（《睡虎地秦简·法律答问》）

李佐丰（2004：386～393）把古代汉语中的判断句归为3类：一是归类句，二是释因句，三是评议句。他认为评议句有4种形式，其中有一种是由动词“谓”“可”构成的评议句。例如“明德，务崇之之谓也”（《左传·成公二年》）、“奉酒醴以告曰‘嘉栗旨酒’，谓其上下皆有嘉德而无违心也”（《左传·桓公六年》）、“子若免之，以劝左右，可也”（《左传·昭公元年》）。

在出土战国文献中，“殹”可用于由动词“谓”和“可”构成的评议句之末。

战国秦代的用例如：

①“同居”，独户母之谓殹。“室人”者，一室尽当坐罪人之谓殹。（《睡虎地秦简·法律答问》）

②“臧（脏）人”者，甲把其衣钱匿臧（藏）乙室，即告亡，欲令乙为盗之，而实弗盗之谓殹。（《睡虎地秦简·法律答问》）

③ 生翏，翏之已乃斩之之谓殹。（《睡虎地秦简·法律答问》）

④ 者（诸）候（侯）客节（即）来使入秦，当以玉问王之谓殹。（《睡虎地秦简·法律答问》）

上引四例，“殹”前的部分是“O + 之 + 谓”，“之”前的部分当是“谓”的宾语，而“之”是用来复指前置宾语的。“O + 之 + 谓”中的“之”也可以不用。

战国秦代的用例如：

① 可（何）谓“率敖”？“率敖”当里典谓殹。（《睡虎地秦简·法律答问》）

② 可（何）谓“夏子”？臣邦父、秦母谓殹。（《睡虎地秦简·法律答问》）

③“四邻”即伍人谓殹。（《睡虎地秦简·法律答问》）

④ 坐隶，隶不坐户谓殹。（《睡虎地秦简·法律答问》）

“殹”前的谓语部分也可以是“谓+O”，这时“谓”的宾语不前置，出现在“谓”的后面。

战国秦代的用例如：

令曰为之，弗为，是谓“法（废）令”殹。(《睡虎地秦简·法律答问》)

以上是“殹”用于由动词“谓”构成的评议句句末的例子，“殹”也可以用于由动词“可”构成的评议句句末。

战国秦代的用例如：

① 传车、大车轮，葆缮参邪，可殹。(《睡虎地秦简·秦律十八种》)

② 官长及吏以公牛牛稾其月食及公牛乘马之稾，可殹。(《睡虎地秦简·秦律十八种》)

③ 入刍稾，相输度，可殹。(《睡虎地秦简·秦律十八种》)

④ 其前入者是增积，可殹。(《睡虎地秦简·秦律十八种》)

⑤ 其少，欲一县之，可殹。(《睡虎地秦简·秦律十八种》)

⑥ 其有不尽此数者，可殹。(《睡虎地秦简·秦律十八种》)

（2）用于叙述句之末。

“殹”也可以用于句型为单句的叙述句之末，但这种例子不多见。

战国秦代的用例如：

① 斗为人殴殹。(《睡虎地秦简·法律答问》)

② 唯是秦邦羸众敝赋、鞼輸棧輿、礼傻介老，将之以自救殹。(《诅楚文·大沈厥湫文》)

③ 毋（无）意殹。(《睡虎地秦简·封诊式》) 意：怀疑对象。

④ 毋（无）它亡殹。(《睡虎地秦简·封诊式》)

（3）用于描写句之末。

“殹”也可以用于句型为单句的描写句之末，这种例子极少见。

战国秦代的用例如：

① 当以告不审论，且以所辟？以所辟论当殹。(《睡虎地秦简·法律答问》)

② 完之当殹。(《睡虎地秦简·法律答问》)

2. 用于复句之末

“殹”也可以用于复句之末，如并列复句末尾。

战国秦代的用例如：

① 君鬼臣忠，父兹（慈）子孝，政之本殹；志彻官治，上明下圣，治之纪殹。(《睡虎地秦简·为吏之道》)

② 守囚即更人殹，原者署人殹。(《睡虎地秦简·法律答问》)

用于顺承复句末尾。

战国秦代的用例如：

① 今七年，丹刺伤人垣雍里中，因自刺殹。(《放马滩秦简·墓主记》)

② 即置盎水中榣（摇）之，音（虾）血子殹。(《睡虎地秦简·封诊式》)

用于解说复句末尾。

战国秦代的用例如：

乙有结復（複）衣，缪缘及殿（纯），新殹。(《睡虎地秦简·封诊式》)

用于转折复句末尾。

战国秦代的用例如：

① 甲告乙盗牛，今乙贼伤人，非盗牛殹。(《睡虎地秦简·法律答问》)

② 甲告乙贼伤人，问乙贼杀人，非伤殹。(《睡虎地秦简·法律答问》)

③ 阬阆强肮（伉）以视（示）强，而上犹智之殹。(《睡虎地秦简·语书》)

④ 王室所当祠固有矣，擅有鬼立（位）殹。(《睡虎地秦简·法律答问》)

用于假设复句末尾。

战国秦代的用例如：

① 若弗智（知），是即不胜任、不智（知）殹。(《睡虎地秦简·语书》)

② 过六百六十钱以上，赀官啬夫一甲，而复责其出殹。(《睡虎地秦简·效律》)

③ 人字，其日在首，富难胜殹。(《睡虎地秦简·日书甲种》)

④ 燔燧之事，虽毋会符，行殹。(《杜虎符铭》，《集成》18·12109)

用于因果复句末尾。

战国秦代的用例如：

① 甲、丙战刑（邢）丘城，此甲、丙得首殹。(《睡虎地秦简·封诊式》)

② 毋以羹沃腏上，鬼弗食殹。(《放马滩秦简·墓主记》)

3. 用于分句之末

“殹”不但可用于复句之末，也可以用于复句中前一分句的末尾。

用于并列复句中前一分句末尾。

战国秦代的用例如：

丙毋病殹，毋（无）它罪。(《睡虎地秦简·封诊式》)

用于转折复句中前一分句末尾。

战国秦代的用例如：

① 虽未有杀伤殹，赀二甲。(《龙岗秦简》105－106)

② 君子不病殹，以其病病殹。(《睡虎地秦简·为吏之道》)

用于假设复句中前一分句末尾。

战国秦代的用例如：

① 其有欲坏更殹，必灋之。(《睡虎地秦简·秦律十八种》)

② 有事请殹，必以书，毋口请。(《睡虎地秦简·秦律十八种》)

③ 有出殹，必以岁前。(《睡虎地秦简·日书乙种》)

④ 有买（卖）及买殹，各婴其贾（价）。(《睡虎地秦简·秦律十八种》)

⑤ 禾粟虽败而尚可食殹，程之。(《睡虎地秦简·秦律十八种》)

⑥ 非史子殹，毋敢学学室。(《睡虎地秦简·秦律十八种》)

用于因果复句中前一分句末尾。

战国秦代的用例如：

① 以一曹事不足独治殹，故有公心。(《睡虎地秦简·语书》)

② 非前谋殹，当为收。(《睡虎地秦简·法律答问》)

（二）用于疑问句末尾

“殹”前的疑问句，主要有两种：一是特指问句，二是正反问句。

1. 用于特指问句末尾

战国秦代的用例如：

① 或与人斗，缚而尽拔其须麋（眉），论可（何）殹？（《睡虎地秦简·法律答问》）

② 论可（何）殹？当完城旦。（《睡虎地秦简·法律答问》）

③ 论可（何）殹？为告黥城旦不审。（《睡虎地秦简·法律答问》）

④ 论可（何）殹？为不直。（《睡虎地秦简·法律答问》）

在秦简中“论何殹”很常见。在“何”之前可以出现副词状语“皆”“各”。

战国秦代的用例如：

① 一日而得，论皆可（何）殹？（《睡虎地秦简·法律答问》）

② 出缴，得，论各可（何）殹？（《睡虎地秦简·法律答问》）

在“论”之前可以出现由“其”或名词语充当的定语。

战国秦代的用例如：

① 其论可（何）殹？（《睡虎地秦简·法律答问》）

② 乙论可（何）殹？毋论。（《睡虎地秦简·法律答问》）

③ 乙弗觉，问：乙论可（何）殹？（《睡虎地秦简·法律答问》）

④ 问：吏及乙论可（何）殹？（《睡虎地秦简·法律答问》）

对“论何殹”一句该如何分析呢？“论何殹”中的“论”已名词化了，表示转指，是“所论”的意思，指所判的罪，作判断句的主语；而“何”这个疑问代词作判断句的谓语。“论何殹”是说所判的罪是什么。冯春田（1993）认为“论何殹”是主谓式，我们认为这是对的。

“何殹”作判断句谓语。

战国秦代的用例如：

①“侨（矫）丞令”可（何）殹？（《睡虎地秦简·法律答问》）

②“公室告”[何]殹？“非公室告”可（何）殹？（《睡虎地秦简·法律答问》）

2. 用于正反问句末尾

战国秦代的用例如：

① 相与斗，交伤，皆论不殹？交论。（《睡虎地秦简·法律答问》）

② 遗矢弱（溺）不殹？乃解索，视口鼻渭（喟）然不殹？（《睡虎地秦简·封诊式》）

③ 顷半（畔）封殹？且非是？（《睡虎地秦简·法律答问》）

④ 狱已断乃听，且未断犹听殹？（《睡虎地秦简·法律答问》）

正反问句有两类：一类是单句，这种句子中的谓语部分都是“谓词语＋不”，在“不”后加“殹”；一类是复句，肯定的部分是前一分句，否定的部分是后一分句，中间有选择连词“且”，语气词“殹”可以加在前一分句之末，也可以加在后一分句之末。

我们在秦简中还可以见到特指问句、正反问句连用，在正反问句后加“殹”的例子，如：

讯甲亭人及丙：智（知）男子可（何）日死，闻号寇者不殹？（《睡虎地秦简·封诊式》）

（三）用于祈使句末尾

战国秦代的用例如：

① 勿予其言殹！（《龙岗秦简》198）予：赞同。

② 司寇勿以为仆、养，守官府及除有为殹！（《睡虎地秦简·秦律十八种》）

二、句中语气词“殹”的发展

主语之后的“也”是由分句之末的“也”演变而来的。句中语气词的基本功能是标识暂顿和舒缓语势。

句中语气词“殹”可以用在主语、状语、定语之后，也可以用在转折短语之中。

（一）用于主语之后

战国秦代的用例如：

其大厩、中厩、宫厩马牛殹，以其筋、革、角及其贾（价）钱效。（《睡虎地秦简·秦律十八种》）

（二）用于状语之后

战国秦代的用例如：

若以是月殹东徙，毄。

若以［是］月殹南徙，毄。

若以是月殹西徙，毄。

若以是月殹北徙，毄。（《睡虎地秦简·日书甲种》）

（三）用于定语之后

战国秦代的用例如：

① 县料而不备者，钦书其县料殹之数。（《睡虎地秦简·效律》）

② 没入其贩假殹钱财它物于县、道官□。（《龙岗秦简》26）

例①中的“县料殹之数”是定中短语，意思是称量出的数量，“县料”是定语，而“殹”用于其后，“也”没有这种用例（但可用于“者”字前的定语之后）。例②中的“贩假殹钱财它物”是定中短语，其中“贩假”为定语，“殹”用于定语之后，意为由县、道官府没收其出卖或出借的钱财及其他物品。

（四）用于转折短语之中

战国秦代的用例如：

非適（谪）罪殹而欲为冗边五岁。（《睡虎地秦简·秦律十八种》）

总之，语气词“殹”只见于出土战国秦代文献中。这种文献中的“殹”和“也”不是一个词的两种不同的书写形式，而是两个不同的词：“殹”只见于出土秦文献之中，是秦国方言词；而“也”在战国金文、楚简、秦简和战国玉石文字中都可以见到，属于通语。“也”的出现频率明显高于“殹”。

“殹”有句末语气词和句中语气词两种用法。句末语气词“殹”可用于陈述句之末（包括单句、复句、分句之末），表示判断、确认肯定的语气；用于疑问句、祈使句末尾的

“殹”也是如此。句中语气词“殹”可用于主语、状语、定语之后，也可以用于转折短语之中，都表示停顿语气。

第四节　出土先秦文献语气词“矣”的发展

一、句末语气词“矣”的发展

华建光（2008）也认为复句中前一分句末尾的语气词为句末语气词，这是可信的。我们说句末语气词“矣”是助小句的，这个小句可以作单句，也可以作复句的前一分句或后一分句。紧缩复句末尾的“矣”主要是助紧缩复句的后半部分（原复句后一分句）的。

陈述句末尾的“矣”都是表示出现新情况的语气，是个表动态的语气词，相当于现代汉语中的“了”。感叹句句末的“矣”不是表感叹语气的，而仍表示出现新情况的语气。这种“矣”既可以出现在陈述句之末，也可以出现在感叹句之末（“矣”有时与语气词“尔”连用，表示陈述语气）。

从出土文献来看，语气词“矣”只见于出土战国文献中。

（一）用于陈述句之末

陈述句末的“矣”前可以是单句、复句、紧缩复句，也可以是分句。

1. 用于单句之末

“矣”前的单句，可以是判断句、叙述句、描写句、评议句。

用于句型为单句的判断句末尾。

战国秦代的用例如：

① 丑，牛矣。（《放马滩秦简·日书甲·亡盗章》）

② 建日，良日矣。（《放马滩秦简·日书甲·建除书》）

③ 身窮不均（困），亥（损）而弗利躬（躬），忎（仁）歖（矣）。（《郭店楚简·唐虞之道》）

④ 智（知）足之为足，此亙（恒）足矣。（《郭店楚简·老子甲本》）

⑤《闗（关）疋（雎）》之改，则丌（其）思賹（益）矣。（《上博楚简一·诗序》）

⑥ 虐（予）䎽（闻）之：害□者，是矣。（《上博楚简六·孔子见季趄子》）

用于句型为单句的叙述句末尾。

战国秦代的用例如：

① 天陛（地）盟（明）弃我矣。（《上博楚简五·竞建内之》）

② 夫为丌（其）君之古（故）杀丌（其）身者，尝又（有）之矣。（《郭店楚简·鲁穆公问子思》）

③ 王室所当祠固有矣。（《睡虎地秦简·法律答问》）

④ 若夫老老慈幼，既昏（闻）命壴（矣）。（《上博楚简三·中弓》）

⑤ 君［亓］亦隹（唯）䎽（闻）夫坖（禹）、康（汤）、傑（桀）、受矣。（《上博楚

简四·曹沫之阵》)

用于句型为单句的描写句末尾。

战国秦代的用例如：

① 古（故）夫坴（舜）之悳（德）丌（其）城（诚）臤（贤）矣。(《上博楚简二·子羔》)

② 槐（鬼）神之赏，此明矣。(《上博楚简五·鬼神之明》)

③ ☐亓志者募（寡）矣。(《上博楚简四·曹沫之阵》)

用于句型为单句的评议句（这种句子的谓语是由表示评议的动词，即能愿动词加上动词性词语充当的，表示对主语所反映的事物或句子所反映的事件作主观的评议）末尾。

战国秦代的用例如：

① 子思曰："恒爯（称）丌（其）君之亚（恶）者，可胃（谓）忠臣矣。"(《郭店楚简·鲁穆公问子思》)

② 孔子曰：坴（舜）丌（其）可胃（谓）受命之民矣。(《上博楚简二·子羔》)

③ 彼（破）日毋可以有为矣。成日可以谋事、可起众及作有为矣。(《放马滩秦简·日书甲·建除书》)

④ 孔子曰：善才（哉），昏（闻）虐（乎）！足吕（以）𡥈（教）壴（矣）。(《上博楚简三·中弓》)

以上是用于单句之末的"矣"的用例。"矣"也可以用于复句之末。

2. 用于复句之末

用于并列复句之末。

战国秦代的用例如：

① 吕（以）亓所眊覞（眭）之。吕（以）亓所谷（欲）智（知）不行矣。(《上博楚简六·孔子见季趄子》)

② 前日黑夫与惊别，今復会矣。(《睡虎地秦牍》M4：11号)

用于顺承复句之末。

战国秦代的用例如：

① 即令令史某齿牛，牛六岁矣。(《睡虎地秦简·封诊式》)

② 臣请具刻诏书金石刻，因明白矣。(《峄山刻石》)

用于递进复句之末。

战国秦代的用例如：

君子不帝（啻）明虐（乎）民散（微）而巳（已），或（又）以智（知）丌（其）弌（一）壴（矣）。(《郭店楚简·六德》)

用于转折复句之末。

战国秦代的用例如：

① 侏（桀）不胃（谓）丌（其）民必𤔔（乱），而民又（有）为𤔔（乱）矣。(《郭店楚简·尊德义》)

② 奚（倾）耳而圣（听）之，不可𠭁（得）而闻也；明目而视之，不可𠭁（得）而视也，而𢛳（德）既塞於四海（海）矣。(《上博楚简二·民之父母》)

用于条件复句之末。

战国秦代的用例如：

□女（如）此可，斯雀（爵）之矣。（《上博楚简一·诗序》）意思是只有如此劬劳忠厚，方可赐予爵服。

用于假设复句末尾的“矣”最为常见。“矣”前的假设复句有三种：

一是假设与结果一致的假设复句。

战国秦代的用例如：

① 上好此勿（物）也，下必又（有）甚安（焉）者矣。（《郭店楚简·缁衣》）

② 能（一）牙（与）之齐，终身弗改之言（矣）。（《郭店楚简·六德》）一：一旦。

③ 走（上）句（苟）昌（倡）之，则民鲜不从恢（矣）。（《郭店楚简·成之闻之》）

④ 如此，则为人臣亦不忠矣。（《睡虎地秦简·语书》）

⑤ 訢（慎）终若诒（始），则无败事言（矣）。（《郭店楚简·老子丙本》）

⑥ 慎冬（终）女（如）忖（始），此亡败事矣。（《郭店楚简·老子甲本》）

⑦ 女（汝）能訢（慎）紿（始）与冬（终），斯善歆（矣）。（《上博楚简五·弟子问》）

⑧ 室弗遗，即死矣。（《睡虎地秦牍》M4：6号）

⑨ 悉（爱）以身为天下，若可以迲（寄）天下矣。（《郭店楚简·老子乙本》）

⑩ 訢（慎）求之於吕（己），而可以至川（顺）天棠（常）恢（矣）。（《郭店楚简·成之闻之》）

二是假设与结果不一致的假设复句。

战国秦代的用例如：

① 人唯（虽）曰不利，虗（吾）弗訐（信）之矣。（《郭店楚简·缁衣》）虽：即使。

② 唯（虽）厔（厚）丌（其）命（令），民弗从之恢（矣）。（《郭店楚简·成之闻之》）虽：即使。

③ 从（纵）忎（仁）、圣可牙（与），旹（时）弗可及歆（矣）。（《郭店楚简·唐虞之道》）纵：纵然。

三是综合上述两种句式的假设复句，即在结果分句前有两个假设，一个与结果一致（一般在前），一个与结果不一致（一般在后）。

战国秦代的用例如：

① 句（苟）又（有）丌（其）青（情），唯（虽）未之为，㫚（斯）人訐（信）之言（矣）。（《郭店楚简·性自命出》）

② 句（苟）不从丌（其）繇（由），唯（虽）弝（强）之，弗内（入）恢（矣）。（《郭店楚简·成之闻之》）

③ 又（有）丌（其）人，亡丌（其）殜，唯（虽）臤（贤），弗行矣。（《郭店楚简·穷达以时》）

用于因果复句之末。

战国秦代的用例如：

① 夫季是（氏）河东之城（盛）冡（家）也，亦吕（以）行言（矣）。（《上博楚简三·中弓》）

② 非豊（礼）而民兑（悦），忞（在）此少（小）人矣。非侖（伦）而民備（服），殜（际）此䜌（乱）矣。（《郭店楚简·尊德义》）

3. 用于紧缩复句之末

“矣”也可以用于紧缩复句之末，这种紧缩复句一般都是假设复句的紧缩。

战国秦代的用例如：

① 凡人忣（伪）为可亚（恶）也。忣（伪）㪅（斯）㕦（吝）吉（矣），㕦（吝）㪅（斯）虑吉（矣），虑㪅（斯）莫牙（与）之结吉（矣）。(《郭店楚简·性自命出》)

② 邦坪（平）而民顺矣。(《上博楚简五·季庚子问於孔子》)

③ 孔子曰：言则媺（媺）矣。(《上博楚简五·季庚子问於孔子》)

④ 夫子曰：言即至矣。(《上博楚简六·孔子见季趄子》)

4. 用于分句之末

“矣”不但可用于复句的后一分句之末，还可以用于复句的前一分句之末。

用于并列复句前一分句之末。

战国秦代的用例如：

① 贫戋（贱）而不约者，𪚦（吾）见之吉（矣）；賵（富）贵而不乔（骄）者，𪚦（吾）䎽（闻）而未之见也。(《上博楚简五·弟子问》)

②☑士，𪚦（吾）见之吉（矣）；事而弗受者，𪚦（吾）䎽（闻）而未之见也。(《上博楚简五·弟子问》)

③ 𪚦（吾）幣帛甚媺（媺）於𪚦（吾）先君之量矣；𪚦（吾）珪珠（宝）大於𪚦（吾）先君之［度］□。(《上博楚简六·竞公瘧》)

④ 圣牙（与）智豪（就）吉（矣），㤪（仁）牙（与）宜（义）豪（就）吉（矣），忠（忠）牙（与）訐（信）豪（就）［吉（矣）］。(《郭店楚简·六德》)

用于顺承复句前一分句之末。

战国秦代的用例如：

① 子䁪（夏）曰：“‘五至’既䎽（闻）之矣，敢问可（何）胃（谓）‘三亡’？”(《上博楚简二·民之父母》)

② 既成𤕫（教）矣，出帀（师）又（有）幾（忌）虖（乎）？(《上博楚简四·曹沫之阵》)

用于解说复句前一分句之末。

战国秦代的用例如：

《小旻》多疑矣，言不中志者也。(《上博楚简一·诗序》) 意思是《小旻》篇多疑问，疑的是不合自己思想的事。

用于转折复句前一分句之末。

战国秦代的用例如：

① 今法律令已具矣，而吏民莫用，乡俗淫失（泆）之民不止。(《睡虎地秦简·语书》)

② 閈（见）於天下之勿（物）矣，犹粯（迷）惑於子之而迒（亡）其邦。(《中山王𰯌鼎铭》,《集成》5·2840)

用于假设复句前一分句之末。

战国秦代的用例如：

果𠞲（胜）矣，親（亲）率𠞲（胜）。(《上博楚简四·曹沫之阵》) 意思是如果战胜了，国君要亲自处理胜利后的事务。

用于因果复句前一分句之末。

战国秦代的用例如：

《天保》其㝵（得）录（禄）蔑畺（疆）矣，巽寡德故也。(《上博楚简一·诗序》)

上引各例中的“矣”，都用于陈述句句末，都是单用。“矣”还可与“尔”连用，置于句末仍表陈述语气。

战国秦代的用例如：

亥，豕矣。盗者中人矣尔，在屏、圂方及矢。(《放马滩秦简·日书甲·亡盗章》)

上引各例中的“矣”，都用于陈述句句末，或者单用，或连用（极少见）。

（二）用于感叹句之末

战国秦代的用例如：

① 子𡕒（夏）曰：亓（斯）才（哉）许（语）也，败（快）矣！厷（宏）矣！大矣！(《上博楚简二·民之父母》)

②“清宙（庙）”，王悳（德）也，至矣！(《上博楚简一·诗序》)

③“又（有）命自天，命此文王”，城（诚）命之也，信矣！(《上博楚简一·诗序》)

④“昊天又城（成）命，二后受之”贵叡（且）㬎（显）矣！(《上博楚简一·诗序》)

二、句中语气词“矣”的发展

句中语气词“矣”有表示停顿的作用，也表示动作的实现体。

句中语气词“也”可以用在连谓短语、转折短语中，“矣”也有这样的用法，但很少见。

战国秦代的用例如：

① 敬壯（庄），逯（贵）豊，行矣而亡𢜳（遗）。(《郭店楚简·尊德义》)

② 丌（其）𡊁（载）也亡𠪚（厚）安（焉），交矣而弗智（知）也，亡。(《郭店楚简·尊德义》)

这里的“矣”很明显是来源于分句之末的“矣”的。复句中前一分句末的“矣”表示功能语气。但是，如果把复句紧缩，把转折复句、顺承复句压缩为转折短语、连谓短语，那么分句之后的“矣”就变成了转折短语、连谓短语中的“矣”，就由句末语气词变为句中语气词了。

总之，语气词“矣”只见于出土战国文献中。这种文献中的“矣”可以作句末语气词，也可以作句中语气词，前者很常见，后者很少见。句末语气词“矣”可以用于陈述句之末，也可以用于感叹句之末，前者很常见，后者很少见。陈述句之末的“矣”可以用于单句之末，也可以用于复句、紧缩复句之末，还可以用于复句的前一分句之末。不管用于陈述句之末，还是感叹句之末，“矣”都表示出现新情况的语气。“矣”可以和语气词“尔”连用，也可以用在转折短语、连谓短语之中，有表示停顿的作用，也表示动作的实现体。

第五节　出土先秦文献语气词“乎”的发展

一、句末语气词“乎”的发展

这种“乎”可以用于单句、复句和分句之末。句末语气词“乎”常用于疑问句和假设陈述句之末。

疑问句末的“乎”（包括单用的、与“也”连用的）可表疑问语气，而且疑问语气比较强，它是一个真性疑问语气词。在出土战国文献中，句末语气词“乎”主要是表疑问语气的，可以单用，也可以与“也”连用。在传世文献中，“乎”还可表示感叹语气，这种用法来源于表疑问语气的用法。

从出土文献来看，语气词“乎”只见于出土战国文献中。

（一）用于疑问句之末

“乎”前的疑问句可以分为两种：一种是询问句，即有疑而问的疑问句；二是反问句，即无疑而问的疑问句。下面我们首先来讨论一下“乎”用于询问句之末的情况。

“乎”前的询问句又有3种：一是是非问句，二是正反问句，三是选择问句。

1. 用于是非问句之末

战国秦代的用例如：

①“遉（复）败戳（战）又（有）道虖（乎）?”盒（答）曰：“又（有）。”（《上博楚简四·曹沫之阵》）

②“遉（复）甘（酣）戳（战）又（有）道虖（乎）?”盒（答）曰：“又（有）。”（《上博楚简四·曹沫之阵》）

③ 此三者足𠀋（以）戳（战）虖（乎）?（《上博楚简四·曹沫之阵》）

④ 命（令）尹子林䎽（问）於大（太）宰子歨：“为人臣者亦又（有）静（争）唇（乎）?”大宰答曰：“君王元君，君善，大夫可（何）兼（用）静（争）?”（《上博楚简四·柬大王泊旱》）

⑤ 繡（申）公子皇（惶）见王，王曰：“繡（申）公忘夫析述之下虖（乎）?”繡公曰：“臣不智（知）君王之牺（将）为君，如臣智（知）君王之为君，臣牺（将）或至（致）安（焉）。”（《上博楚简六·申公臣灵王》）

⑥ 陵尹与釐尹：“又（有）古（故）唇（乎）? 忎（愿）闻之。”（《上博楚简四·柬大王泊旱》）

上引诸例中，“乎”前都是单句。“乎”之前也可以是复句，但“乎”的辖域一般都是“乎”所在的最后一个分句。

战国秦代的用例如：

①“既成砉（教）矣，出帀（师）又（有）幾（忌）虖（乎）?”盒（答）曰：“又（有）。”（《上博楚简四·曹沫之阵》）

② 君必不已，则繇（由）亓杲（本）虖（乎）？（《上博楚简四·曹沫之阵》）

③ 虐（吾）又（有）所餌（闻）之：“一出言三军皆懽（劝），一出言三军皆迬（往），又（有）之虖（乎）？”畣（答）曰：“又（有）。”（《上博楚简四·曹沫之阵》）

上引各例都是一般的是非问句，其句法形式与陈述句相同，要求听话人对问句的语义内容作出肯定或否定的回答，以整个句子作为一个疑问点，其疑问程度高。

“乎”还可以用于测度问这种是非问句之末。

战国秦代的用例如：

① 孔子畣（答）曰：“邦大旱，毋乃遊（失）者（诸）型（刑）与惪（德）虐（乎）？”（《上博楚简二·鲁邦大旱》）

②《黄鳥（鸟）》则困而谷（欲）反丌（其）古（故）也，多恥者丌（其）忢（病）之（乎）？（《上博楚简一·诗序》）

③（受）曰：“九邦者亓可逨（来）乎？”文王曰：“可。”（《上博楚简二·容成氏》）

④ 於（呜）虖（乎）新（欣）斘（哉）！社稷其庶虖？（《中山王譽鼎铭》，《集成》5·2840）

⑤ 虐（吾）古（故）［曰禯（鬼）神又（有）］所明又（有）所不明，此之胃（谓）唬（乎）？（《上博楚简五·鬼神之明》）

这种“乎”常与其前表测度的副词“毋乃”“其”前后呼应，构成“毋乃……乎”“其……乎”式的测度问句。这种句子也是是非问句，以整个句子作为一个疑问点，但疑问程度跟一般的是非问句相比较低，是疑、信之间的语气。

“乎”还可以用于回声问这种是非问句之末。

战国秦代的用例如：

①［子］邑（夏）𦖞（问）於孔子曰：“《诗》曰：‘幾（凯）俤（弟）君子，民之父母。’敢闻（问）可（何）女（如）而可胃（谓）民之父母？”孔＝（孔子）畣（答）曰：“民［之］父母虖（乎）？必达於豊（礼）乐之莲，邑（以）至（致）‘五至’、邑（以）行‘三亡’，邑（以）皇于天下。四方又（有）败，必先智（知）之，亓［可］胃（谓）民之父母矣。”（《上博楚简二·民之父母》）

② 子邑（夏）曰：“敢聞（问）可（何）胃（谓）‘五至’？”孔＝（孔子）曰：“‘五至’虖（乎）？勿（物）之所至者，志（诗）亦至安（焉）；志之［所］至者，豊（礼）亦至安（焉）；豊（礼）之所至者，乐亦至安（焉）；乐之所至者，哀（哀）亦至安（焉）。哀（哀）乐相生，君子邑（以）正，此之胃（谓）‘五至’。”（《上博楚简二·民之父母》）

③ 子邑（夏）曰：“‘五至’既闻之矣，敢闻（问）可（何）胃（谓）‘三亡’？”孔＝（孔子）曰：“‘三亡’虖（乎）？亡聖（声）之乐，亡（无）體（体）［之］豊（礼），亡備（服）之丧。君子邑（以）此皇于天下，奚（倾）耳而圣（听）之，不可昊（得）而闻也；明目而视之，不可昊（得）而视也，而叓（德）既塞於四海（海）矣，此之谓‘三亡’。”（《上博楚简二·民之父母》）

上引3例中的“民之父母乎”“‘五至’乎”“‘三亡’乎”都是回声问句。它们都是重复对方的问话，要求对方给予证实，以赢得考虑回答的时间。这种问句前边隐含一个“尔问”，“乎”是跟“尔问……”相呼应的。回声问句改变了原来问句的句子类型。“何如而可谓民之父母”“何谓‘五至’”“何谓‘三亡’”，这些问句都是特指问句。但是“民之父母乎”“‘五至’乎”“‘三亡’乎”则都是是非问句，而且都有隐含之义。如果把隐含之义补出来则是，“尔问何如而可谓民之父母乎”“尔问何谓‘五至’乎”“尔问何谓‘三亡’乎”。这种问句的疑问点都是整个句子，而不是其中的疑问代词，其疑问程度比一般的是非问句要低，但比测度问句要高一些。

2. 用于正反问句之末

战国秦代的用例如：

魂（鬼）神不明，则必又（有）古（故）。亓力能至安（焉）而弗为唬（乎）？虐（吾）弗智（知）也。意（抑）亓力古不能至安（焉）唬（乎）？虐（吾）或弗智（知）也。（《上博楚简五·鬼神之明》）

上引用例中的“亓力能至安（焉）而弗为唬（乎）”和“亓力古不能至安（焉）唬（乎）”构成正反问句，两句之后都用“乎”，后一句前面使用了选择连词“意（抑）”来表示在“正”和“反”之间的选择关系。不过，在“正”句和“反”句之间还插入了一个句子“（吾）弗智（知）也”，使得正反问句的两个分句关系不太紧密。但是，由选择连词“意（抑）”来看，还是看成一个正反问句更加合理。正反问句的疑问点是“×不×”，由于提出肯定、否定两项，可能与不可能各占一半，疑惑程度居中，信、疑各为一半。

3. 用于选择问句之末

战国秦代的用例如：

曰：“四与五之閒（间）虖（乎）？”王曰：“女（如）四与五之閒（间），載（载）之塼（传）车㠯（以）走（上）虖？殹（抑）四艕（轲）㠯（以）逾虖？”醓尹子桱曰：“四艕（舸）㠯（以）逾。”（《上博楚简六·庄王既成》）

上引用例中的“載（载）之塼（传）车㠯（以）走（上）虖？殹（抑）四艕（轲）㠯（以）逾虖”为选择问句，每个分句末尾都用了语气词“虖”，句中用选择连词“殹（抑）”来连接。选择问句的疑问点是A抑B，其疑问程度比正反问句高，约有60%。

以上是“乎”用于询问句之末的情况，除此之外“乎”也可以用在反问句之后。所谓反问句，是指说话人借用疑问句形式说明一个道理或事实，语气是“疑”，而语意是“信”。反问的语句形式是肯定的，表达的意思则是否定的；语句形式是否定的，表达的意思则是肯定的。

这种反问句谓语前可有表反问的副词“其”“而况”，或表否定的副词“不”“勿”。

战国秦代的用例如：

行此者丌（其）又（有）不王虐（乎）？（《上博楚简一·诗序》）

此例中的“乎”与前边的“其”相呼应，构成“其……乎”的反问句式。

① 龟筮猷（猶）弗智（知），而皇（况）於人虐（乎）？（《郭店楚简·缁衣》）

② 昔者，郾君子徻，觀（叡）弁夫㹤（悟），㢩（长）为人宔（主），閈（见）於天下之勿（物）矣，猶粯（迷）惑於子之而亡其邦，为天下殄，而皇（况）才（在）於少君虖（乎）？（《中山王嚳鼎铭》，《集成》5·2840）

上引两例中的“乎”与前边的“而况”相呼应，构成“而况……乎”的反问句式。

① 孔子退，告子贛（贡）曰：“虐（吾）见於君，不昏（问）又（有）邦之道，而昏（问）㝁（相）邦之道，不亦壂（钦）虐（乎）？”（《上博楚简四·相邦之道》）

② 不攻（攻）不可能，不亦智（知）亘（恒）唐（乎）？《鵲（鹊）樔（巢）》出㠯（以）百两，不亦又离虖（乎）？（《上博楚简一·诗序》）

上引两例中的“乎”与前边的“不亦”相呼应，构成“不亦……乎”的反问句式。

① 一日㠯（以）不善立（湴），所斈（教）皆崩，可不斱（慎）乎？（《上博楚简三·中弓》）

② 反此道也，民必因此至（重）也以復之，可不斱（慎）啓（乎）？（《郭店楚简·成之闻之》）

上引两例中的“乎”与前边的“可不”相呼应，构成“可不……乎”的反问句式。

① 不飤五谷，鸣仉（居）危枑，则不难啓（乎）？（《上博楚简六·孔子见季趄子》）

② 唯（虽）君亡道，臣敢勿事虖（乎）？唯（虽）父亡道，子敢勿事虖（乎）？（《上博楚简二·容成氏》）

上引例①中的“乎”与前面的“不”相呼应，构成“不……乎”的反问句式；例②中的“乎”与前面的“敢勿”相呼应，构成“敢勿……乎”的反问句式。

① 文王隹（虽）谷（欲）也，㝵（得）唐（乎）？此命也。（《上博楚简一·诗序》）

② 夫川，水㠯（以）为肤，鱼㠯（以）为民，女（如）天不雨，水湝（将）沽（涸），鱼湝（将）死，丌（其）欲雨或（又）甚於我，或（又）必寺（待）虐（吾）名（禜）虐（乎）？（《上博楚简二·鲁邦大旱》）

上引例①中的“乎”单独表达反问语气。例②“或（又）必寺（待）虐（吾）名（禜）虐（乎）”中的“或”，有两种解释：一是读为“何”，二是读为“又”。后说可从。

反问句虽然采用问句形式，但是问话人心目中已有了明确的看法，答案就在问句之中，没有什么疑惑的因素，信为1而疑为0。

上引各例，都是“乎”单独使用的例子，“乎”还可以跟“也”连用，这时“也”在前，“乎”在后。“也乎”可以用在一般的是非问句之末，也可以用在测度问句之末。

战国秦代的用例如：

① 女（汝）弗智（知）也啓（乎）？（《上博楚简五·弟子问》）

② 前（延）陵季子，其天民也虖（乎）？（《上博楚简五·弟子问》）

（二）用于假设陈述句之末

依据何乐士（2006：189）的研究，在传世文献中，有些“乎”可用在假设复句前一分句的末尾，如“勿已乎，则隰朋可也”（《吕氏春秋·贵公》）。这种例子在出土文献中也可以见到。

战国秦代的用例如：

① ☐君祝敓，毋専青（情），忍辠（罪）啓（乎），则言不圣（听），青（请）不隻（获）；女（如）川（顺）言弇亚（恶）啓（乎），则忎（恐）后豉（诛）於吏（史）者。（《上博楚简六·竞公瘧》）

② 欲祭於楚邦者啓（乎），尚訬（蔽）而卜之於大夏。如孚，将祭之。（《上博楚简四·柬大王泊旱》）

华建光（2008）认为这种末尾用“乎”的句子并不是感叹句，而是假设陈述句。假设陈述句表达的是说话者的“假定”情态，和“怀疑”多有相通之处。对此，吕叔湘

(1982：420) 曾经指出："假设句和问句很多相通之处，就因为同是不定的语气。"因此，假设陈述句中的"乎"表达的也是说话者的"假定"情态。

我们认为华建光的说法基本可信。上引两例中的"乎"确实都用于假设分句之末，但很明显，这种"乎"仍有疑惑不定的语气，这种语气源自"乎"所表示的疑问语气。

二、句中语气词"乎"的发展

句中语气词"乎"可以用于主语之后，也可以用于状语之后，都表停顿、感叹，都是由句末感叹语气词"乎"发展而来的。

句中语气词"乎"主要有两种用法。

（一）主语之后

战国秦代的用例如：

① 成孙弋曰："悏（噫）！善才（哉），言虖（乎）！"（《郭店楚简·鲁穆公问子思》）

② 孔子曰：善才（哉），昏（闻）乎！足吕（以）季（教）壴（矣）。（《上博楚简三·中弓》）

上引例①，刘钊（2003：178）译为"成孙弋说：'啊！这个话说得好！'"。很明显，"善哉，言乎"是个主谓倒置的感叹句，主语是"言乎"，谓语是"善哉"。例②类此。

（二）状语之后

战国秦代的用例如：

① 夜（豫）虖（乎）［丌（其）］奴（如）冬涉川，猷（猶）虖（乎）丌（其）奴（如）愄（畏）四叟（邻）。（《郭店楚简·老子甲本》）

② 敢（俨）虖（乎）丌（其）奴（如）客，𩰪（涣）虖（乎）丌（其）奴（如）怿（释）。（《郭店楚简·老子甲本》）

③ 屯（敦）虖（乎）丌（其）奴（如）樸，坉（沌）虖（乎）丌（其）奴（如）浊。（《郭店楚简·老子甲本》）

④ 冬（终）虖（乎）不猒（厌）人。（《上博楚简一·诗序》）

总之，语气词"乎"只见于出土战国文献中。在这种文献中，语气词"乎"有句末语气词和句中语气词两种用法。句末语气词"乎"主要表示疑问语气；在传世文献中，"乎"还可以表示感叹语气。感叹语气是由疑问语气发展而来的。出土战国文献中的句中语气词"乎"可以用在主语、状语之后，都表停顿、感叹，这是由表感叹语气的句末语气词"乎"发展而来的。

第六节　出土先秦文献语气词"哉"的发展

在出土先秦文献中，语气词"哉"可以用在感叹句、反问句、祈使句句末，有时也用在询问句句末。它一般是单用的，有时也与其他语气词连用。无论在什么环境中出现，"哉"所表示的基本上都是感叹语气。

出土先秦文献中的语气词“哉”，可以出现在多个语法位置上，即感叹句、祈使句、反问句的末尾，在感叹句末尾的最多。

从出土文献来看，在西周金文中已经可以见到语气词“哉”，写作“𢦏”和“才”。

一、感叹句句末的“哉”

西周时代的用例如：

① 师訇，哀才（哉）！今日天疾畏降丧。（《师訇簋铭》，《集成》8·4342）

② 乌虖，哀𢦏（哉）！用天降大丧于上或（国），亦唯噩侯駭方率南淮尸（夷）、东尸（夷）广伐南或（国）东或（国），至于历内。（《禹鼎铭》，《集成》5·2833）

春秋时代的用例如：

乌呼，哀哉！烈叔、烈夫人万世用之。（《郑臧公之孙鼎铭》，《近出》2·217）

战国秦代的用例如：

① 善哉，善哉，参（三）善才（哉）！（《上博楚简五·三德》）

② 曰：於（呜）虖（虖）懐（哀）哉！少（小）臣成暮生毕孤☐。（《新蔡楚简》甲三：23、57）

③ 皇考孝武趄（桓）公龏（恭）𢦏（哉）！大慕（谟）克成。（《陈侯因資敦铭》，《集成》9·4649）

④ 庢（浊）㤅（气）生陛（地），清㤅（气）生天，㤅（气）信神才（哉）！（《上博楚简三·恒先》）

⑤ 女（如）夫政坓（刑）与悳（德），㠯（以）事上天，此是才（哉）！（《上博楚简二·鲁邦大旱》）

上引前两例“哉”小句主语未出现，后三例出现了，主语都出现在谓语之前。有时，感叹句发生主谓倒置，“哉”用于前置的谓语之后。

战国秦代的用例如：

① 孔（孔子）曰：“善才（哉），商也！”（《上博楚简二·民之父母》）

② 成孙弋曰：“恹（噫）！善才（哉），言啓（乎）！”（《郭店楚简·鲁穆公问子思》）

③ 孔子曰：“善才（哉），昏（闻）虐（乎）！”（《上博楚简三·中弓》）

④ 戕（庄）公曰：“曼（慢）才（哉），虗（吾）䎽（闻）此言！”（《上博楚简四·曹沫之阵》）

⑤ 允哉，若言！明跋之于壶而时观焉。（《中山王譻方壶铭》，《集成》15·9735）

二、祈使句句末的“哉”

西周时代的用例如：

① 毋念𢦏（哉）！弋勿剥嗌鳏寡。（《作册嗌卣铭》，《集成》10·5427）

② 乌虖，焂，敬𢦏（哉）！（《叔趯父卣铭》，《集成》10·5428）

春秋时代的用例如：

乌虖，敬哉！余义楚之良臣。（《余贎逐儿钟铭》，《集成》1·183）

战国秦代的用例如：

① 彭祖曰："休才（哉）！乃晒（将）多昏（问）因由，乃不遊（失）尾（度）。"（《上博楚简三·彭祖》）休哉：停停吧。

② 帝曰：繇，敬（?）之哉！母（毋）弗或（有）敬。（《楚帛书·乙篇》）

③ 王曰：者沪，女（汝）亦虔秉不（丕）涇（经）德，台（以）克总光朕邲（越），于之遜（逊）学，超（桓）超（桓）哉！弼王侂（宅）。（《者沪钟铭》，《集成》1·125）依据《尚书·牧誓》中的"尚桓桓"，知例中的"超超哉"应是命令语气。

④ 尔母（毋）大而惰（肆），母（毋）富而喬（骄），母（毋）众而嚣，叜（邻）邦难窺（亲），戕（仇）人在彷（旁）。於虖，念之哉！（《中山王礜鼎铭》，《集成》5·2840）

三、反问句句末的"哉"

这有两种情况，一是反问句为特指问句的形式。

战国秦代的用例如：

① 句（苟）又（有）丌（其）殜（世），可（何）慬（难）之又（有）才（哉）?（《郭店楚简·穷达以时》）

② 戕（察）丌（其）见者，青（情）安遊（失）才（哉）?（《郭店楚简·性自命出》）

③ 吕（以）不能事君，天下之为君者，隹（谁）欲畜女（汝）者才（哉）?（《上博楚简五·姑成家父》）

④ 臧（庄）公［曰］：今天下之君子既可智（知）已，䈞（孰）能并兼人才（哉）?（《上博楚简四·曹沫之阵》）

⑤ 立死可（何）䰰（伤）才（哉）?（《上博楚简五·姑成家父》）

二是反问句为是非问句的形式。

战国秦代的用例如：

姑（苦）或（成）豙（家）父曰："虐（吾）敢欲褱衺吕（以）事殜（世）才（哉）?"（《上博楚简五·姑成家父》）

以上都是反问句中语气词单用的例子。在反问句中，"哉"可以跟其他语气词连用，但"哉"都出现在别的语气词之后。

战国秦代的用例如：

① 㝅（寡）人之不剶也，幾（岂）不二子之㥑（忧）也才（哉）！（《上博楚简五·竞建内之》）

②［三郤］胃（谓）姑（苦）或（成）豙（家）父曰："为此殜（世）也从事，可（何）吕（以）女（如）是亓疾与（欤）才（哉）！"（《上博楚简五·姑成家父》）

"哉"有时还用在疑问句末尾，只见到一个例子：

［哀公曰："庶民以我不知以说之事鬼也，女（如）］之可（何）才（哉）?（《上博楚简二·鲁邦大旱》）

例中的"哉"用在特指问句之末。这种"哉"在传世文献中可以见到，如"吴起何如人哉"（《史记·孙子吴起列传》）。

总之，从出土文献来看，西周、春秋时代已经可以见到语气词“哉”，并用在感叹句、祈使句之末。到了战国时代，语气词“哉”不但可以出现在感叹句、祈使句之末，也可以出现在反问句、询问句之末。它一般是单用的，也可以跟其他语气词连用。无论在什么语法位置上出现，“哉”所表示的都是感叹语气。战国时代的“哉”常见于出土楚文献之中，至今未见于出土秦文献里。

第七节　出土先秦文献语气词“焉”的发展

作为语气词的“焉”，有“焉”“安”“言”三种写法，立词条时可以写为“焉（安、言）”。“言”为元部、疑纽、平声，拟音为“ŋǐan①”。“言”与“安”韵部为叠韵关系，声母为邻纽关系，上古音相近。

一、语气词“焉”的来源

语气词“焉（安）”应该是由兼词“焉（安）”虚化过来的。前面说过，兼词“焉（安）”可以处于句中（非句中语气词出现的位置），也可以处于句末。语气词“焉（安）”只能是由句末的兼词“焉（安）”虚化过来的。兼词“焉（安）”所包含的代词，其先行词可以出现在“焉”小句前面的句子里，也可以跟“焉”在同一小句中出现。在后一种情况下，虽然“焉”有语法和语用方面的作用，可是在表义上已具有冗余性，很容易被重新分析为“矣”“也”一类的句末语气词。当“焉”及其先行词出现在同一小句同一语法位置上时，“焉（安）”已基本上成了一个句尾语气词。当这个语气词产生之后，它就既可以单用，也可以与其他语气词前后互见，还可以跟其他句末语气词同现。

二、句末语气词“焉”的发展

如果“焉（安）”的先行词与“焉（安）”处在同一小句中同样的语法位置上，那么我们同意何乐士（1988）的意见，倾向于把这种“焉（安）”看成语气词，或者至少认为这是由兼词“焉（安）”向语气词“焉（安）”转化的滥觞。

战国秦代的用例如：

悳（德）者，叓（且）莫大唇（乎）豊（礼）乐安（焉）。（《郭店楚简·尊德义》）

在《左传》中有同样的例子，如“楚之灭蔡也，灵王迁许、胡、沈、道、房、申於荆焉”（《左传·昭公十三年》）。这个例子，何乐士（1988）认为是“用以煞句也”的语气词。

如果“焉（安）”处于句末，其前找不到先行词，本身已不表示施事、受事等，不能被理解为“于/於＋宾语”，那么就应该视为句末语气词了。

战国秦代的用例如：

① 政（当）丌（其）肰（然）而行，怠（治）安（焉）。（《郭店楚简·语丝一》）

② 先之以悳（德），则民进善安（焉）。（《郭店楚简·尊德义》）

语气词“焉（安）”可与其他语气词在前后句子中互见，也可在同一小句中同现。

战国秦代的用例如：

① 言之而不义，口勿言也；视之而不义，目勿视也；圣（听）之而不义，耳勿圣（听）也；潼（动）而不义，身勿潼（动）安（焉）。（《上博楚简五·君子为礼》）

② 君子言訐（信）言（焉）尔（爾），言煬言（焉）尔（爾）。（《郭店楚简·六德》）

③ 正（当）丌（其）康（然）而行，怠（治）安（焉）尔（爾）也。（《郭店楚简·语丛一》）

在例①中，有4个分句并列。在前3个分句末尾，用的句末语气词是“也”，在最后一个分句，用的句末语气词是“安（焉）”。在例②中，句末是“焉爾”两个语气词同现，这种例子在传世文献中可以见到（其中的“焉爾”可以写成“焉尔”）。例如“橐驼非能使木寿且孳也，能顺木之天，以致其性焉尔”（柳宗元《种树郭橐驼传》）。其中的“焉尔”，学者们认为是两个语气词同现。例②中的“焉”被写成了“言”，而兼词“焉”却从来没有这样写的。古人有时似乎有意从写法上对兼词“焉”和语气词“焉”加以区别。例③中的“焉爾也”则是3个语气词同现，这种例子在传世文献中也可以见到，例如“管仲死，桓公使为之服。宦于大夫者之为之服也，自管仲始也，有君命焉尔也”（《礼记·杂记下》）。

句末语气词“焉（安）”表示肯定语气，同时有将事态往大处说的意思（参见洪波，2005：186～187）。语气词“焉（安）”跟“爾”功能基本一致，所以两者有时连用。从出土文献看，“焉（安）”只出现在陈述句中，是个陈述语气词，并不表示疑问、测度、感叹等语气。我们认为即使“焉（安）”出现在疑问句、测度句、感叹句的末尾，也不表示疑问、测度、感叹等语气，而仍表示它原来的意义。

三、句中语气词“焉”的发展

在传世西周文献中，句中语气词“焉”用于语句主语之后，表示停顿，兼有提起下文的语气，可不译出。例如“往来行言，心焉数之”（《诗经·小雅·巧言》），意思是传来传去的流言，心里要辨别它。“数”为辨别之义。

在出土文献中写作“於”，用于主语之后。

战国秦代的用例如：

《诗》於（焉）又（有）之曰：“岂弟君子，民之父母。”（《上博楚简四·曹沫之阵》）

这个“焉”出现在句中语气词可以出现的地方，表示它前面的成分是一个话题。

总之，从出土文献来看，语气词“焉”只出现在出土战国文献中。这种文献中的“焉（安）”有“焉”“安”“言”等写法。句末语气词“焉（安）”表示肯定语气，同时有将事态往大处说的意思。语气词“焉（安）”跟“爾”功能基本一致，所以两者有时连用。“焉（安）”只出现出现在陈述句中，是个陈述语气词。句中语气词“焉”用于语句主语之后，表示停顿，表示它前面的成分是一个话题。

第八节　出土先秦文献中其他语气词的发展

在出土先秦文献中，除了“与”“也”“殹”“矣”“乎”“哉”“焉”之外，还有一些其他语气词。

一、语气词“抑”和“执”的发展

在殷墟甲骨文中只有两个句末语气词，它们是“抑”和“执”。“抑”和“执”两者很相近。

“抑”有时出现在正反问句的前一分句末尾，与后一分句末尾的“执”相呼应，构成“……抑……执”的固定句式，表示疑问语气，可译为“……呢……呢”。

殷商时代的用例如：

① 癸酉卜，贞：方其围今二月抑，不执？余曰：不其围。允不。(《合集》20411)

② 癸酉卜，王贞：自今癸酉至于乙酉邑人其见方抑，不其见方执？(《合集》799)

③ 壬午［卜］，争贞：□其来抑，不其来执？(《合集》800)

④ 贞：御妇抑，勿执？(《合集》802)

“执”有时出现在正反问句的前一分句的末尾，与后一分句末尾的“抑”相照应，构成“……执……抑”的句式，表示疑问语气，可译为“……呢……呢”。

殷商时代的用例如：

① 癸卯卜，王：缶蔑围戎执，弗其蔑抑？三日丙午遘方，不获。(《合集》20449)

② 庚戌卜，师贞：方其围今日执，不［抑］？(《京津》2984)

③ 辛酉卜，贞：有至今日执，亡抑？亡。(《合集》20377)

有时候，两个“抑”分别出现在构成正反对贞的两条命辞之末，表示疑问语气，都可译为“呢”，而“执”没有这种用法。

殷商时代的用例如：

① 戊申卜：方启自南，其围抑？
　戊申卜：方启自南，不其围抑？(《合集》20415)

② 涉三羌，既获抑？
　毋获抑？(《合集》19755)

“抑”有时还出现在是非问句的末尾，表示疑问语气，可译为“吗”，而“执”没有这种用法。

殷商时代的用例如：

① 癸亥卜：小方不围今秋抑？(《合集》20476)

② 戊戌卜：其阴翌己抑？启，不见云。(《合集》20988)

③ 庚戌卜：今日狩，不其擒抑？(《合集》20757)

④ 己未卜：不遘雨抑，狩□？(《合集》20757)

这种用法的“抑”和“执”在后世出土文献和传世文献中都未见到。

二、语气词“耳”的发展

在出土先秦文献中，语气词“耳”很少见。

战国秦代的用例如：

① 又（有）阅春秋，亡不以丌（其）生也亡耳。（《郭店楚简·语丛三》）

② 思（使）良车良士往取之餌（耳）。（《上博楚简四·曹沫之阵》）

上引例①“春秋”前的一个字，我们从李零（2007）说，释为“阅”，是经历之义。例②中的“餌”，季旭昇等（2007：148）作“如”字解，把此句译为“让好的车队、好的士卒去攻取敌人的饵军”。这样的解释于义难通，况且如果是此义，“取”后应是“其”字，而不应是“之”。

在传世战国文献中，“耳”表限止语气，含有将事态往小处说的意思，可以译为“而已”“罢了”。例如“寡人非能好先王之乐也，直好世俗之乐耳”（《孟子·梁惠王下》）、“故君子之所以日进，与小人之所以日退，一也。君子小人之所以相县者，在此耳”（《荀子·天论》）。出土战国文献中的语气词“耳”，也应是表示这种限止语气的。

三、语气词“尔”的发展

在出土文献中，语气词“尔”有两种用法：一是作句末语气词，二是作句中语气词。

（一）句末语气词“尔”

句末语气词“尔”可以单用，也可以与其他语气词连用。

战国时代单用的例子如：

① □惠而实弗从，君子弗言尔（爾）。心［疋（疏）而貌］罣（亲），君子弗申尔（爾）。（《郭店楚简·忠信之道》）

② 乍（作）豊（礼）乐，折（制）埜（刑）法，季（教）此民尔（爾）。（《郭店楚简·六德》）

③ 未，羊，盗者从南方，有（又）从出尔，在牢圏中。申，猴矣，盗从西方尔，在山谷。酉，鸡矣，盗从西方入，復从西方出尔，在囷屋东屎水旁。戌，犬尔，［在］责（积）薪粪、蔡中。（《放马滩秦简·日书甲·亡盗章》）

这种“尔”在传世战国文献中可以见到。例如“荀息对曰：‘君若用臣之谋，则今日取郭而明日取虞尔，君何忧焉？’”（《公羊传·僖公二年》）、“象入舜宫，舜在床琴。象曰：‘郁陶思君尔。’”（《孟子·万章上》）对于这种“尔”，洪波等（2005：186）认为它是表示肯定语气的，同时有将事态往大处说的意思，与“而已”“耳”相对，与现代汉语中的“呢”大致相当，此说可从。出土战国文献中的语气词“尔”也应这样分析。

战国时代与其他语气词连用的例子如：

① 君子言訐（信）言（焉）尔（爾），言煬言（焉）尔（爾）。（《郭店楚简·六德》）

② 正（当）丌（其）㦤（然）而行，怠（治）安（焉）尔（爾）也。（《郭店楚

简·语丛一》)

③ 亥，豕矣，盗者中人矣尔，在屏、圂方及矢。(《放马滩秦简·日书甲·亡盗章》)

在例①中语气词“尔”与“焉”连用，形成“焉尔”的格式。“焉”的功能与“爾”基本一致，表示肯定语气，同时有将事态往大处说的意思（参见洪波，2005：186）。两个同义的语气词连用，加强这种肯定、夸大的语气。例②中是“焉”“尔”“也”的连用，构成“焉尔也”这样的固定词组。这种用例在传世文献中可以见到。例如“管仲死，桓公使为之服。宦于大夫者之为之服也，自管仲始也，有君命焉尔也”（《礼记·杂记下》）。“焉”和“尔”是同义的语气词，两者连用，加强了肯定、夸大的语气，这已在前边讲过了。最后用“也”，表示判断、确认的语气，语气的重点落到最后一个语气词“也”上。例③中“矣”和“尔”连用，构成“矣尔”的固定词组。这种用例，在传世文献中未见到。“矣”表示报道新情况的语气，“尔”表示肯定、夸大的语气，连用时语气的重点落到最后一个语气词“尔”上。

（二）句中语气词“尔”

战国秦代的用例如：

① 丌（其）言尔（爾）訐（信），古（故）但（转）而可受也。(《郭店楚简·忠信之道》)

② 足此民尔（爾）生死之用。(《郭店楚简·六德》)

例①中的“尔”用在主语之后，主要表示停顿的语气，同时有夸大的意思。例②的意思是，满足人民生前死后的器用。例②中的“民尔生死”可以看作主谓短语，“尔”也是用于主语之后的，是句中语气词。

“尔”跟“也”一样，可以作句末语气词，也可以作句中语气词，后者源自前者。

四、语气词“已”的发展

在传世西周文献中可以见到语气词“已”，表示“只能如此”的限制语气，可译为“了”或“啦”。例如“公定，予往已”（《尚书·洛诰》）。

从出土文献来看，语气词“已”最早见于春秋时代的文献中。

语气词“已”只作句末语气词用，可以单独使用，也可以跟其他语气词连用。

（一）单用的语气词“已”

春秋时代的用例如：

① 往已叔姬，虔敬乃后，子孙勿忘。(《吴王光鉴铭》，《集成》16·10299)

② 往巳（已）弔姬，虔敬命勿忘。(《蔡侯甬钟铭》，《集成》1·223－4)

战国秦代的用例如：

① 天下皆智（知）攲之为媺也，亚（恶）巳（已）；皆智（知）善，此其不善巳（已）。(《郭店楚简·老子甲本》)

② [攲]，则可巳（已）；不攲（悦），可去也。(《郭店楚简·语丛三》)

③ 今天下之君子既可智（知）已。(《上博楚简四·曹沫之阵》)

④ 丌（其）人妻（数）多已。(《上博楚简六·竞公瘧》)

语气词“已”是由“完毕”义的动词“已”虚化而成的。它表示肯定语气，同时表示所述事件已经成为事实，可译为“了”。上引4例中的“已”都可如此解释。

（二）连用的语气词“已”

战国秦代的用例如：

①繇（由）丘籗（观）之，则敚（微）言也已。（《上博楚简五·季庚子问於孔子》）

②至（致）而亡及也巳（已）。（《郭店楚简·语丛四》）

上引两例，都是“已”跟“也”连用，构成“也已”这样惯用词组的例子。这种例子在传世文献中也可以见到。例如“及楚杀子玉，公喜而后可知也。曰：‘莫余毒也已’”（《左传·宣公十二年》）、“君子食无求饱，居无求安，敏于事而慎于言，就有道而正焉，可谓好学也已”（《论语·学而》）。“也已”中的“也”表示判断确认的语气，而“已”表示业已实现的语气，语气的重点落到最后一个语气词“已”上。

五、语气词“兮”的发展

从出土文献来看，语气词“兮”只见于出土战国时代的文献中。在这种文献中，语气词“兮”只出现了两次：

①巳（鸤）鴼（鸠）曰：丌（其）义一氏（兮），心女（如）结也。虐（吾）信之。（《上博楚简一·诗序》）

②古（故）道［之出言］，淡可（兮）丌（其）无味也。（《郭店楚简·老子丙本》）

例①引自《诗经》，所以严格来说，它反映的是春秋时代的语言现象。此例中的“兮”用于陈述句末，表示感叹，有拉长声调、抒发感情的作用，可译为“啊”“呀”。例②中的“兮”用在陈述句中，表示语气停顿舒缓，同时有抒发感情的作用。

六、语气词“则”的发展

在出土战国文献中还可以见到用作句末语气词的“则”，都出现在《诗经》引文之中。很明显，这是西周时代“则”的用法，而不是战国时代“则”的用法，如：

《寺（诗）》員（云）：“皮（彼）求我㒸（则），女（如）不我寻（得）。”（《郭店楚简·缁衣》）

马瑞辰在《毛诗传笺通释》中说：“则字为句末语助词，故《笺》但云‘王之始征求我，不释则字’。”若此说可信，则“则”应视为句末语气词。

此外，在传世文献中，“则”还有疑问语气词的用法，如“盖钟子期死，伯牙终身不复鼓琴，何则”（司马迁《报任安书》）。不过这种“则”，在出土战国文献中还未曾见到。

第五章　出土先秦文献兼词的发展

所谓兼词，是指一个词的某一个义项中含有两个部分，这两个部分属于不同的词类。例如“焉”的含义为“于是”或“于之”，“于”为介词，“是”或“之”属于代词。有的兼词是由合音造成的，如“诸”；有的则其原始含义就是如此。这里重点讨论“焉”和“诸”这两个词。

“焉”是介代兼词，可以表示施事、受事、对象、与事、伴随、比较、处所、范围方面、时间等。“诸”是“之於”的合音，其中的“於”可以分为3类：一是作处所连词；二是作范围介词；三是作当事介词。

第一节　出土先秦文献兼词“焉”的发展

结合出土文献和传世文献来看，作为兼词的“焉”有“焉”“安”两种写法，立词条时可写为“焉（安）”。何乐士（1988）认为“焉”是兼词，是介代兼词。我们认为，何乐士的说法可信。

在传世西周文献中可以见到兼词“焉”，表示“于是”的意思，又表示提示性的陈述语气，现代汉语中没有相当的词来对译。例如：

① 有菀者柳，不尚息焉。上帝甚蹈，无自昵焉。俾予靖之，后予极焉。（《诗经·小雅·菀柳》）尚：可。昵：病。靖：谋划。极：当为“殛”，憎疾。

② 有菀者柳，不尚愒焉。上帝甚蹈，无自瘵焉。俾予靖之，后予迈焉。（《诗经·小雅·菀柳》）愒：休息。瘵：病。迈：不悦。

何乐士（1988）认为兼词“焉（安）”主要有3个特点：一是绝大多数位于句末，但它不属于整个句子，而属于用作谓语中心成分的动词或形容词；二是它表示与中心成分有关的人物、处所、事件、状态等；三是由于“焉”所包含的代词在上文已有先行词，用“焉”代替“於/于+宾语”可以避免重复，使句子简洁、中心突出。我们认为，何乐士对于“焉（安）”的特点的认识是准确而深刻的，是我们辨别“焉（安）”是否属于兼词的依据。

我们把“焉（安）”视为介代兼词，介词包括“于”或“於”；代词包括“是”“此”“之”等。由于“焉（安）”可以理解为“介词+代词”，在句子中一般作补语，所以对兼词“焉”的下位区分，可以采用对介词的分类方法。兼词“焉”只见于出土战国文献中，这些文献中的兼词“焉（安）”有以下几类：

1. 表示施事

战国秦代的用例如：

不肰（然），忎（恐）亡安（焉）。（《上博楚简四·曹沫之阵》）

此例中的“亡”是灭亡的意思。“忎（恐）亡安（焉）”是说恐怕被敌国灭亡。

2. 表示受事

战国秦代的用例如：

① 乐丌（其）衍（道），兑（悦）丌（其）斊（教），是旨（以）敬安（焉）。（《郭店楚简·性自命出》）

② 含（今）受为无道，䎽（昏）者百眚（姓），至（制）约者（诸）侯，天牺（将）戠（诛）安（焉）。（《上博楚简二·容成氏》）

用在及物动词之后、表示受事的“焉（安）”也应看作兼词，其中的介词是引介受事成分的。这种“焉”跟作受事宾语的“之”是不同的，“焉”有对受事的强调作用，而“之”则没有。

3. 表示对象

战国秦代的用例如：

① 奡（寡）人惑安（焉），而未之㝵（得）也。（《郭店楚简·鲁穆公问子思》）

② 以履履男子，利焉。（《睡虎地秦简·封诊式》）

例①中的“惑安（焉）”是说对此感到疑惑；例②中的“利焉”是说对他合适。

4. 表示与事

所谓“与事”，包括给予的对象、祭祀的对象、索取的对象、询问的对象等等。

战国秦代的用例如：

① 大材埶（艺）者大官，少（小）材埶（艺）者少官，因而它（施）录（禄）安（焉）。（《郭店楚简·六德》）

② ☐☐氏之有天下，厚施而泊（薄）畬（敛）安（焉）。（《上博楚简二·容成氏》）

③ 受䎽（闻）之，乃出文王於虽（夏）臺（台）之下而䎽（问）安（焉）。（《上博楚简二·容成氏》）

5. 表示伴随

所谓伴随，是指偕同的对象。

战国秦代的用例如：

① 丙有宁毒言，甲等难饮食焉，来告之。（《睡虎地秦简·封诊式》）

② 甲取人亡妻以为妻，不智（知）亡，有子焉。（《睡虎地秦简·法律答问》）

例①中的“饮食焉”是说跟他（丙）一起饮食；例②中的“有子焉”是说跟她有了孩子。

6. 表示比较

战国秦代的用例如：

① 此言也，言不靀（逆）大棠（常）者，文王之型（刑）莫至（重）安（焉）。（《郭店楚简·成之闻之》）

② 或，恒安（焉）。生或者同安（焉）。（《上博楚简三·恒先》）

7. 表示处所

可以表示所在，也可以表示所从、所到。

战国秦代的用例如：

① 瑶、敓舉（与）雁成，唯周鼷之妻葬安（焉）。（《包山楚简》91）成：和解。

② 乐之所至者，慕（哀）亦至安（焉）。《上博楚简二·民之父母》）

③ 屈（掘）其室中三尺，燔豕矢焉，则止矣。……票（飘）风入人宫而有取焉。（《睡虎地秦简·日书甲种》）

8. 表示范围方面

战国秦代的用例如：

① 天大，陛（地）大，道大，王亦大。国中又（有）四大安（焉），王凥一安（焉）。（《郭店楚简·老子甲本》）

② 圣人之訂（治）民，民之道也。墨（禹）之行水，水之道也。戚（造）父之馭（御）马，马之道也。句（后）禝（稷）之埶（艺）陛（地），陛（地）之道也。莫不又（有）道安（焉）。（《郭店楚简·尊德义》）

9. 表示时间

战国秦代的用例如：

敂（曹）穢（沫）曰：□不同矣，臣是古（故）不敢以古倉（答），肰（然）而古亦有大道安（焉）。（《上博楚简四·曹沫之阵》）“安（焉）”中的代词回指其先行词“古”。

总之，兼词“焉”只见于出土战国文献中。在这种文献里，“焉（安）”有“焉”“安”等写法。兼词“焉（安）”是介代兼词，可以表示施事、受事、对象、与事、伴随、比较、处所、范围方面、时间等。兼词“焉（安）”表示处所和范围方面的最多，鲜有表示施事、时间和对象的。表示施事、受事、与事的用法只见于楚简中；表示伴随的用法只见于秦简中；表示对象、比较、处所、范围方面的用法，在楚简、秦简中都可以见到。

第二节　出土先秦文献兼词“诸”的发展

“诸”应视为合音兼词，相当于“之於”。合音兼词“诸”只见于出土战国时代的文献中。

既然“诸”相当于“之於”，那么对“诸”的下位分类，可以参考对介词“於”的分类。

“诸”可以分为3类：一是其中的“於”是介引处所的；二是其中的“於”是介引范围的；三是其中的“於”是介引当事的。

1. 介引处所的

“诸”中的“於”为位事介词或处所介词。

战国秦代的用例如：

① 又（有）鷃（燕）監（衔）卵階（错）者（诸）丌（其）前，取而軟（吞）之。（《上博楚简二·子羔》）

② 置诸冥室椟棺之中。（《诅楚文·大沈厥湫文》）

③ 不我（义）而恖者（诸）已，弗受也。（《郭店楚简·语丛三》）

④ 姑（苦）或（成）豪（家）父尃（搏）长鱼翯，梏（梏）者（诸）廷。（《上博楚简五·姑成家父》）

⑤ 尧之取叁（舜）也，从者（诸）卉茅之中，与之言豊（礼）。（《上博楚简二·子羔》）

⑥ 戠（察）反者（诸）㠯（己）而可以智（知）人。（《郭店楚简·成之闻之》）

2. 介引范围的

“诸”中的“於”为范围介词。

战国秦代的用例如：

① 戠（察）者（诸）出，所以智（知）㠯（己）。（《郭店楚简·尊德义》）

② 故夫夫、妇妇、父父、子子、君君、臣臣，六者各行其职，而讪誇亡由作也。雚（观）者（诸）峕（诗）、箸（书），㝵（则）亦才（在）壴（矣）。（《郭店楚简·六德》）

③ 孔子盒（答）曰：“邦大旱，毋乃遊（失）者（诸）型（刑）与悳（德）虐（乎）？”（《上博楚简二·鲁邦大旱》）

例①中的“察诸出”是说由表现来观察它。例②中的“观诸诗、书”是说由诗、书来观察它。例③中的“失诸刑与德”是说在刑和德上有缺失。

3. 介引当事的

“诸”中的“於”为当事介词。

战国秦代的用例如：

① 大〈天〉陛（施）者（诸）丌（其）人，天也。（《郭店楚简·五行》）

② ☐[賁（任）] 者（诸）父兄，賁（任）者（诸）子弟。（《郭店楚简·六德》）

③ 是古（故）君子之求者（诸）㠯（己）也深。（《郭店楚简·成之闻之》）

④ 则诉者（诸）褢（鬼）神。（《上博楚简五·竞建内之》）

下引一例中的“都”如果确实应读为“诸”，则可训为“之”。例如：

甬（用）都（诸）畣（教）於邦。（《上博楚简四·曹沫之阵》）

第六章　出土先秦文献虚词发展综论

第一节　出土先秦文献介词的起源与发展

王鸿滨（2004）曾用传世文献研究过上古汉语介词的发展与演变问题，但是到目前为止还没有人研究过出土先秦文献中介词的起源和发展问题。与传世文献相比，出土文献具有时代地域明确、保持语言原貌、没有流传讹误等优点。因此从事本方面的研究是必要的，也是有价值的。

我们把先秦时期分为殷商（253 年）、西周（275 年）、春秋（294 年）、战国秦代（269 年）四个时段，先以出土先秦文献为语料描写各个时段的介词系统，再用“史”的线索把它们串联起来，考察从殷商至战国秦代介词系统的演变，并探讨其演变的原因及规律。

我们主张以语法功能和表述功能作为划分词类的标准。从语法功能来说，能单纯地作句法/句子成分的是实词，不能单纯地作句法/句子成分的是虚词。据此，虚词应包括介词、连词、助词、语气词等四大类。从表述功能来说，附加在陈述、指称或修饰上起辅助作用的是虚词。据此，虚词也应包括介词、连词、助词、语气词等四大类。

依据语法功能和表述功能的标准，我们从出土先秦文献中找出如下一些介词：“於（于、乎）”“以”“用”“如”“与”“及”“眔（暨）”“为”“因”“自”“从”“由”“道”“至”“到”“遝”“晋”“戠（待）”“㕚（比）”“向”“在”“当”“方”“即”“先”“后”“尽”“终”“至于”“以至”“以就”“自从”等。

一、出土先秦文献介词的起源

（一）介词的源头

以往的观点是，介词主要是由动词语法化/虚化而来的，这种观点大抵是正确的。例如“在”“当”“由”“从”“至”“以”“用”“与”“及”“为”“眔（暨）”“先”等介词，都是源自动词的。

介词“于”亦然。关于介词“于”的来源，过去主要有 3 种不同的看法：一是认为由“往”义的动词“于”虚化而来。持此说的有郭锡良（1997、2005）、王鸿滨（2004）、蒲立本（2006）等。梅祖麟（2004）也认为介词“于”是由表“往、行”等义的动词虚化而来，但他认为这个动词是属于共同汉藏语里的，而不仅是上古汉语中的动词“于”。二是认为介词“于”“於”“乎”来源于上古的泛声。持此说的是赵仲邑（1964），他看到了上古汉语介词“于”“於”“乎”跟“以”“与”“为”有很大不同，他认为可以根据来源把上古汉语的介词分为两个不同的系统，即来源于泛声的介词和来源于动词的介词。三是认为介词“于”来源于远古汉语的格助词。持此说的是时兵（2003），他认为原始汉语的语法基本格局与古藏语大体相同，都是“SOV型”语言，没有前置介词，而使用格助词标识体词性成分在句子中的地位以及与其他成分的关系。“于”的真正来源是远古汉语的格助词，它的语法功能与古藏语的格助词“la”大致相当。

我们赞同第一种说法，因为在甲骨文中“于”有动词用法，而且并不少见。例如“壬寅卜：王于商”（《合集》33124）、“贞：使人于岳？贞：勿使人于岳”（《合集》5520）、“贞：令凿白于敦”（《英国》1977）、“贞：呼去伯于冥？贞：呼去伯于冥”（《合集》635）。

应注意的是，并不是所有介词都源自动词，例如介词“方”应是源自副词“方”的。

复音介词的来源就更复杂一些：介词“至于”的源头应是动词“至”＋介词“于”；介词“以至”的源头应是连词“以”＋动词“至”；介词“以就”的源头应是连词“以”＋动词“就”；介词“自从”的源头应是介词“自”和“从”的并列。

我们不但要知道介词绝大多数是源于动词的，还要进一步研究介词是从动词的哪个义项而来的。如关于介词“与”的来源，周生亚（1989）曾指出，“与”原来是一个意义为“给予”的动词，由此虚化为虚词。虚词“与”产生的路线应为“动词→介词→连词”。于江（1996）也认为虚词“与”来源于“给予”义的动词。这种动词后面通常带上动作的对象，后来逐渐虚化，而成为表示“为”“替”“和”等意义的介词、连词。

而我们认为，介词“与”确实是来源于动词“与”，但不是来源于“给予”义的动词，而是来源于“跟随”“在一起”义的动词。这种意义的动词“与”在古汉语中是存在的，如“桓公知天下诸侯多与己也，故又大施忠焉”（《国语·齐语》）、“日月逝矣，岁不我与”（《论语·阳货》）。王力等（2000）认为，前例中的“与”为“跟随”“亲附”义，后例中的“与”为“在一起”的意思。

（二）动词虚化为介词的机制

动词虚化为介词的基本前提是它经常出现在某种句法结构的位置上。一个动词如果经常出现在“□＋O＋VP”或“VP＋□＋O”中“□”的位置上就可能语法化为介词。例如介词“在”所由虚化的具体句法环境应是“在＋处所词语＋VP”和“VP＋在＋处所词语”；“当”所由虚化的具体句法环境应该是“当＋NP＋VP”；“由”“从”所由虚化的具体句法环境是“由/从＋O＋VP”；“以”所由虚化的具体句法环境是“以”作前一个动词的连谓结构；“与”所由虚化的具体句法环境应为“NP_1＋与＋NP_2＋VP”这样的连动式；“为”所由虚化的具体句法环境是“S＋为＋名$_1$/代＋名$_2$/动”；动词“及”虚化为介词“及”的句法结构位置应是“及”和它的宾语出现在VP之前；介词“于”是由连动式V_1V_2O中的V_2变来的等等。我们知道，汉语句子结构信息的安排，一般是旧信息或已知信息在前面，新信息或焦点在后面。这样汉语连动式中第一个动词所表示的往往是旧信息或已知信息，其本身是表示伴随意义的，后一个动词才是句子的中心。由于第一个动词经常作为非中心动词来用，它的意义开始变弱，开始虚化，逐渐失去动词的性质，变成一个只起介引作用的介词。处于连动式后一动词位置上的动词，由于语音的弱化，词义的抽象化，也有可能虚化为介词。

句法位置的变化是其前提，而要实现这种虚化还需要动词词义的变化。一个动词经常表示伴随动作，就会引起动词词义的弱化、泛化和虚化。以“用”为例，当它作动词的时候，其后宾语所表示的事物往往是具体的事物。例如“于以用之？公侯之事”（《诗经·召南·采蘩》）、“然则一羽之不举，为不用力焉；舆薪之不见，为不用明焉”（《孟子·梁惠王上》）。但当它向介词虚化时，后面宾语所表示的就可以是抽象事物了。例如“伯赐赏，用作宝簋”（《生史簋铭》，《集成》7·4100）、“赐贝百朋，伯姜对扬天子休，用作宝尊彝”（《伯姜鼎铭》，《集成》5·2791）、“若敬乃正，勿法（废）朕令，盂用对王休，用作祖南公宝鼎”（《大盂鼎铭》，《集成》5·2837）。语法化后的介词所带的宾语比作为动词所带的宾语在意义类型上多样化了。以“用”为例，它由动词首先虚化为工具介词和材料介词，由工具介词和材料介词再虚化为依据介词，由依据介词再进一步虚化为原因介词，还由工具介词发展出时间介词的用法。

在由动词向介词语法化的过程中，汉语中早已存在“P + NP + VP”和“VP + P + NP”这样的句式，成了虚化的类推原动力。句法位置的变化和固定，动词词义的弱化、泛化和虚化，这些变化在类推原动力的作用下得以强化，引起了人们对它所在结构的重新分析。“V + O + VP”和“VP + V + O”被分析为“P + NP + VP”和“VP + P + NP”这样的结构，从而完成了由动词向介词的转变。

（三）介词的源头与介词的特点

考察汉语介词时应注意对其源头的探究，因为一个介词的源头在一定程度上决定了这个介词在语法功能和语法意义上的特点。比如介词“与”所由虚化的具体语法环境为“NP_1 + 与 + NP_2 + VP”这样的连动式，NP_1 和 NP_2 一般是表人名的词语。所以“与”字介宾短语（不管介词“与”的宾语是否省略）都出现在谓词语前作状语，没有例外。介词“方”是源自副词“方”的，所以介词“方”的宾语最初都是动词语，后来它才可以用作名词语而充当宾语。

介词往往是由动词的某一义项发展而来的，这一义项一般就是介词后来语法化的语义基础和起点。如动词“以”的本义是“提挈”“携带”之义，由此义引申有“拿”“用”的意义。这种意义的“以”首先虚化为工具介词“以”，这种工具介词“以”的意义也是“拿”“用”，用什么工具做什么事，也就是拿着这个工具。意义是“拿”“用”的动词“以”同时虚化为材料介词，材料介词“以”也是“拿”“用”的意思，用什么材料做什么，也就是拿着这个材料。介词“以”的其他用法，大都是在工具介词、材料介词的基础上发展而来的。

二、出土先秦文献介词的历时演变

介词是一个系统，其中还包括一些子系统，如主事介词、客事介词、与事介词、凭事介词、境事介词、因事介词、关事介词、比事介词等。但是这些子系统并不是一开始就都有的，而是逐渐发展、成熟起来的。就殷墟甲骨文来说，当时还没有凭事介词、因事介词、比事介词等。这些子系统是从西周时代开始逐渐发展起来的。早期即使有某个子系统，也不太发达，其中包括的介词也比较少。比如殷商时代客事介词只有一个“于”，到了战国时代，则增加了“以”“自”“到”3 个。

就出土文献来看，上述 32 个介词的出现和使用时代是不同的。如下表所示：

虚词	时代			
	殷商时代	西周时代	春秋时代	战国秦代
於（于、乎）	○	○	○	○
以		○	○	○
用		○	○	○
如				○
与				○
及	○	○	○	○
眔（暨）	○	○		
为				○
因				○
自	○	○	○	○
从	○	○	○	○
由	○	○	○	○
道				○
至	○	○	○	○
到				○
遝				○
晋		○		
戠（待）	○			
邲（比）	○			
向				○
在	○	○	○	○
当				○
方				○
即	○			
先	○			
后	○			
尽				○
终	○	○	○	○
至于	○	○	○	○
以至				○
以就				○
自从				○

※上表中的“○”代表有这样的用例，空白表示没有见到这样的用例。

同一个介词有不同的写法，这些写法也有其时代性。如从现有的出土先秦文献来看，“于”始见于殷商时代，而“於”始见于春秋时代，“乎”始见于战国时代。“于”出现的次数由多到少，战国时代最少见；“於”出现的次数由少到多，到了战国时代最常见；“乎”始终都不多见，它主要是用来作句末疑问语气词的。

同一个介词在不同的时代虽然都可以见到，但其使用频率却可以是不同的，也就是有常用和不常用之别。如介词“用”在西周时代就已经产生了，当时已经有工具介词、材料介词和因事介词等用法，比较常用。到了战国时代，介词“用”仍有这些用法，此外还发展出依据介词和时间介词等用法。不过在战国时代，由于介词“以”已经被广泛使用了，介词“用”就不常用了。

不但介词有时代性，就连介词的用法也具有时代性。我们都知道一个介词往往有多种用法，但是这些不同的用法往往不是在同一时代产生的，而是在不同时代逐渐发展出来的。如“在”的处所/位事介词用法和时间介词用法从殷商时代起到战国秦代都存在，而范围介词用法只见于战国秦代。又如介词“由”始见于殷商时代，当时只有作时间介词的用法。到了战国秦代，介词“由”则出现了施事介词、方位介词、范围介词、原因介词等用法，只是都不太常用。再如“以”在西周时代已经语法化为介词了，这个介词已经有凭事介词中的工具介词和凭据介词、因事介词中的原因介词、与事介词中的共事介词和客事介词等用法。到了春秋时代，已经可以见到凭事介词中材料介词的用法。到了战国时代，继承了西周时代介词“以”的各种用法，同时又发展出与事介词中的当事介词、凭事介词中的方式介词、境事介词中的时间介词等用法。

一个介词可以有多种用法，而不同用法之间可以梳理出演变的源流。这就是说，一个介词内部的各种用法也构成一个系统，各个成员之间是有联系的。如介词“以”，它本身是“提挈”“携带”之义，由此义引申出“拿”“用”的意义。这种意义的“以”首先虚化为工具介词“以”，意义不变；同时虚化为材料介词，意义也不变。方式介词、依据介词显然是由工具介词、材料介词进一步虚化而来的。由后者向前者发展的动因，主要在于介词“以”引进内容的变化：工具介词、材料介词“以”一般是介引表示具体有形事物的名，而方式介词、依据介词“以”一般介引的是抽象名词，这个抽象名词用以表示完成动作行为所采取的方法、形式，所依据的标准、前提或基础。原因介词“以”应源自依据介词“以”，这两种“以”常常不易分辨，说明两者有极为密切的关系。受事介词“以”源自工具介词。出土战国文献中的“以”，还有用作当事介词的，这种“以”可能源自受事介词“以”，因为受事、当事都是动词后的配价成分。当然，这种用法的“以”，也可能是受“於”的类化而产生的。共事介词“以”，是由率领义的动词“以”虚化而来的。率领义的动词“以”在殷商时代已很常见，后来直接虚化为共事介词“以”。时间介词“以”情况复杂一点。解惠全、蓝鹰（1987）认为时间介词“以”源自“凭借”义的介词“以”，而周守晋（2004）则认为是源自工具介词。由于时间介词“以”常常可译为“用”，因而从周守晋（2004）说可能更好一些。最初“以＋表日名词”就是“用这个日子干什么”的意思。但是不少时间介词“以”已经不能译为“用”，而应该译为“在”“到”或“从”了。这种变化可以视为时间介词“以”意义的泛化（语法意义的泛化），也可以认为是时间介词“以”受到了时间介词“於”的类化。由于这两个词都可以介引时间词语，所以会相互影响，时间介词“以”也可以跟“於”一样有“在”“到”“从”的意义。

又如“于”，由“往”“到”义的动词虚化成意义为“到”的位事介词和处所介词，这是一个语法化的过程。作动词时，“于”的宾语都是处所词语，虚化为位事介词和处所介词后亦然。意义为“到”的位事介词和处所介词“于”本来是终点介词，后来其语法意义泛化，不但作终点介词，也用作所在介词和起点介词。由“在”“到”“从”义的处所介词变为有“在”“到”“从”义的时间介词是隐喻作用的结果，由表空间义转为表时间义。“於”的对象介词、客事介词、与事介词和比事介词等的用法，都应该是由意义为“到”的位事/处所介词发展而来的，因为“往”“到”义跟“对”“向”“跟”“给”义是相通的，往某个地方去其实就是向着/对着某个方向。主事介词“於”应源自位事/处所介词“於”。处所介词“於”是“在”“到”“从”的意思。由此义逐渐抽象化和泛化，引申为“在……中/里”“从……中”，这样就变成了范围介词；由处所介词的意义引申为“在……方面”，就变成了方面介词。因事介词、凭事介词等用法其实都是源自范围介词。先看下引两例：

①余必使尔罢於奔命以死。(《左传·成公七年》)

②於诸侯之约，大王当王关中，关中民咸知之。(《史记·淮阴侯列传》)

例①中的“於”，何乐士（2006）认为可译为“由于”；例②中的“於”，何乐士（2006）认为可译为“根据”。其实，这两个“於”原来都是“在……中”的意思，只是由于“於”的宾语和前面动词的特定语义关系，使我们可以像何乐士（2006）那样翻译罢了。又如“辱于老夫”中的“于”，我们分析为原因介词，但也可以看成范围或处所介词，意思是“从……这里”。

再如“为”的介词用法也是源于动词用法的。介词“为”所由虚化的具体语法环境是“S＋为＋名$_1$/代＋名$_2$/动”。当“为”后的两项作“为”的双宾语时，“名$_1$/代”这一项就是“为”的当事；当“为”虚化为介词后，“名$_1$/代”就成了其后动词的当事。所以当事介词这一用法是直接由动词用法演变而来的，是其最基本的用法，出现频率也最高。由当事介词用法发展出了对象介词的用法，这两种用法很相近，语义也十分类似，有时甚至很难区分。由当事介词用法又发展出目的介词的用法，当事介词介引的是动作行为的对象，目的介词介引的是动作行为的目的，两者是相通的，有时甚至都可译为“为”“为了”。由目的介词又发展出了原因介词，因为目的和原因相通，“为了什么而V”和“因为什么”而V是类似的。至于施事介词，可能也是直接源于动词“为”的。“S＋为＋名$_1$/代＋动”是“为”所由虚化的具体语法环境之一。当“为”是动词时，其后的“动”是动词用作名词，是“所动”之义。从语义上看，“为”后的“名$_1$/代”是“动”的施事。但当“为”虚化为介词后，“动”又变回动词，这时“为”后的“名$_1$/代”成了“为”的宾语，但在语义上“名$_1$/代”仍是“动”的施事。例如“兔不可复得而身为宋国笑”(《韩非子·五蠹》)中的施事介词“为”就是这样产生的。

另如“自”“从”，它们最先由动词虚化过来的用法应该是处所方位介词。由于隐喻的作用，“自”“从”又由处所方位介词的用法发展出时间介词的用法。范围和处所方位是相通的，既然“自”“从”可以表示处所方位的起点，当然也可以表示范围的起点。表示施事、受事、当事的名词，如果是级别名词，也可以由“自”介引，用以表示施事、受事、当事的起点，很明显这种“自”和处所方位介词“自”（用于表示起点）是相通的。“由”也有施事介词用法，也应是源自处所方位介词“由”。“由”还有原因介词的用法，这是源自何处呢？洪波（1988）曾讨论过“于”“於”介词用法的源流，他认为原因介词“于”“於”来源于处所起点介词“于”“於”，此说可从。既然如此，那么原因介词“由”也是源自表示起点的处所方位介词“由”。

介词用法的发展是有规律的。如“於（于）”由位事和处所介词发展出时间介词，同时又发展出范围介词。不但“於（于）”如此，“在”“即”“当”“自”“从”等都是如此。又如原因介词“于”“於”来源于表示处所起点的介词“于”/“於”，同样，原因介词“由”也是源自表示起点的处所方位介词“由”。两个词意义相同或相近，所由虚化的具体句法环境类似，其用法的演变就可能是相同的。如“以”和“用”意义相同，两者用法的发展也类似。动词“用”首先虚化为工具介词和材料介词，由工具介词和材料介词再虚化为依据介词，由依据介词再进一步虚化为原因介词；由工具介词还发展出时间介词的用法。这跟“以”是一致的。

三、出土先秦文献介词的地域性

从出土战国文献来看，有些介词只出现在秦简之中，有些介词只出现在楚简里。只出现在秦简之中的介词如“到”“遝”“道”等，只出现在楚简里的介词如“因”“由”等。而介词“与”在秦简、楚简中都常见，在中山国金文中也可以见到，但在曾简中一次也未见到。这是由于介词“与”没机会出现，还是由于当地人不用介词“与”呢？这是以后值得研究的问题。

介词的书写形式也有地域性。如“乎”这种写法只有客事介词、与事介词、关事介词和比事介词等四种用法，而且它只出现在楚简之中。

介词框架也具有地域性。如“主语+之+在+处所名词+也”或“其+在+处所名词+（也）”这样的框架，只见于曾国金文里。例如“妥宾之在楚也为坪皇，其在申也为遅（夷）则”（《曾侯乙钟铭》，《集成》2·327）、“大（太）族（簇）之在周也为刺（厉）音，其在晋也为槃钟”（《曾侯乙钟铭》，《集成》2·322）、“宣钟之在晋也为六墉”（《曾侯乙钟铭》，《集成》2·293）、“穆音之在楚为穆钟，其在周为刺（厉）音”（《曾侯乙钟铭》，《集成》2·738）。又如“当……（也）”这种框架，只见于楚简之中。例如“堂（当）是时也，戠（疠）役（疫）不至，祆（妖）兼（祥）不行”（《上博楚简二·容成氏》）、“古（故）堂（当）是峕（时）也，亡并☐”（《上博楚简二·容成氏》）、“堂（当）是峕（时），弜（强）溺（弱）不絧（辞）諹（扬）”（《上博楚简二·容成氏》）。

四、出土先秦文献中的介词和传世先秦文献中的介词

传世先秦文献可以弥补出土先秦文献之不足。有些介词在早期的出土先秦文献中是可以见到的，而在晚期的出土先秦文献中则见不到；但是在晚期的传世先秦文献中却可以见到。这时可以用晚期的传世先秦文献来弥补晚期的出土先秦文献的不足，从而断定某个介词在当时是存在的。之所以这样做，是由于出土先秦文献毕竟数量有限，有些介词在目前已经发现的文献中没有机会出现。比如殷商时代的甲骨文中已经可以见到时间介词“夗（比）”，但是在晚期的出土先秦文献中却见不到；不过，在晚期的传世先秦文献中却可以见到许多“夗（比）”的用例。如“陈人使妇饮之酒，而以犀革裹之。比及宋，手足皆见”（《左传·庄公十二年》）、“比其返也，则冻馁其妻子，则如之何”（《孟子·梁惠王下》）、“背而走，比至其家，失气而死”（《荀子·解蔽》）。又如殷商时代的甲骨文中已

经可以见到时间介词“先”（是“在……之先”的意思），但是在晚期的出土先秦文献中却见不到；不过，在晚期的传世先秦文献中却可以见到许多“先”的用例。如“客冯面而蛾傅之，主人则先之知。主人利，客适，客攻以遂”（《墨子·备城门》）、“先时五日，瞽告有协风至，王即斋宫，百官御事，各即其斋三日”（《国语·周语上》）。再如殷商时代的甲骨文中已经可以见到时间介词“后”（是“在……之后”的意思），但是在晚期的出土先秦文献中却见不到；不过，在晚期的传世先秦文献中却可以见到许多“后”的用例。如“故迂其途，而诱之以利，后人发，先至，此知迂直之计者也”（《孙子兵法·军争》）、“齐王闻之，恐后天下得魏，以事属犀首”（《战国策·魏策一》）。“戠（待）”和“即”两个介词也是如此。

把出土先秦文献中的介词和传世先秦文献中的介词比较一下，会发现至少有以下一些不同之处：

（1）在传世先秦文献中有一些在出土先秦文献中见不到的介词。如“在于”“振”“作”“爰”等。

“在于”中的“在”本是动词，“于”本是介词。例如“朕身尚在兹，朕魂在于天”（《逸周书·祭公》）、“鱼在于沼，亦匪克乐”（《诗经·小雅·正月》）。后来，“在”和“于”的组合“在于”在语句中退居次要地位（另有主要动词），就变成了一个介词或介词组合。“在于”可以介引时间词语，如“其在于今，兴迷乱于政”（《诗经·大雅·抑》）。“在于”也可以介引处所词语，这时它和它的宾语一起作句子的补语。例如“天罚不极，庶民罔有令政在于天下”（《尚书·吕刑》）、“咸献言在于王所”（《逸周书·皇门》）。

“振”和它的宾语一起构成“振”字结构，表示动作行为的起始时间。这种“振”可译为“从”“自从”等。例如“匪且有且，匪今斯今，振古如此”（《诗经·周颂·载芟》）。

“作”和它的宾语一起构成“作”字结构，作句首状语，自成一小句，表示到某一时间做某事，可译为“到了……时候”或“等到……时候”。例如“作其即位，爰知小人之依”（《尚书·无逸》）、“其在高宗，旧劳于外，爰暨小人。作其即位，乃或亮阴，三年不言”（《尚书·无逸》）。

“爰”和它的宾语一起组成“爰”字结构，在语句中作补语，表示动作行为在何处发生、出现或进行。应训为“于”，可译为“在”。例如“鴥彼飞鸟，其飞戾天，亦集爰止”（《诗经·小雅·采芑》）、“凤凰于飞，翙翙其羽，亦集爰止”（《诗经·大雅·卷阿》）。上引两例中的“止”可以解释为停的地方，也可以认为它即“之”，指代处所，意思是“这里”。“亦集爰止”意思是“也聚集在这儿了。”

（2）相同介词出现的时代在出土先秦文献和传世先秦文献中是不同的。如介词“与”最早见于出土战国文献中，但在传世西周文献中已经可以见到介词“与”。例如“我有好爵，吾与尔靡之”（《周易·中孚》）、“乃设丘兆于南郊，以［祀］上帝，配［以］后稷。日月星辰、先王皆与食”（《逸周书·作雒》）（食：受祭祀）、“此邦之人，不可与处”（《诗经·小雅·黄鸟》）。又如介词“为”最早见于出土战国文献中，但在传世西周文献中也已经可以见到介词“与”了。例如“胡为我作，不即我谋”（《诗经·小雅·十月之交》）、“蹶父孔武，靡国不到。为韩姞相攸，莫如韩乐”（《诗经·大雅·韩奕》）。

（3）同一个介词用法的时代在出土先秦文献和传世先秦文献中有所不同。比如“及”在出土西周文献中没有见到时间介词的用法，但在传世西周文献中却可以见到（在出土战国文献中才可以见到时间介词“及”的用法）。例如“及期，百夫荷素质之旗于王前”（《逸周书·克殷》）、“及将致政，乃作大邑成周于土中”（《逸周书·作雒》）。在出土西周文献中没有见到“及”对象介词的用法，但在传世西周文献中却可以见到。例如“亦云可使，怨及朋友”（《诗经·小雅·雨无正》）、“内奰于中国，覃及鬼方”（《诗经·大雅·荡》）、“之纲之纪，燕及朋友”（《诗经·大雅·假乐》）。又如“至”和“至于”在出土西周文献中没有见到其时间介词的用法，但在传世西周文献中却可以见到。例如“谁生厉阶，至今为梗”（《诗经·大雅·桑柔》）、“至于十年不克征”（《周易·复卦》）、“天用大成，至于今不乱”（《逸周书·尝麦》）。

裘锡圭（1979）指出，传世文献屡经传抄刊刻，错误很多，有的经过改写删节，几乎面目全非；而出土文献除去传抄的古书外，很少有这种问题。就是传抄的古书，通常也比传世的本子近真。太田辰夫（1987）提出了“同时资料”和“后时资料”这两个概念。所谓“同时资料”，指的是内容和外形是同一时期产生的资料，这相当于出土文献。所谓“后时资料”是指外形比内容产生得晚的资料，这相当于传世文献。根据常识来说，研究语言应该以“同时资料”为基本资料，以“后时资料”为旁证。笔者赞同裘锡圭（1979）和太田辰夫（1987）的观点。

因此，我们研究汉语介词的起源和发展时，是以出土文献为基本依据得出结论的。当出土文献与传世文献一致时，自然好处理。当出土文献与传世文献不一致时，应该主要依据出土文献得出结论，而把传世文献作为参考。由于出土先秦文献数量有限，这样处理可能会存在一个问题，即可能某个或某些介词在某个时段已经存在了，却无语料证明。尽管如此，我们还要这样处理，因为这是科学严谨的。以后我们要时刻关注先秦文献的出土情况，根据新材料不断修改所得出的结论，直至符合历史现实。

如前所述，需要变通的是有些介词在早期的出土先秦文献中可以见到，而在晚期的出土先秦文献中见不到；但是在晚期的传世先秦文献中常常可以见到。这时可以依据晚期的传世先秦文献断定某个介词在当时是存在的。特别是有些介词在早期的出土先秦文献中可以见到，在晚期的出土先秦文献中也可以见到，而在中期的出土先秦文献中见不到；但是在中期的传世先秦文献中常常可以见到，这时更可以这样下结论了。

五、先秦文献介词发展的原因和规律

介词由殷商时代到战国秦代的发展，是受多方面原因影响的。

首先是时代因素。从殷商到战国秦代，历时较长，语言必然会有变化，因为语言是一种历史现象。前面已经说过，出土先秦文献中介词的历时演变是多方面的，如词本身的、使用频率的、书写形式的、用法的演变等等。

其次是地域因素。这主要表现在出土战国文献中的介词上，如有些介词只出现在秦简之中，有些介词只出现在楚简里；介词的书写形式也有地域性，介词框架也具有地域性。

再次是思维的因素。随着社会的发展，人们的思维逐渐精密。思维的精密化，就要求语言能更精确地表达人们的思想。相应地，就要求句子结构更加复杂和多变，而这正是介词发展的重要动因。句子越复杂，核心动词跟相关句法语义成分的关系越多样，动词对一些句法语义成分的控制就越弱，这样为了明确一些句法语义成分跟核心动词的关系，就要使用介词来介引。

最后是语言因素。语言中存在大量的动词，当它们具备一定的条件时，就会向介词进行转化。介词转化出来后，就有一个跟动词竞争的问题。竞争的结果可能是动词完全失去了动词的意义和功能，成为一个地道的介词；也可能是动词与介词长期共存，形成动介兼类词。前面说过，由动词向介词的语法化是有规律的。如两个词意义相同或相近，其用法的演变就可能是相同的。这样就会形成一些同义介词，这些同义介词之间也会有竞争，最终有胜利者，也有失败者。如介词“以”和“用”竞争的结果是“以”取得胜利。

出土先秦文献介词发展的规律可以概括为以下几点：

（1）出土先秦文献中的介词一般都是由动词虚化而来的。不但上古汉语中的介词如此，就连近代汉语和现代汉语中的介词多数也是由动词虚化而来的。现代汉语各方言中的介词绝大多数也都是从动词虚化而来的，许多介词都有同形的动词用法，这是汉语介词来源的一般规律。当然也有个别例外，如介词“方”是由副词发展而来的。如前所述，复音介词的来源就更复杂一些。

（2）从殷商时代到战国秦代，汉语介词的数量越来越多。由前表来看，在殷商时代有介词“於（于、乎）”“及”“眔（暨）”“自”“从”“由”“至”“戠（待）”“𣌭（比）”“在”“即”“先”“后”“终”“至于”等，到了西周春秋时代又增加了“以”“用”“晋”等，到了战国时代又增加了“如”“与”“为”“因”“道”“到”“遝”“向”“当”“方”“尽”“以至”“以就”“自从”等。

（3）介词所介引的语义成分的类型越来越丰富。就虚词的子系统来说，殷商时代还没有介引凭事、因事、比事的介词，后来介引这些语义成分的介词就逐渐产生了。就一个具体介词而言，其所介引的语义成分也越来越丰富，如介词“及”在殷商时代主要用作条件介词；在西周时代，介词“及”主要用作共事介词；到了战国时代，介词“及”的用法多样化了，可以作共事介词、时间介词、对象介词、方面介词、条件介词等。这样一来，介词就可以介引多种句法成分和语义成分，使汉语句子的句法语义结构更加严密、细致和复杂。

（4）同义介词越来越多。殷商时代同义介词还不多，到了战国秦代则明显增多。如共事介词不但有“於（于、乎）”，还有“与”“及”“以”；当事介词不但有“於（于、乎）”，还有“为”“以”“以就”；原因介词有“以”“用”“为”“因”“由”；依据介词有“以”“用”“因”等等。这些同义介词之间存在细微的差别，可以用来精准地表达人们的思想，这也是语言走向精密化的一个表现。

（5）介词框架已开始出现。随着方位词的发展，以介词为前置词、而以方位词为后置词的介词框架在先秦时代已经出现，并且有了较快的发展。如出土战国文献中的“以上”“以下”“以西”“以东”“以南”“以北”“以来”“以逾”等方位词，可以跟介词构成如下介词框架：“自……以上”“自……以下”“自……以西”“从……以南”“从……以北”“自……以来”等，表达特定的句法语义关系。不同的介词也可以构成一些介词框架，这种例子在甲骨文中已经可以见到，如“自……至于……”。到后来这种介词框架就更为复杂多样，如战国时代有“自……以至……”“从……以至……”“自……以就……”等，这些框架在其他时代的文献中是见不到的。

（6）介词的发展过程体现出比较明显的新陈代谢规律。如共事介词在殷商和西周时代主要用“眔（暨）”，但是到了春秋战国时代它就基本消亡了，代之而起的是经常使用的介词“与”。西周时代的原因介词主要是“用”，但到了战国时代，原因介词主要用“以”，很少使用介词“用”了。即使是书写形式，也体现出新陈代谢的规律，如介词“於（于、乎）”最初用“于”，后来用“於”。

第二节　出土先秦文献连词的起源与发展

蓝鹰、洪波（2001）用传世上古文献为语料研究过上古汉语中的连词，这基本上是一种共时研究。而本书则是全面使用出土先秦文献作为语料，在断代描写基础上进行的历时研究，这种研究以往是没有人做过的，因此这是有必要的，也是有价值的。

依据语法功能和表述功能，我们从出土先秦文献中找出如下一些连词：“以”“用”“因”“与”“及”“为”“而”“则”“既”“虽”“且”“斯”“此”“故”“然”“焉（安）”“眔”“乃（迺）”“若”“如”“而”“苟”“为”“藉”“即”“党”“当”“尚”“将”“厥（氒）”“其”“所”“有（假设）”“有（并列）”“或”“今”“于”“越（雩）”“是”“延”“引（矧）”“抑”“宁”“无”“纵”“唯（惟、维）”“肆”“是以”“此以”“以到”“以起”“以会”“因而”“而后”“而况”“而已”“是故”“然而”“然则”“然后”等。共有47个单音连词，13个复音连词。

一、出土先秦文献连词的起源

（一）单音连词的起源

解惠全（1987）认为单音连词主要来源于动词和副词，个别来自代词，这大抵是不错的。但需要补充的是，单音连词也有来源于名词、兼词、介词和连词的。来源于实词的，可以叫作实词虚化；来源于虚词的，可以叫作实词转化。

1. 来源于动词的连词

连词“眔（暨）”“为”“如”都是由动词发展而来。

“眔（暨）”本是动词，表示一种动作，多是“跟……一块儿”的意思。例如“贞：惠师乎眔（暨）舌？”（《合集》6857）“壬子卜，争贞：惠戉乎眔（暨）舌？”（《合集》6855正）“勿乎宁鼓眔（暨）？”（《合集》3508）其中的连词“眔（暨）”是由动词“眔（暨）”发展而来的。动词“眔（暨）”可以出现在NP_1和NP_2之间，表示前者跟后者在一块儿。但是，当“NP_1＋眔（暨）＋NP_2”之前或之后出现VP时，“眔（暨）”就具备了向动词转化的条件。当这种用法的出现频率较高时，就会发生重新分析，“眔”也就变为连词了。

连词“为”也应是源自动词“为”的。在上古汉语中动词“为”十分常见，有一些“为”的意义比较虚。当这种动词“为”出现在假设分句之首时，就发生了语境吸收的现象，“为”吸收了所在分句的假设意义，变成了假设连词。

蓝鹰、洪波（2001：252～253）认为，假设连词“如”源自动词“如”。“如”作动词时意义是“像”。“像”就不是真的，由此引申为假设。在此基础上，当“如”表示“如……的话”这样的意义时，词汇意义开始虚化，不表具体的“像”，而表假定的情况。我们认为蓝鹰、洪波的说法是可信的。

2. 来源于副词的连词

连词“既”“虽”“且”“若”“即”等应是由副词发展而来的。

“既”本为动词，后来变为副词。“既”作动词时，是“尽”的意思。例如“辛巳贞：雨不既，其燎于亳土？”（《屯南》1105）“庚寅雨，中日既？”（《合集》21302）此处“既”为动词，后可接宾语。例如“贞：于既父丁升岁酒？”（《合集》23224）例中的“既”是动词，而“父丁升岁”是其宾语。副词“既”的直接来源，就是这种以VP为宾语的动宾结构。“既+VP”的重点本来是“既”，随着重点后移，动宾结构就会转化为状中结构，同时“既”也就由动词逐渐变为副词了。

“既”由副词又虚化为连词，连词“既”表示并列和让步。何乐士（2006：233）曾谈到副词“既”和连词“既”的区别。她认为，“既”作副词主要表示时间，强调动作行为已经完成，或前后两事间隔不久。“既”作连词主要表示并列或让步。表示并列时，“既”与后面分句的虚词“且”“又”“亦”等配合，强调两种情况同时存在。表让步时，“既”表示先承认某一事实以引出下文的推论，“既”则主要表示“既然”之义，后面分句常有“则”“亦”“何”“恶”等虚词与之配合。侯学超（1998：307）曾谈到现代汉语中的虚词“既”。他也认为现代汉语的连词“既”有两种，一种是跟“既然”相同，另一种表示并存，构成“既……又……”“既……且/而且……”“既……也……”的固定格式。连词“既”是由副词“既”虚化而来的。表示让步的“既”在肯定一个已然情况的前提下，推论有关的情况。这种“既”的“已经”义还依稀可辨，正好说明它的来源。表示并列的“既”也应源自副词“既”，肯定一个已然情况，又有另一种情况。

连词“虽”的来源应是副词“唯”。依据张玉金（2001：35）的研究，殷墟甲骨文中有“唯”，也有“惠”，它们的基本语气都是表提示强调。西周以后，“惠”基本消亡了，而主要用“唯”了。“唯”由表提示强调发展出表范围限定的用法，因为对某一事物加以提示强调和指出事物的单一性有相通之处。谢纪锋（1984）说：“被强调的事物很容易使人产生‘只有这个’的印象，久而久之，‘只有’就被认为是‘维’的一个义项了。”无论是表提示强调的“唯”，还是表范围限定的“唯”，其含义都比较空虚。这样，当这种“唯”经常出现在让步分句之中时，就会发生语境吸收的现象，这种句式义也就附着到“唯”的上面，“唯”也就变成让步连词了。比起表示范围限定的“唯”，表示提示强调的“唯”更容易发展为连词。这个让步连词最初也写作“唯”，后来为了区别，就借用“虽”来书写了。吕叔湘（1982）曾把让步句分为纵予句和容认句，其中容认句所承认的是实在的事实，纵予句所承认的是假设的事实。通过考察发现，古代汉语中的“虽”可以用于纵予句，也可以用于容认句。用于纵予句中的“虽”是表示假设让步的，可译为“即使”，如“虽我之死，有子存焉”（《列子·汤问》）。用于容认句中的“虽”表示事实让步，可译为“虽然”。例如“楚虽有富大之名，而实空虚；其卒虽多，然而轻走易北”（《史记·张仪列传》）。区别这两种“虽”的方法，主要是根据上下文，看“虽”小句所表达的究竟是假设还是事实，看“虽”是翻译成“即使”“纵然”好，还是译成“虽然”好。

“且”在出土战国文献中有两种常见的用法：一是用作副词；二是用作连词。后者是源于前者的。由副词“且”发展出连词“且”的具体情形如何？蓝鹰、洪波（2001：247）曾谈到选择连词“且”的来源，他们认为，选择连词“且”跟“抑”“意”“将”“其”等一样，都是从副词虚化而来的。这些词无一例外都有“将要”“大概”“恐怕”的含义，表示未然是它们共同的语义特征之一。它们表示选择，一般都是出现在疑问句中，而且是两项以上可供选择的疑问句中。可以这样认为，两项以上可供选择的句子并举是选择关系的内核；表示未然，出现在疑问句中，是先秦选择连词形成的决定性条件。蓝鹰、洪波（2001：243）也曾谈到并列连词“且”的来源，认为它也是由副词虚化来的，它通常在“且……且……”的格式中表并列。

按照蓝鹰、洪波的说法，选择连词“且”、并列连词“且”都是直接从副词“且”虚化过来的。他们没有谈到递进连词“且”和让步连词“且”的来源问题。我们认为递进连词“且”可能源自并列连词“且”，因为两者都属于联合关系，都是两项联合，只不过有递进关系的两项，后一项比前一项在意思上更进一层罢了。从意义上来说，表示并列关系的“且”可以译为“而且”，表递进关系的“且”也可译为“而且”，详见何乐士（2006：312～314）。两者关系如此密切，可以认为递进连词“且”源自并列连词“且”。跟“且”相近的有“而”，它可以作并列连词，也可以作递进连词。让步连词“且”可能是直接从副词“且”来的，这种“且”还是用于语句谓语之前，跟副词“且”所处的语法位置一致。副词“且”有“姑且”“暂且”的意思，让步连词“且”有“尚且”的意思，两种意思是有密切关系的。

副词用法的“若”肯定是由动词“若”虚化过来的，且意义相通。当动词“若”出现在其他动词前时，谓语的中心由“若”转向其后的动词，副词“若”也就产生了。选择连词的“若”自何而来？没有人谈过。但是蓝鹰、洪波（2001：247）曾谈到“抑”“意”“将”“且”“其”等选择连词的来源，他们认为这些选择连词都是从副词虚化而来，且无一例外都有“将要”“大概”“恐怕”等含义。“若”也有副词用法，它作副词时是“似乎”“好像”的意思，这种意思与“将要”“大概”“恐怕”相通，都是不太肯定的意思。所以，选择连词“若”可能也是源自副词用法“若”。

蓝鹰、洪波（2001：252）认为假设连词“即”来源于副词“即”。“即”作副词，本身有表示不定的意思，都是表示未然的，很容易引申为未然情况下出现某种结果（假设……，就……）。他们的说法可供参考。

3. 来源于代词的连词

连词“斯”“则”“然”应是由代词发展而来，“而”可能也是如此。

关于连词“斯”的来源，蓝鹰、洪波（2001）认为其是从代词“斯”虚化过来的。作为代词，“斯”在上古汉语中可以用作主语、宾语、定语等。连词“斯”的直接来源是用作主语的代词“斯”。上古汉语指示代词的特点是近指远指模糊、指示代名词和指示形容词同形。因此，“斯”可以表“这（这样）”，也可以表“那（那样）”。随着指代作用的虚化，“斯”成了句子里比较游离的成分，具有承接上下文的作用了。蓝鹰、洪波（2001）认为连词“斯”来源于代词“斯”，这种说法是可信的。

“则”的连词用法是从哪里来的？对这个问题主要有两种说法：一是认为源自动词。李杰群（2001）持此看法，他认为“则”的本义是“划分”，词性是动词。“划分肉食”

“划分土地”都有等级，按等级划分是一种法则，于是引申成法则、效法。连词“则”就是由动词义“效法”再虚化而成的。一事在前，一事在后，中间用“则”来连接，表示顺承关系，有前者必有后者。前者效法后者，本来是有后者才有前者，反过来也就成了有前者必有后者。再进一步虚化为表示抽象事理上的承接。由于划分出来的物体多在两个以上，因此句式上有时又呈现为对待性。二是认为源自代词。蓝鹰、洪波（2001：220～222）认为“则”本是一个指代词，一般是在句首作主语、复指前一分句的，如“楚失华夏，则析公之为也”（《左传·襄公二十六年》）。也可以用在主谓之间，如“大寇则至，使之持危城，则必畔”（《荀子·议兵》）。“则”在句首复指前一分句的情况，有承上启下的作用，后逐渐虚化为承接连词，可译为“那么”“这样”“于是”，如“躬行君子，则吾未之有得”（《论语·述而》）。“则”的其他连词用法（如表假设、表转折）是在承接的基础上由上下文意造成的。

从上古汉语中“斯”用法的发展来看，连词“斯”来源于代词“斯”的说法似是可信的。张玉金（2006：261～268）认为，代词“斯”在西周时代业已出现，为近指代词，可以作主语、宾语、定语、状语。后来“斯”有了连词用法，可以表示两件事情的先后关系，也可以表示假设的结果。例如“我欲仁，斯仁至矣”（《论语·述而》）、“王无罪岁，斯天下之民至焉”（《孟子·梁惠王上》）。很明显，“斯”的连词用法是从其代词用法发展出来的，其条件应是在句首复指前一小句的时候。“则”在上古汉语文献中很难找到其作代词的用例，蓝鹰、洪波（2001）举出过一些“则”作代词的例子，一般都不可靠（多数应看成副词）。不过，“则”作连词的用法跟“斯”作连词时的用法相同，所以可以推测连词“则”和“斯”有相同的来源。

“然”本是一个谓词性的近指代词，一般作谓语或谓语的一部分，可译为“如此”“这样”。例如“何必高宗，古之人皆然”（《论语·宪问》）、“木直中绳，輮以为轮，其曲中规。虽有槁暴，不复挺者，輮使之然也”（《荀子·劝学》）。由这种代词“然”虚化为连词“然”。蓝鹰、洪波（2001：225～227）认为，“然”虚化为连词后通常有两种用法，一是表承接，二是表转折。表承接的“然”可以译为“这样”“于是”，如“人人皆以我为越逾好士，然，故士至”（《荀子·尧问》）。代词“然”原本复指上文，它最初应该是单独成句的，意为在这样的情况下，进行某种行为或出现某种情况。虚化为连词后，有时还能感觉到指代的意味。表示转折是连词“然”的主要用法，可译为“但是”“不过”“然而”等，如“夫子则勇矣，然我往，必不敢启门”（《左传·定公十年》）。对于转折连词的来源，吕叔湘（1982）曾提出过两种看法：“‘然’字的开始盛行在‘然而’之后，我们也可以说是‘然而’之省，以‘然’摄‘而’，我们也可以说是‘虽然’之省，那就本来不一定要随从‘而’字。”但蓝鹰、洪波认为，从指代词虚化为连词的一般规律看，其基本用法是承接，而后受语境影响而有其他用法，“然”也应该如此。所以“然”不必组成“然而”后才获得转意，也不必是“虽然”之省。

我们认为，连词“然”确是由代词“然”虚化而来的。代词“然”可用于上下两个分句之间，复指上一个分句。如果上下两个分句之间的关系是“顺”的，那么其间的“然”即虚化为表承接的连词，连词“然”还可以翻译为“这样”这一点，能证明之；如果上下两个分句之间的关系是“逆”的，那么其间的“然”就虚化为表示转折的连词“然”。

对连词“而”的来源问题，蓝鹰、洪波（2001）曾做过探讨。他们认为，“而”最初是中指代词，其连词用法是由指代词虚化而来的。汉语最初是顺行结构，又叫左行结构。在这样的语序中，指代词一般可以出现在3个位置上，即句首、句中、句尾，其中在句首和句中的指代词有可能虚化为连词。作为指代词，“而”可以在句首作主语，复指前面分句的内容。上古汉语的指代词具有下述3个特点：近指和远指具有模糊性，而指代词更是如此；指示代名词和指示形容词不分；具有虚指性。这些特点对于“而”的虚化有重要意义。出现在句首的指代词，如果没有实在的指代意味，它就起连接作用。“而”由指代词虚化为连词，最基本的用法是表示承接，可译为“那么”“于是”。句中的“而”，主要是指主谓之间和状中之间的“而”，也是由代词“而”演变而来的。原始汉语为左行结构，其名词短语的左行残留在上古汉语中还可以看到。如果分句中的短语有包括指代词在内的两个以上的修饰成分时，指代词总是在这个短语的最后。这样，指代词实际上可以出现在下面的句法位置：指代词$_1$处在主谓之间，指代词$_2$处在连谓或状中之间，指代词$_3$在句尾。如果它们无所谓指代，就可以分别虚化为主谓之间、连谓之间和状中之间的连接成分，句尾的则可以虚化为语气词。从壮侗语族的中指代词“那”来看，主谓之间的“而”正是在左行结构向右行结构的过渡中形成的。“而”虚化为连词，其基本作用是承接，可译为“那么”“于是”。方有国（2002）基本同意蓝鹰、洪波（2001）的观点，但认为句首的“而”是否为左行结构现象，还可斟酌。这种“而”无后定修饰作用而是起复指作用，复指有结构和语用的需要。结构上当句子主语很长时，往往用代词复指，以求和谓语平衡；语用上需要的主要是对复指成分的强调。所以这种“而”的虚化，不仅跟右行结构有关，跟它所处的位置和复指淡化也很有关系。

上述关于连词“而”来源的说法，可备一说，但都有可疑之处。首先，根据我们对出土战国文献的研究，尚未见到“而”用来连接主语和谓语。其次，用于谓词语之间的“而”，最多的不是表示承接关系的，而是表示转折关系的。最后，远古汉语是否为左行结构/顺行结构，尚待研究，因为从甲骨文来看，殷商汉语的语序跟后世汉语的语序并没有太大的区别。

4. 来源于介词的连词

连词“因”“以”“与”应是由介词发展而来的。

连词“因”应源自介词“因”。介词“因”的宾语可以承前省去，这时“因”处于VP之前。当“因+VP”之前有语音停顿，而前一分句和后一分句有顺承关系时，连词“因”就产生了。连词“因”的产生和连词“以”的产生有类似之处，介词“以”后宾语省略，是连词“以”产生的途径之一。连词“因”源自介词“因”，而介词“因”源自动词“因”。动词“因”有依靠的意思，如“因谁之力？因宋人、蔡人、卫人之力也”（《公羊传·隐公十年》）。这种“因”出现在“因+名词语+VP”这样的连谓结构之中，加之经常使用，便虚化为介词。动词“因”首先虚化为依据介词，再由依据介词发展为方式介词和原因介词，可见，“因”的发展过程是十分清楚的。

目的连词“以”源自依据介词“以”，结果连词和原因连词“以”源自原因介词“以”，方式状态连词“以”源自方式介词“以”。

连词“与”源自介词“与”，介词“与”源自动词“与”。在“主+介+宾+VP”这种句式的影响下，“NP_1+与+NP_2+VP”中的“与”发生了变化，由动词变为介词，相应的句式也发生了变化，由连动式变为以介宾为状语的单动式，句式也被重新分析：

NP_1 + 与 + NP_2 + VP

主 ‖ 谓

状 | 中

介　宾

介词“与”产生之后，又进一步向连词发展。在“NP_1 + 与 + NP_2 + VP”中，介词引介的“NP_2”为“与”的宾语，表示共事。所谓共事，是主事所发出的动作行为的协同参与者，跟主事在许多方面有共同性。正因如此，共事的地位就可以上升，跟前边的主事一起作动作行为的主事，这时又发生了重新分析：

NP_1 + 与 + NP_2 + VP

主 ‖ 谓

联　合

介词“与”和连词“与”常常不容易区分，有时搞不清楚它到底是介词还是连词，这正说明这种介词“与”与连词“与”的密切关系，以及连词来源于这种介词的事实。所以说，用作主语的连词结构“NP_1 + 与 + NP_2”是最早产生的。后来“NP_1 + 与 + NP_2”就不但可以作主语，也可以作宾语、定语了。

5. 来源于名词的连词

结果连词“故”是从哪里来的呢？吕叔湘（1982）说过：“文言用‘故’字，是否也是从名词变化而来的，还不能说定，就句中用法而论，已经是一个纯粹的关系词。”蓝鹰、洪波（2001：239 ~ 242）则认为连词“故”应是由意义为“缘故”“原因”等义的名词“故”虚化而来的。他们认为，由名词“故”到连词“故”的演变途径可能有3种：一是“故”在句中原是单独成句的，总括前面的原因，是谓词性的，意为“由于这样的缘故，……”。例如“吾少也贱，故，多能鄙事”（《论语·子罕》）、“乐岁终身饱，凶年免于死亡，然后驱而之善。故，民从之也轻”（《孟子·梁惠王上》）。后来这个单独成句的“故”发展为属于后一分句。二是在“以故”“是故”的结构中，“以”“是”失落，于是“故”担负整个结构的功能。吕叔湘（1982）也有类似的看法：“‘是故’和‘以故’大盖是名词，但也未尝不可说‘如是，故’‘以此，故’的简省。这两个词的作用都和单用的‘故’字相同，但如前面的原因小句头上已有‘以’‘为’等字，当然以单用‘故’字为宜。”三是“以/为……故”这样的格式经过重新切分，变为“以/为……，故……”，由此改变了“故”的词性。“以……故”的例子如“齐侯以我服故，归济西之田”（《左传·宣公十年》），例中“以……故”间是谓词性短语，可以重新切分为“齐侯以我服，故归济西之田”。特别是“以”后是复杂的谓词性成分时，这种切分似乎更为必要，如“（张挚）以不能取容于世，故终身不仕”（《史记·张释之列传》）。他们认为，三种途径中以第一种可能性为最大。

但是，“故”可否单独成句，是值得怀疑的。即以他们所举的两个例子来看，在“故”后也可以不加标点，这时“故”就是个结果连词。对“吾少也贱，故，多能鄙事”（《论语·子军》）一例，杨伯峻（1980）就不在“故”后加标点。对“乐岁终身饱，凶年免于死亡，然后驱而之善。故，民从之也轻”（《孟子·梁惠王上》），杨伯峻（1984）

也不在“故”后加标点。所以“故”可以单独成句这个前提值得怀疑，那么认为连词“故”源于这种单独成句的“故”就不太可靠了。蓝鹰、洪波（2001）认为这种可能性最大，但这种看法不容易被人接受。因此第二种途径可能性也不大。这种设想成立的前提是，先有“以故”“是故”，而后有“故”；古汉语中有省略介词“以”定语“是”的机制。但是，依据张玉金（2004）所说，早在西周时代，已有连词“故”，比较常用，但是在西周时代却见不到“是故”“以故”。很明显，是先有“故”，而后有“是故”“以故”。可见这种设想的前提不成立。蓝鹰、洪波（2001）也说：“我们试图通过统计来考察‘是故’‘以故’和‘故’从春秋到汉代的使用情况，但统计数据不能说明先有‘是故’‘以故’，而后有‘故’，因为比例差别不大。”因此，第三种设想也不太可能成立。这种设想成立的前提是，先有“以/为……故，……”，后有“以/为……，故……”；而且最早的由“故”构成的格式是“以/为……，故……”。但是依据张玉金（2004）的研究，在西周时代，连词“故”已较常见，但它从不构成“以/为……，故……”；而且在西周汉语中见不到“以/为……故，……”这样的格式。所以这种说法也难以成立。

我们认为，“故”确实是从意义为“缘故”“原因”的名词用法的“故”虚化过来的。这种“故”在上古汉语的文献中可以见到：“惠王问诸内史过曰：‘是何故也?’”（《左传·庄公三十二年》）连词“故”所由虚化的具体句法环境应为“原因分句+故+结果分句”，名词“故”用在结果分句前作状语。名词作状语这种现象在上古汉语中很常见，由于“故”本身的意义及其所处的环境，作状语的“故”多是“以故”的意思。“故”由名词变为连词，业已存在的因果复句形式成了其类推的原动力。在西周时代，因果复句已经存在，而且在结果分句前可用结果连词。例如“昔在尔考公式，克弼文王，肆文王受兹大命”（《何尊铭》）、“诞淫厥泆，罔顾于天显民祗，惟时上帝不保，降若兹大丧”（《尚书·多士》）。由于经常使用，处于因果复句中间的“故”也吸收了语境中的语法意义，有了“以故”“因此”等义。与此相伴随，发生了重新分析，“故”由作状语的名词被分析为表示结果的连词，这样，结果连词“故”就产生了。

6. 来源于兼词的连词

连词“焉（安）”是由兼词“焉（安）”虚化过来的。

依据何乐士（1988）所说，意义是“於是”的兼词“焉（安）”不但可以出现在谓语中心词之后，也可以出现在谓语中心词之前。例如“先王居梼杌于四裔，以御螭魅，故允姓之奸居于瓜州。伯父惠公归自秦，而诱以来，使逼我诸姬，入我郊甸，则戎焉取之。戎有中国，谁之咎也”（《左传·昭公九年》。何乐士认为这个例子里的“焉（安）”是兼词，是“在这里”的意思。

我们认为顺承连词“焉（安）”就是从这种“焉”虚化过来的。兼词“焉（安）”相当于“於/于+代词”，“焉”所包含的代词在上文有先行词，这样“焉”小句和前面的小句就会有某种关联性。由于“焉”所指代的内容已在前一小句中出现了，那么“焉”小句中“焉”的意义就很容易虚化。在这种情况下，前后两个小句的关系意义就会落到业已虚化的“焉”的身上，这时“焉”就会被重新分析为表示某种关系的连词。兼词“焉（安）”跟惯用词组“於是”同义，所以两者发生了平行虚化：兼词“焉（安）”虚化为表示时间先后关系的顺承连词；惯用词组“於是”也是如此，如“杀舟之侨以徇于国，民於是大服”（《左传·僖公二十八年》）。

7. 来源于连词的连词

有些用法的连词“用”“如”“且”“以”等应是由连词发展而来的。

“用”在出土先秦文献中有顺承连词的用法，这种用法是怎么来的呢？要回答这个问题，可以参照“以”。“以”也有顺承连词的用法，这种用法的来源为“原因介词 → 结果连词 → 顺承连词”。

顺承连词“用”也应是这样来的。“用”作原因介词的例子前面已举过。“用”也可以用作结果连词。例如“思辑用光”（《诗经 · 大雅 · 公刘》）、“譬彼坏木，疾用无枝”（《诗经 · 小雅 · 小弁》）。

“如”有顺承连词的用法，应是受到了“若”的影响。“若”本是代词，有“这”“此”“如此”的意思。由此发展出顺承连词的用法，可译为“就”“那么”。“如”和“若”音近义通，“若”有顺承连词的用法，“如”受到“若”的类化，也有此用法。

如前所述，递进连词“且”应源自并列连词“且”。

顺承连词“以”应源自结果连词“以”，而结果连词“以”源自原因介词“以”；修饰连词“以”源自方式状态连词“以”，方式状态连词“以”源自方式介词“以”；目的连词、结果连词、顺承连词、方式状态连词、修饰连词“以”泛化为并列连词、转折连词“以”。

（二）复音连词的起源

1. 短语词化

包括介宾短语的词化和定中短语的词化，前者如“是以”“此以”，后者如“是故”。

“是以”最初见于西周时代的语料中，如“丕显子白，壮武于戎工（功），经维四方，搏伐玁狁于洛之阳，折首五十，执讯五十，是以先行”（《虢季子白盘铭》，《集成》16 · 10173）、“维其有之，是以似之”（《诗经 · 小雅 · 裳裳者华》）。

“是”是指示代词，不管是作动词的宾语还是作介词的宾语，它一般都要放在前面。当时除了“是以”之外，还有“是用”，如“王赐乘马，是用左（佐）王”（《虢季子白盘铭》，《集成》16 · 10173）。“以”和“用”都是介词，“是”作它们的宾语都要前置。在西周时代的语料中，“是以”还不多见，当时很可能仍是介宾短语。

“是以”中的“是”，是话语复指代词，回指前面的分句；而“以”又是原因介词。正因如此，“是以”前后的小句，事实上存在因果关系，整个复句可视为因果复句。“是”所指代的内容就在它前面的小句，因此“是”很容易虚化。“是”虚化后，“以”的介词性也不鲜明了。随着“是以”使用频率的增加，“是以”逐渐融合为一体，它们在自身意义的基础上吸收了语境中的因果关系意义，变成了表示结果的连词。

“是以”变成连词之后，就具有了连词的性能。当它还是介宾短语时，一般只出现在主语之后，在小句中作状语。但是当它变成连词之后，就经常出现在主语之前了。不但可用于复句之中，还经常用于句群里，用来连接句子。这后一种用法，在西周时代是见不到的。在西周时代，也见不到“以……是以……”这样的格式，而在战国时代的语料中已经可以见到，这是“是以”已经变为连词的明证。

“此”这个代词见于西周传世文献之中，未见于西周出土文献。在西周时代的语料中，见不到“此以”。之所以产生“此以”，是因为受到了“是以”的类化。在战国时代，“此”跟“是”是同义词，尽管它们是有区别的。由于“是”可以跟“以”构成“是以”一词，受此影响，“此”也跟“以”构成“此以”一词，也用来表示结果。

“是故”未见于西周汉语语料，所以它应是在“故”之后产生的。“是”原来是指示代词，加在“故”之前作定语。“是”回指原因分句所表示的内容，是“这样”的意思。“是故”最初应是名词性短语作状语，后来虚化为连词。它的虚化机制应与“故”是一样的。

2. 邻词黏合

前面说过，连词“因”源自介词“因”，而介词“因”源自动词“因”。介词“因”常与“而”连用构成“因……而……”这样的介词框架。当介词“因”的宾语省略之后，“因”和“而”就可以连在一起，就产生了“因而”这个连词。

“以起”这个虚词的源头应是连词“以”+动词“起”。所由虚化的具体语法环境应是“时间名词语+以+动词‘起’”。连词“以”可用于时间名词状语和VP之间，如“日月以冀”(《左传·昭公七年》)。当“起”后出现时间名词语时，“起”已不再表示具体的动作，意义虚化了；同时“起”与前边的“以”融合为一个整体，共同起到连词的作用，这时连词“以起”就产生了。“以会”的产生机制与“以起”相同。

“以到”的产生，很可能是“以上到”的省略、紧缩，如“其不可食者不盈百石以下，谇官啬夫；百石以上到千石，赀官啬夫一甲；过千石以上，赀官啬夫二甲”(《睡虎地秦简·秦律十八种》)。如果把例中的“以上到”紧缩成“以到”，则“百石以上到千石”即可说成“百石以到千石”。

二、出土先秦文献连词的历时演变

连词是一个系统，其中还包括一些子系统，如并列连词、承接连词、选择连词、原因连词、让步连词、假设连词、结果连词、转折连词等。但是这些子系统并不是一开始就都有的，而是逐渐发展、成熟起来的。就以殷墟甲骨文来说，当时还没有选择连词、原因连词、让步连词、假设连词、转折连词等，这些子系统是从西周时代开始出现的。早期即使有某个子系统，也不太发达，其中包括的连词也比较少。如殷商时代的并列连词，常见的只有一个“眔(暨)”。

就出土文献来看，上述60个连词的出现和使用时代是不同的。如下表所示：

连词	时代			
	殷商时代	西周时代	春秋时代	战国秦代
以		○	○	○
用		○		○
与			○	○
及		○	○	○
为				○
而		○	○	○
则		○	○	○

（续上表）

连词	时代			
	殷商时代	西周时代	春秋时代	战国秦代
因		○		○
既				○
虽		○	○	○
且		○	○	○
斯				○
此	○			○
故		○		○
然				○
焉（安）				○
眔（暨）	○	○	○	
乃（廼）		○		
若				○
如				○
而（假设）				○
苟				○
为				○
藉				○
即				○
党（倘）				○
当（倘）				○
尚（倘）				○
将				○
厥（氒）		○		
其				○
所				○
有（假设）		○		○
或				○
今				○
于	○	○		
越（雩）		○	○	
是				○

（续上表）

连词	时代			
	殷商时代	西周时代	春秋时代	战国秦代
有（并列）	○	○		○
延	○	○		
引（矧）		○		
抑				○
宁				○
无				○
纵				○
唯（惟、维）		○		○
肆		○		
是以				○
此以				○
以到				○
以起				○
以会				○
因而				○
而后				○
而况				○
而已				○
是故				○
然而				○
然则				○
然后				○

※上表中的“○”代表有这样的用例，空白表示没有见到这样的用例。

由于春秋时代的出土文献数量有限，因此，即使有一个连词（用法相同）在春秋时代的出土文献中见不到，而在西周时代和战国时代的出土文献中可以见到，我们也认为这个连词在春秋时代已经存在了。特别是如果有传世春秋文献作为旁证，那就更可以得出这样的结论了，如连词“用”“因”“故”“有”“虽”等。

同一个连词在不同的时代虽然都可以见到，但其使用频率却可以是不同的，也就是有常用和不常用之别。比如连词“罘（暨）”虽然在殷商、西周和春秋时代都可以见到，但它只在殷商、西周时代的出土文献中常见，在春秋时代的出土文献中则少见，到了出土战国文献中就已经见不到了。

不但连词有时代性，连词的用法也具有时代性。我们都知道一个连词往往有多种用法，但是这些不同的用法往往不是在同一时代产生的，而是在不同时代逐渐发展出来的。例如就现有的出土文献而言，连词“虽”有表示事实让步和假设让步两种用法：表示事实让步始见于西周时代；表示假设让步始见于战国秦代。

又如顺承连词“以”和方式状态连词“以”见于西周春秋战国秦代；目的连词“以”见于春秋战国秦代；结果连词“以”、修饰连词“以”、并列连词“以”、转折连词“以”、原因连词“以”都只见于战国秦代。

再如连词“而”，一般认为始见于春秋时代。但是在下例中出现了“而”：“戎献金于子牙父百车，而赐鲁㞷敖金十钧，赐不讳。”（《㞷敖簋盖铭》，《集成》8·4213）《殷周金文集成》把此器定为西周晚期之物，如果《殷周金文集成》的断代可信，那么连词“而”则是出现在西周晚期的。西周春秋时代的连词“而”所连接的两个成分之间可以是并列关系，也可以是顺承关系；而战国时代的连词“而”所连接的两个成分之间，则可以是下述多种语法关系之一：并列关系、顺承关系、递进关系、转折关系、结果关系、目的关系、方式关系、时间关系、按断关系等。依据连接成分的不同，西周春秋时代的连词“而”可以分为两种，第一种是用来连接分句的，第二种是用来连接谓词语的；而战国时代的连词“而”则可以分为3种，第一种是用来连接谓词语的，第二种是用来连接分句的，第三种是用来连接状语和中心词的。可见从连接成分来看，也具有时代性。

一个连词可以有多种用法，这些用法跟这个词的其他实词用法和虚词用法之间是有密切联系的，是可以梳理出演变源流来的。如连词“以”的来源可用下图表示：

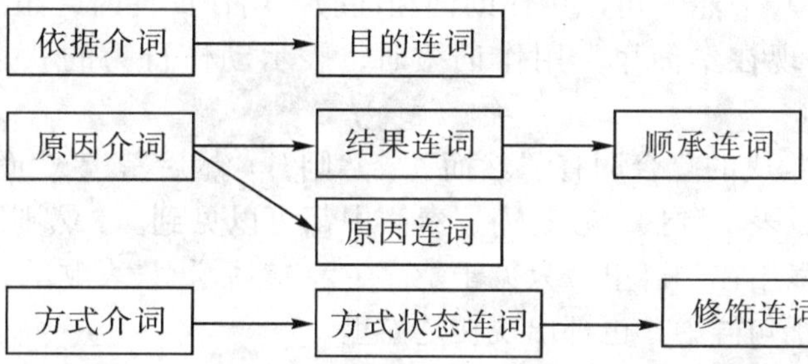

※目的连词、结果连词、顺承连词、方式状态连词、修饰连词泛化为并列连词、转折连词。

连词用法的发展是有其规律性的。比如“其”有假设连词用法，这种用法的“其”源自推度副词“其”，这种副词“其”表达不定、未然的意思。假设连词“若”也是由推度副词发展过来的。“若”作副词时，只有推度副词用法。跟“其”“若”类似的还有以下几个词：“傥”“将”“或”“如”“若”，它们既有推度副词用法，也有假设连词用法。

又如“即”可用于假设复句的假设分句中，表示假定的情况或条件，可译为“如果”“假如”，还可以用作顺承连词。同样，连词“如”有假设连词的用法，也可以见到其作顺承连词的用法。

再如连词“则”可以表示假设的结果，也可以表示时间的先后。“斯”也如此，有两种用法，一是表示假设的结果，二是表示时间的先后关系。

三、出土先秦文献连词的地域性

出土先秦文献连词的地域性主要表现在出土战国文献中的连词上。这种地域性既表现在连词上，也表现在连词的用法上。

在我们所调查的出土战国文献中，并列连词“与”主要出现在楚简和曾简之中，在楚简中有97次，在曾简中有28次。并列连词“及”主要出现在秦简中，有313次。在战国玉石文字中并列连词“及”出现了5次，这些文献也都属于秦文献。曾国靠近楚国，所以基本上可以说在南方用并列连词“与”，而在西方用并列连词“及”。

周守晋（2005：123）认为，在表示“如果”这种意义时，楚文献只用“如”，而秦地文献只用“若”，这大抵是不错的。依据我们的调查，假设连词“若”，都出现在出土秦文献之中；假设连词“如”“如夫”，基本上都是出现在出土楚文献之中的。

假设连词“所”“今”“即”“党”都只见于出土秦文献中。

“且”的递进连词用法，在楚简、秦简中都可见到。“且”的选择连词用法、让步连词用法都只见于秦简之中，未见于其他出土战国文献。“且”的并列连词用法，主要出现在楚简之中，在秦简中只出现了1次，即在《睡虎地秦简·日书》之中。据学者们的研究，《睡虎地秦简·日书》与楚地《日书》有渊源关系，它的不少篇幅直接来自楚地《日书》，又有一些内容是对楚地《日书》加以改造而成的。这样看来，秦简中“且”的并列用法可能来自楚地《日书》。

在出土战国文献中，“然”可以用作助词和词缀。用作助词时，跟现代汉语中的“一样”用法相同，都出现在秦简里。用作词缀时，表示动作行为的状态，都出现在楚简之中。

以“然”为语素构成的复合词有“然而”“然则”“然后”。“然而”用于复句之中，可以表示转折，也可以表示顺接，在楚简、秦简中都可以见到。“然则”只表示顺接，可用于复句之中，也可以用在句群里，只见于楚简中。“然后”只表顺承关系，可用于复句、紧缩复句里，也可用于句群中，也都出现在楚简里。

四、出土先秦文献中的连词和传世先秦文献中的连词

把出土先秦文献中的连词和传世先秦文献中的连词比较一下，会发现至少有以下一些不同之处：

（1）传世先秦文献中有一些连词在出土先秦文献中见不到。如在西周传世文献中可以见到连词“之”“惟”“兹”“每”“有”“借”“斯”等，但这些连词在出土西周文献中都未见到。

“之”连接名词性词语，表示人或事物的并列关系，可译为“和”“与”。例如“庶狱庶慎，惟有司之牧夫是训，用违”（《尚书·立政》）。

“惟”连接名词性词语，表示人或事物的并列关系，可译为“和”“与”。例如“猷！告尔四国多方惟尔殷侯尹民”（《尚书·多方》）。

“兹”连接两个谓词性词语，表示转折关系，可译为“却”“可是”“但是”等。例

如“休兹知恤，鲜哉”（《尚书·立政》）。“兹”还可用于紧缩的假设复句之中，表示结果，可训为“则”，译为“才”。例如“祀兹酒”（《尚书·酒诰》）。

“每”用在转折复句的前一分句，表示让步，意思是即使出现后续成分所述的情况，也无法改变事实，可译为“虽然”。例如“脊令在原，兄弟急难。每有良朋，况也永叹”（《诗经·小雅·常棣》）。

“有”与连词“虽”用法相同。《古书虚字集释》有“有，虽也”（见卷二，159页）。例如“有厥罪小，乃不可不杀”（《尚书·康诰》）。

“借”用于假设复句前一分句之首，表示假设关系，后面分句前有“亦”与它呼应，可译为“假如”“如果”。例如“借曰未知，亦既抱子”（《诗经·大雅·抑》）。

“斯”可以用于假设复句的前一分句，表示假设关系，可译为“如果”“假如”。例如“人斯既助厥勤劳王家，先人神祇报职用休，俾嗣在其家”（《逸周书·皇门》）。

（2）同一个连词的写法在出土先秦文献和传世先秦文献中是不同的。例如：

连词“暨（眔）”在出土先秦文献中作“眔”，在传世先秦文献中作“暨”。

连词“越（雩）”在出土先秦文献中作“雩”，在传世先秦文献中作“越”。

连词“厥（氒）”在出土先秦文献中作“氒”，在传世先秦文献中作“厥”。

连词“矧（引）”在出土先秦文献中作“引”，在传世先秦文献中作“矧”。

连词“及（彶）”在出土先秦文献中作“及”和“彶”，在传世先秦文献中都作“及”。

（3）同一个连词出现的时代在出土先秦文献和传世先秦文献中是不同的。

依据出土先秦文献，连词“与”出现在春秋时代；而依据传世先秦文献，连词“与”出现在西周时代。例如“武王使［师］尚父与伯夫致师”（《逸周书·克殷》）、“以尔钩援，与尔临冲，以伐崇墉”（《诗经·大雅·皇矣》）。

依据出土先秦文献，假设连词“如”出现在战国时代；而依据传世先秦文献，假设连词“如”出现在西周时代。“如”可用作假设连词，可译为“如果”“假如”。例如“君子如届，俾民心阕”（《诗经·小雅·节南山》）、“君子如夷，恶怒是违”（《诗经·小雅·节南山》）。

依据出土先秦文献，假设连词“苟”出现在战国时代；而依据传世先秦文献，假设连词“苟”出现在西周时代。“苟”用作假设连词时，跟“如”一样，可译为“如果”“假如”。例如“苟克有常，罔不允通”（《逸周书·皇门》）。

依据出土先秦文献，假设连词“其”出现在战国时代；而依据传世先秦文献，假设连词“其”出现在西周时代。假设连词“其”用于假设复句前一分句之首，表示假设关系，可译为“如果”“假如”。例如“谋之其臧，则具是违。谋之不臧，则具是依”（《诗经·小雅·小旻》）、“其有宪令，求兹无远”（《逸周书·度邑》）。

（4）连词的同一个用法的出现时代在出土先秦文献和传世先秦文献中有所不同。

例如就现有的出土先秦文献而言，顺承连词“以”始见于西周时代；目的连词“以”始见于春秋时代；结果连词“以”、修饰连词“以”、并列连词“以”、原因连词“以”都始见于战国秦代。

但是就传世先秦文献而言，“以”的这些用法在西周时代都出现了。传世西周文献中的“以”可连接两个动词性词语，表示动作行为的顺承关系，可译为“来”“就”等。例如“商王纣取天智玉琰缝身厚以自焚”（《逸周书·世俘》）、“肆若农肥田，饮以望获”（《逸周书·度邑》）。

传世西周文献中的“以”可连接前后两项，表示后项是前项的目的，可译为“以便”“来”等。例如“率见昭考，以孝以享，以介眉寿”（《诗经·周颂·载见》）、“太史、司寇苏公式敬尔由狱，以长我王国”（《尚书·立政》）。

传世西周文献中的“以”可表示某种动作行为或性质状态所导致的结果。这种“以”连接前后两项，后项是前项的结果，可译为“使得”“以致”。例如“是人斯乃谗贼媢嫉，以不利于厥家国”（《逸周书·皇门》）。

传世西周文献中的“以”可连接两个动词性词语，表示后一项动作行为是结果，可译为“来”“以致”。例如“君子有酒，嘉宾式燕以衎”（《诗经·小雅·南有嘉鱼》）、“哀我小心，癙忧以痒”（《诗经·小雅·正月》）。

传世西周文献中的“以”可以表示修饰关系，如“如彼泉流，无沦胥以败”（《诗经·小雅·小旻》）、“太保受同，降，盥，以异同秉璋以酢”（《尚书·顾命》）。

传世西周文献中的“以”可连接两个分句，表示并列关系。例如“惠此中国，以绥四方”（《诗经·大雅·民劳》）、“无纵诡随，以谨无良”（《诗经·大雅·民劳》）。“以”也可以连接名词性词语，表示人或事物的并列关系，可译为“和”。例如“不大声以色，不长夏以革”（《诗经·大雅·皇矣》）。“以”还可以连接两个动词或形容词，表示两种动作或两种性质的并列关系。例如“嘉宾式燕以敖”（《诗经·小雅·鹿鸣》）、“维彼愚人，覆狂以喜”（《诗经·大雅·桑柔》）。

传世西周文献中的“以”还可用于因果复句的原因分句中表示原因，可译为“因为”。例如“以有此人，保宁尔国，克戒尔服，世世是其不殆”（《逸周书·尝麦》）、“乃惟成汤克以尔多方，简代夏作民主”（《尚书·多方》）。

五、先秦文献连词发展的原因和规律

先秦汉语连词由殷商时代到战国秦代的发展，是受多方面原因影响的。

首先是时代因素。从殷商到战国秦代，历时较长，语言必然会有变化，因为语言是一种历史现象。前面已经说过，出土先秦文献中连词的历时演变是多方面的，如词本身的、使用频率的、意义的、用法的演变等等。

其次是地域因素。这主要表现在出土战国文献中的连词上，如有些连词只出现在秦简之中，有些连词只出现在楚简里。

再次是思维的因素。随着社会的发展，人们的思维逐渐精密。思维的精密化，就要求语言能更精确地表达出人们的思想。这样，就要求有更多的连词来表达词语和句子之间的各种关系，而这正是连词产生和发展的重要动因。

最后是语言因素。语言系统需要连词来表达各种关系，而语言系统中存在的动词、副词、代词、名词、兼词、介词等又为连词的产生提供来源。当条件具备、内因和外因兼有时，单音连词就会从这些词中产生。如果两个词的词性意义相同相近、而条件也近似时，就会产生同义连词。由于语言具有系统性的原因，这些同义连词相互竞争，其结果是有的成为胜利者得以保留；而有的成为失败者被淘汰，或者成为有细微区别的同义连词。

出土先秦文献连词发展的规律可以概括为以下几点：

（1）出土先秦文献中连词的来源是多样的。就单音连词来说，其来源可以是动词、副词、代词、名词、兼词、介词乃至连词中的一种，这可以分为实词虚化和虚词转化两种类型；就复音连词来说，其来源可以是短语词化和邻词黏合。这跟介词不同，单音介词一般都是由动词虚化而来的。

（2）从殷商时代到战国秦代，汉语连词的数量越来越多。殷商时代的连词只有5个，而且有的还不常用，到西周时代增加到20个，而到了战国秦代则增加到52个。

（3）连词所表达的语法关系越来越丰富，一词多义现象增多。如在殷商时代，还没有选择连词、原因连词、让步连词、假设连词、转折连词等，这些连词都是从西周时代开始逐步发展出来的。又如连词“以”在西周时代只有顺承连词和方式状态连词的用法，在春秋时代增加了目的连词的用法，而到了战国秦代则增加了结果连词、修饰连词、并列连词、转折连词、原因连词等用法。

（4）连词所连接的成分和连词的用法越来越复杂。如西周春秋时代的连词“而”可以用来连接谓词语，也可以用来连接分句；而战国时代的连词“而”则不但可以用来连接谓词语和分句，还可用来连接状语和中心词，而且它所连接的分句也更为复杂。战国秦代以前还没有见到句群连词，但在战国秦代已可以见到，如“是故”。连词用法的复杂化还表现在连词与连词或其他虚词的成对搭配使用上，如战国秦代可以见到“以……是以……”这样的格式。

（5）同义连词越来越多，一义多词现象增多。如殷商时代还没有假设连词，西周时代假设连词有“乃（廼）”“厥（氒）”“有”3个，到了战国秦代，则可以见到如下14个单音假设连词，即“若”“如”“而”“苟”“为”“藉”“即”“倘”“将”“其”“所”“有”“或”“今”。

（6）到了战国秦代，汉语连词的发展呈现出明显的双音化趋势。据出土先秦文献而言，春秋以前还没有见到复音连词；但是到了战国秦代，复音连词有了很大的发展。如以“以”为语素的复音连词有“是以”“此以”“以到”“以起”“以会”等，以“而”为语素的复音连词有“而后”“而况”“而已”，以“然”为语素的复音连词有“然而”“然则”“然后”等。

（7）在连词发展过程中体现出新陈代谢的发展规律。比如连词“眔（暨）”在殷商、西周时代常见，在春秋时代少见，在战国时代就见不到了。相反，连词“而”在殷商时代见不到，在西周时代罕见，在春秋时代较常见，而在战国时代就很常见了。但是就总体情况而言，淘汰旧连词的情况少，而新的连词越来越多，所以连词的总数才会越来越多。

第三节　出土先秦文献助词的起源与发展

到目前为止，还没有人系统地研究过出土先秦文献中助词的起源和发展问题。本书全面地使用出土先秦文献作为语料，在断代描写的基础上对先秦汉语中的助词进行历时研究，这种研究具有填补空白的性质，是有必要的，也是有价值的。

一、本书所用的语料中的助词

我们从出土先秦文献中找出了如下一些助词："然""之""其""厥""者$_1$""者$_2$""所""攸（逌）""等""云"。这些助词可作如下分类：

（1）结构助词。有"之""厥""其""所""攸（逌）""者$_1$"等。

"之"用于定中之间、状中之间、中补之间，还可以用于主谓之间和主语与介宾之间。例如"王令东宫追以六师之年"（《启贮簋铭》，《集成》7·4047）、"又（有）亡之相生也，难惕（易）之相成也，长耑（短）之相型（形）也，高下之相浧（盈）也，音圣（声）之相和也，先遂（后）之相墮（随）也"（《郭店楚简·老子甲本》）。

"厥"用于定中之间。例如"对扬天子氒（厥）休，用乍朕文考惠仲宝尊簋"（《同簋铭》，《集成》8·4271）。

"其"用于定中之间、状中之间，还可以用于主谓之间。例如"琱生奉扬朕宗君其休"（《召伯虎簋铭》，《集成》8·4292）、"虐（吾）昏（闻）夫叁（舜）丌（其）幼也，每㠯（以）□寺丌（其）言"（《上博楚简二·子羔》）。

"所"用于"动"或"介+动"之前，是名词化的标记。例如"皇天之所弃，而句（后）帝之所憎"（《上博楚简五·三德》）、"子曰：下之事上也，不从丌（其）今，从丌（其）所行"（《郭店楚简·缁衣》）。

"攸（逌）"用于"动"之前，也是名词化的标记。例如"隹苟（敬）德，亡逌违"（《班簋铭》，《集成》8·4341）。

"者$_1$"用于名词性词语或谓词性词语之后，是名词化的标记。例如"不𡈼（禅）而能𧊒（化）民者，自生民未之又（有）也"（《郭店楚简·唐虞之道》）、"五（伍）子疋（胥）者，天下之圣人也。遠（荣）丕（夷）公者，天下之𤔲（乱）人也"（《上博楚简五·鬼神之明》）。

（2）比况助词。有"然"。

"然"跟"如"构成"如……然"这样的固定格式，跟现代汉语中的"一样""似的"相同。例如"其出禾，有（又）书其出者，如入禾然"（《睡虎地秦简·秦律十八种》）。

（3）列举助词。有"等""云"等。

"等"用在代词或名词之后，表示列举未尽。例如"甲等及里人弟兄及它人智（知）丙者，皆难与丙饮食"（《睡虎地秦简·封诊式》）。

"云"用在转述类话语的后面，表示确认上述话语为传闻。例如"凡鬼恒执匴以入人室，曰'气（饩）我食'云，是是饿鬼"（《睡虎地秦简·日书甲种》）。

（4）限定助词。有"者$_2$"。

"者$_2$"用于假设分句之末，表示假设，类似于现代汉语中的"的话"。例如"其於久远也，如后嗣为之者，不称成功盛德"（《峄山刻石》）。

二、出土先秦文献助词的起源

助词多来源于代词，也有来源于名词、动词的。来源于代词的有“之”“其”“厥”“然”“云”等，来源于名词的有“所”“攸（逌）”“等”等，助词“者”可能来源于动词。

（一）来源于代词的助词

关于助词“之”的来源，学术界有几种不同的说法：

（1）源自动词“之”。如高名凯（1986：303）说：“第三身代词不成问题是指示词引申出来的。至于规定词，就没有那么清楚。大约规定词的来源是‘之’的实义‘出也’引申出来的，属于某者是由某所从出。”高名凯所说的“规定词”即助词。

（2）源自代词“之”。如王力（1958：335）说：“介词‘之’和代词‘之’同出一源。在最初的时候，指示代词‘之’放在名词后面复指，表示领有。‘麟之趾’的原始意义是‘麟它趾’，‘公侯之事’的原始意义是‘公侯他们事情’。这种解释可以拿两件事情来证明：第一，上古人称代词后面不能加‘之’；第二，在先秦语料中，‘之’字作为名词定语的介词的占大多数。”王力所说的“介词”即助词。

（3）为原生的结构助词。如唐钰明（1998）认为，“公侯之事”这种结构里的“之”不能看成复指性的指示代词。针对王力“上古人称代词后面不能加‘之’”的看法，他提出两汉和先秦各10个例子加以辩驳，认为它应是与后代的“的”性质相同的结构助词。他说：“为了避免歧义并使定语与中心词的关系更加明确，‘之’字终于在西周中期的金文里率先嵌入了这类定中结构。”

多数学者赞同第二种看法，如郭锡良（1989：88）、方有国（2002：159）、张敏（2003）等。本书也赞同助词“之”源于代词“之”的说法。

作为助词“之”的源头，甲骨文的代词“之”既是名词性的，也是谓词性的。而这两种词性的代词“之”都是助词“之”的源头。定中之间助词“之”的来源，可以概括为以下3点：第一，如果定语是名词性成分，而且“之”可作前指的解读，那么这种“之”即来源于作定语的有指代作用的名词性代词“之”；第二，如果定语是名词性成分，而且“之”可作后指的解读，那么这种“之”即来源于作定语的仅起指示作用的名词性代词“之”；第三，如果定语是谓词性成分，而且“之”可作前指的解读，那么这种“之”即来源于前指的谓词性代词“之”。状中之间助词“之”的来源，可以概括为以下两点：第一，若状语由谓词性词语或副词充当，则其后的“之”应源自前指的谓词性代词“之”；第二，若状语由名词性词语充当，则其后的“之”应源自前指的有指代作用的名词性代词“之”。就主谓之间助词“之”的来源，可以概括为以下两点：第一，若“主之谓”中的“之”可作前指的解读，那么它即来源于作主语的有指代作用的名词性代词“之”；第二，若“主之谓”中的“之”可作后指的解读，那么它即源自后指的谓词性代词“之”。中补之间的“之”，都应作后指的解读。最初，谓词性代词“之”与补语构成同位短语，共同作谓语中心语的补语。但是，后来在长期使用的过程中，“之”的指代作用逐渐淡化，最终由代词变成了一个用于中补之间的助词。

结构助词“其”和“厥”应是跟“之”一样，也源自代词，它们三者的虚化机制应是基本相同的。

“然”本是一个谓词性的近指代词，一般作谓语或谓语的一部分，可译为“如此”“这样”。例如“何必高宗，古之人皆然”（《论语·宪问》）、“木直中绳，𫐓以为轮，其曲中规。虽有槁暴，不复挺者，𫐓使之然也”（《荀子·劝学》）。

助词“然”是由谓词性代词的用法虚化过来的。这种“然”跟“如”或“若”构成“如……然”“若……然”这样的固定格式。例如“人之视己，如见其肺肝然”（《礼记·大学》）、“其视杀人若艾草然”（《汉书·贾谊传》）。“如/若＋O＋然”这个结构的中心最初是在“然”上，“如/若＋O”是作状语的（或者说与“然”构成连谓短语）。后来，中心前移，“然”字虚化，变成了助词。

助词“云”应是源于代词“云”的。代词“云”是谓词性的，可译为“如此”。例如“子之言云，又焉用盟”（《左传·襄公二十八年》）。代词“云”最初用在说话者所引用的话语之后，用来复指前面的话。后来在这个位置上虚化为助词。助词“云”用在转述类话语的后面，前面有“曰”这个动词与之呼应，标志话语部分到“云”结束，表示确认上述话语为传闻。例如“凡鬼恒执匴以入人室，曰‘气（饩）我食’云，是是饿鬼”（《睡虎地秦简·日书甲种》）。

（二）来源于名词的助词

结构助词“所”是怎么来的呢？对此学术界也有不同的看法。

王克仲（1982）列出了一个“所”字演变图：“（动＋）所$_1$→所$_2$（＋动）→所$_5$＋动”。也就是说，最初是动词加于名词“所”之前，如“死所”“居所”，后来动词可移到“所$_2$”之后作“所$_2$（＋动）”，最后直接加在“所$_2$”后边，形成所字结构“所$_5$＋动”。

张其昀（1990）认为“所”字作为名词表示“处所”义是其最早的用法，是作为结构助词“所”字最本源的用法。将表示“处所”义的“所”字参与构成的“居其所”之类结构变成“其所居”之类结构，就实现了由动词性结构向名词性结构的转换，“所”也就由名词转变为结构助词了。

郝维平（1996）认为“所”可以作介词，表示原因、凭恃，还可以表示对象。“所”可以和后边的成分构成介词结构。“所”字结构原本是由介词结构演变而来的，其表义重点原也在前边。介词“所”虚化的结果是“所”成了助词，同其后的动词结合日益紧密，“所”的表义重点也相应地移向后面，成了一个只表示动作指向的词，所字结构也就形成了带有指向性的动作这一意义。

方有国（2000）认为“所”是指示代词。他认为，根据黄盛璋先生的研究，上古汉语指示代词的来源大半跟时间观念有关，一部分跟空间观念有关。名词“所”表示具体的空间，任何人或事物都是存在于一定空间的，由此“所”转而表示这一空间所存在的人或事物。当“所”由空间之义转而指空间里的人或事物之后，“处所”义便转为“指代”义，名词从而转化为指示代词。他认为所字结构最初的形成可能是：“所→所＋动”，即在单独使用的“所”后面直接加动词而成的。

我们认为，下述的观点是正确的：结构助词“所”源于意义是处所的名词“所”。在文言文中，“所”有处所的意义。例如“袒裼暴虎，献于公所”（《诗经·郑风·叔于田》）、“公朝于王所”（《春秋·僖公二十八年》）、“譬如北辰，居其所而众星共之”（《论语·为政》）。

这种“所”是如何演变成结构助词“所”的呢？

这是语言的需要。在上古汉语前期的语言当中，已有一些动词语发生了名词化的转变。这时一般是无标记的，如“《訔（诗）》，又（有）为为之也。《箸（书）》，又（有）为言之也”（《上博楚简一·性情论》）。例中的“有为”，是有所为的意思。有时结构助词“攸”作名词化的标记，但不常用。例如“女不忧朕心之攸困”（《尚书·盘庚》）、“乃民攸训（顺），非天攸若”（《尚书·无逸》）。这样语言中就需要一个常用的名词化标记。

适宜“所”字虚化的具体句法环境应是“无/有+所+VP”式句。例如“由（使）先王亡所遈（归）”（《上博楚简六·平王问郑寿》）、“亡人不佞，失守社稷，越在草莽，吾子无所辱君命”（《左传·昭公二十年》）。前例中的“亡所归”可以有两种解释：一是把“所”看成意义是处所的名词，这时“所”是“亡”的宾语，“亡所”的意思是没有地方；“归”是运动动词，可以“所”为处所宾语，“无所归”是说没有地方可以回去。二是把“所”看成结构助词，把“所归”看成所字短语，这个短语作宾语，“无所归”是没有可归去的地方。后例中“无所辱命”也有一个“所”是上属还是下属的问题。如果是上属，那么应切分为“无所/辱命”，意思是没有地方可以让您执行君王的命令；如果是下属，那么应切分为“无/所辱（君）命”，意即不致辱君命。

认为“所”上属，“所”就是名词；认为“所”下属，“所”就是结构助词。这种能做可此可彼分析的例子，恰好可以证明结构助词“所”的来源以及“所”所由虚化的具体语法环境。如果历史地来看，可以认为“所”原是上属的，后来变为下属了。

“无所+VP”“有所+VP”这样的句法格式十分常见，以至于形成了“无所”“有所”这样的固定格式。因为使用频率增加，所以该格式可以成为诱发名词“所”语法化的环境。

跟“所”类似，结构助词“攸（逌）”其实也是由意义为处所的名词“攸（逌）”虚化而来的（详见方有国，2002）。结构助词“攸（逌）”所由虚化的具体句法环境也应是“无/有+攸（逌）+VP”。例如“民有寝庙，兽有茂草，各有攸处”（《左传·襄公四年》）。

类推是“所”语法化的原动力。在结构助词“所”产生之前，已经有结构助词“攸（逌）”的存在。例如“隹苟（敬）德，亡逌违”（《班簋铭》，《集成》8·4341）、“君子有攸往”（《周易·坤卦》）、“乃民攸训，非天攸若”（《尚书·无逸》）。“攸（逌）”字结构中的“攸（逌）”附着于其后的VP、与VP构成名词性的短语。受“攸（逌）”和“攸（逌）”字结构的类化，“所”发生了语法化的变化。“攸（逌）”字结构可以表示动作的受事及有关方面，受此影响，“所”字结构也是如此。

受类推这种原动力的作用，“无/有+所+VP”被重新分析。原来，在“无/有+所+VP”格式中，边界在“所”之后；重新分析之后，边界则处于“所”字之前，“所”与后面的VP密切地融合在一起，形成了“所”字结构。本来，“无/有”后边的VP就容易名词化。当重新分析之后，VP成了“有/无”的宾语，名词化后，VP前的“所”自然变成名词化的标记。能表示动作的受事及有关方面的名词性“所”字短语产生之后，用处扩大了，不仅可以作动词“有/无”的宾语，举凡名词性短语可以作的句子成分，“所”字短语都可以充当。

“等”有名词用法，指处在同一级次上的人，即辈、辈分，如“侍坐于所尊，敬毋余席，见同等不起”（《礼记·曲礼上》）。又用在某些人称代词和指人名词之后，表示复数。如

“公等录录，所谓因人成事者也”（《史记·平原君虞卿列传》）。助词“等”就是由这样的名词“等”虚化而成的。助词“等”用在代词或名词之后，表示列举未尽，仍可译为“等”。例如“黑夫等直佐淮阳，攻反城久，伤未可智（知）也”（《睡虎地秦牍》M4：11号）。

（三）来源于动词的助词

方有国（2002：116～119）认为，“者”和“诸”是古今字的关系，所以“诸”的本义“辩治”即“者”的本义，而别事词（《说文》释“者”为“别事词”）、众庶（“诸”有众庶义）等意义则由其本义引申而来。“者”和“诸”有“辩治”的意义，而“辩治”有“理正分别”之义，于是“者”和“诸”引申为“别事词”。

方有国所说的“别事词”，相当于我们所说的助词。可见他认为助词“者”源于它的“辩治”义，这就是说助词“者”源于动词“者”。方有国说可供参考。

三、出土先秦文献助词的历时演变

助词是一个系统，其中还包括一些子系统，如结构助词、比况助词、列举助词、限定助词等。但是这些子系统并不是一开始就都有的，而是逐渐发展、成熟起来的。就殷墟甲骨文来说，当时还没有助词，这些子系统是从西周时代开始出现的。西周春秋时代只有结构助词，到了战国时代才有比况助词、列举助词、限定助词等。

就出土先秦文献来看，上述10个助词的出现和使用时代是不同的。如下表所示：

助词	时代			
	殷商时代	西周时代	春秋时代	战国秦代
然				○
之		○	○	○
其		○		○
厥（氒）		○		
者$_1$（结构助词）			○	○
者$_2$（限定助词）				○
所				○
攸（逌）		○		
等				○
云				○

※上表中的“○”代表有这样的用例，空白表示没有见到这样的用例。

同一个助词在不同的时代虽然都可以见到，但其使用频率却可以是不同的，也就是有常用和不常用之别。比如“者$_1$（结构助词）”虽然在出土春秋文献和出土战国文献中都可以见到，但是它在出土春秋文献中很少见，而在出土战国文献中则很常见。

不但助词有时代性，就连助词的用法也具有时代性。如助词“之”及其用法的时代性就非常鲜明：在殷墟甲骨文中，“之”只有代词用法，没有结构助词的用法；在出土西周春秋文献中，“之”只可用于定语和中心词之间（助词“之”的这种用法比它的其他助词用法都要早）。例如“王令东宫追以六师之年”（《启贮簋铭》，《集成》7·4047）、“王用弗望（忘）圣人之后，多蔑历易休”（《师望鼎铭》，《集成》5·2812）。而到了出土战国文献里，结构助词“之”不但可用于定中之间，还可用于状中、中补、主谓以及主语与介宾之间。

又如结构助词“其”，在出土西周春秋文献中，可以用于定中之间；而到了出土战国文献里，它不但可以用于定中之间，还可以用于状语和中心语之间以及主谓之间。

再如结构助词“者”，其用于谓词语之后的用法最早见于出土春秋文献中。例如“□者献于灵公之所”（《庚壶铭》，《集成》15·9733）。而其用于名词语之后的用法则出现在出土战国文献中。“者”的限定助词用法也只出现在出土战国文献里，如“其於久远也，如后嗣为之者，不称成功盛德”（《峄山刻石》）、“人所恒炊（吹）者，上橐莫以丸礜，大如扁（蝙）蝠矢而乾之”（《周家台秦简·病方及其它》）、“伍人弗言者，与同法”（《龙岗秦简》21）。

助词用法的发展是有规律性的。如用于偏正结构之间的结构助词“之”“其”和“厥”都源自代词，它们三者的虚化机制也是相同的。又如结构助词“所”和“攸（逌）”都是由意义为处所的名词“所”和“攸（逌）”虚化而来。它们所由虚化的具体句法环境都应是“无/有+□+VP”中“□”的位置。

四、出土先秦文献助词的地域性

出土先秦文献助词的地域性主要表现在出土战国文献中的助词上。

如出土战国文献中的比况助词“然”都出现在秦简之中，没有例外。例如“凡不能自衣者，公衣之，令居其衣如律然”（《睡虎地秦简·秦律十八种》）、“上之所兴，其程攻（功）而不当者，如县然”（《睡虎地秦简·秦律十八种》）、“尉计及尉官吏节（即）有劾，其令、丞坐之，如它官然”（《睡虎地秦简·效律》）。而用作词缀的“然”则只出现在楚简之中，没有例外。例如“人之逩（悦）肰（然）可与和安者，不又（有）夫慉（奋）猝（作）之青（情）炅（则）悉（瞀）”（《郭店楚简·性自命出》）、“漉（洒）肰（然）牆（将）菥（亡）”（《上博楚简五·鲍叔牙与隰朋之谏》）。

又如出现在“主语+之+在宾”中的助词“之”只见于曾简之中。例如“妥宾之在楚也为坪皇，其在申也为迟（夷）则”（《曾侯乙钟铭》，《集成》2·327）、“大（太）族（簇）之在周也为剌（厉）音，其在晋也为槃钟”（《曾侯乙钟铭》，《集成》2·322）、“宣钟之在晋也为六墉”（《曾侯乙钟铭》，《集成》2·293）。

又如“者”的限定助词用法只见于出土秦文献之中，如“其於久远也，如后嗣为之者，不称成功盛德”（《峄山刻石》）、“人所恒炊（吹）者，上橐莫以丸礜，大如扁（蝙）蝠矢而乾之”（《周家台秦简·病方及其它》）、“伍人弗言者，与同法”（《龙岗秦简》21）。

再如列举助词“等”只见于出土秦文献中。例如“黑夫等直佐淮阳，攻反城久，伤未可智（知）也”（《睡虎地秦简》M4：11号）、“甲等及里人弟兄及它人智（知）丙者，皆难与丙饮食”（《睡虎地秦简·封诊式》）。

再如列举助词“云”也只见于出土秦文献中。例如“凡鬼恒执匴以入人室，曰‘气（饩）我食’云，是是饿鬼”（《睡虎地秦简·日书甲种》）。

目前出土的楚文献和秦文献的数量都比较庞大，如果某个助词在这些语料中都未曾出现，这是很能说明问题的。

五、出土先秦文献中的助词和传世先秦文献中的助词

把出土先秦文献中的助词和传世先秦文献中的助词比较一下，会发现至少有以下一些不同之处：

（1）在传世先秦文献中有一些在出土先秦文献中见不到的助词。如在传世西周文献中“斯”可用于定语和中心词之间，表示领属关系或修饰限制关系，可译为“的”，或不译。裴学海《古书虚字集释》卷八第705页：“斯，犹之也。”《诗经·周南·螽斯》中有“螽斯羽，诜诜兮”，高亨注：“斯，之也。螽斯羽，即蝗虫之羽。”例如“有兔斯首，炮之燔之”（《诗经·小雅·瓠叶》）、“秩秩斯干，幽幽南山，如竹苞矣，如松茂矣”（《诗经·小雅·斯干》）、“於！万斯年，不遐有佐”（《诗经·大雅·下武》）。“斯”也可用于状语和中心词之间，表示修饰限制关系，可译为“地”，或不译。例如“侵阮徂共，王赫斯怒”（《诗经·大雅·皇矣》）、“谋犹回遹，何日斯沮”（《诗经·小雅·小旻》）（沮：止）、“如跂斯翼，如矢斯棘，如鸟斯革，如翚斯飞，君子攸跻”（《诗经·小雅·斯干》）。

又如在传世西周文献中“惟”可用于状语和中心词之间，表示修饰限制关系，可训为“之”，译为“地”，或不译。例如“惟王受命，无疆惟休，亦无疆惟恤”（《尚书·召诰》）。又如“我受命无疆惟休，亦大惟艰”（《尚书·君奭》），此例中的“大”作“艰”的状语；同样“无疆”作“休”的状语。

（2）同一个助词出现的时代在出土先秦文献和传世先秦文献中是不同的。如依据出土先秦文献，结构助词“所”是在战国时代出现的；但依据传世先秦文献，结构助词“所”在西周时代就已经出现了。例如“瑟彼柞棫，民所燎矣。岂弟君子，神所劳矣”（《诗经·大雅·旱麓》）、“靡所止疑，云徂何往”（《诗经·大雅·桑柔》）（疑：读为“凝”，定）、“溥彼韩城，燕师所完”（《诗经·大雅·韩奕》）、“我瞻四方，蹙蹙无所骋”（《诗经·小雅·节南山》）、“夙兴夜寐，无忝尔所生”（《诗经·小雅·小宛》）、“周宗既灭，靡所止戾”（《诗经·小雅·雨无正》）。

又如依据出土先秦文献，结构助词“者”是在春秋时代出现的；但依据传世先秦文献，结构助词“者”在西周时代就已经出现了。例如“彼谮人者，亦已太甚”（《诗经·小雅·巷伯》）、“彼谮人者，谁适与谋”（《诗经·小雅·巷伯》）、“始者不如今，云不我可”（《诗经·小雅·何人斯》）。

（3）同一个助词用法的时代在出土先秦文献和传世先秦文献中有所不同。例如依据出土先秦文献，在殷商时代“之”只有代词用法，没有结构助词的用法；在西周春秋时代，“之”只可用于定语和中心词之间；而到了战国秦代，结构助词“之”不但可用于定中之间，也可用于状中、中补和主谓之间。

但依据传世先秦文献，在西周时代，结构助词“之”不但可以用于定中之间，也可以用于状中之间、谓语中心词和补语之间、主谓之间。“之”用于定中之间的例子如“先辂在左塾之前，次辂在右塾之前”（《尚书·顾命》）、“适二女之所”（《逸周书·克殷》）、“受福无疆，四方之纲，之纲之纪，燕及朋友”（《诗经·大雅·假乐》）。“之”用状中之间的例子如“尔土宇昄章，亦孔之厚矣”（《诗经·大雅·卷阿》）、“今此下民，亦孔之哀”（《诗经·小雅·十月之交》）、“既之阴女，反予来赫”（《诗经·大雅·桑柔》）（阴：庇护。赫：通吓）。“之”用于谓语中心词和补语之间的例子如“傧尔笾豆，饮酒之饫”（《诗经·小雅·常棣》）、“鲜民之生，不如死之久矣”（《诗经·小雅·蓼莪》）。“之”用于主谓之间的例子如“肆中宗之享国七十有五年”（《尚书·无逸》）、“神之吊矣，诒尔多福”（《诗经·小雅·天保》）、“殷之未丧师，克配上帝”（《诗经·大雅·文王》）、“於乎！不显文王之德之纯”（《诗经·周颂·维天之命》）。

六、出土先秦文献助词发展的原因和规律

助词由殷商时代到战国秦代的发展，是受多方面原因影响的。

首先是时代因素。从殷商到战国秦代，历时较长，语言必然会有变化，因为语言是一种历史现象。前面已经说过，出土先秦文献中助词的历时演变是多方面的，如词本身的、使用频率的、用法的等等。

其次是地域因素。这主要表现在出土战国文献中的助词上。如有些助词只出现在秦简之中，有些助词只出现在楚简里，这应看成是先秦汉语助词地域性的表现。

再次是思维因素。随着社会的发展，人们的思维逐渐精密。思维的精密化，就要求语言能更精确地表达出人们的思想，这正是助词发展的重要动因。比如有些动词名词化了，如果没有助词，就容易令听和看的人产生误解。

最后是语言因素。语言中存在大量的名词和一些代词，当它们具备一定的条件时，就会向助词转化。前面说过，由代词和名词向助词的语法化，是有规律性的。如两个词意义相同相近，其用法的演变就可能是相同的。这样就会形成一些同义助词，这些同义助词之间也会有竞争，最终胜利者得以保留，而失败者被淘汰。如助词“厥”“其”“之”竞争的结果是“之”取得胜利得以保留。

出土先秦文献助词发展的规律可以概括为以下几点：

（1）出土先秦文献中的助词一般都是由代词或名词虚化而来的。来源于代词的有“之”“其”“厥”“然”“云”等，来源于名词的有“所”“攸（逌）”“等”等。助词“者”可能来源于动词。

（2）从殷商时代到战国秦代汉语助词的数量越来越多。如在殷商时代一个助词也没有，到西周时代出现了 4 个助词（春秋时代的出土文献数量比较少，其中有两个助词），到了战国秦代，则出现了 8 个助词。

（3）助词的类别越来越丰富。在出土西周春秋文献中，汉语助词只有结构助词这一个类别，到了出土战国秦代文献中，汉语助词的类别增加到 4 个，即结构助词、比况助词、列举助词、限定助词等。

（4）偏正结构中的结构助词发生了由多到一的变化。在出土西周文献中，用于定中之

间的结构助词有“厥”“其”“之”等3个，但是到了战国秦代，就主要用“之”了。“厥”成了古词一般不用，而“其”主要用作代词，很少作助词来用。

（5）在虚词发展过程中体现出新陈代谢的规律。如“攸（逌）”和“所”是一对同义词，但是它们出现的时代是不同的。“攸（逌）”主要用于西周时代，而到了战国时代“攸（逌）”这个旧词被淘汰了，代之而起的是“所”，助词“所”被大量地使用开来。

第四节　出土先秦文献语气词的发展

本书全面地使用出土先秦文献作为语料，在断代描写的基础上对先秦汉语中的语气词进行历时研究。

一、以往的研究

张振林（1982）研究过先秦古文字材料中的语气词。他不但列出了在先秦古文字材料中有哪些语气词，而且还指出了每个语气词出现的频率。对这些语气词的意义和用法，也做了简要的分析。但在今天来看，这些研究存在以下几个方面的问题：一是张文所使用的语料主要是两周时代的金文，还使用了楚帛书、信阳楚简、诅楚文和石鼓文。其所使用的语料显然不够全面，特别是没有使用1982年以后出土发表的新材料。二是张文中所谓语气词的含义跟本书中语气词的含义不同。张文所谓的语气词，不但包括句末语气词，而且包括感叹词、语气副词，甚至还包括时间名词后面的“者”，如“昔者，吴人并雩（越）”（《中山王譻鼎铭》，《集成》5·2840）。三是张文中的一些结论，在今天看来已值得商榷，如作者认为商代还没有语气词。但事实上商代不但有感叹词，还有句末语气词（如“抑”“执”）。又如作者把“矣”看成句中语气词，但其实它应是句末语气词。再如作者把“之”和“焉”都看成句末语气词，但是从张文所举的例子来看，“之”应该是代词，而“焉”应该是兼词。还有作者认为“夫”在先秦古文字材料中可作句首语气词，但从他所举的例子来看，也不能令人信服。

陈永正（1992）研究过西周春秋铜器铭文中的语气词。他从西周春秋铜器铭文中找出了所有的语气词，分析了这些语气词的意义和用法，在此基础上对上古汉语的书面语言中语气词的发展情况进行了推论。但在今天看来，陈文的研究也有几个问题：一是陈文仅使用了西周春秋铜器铭文的语料，而不是全面使用出土先秦文献的语料；二是陈文所使用的语气词的含义是广义的，不但包括句末语气词，而且包括感叹词、语气副词（如“唯”“其”“雩”“曰”“亦”等）；三是陈文中的一些结论，在今天看来已经不太可信了。如作者认为“临保我有周”（《毛公鼎铭》，《集成》5·2841）中的“有”是语气词，但是当今学术界一般都看成词头。又如作者认为“之”可以用作句末语气词，但是从他所举的例子“齐三军围□，冉子执鼓，庚大门之，执者献于灵公之所”（《庚壶铭》，《集成》15·9733）来看也不可信，我们认为例中的“之”看成代词更合适。

由上述看来，此前就出土先秦文献语气词虽然有了一些相关的研究，一些结论也是比较可信的，但是都存在一些问题。因此今天从事该内容的研究是必要的，也是有价值的。

二、本书所使用的语料中的语气词

我们从出土先秦文献中找出了如下一些语气词：“与”“也（绥、綏）”“殹”“矣”“乎”“哉（戈、才）”“焉”“抑”“执”“耳”“尔”“已（巳）”“兮”“而已”等。这些语气词可以作如下分类：

1. 句末语气词

（1）陈述语气词有“也（绥、綏）”“殹”“矣”“已（巳）”“而已”“耳”“尔”“焉”等。

“也（绥，綏）”和“殹”是静态语气词，表示判断、确认肯定的语气。例如“此君子之大（务）也”（《上博楚简五·季庚子问於孔子》）、“凡法律令者，以教道（导）民，去其淫避（僻），除其恶俗，而使之之於为善殹”（《睡虎地秦简·语书》）。

“矣”是动态语气词，表示出现新情况的语气。例如“夫为丌（其）君之古（故）杀丌（其）身者，尝又（有）之矣”（《郭店楚简·鲁穆公问子思》）。

“已（巳）”也是动态语气词，表示所述事件已经成为事实的肯定语气。例如“天下皆智（知）敚之为媺也，亚（恶）巳（已）；皆智（知）善，此其不善巳（已）”（《郭店楚简·老子甲本》）。

“而已”“耳”，将事态往小处说，表示限止语气。例如“善者果而巳（已），不以取弝（强）”（《郭店楚简·老子甲本》）、“又（有）阅春秋，亡不以丌（其）生也亡耳”（《郭店楚简·语丛三》）。

“尔”“焉”，将事态往大处说，表肯定提醒的语气。例如“乍（作）豊（礼）乐，折（制）坓（刑）法，孚（教）此民尔（爾）”（《郭店楚简·六德》）、“悳（德）者，（且）莫大（乎）豊（礼）乐安（焉）”（《郭店楚简·尊德义》）。

（2）疑问语气词有“乎”“与”“抑”“执”等。

“乎”是一个表示真性疑问的语气词。例如：命（令）尹子林睧（问）於大（太）宰子歨：“为人臣者亦又（有）靜（争）虖（乎）？”大宰答曰：“君王元君，君善，大夫可（何）羕（用）靜（争）？”（《上博楚简四·柬大王泊旱》）

“与”表示半信半疑的语气。例如“人而亡恒，不可为卜箬（筮）也，丌（其）古之遗言舉（与）”（《郭店楚简·缁衣》）。

“抑”“执”都是表示真性疑问的语气词。例如“癸酉卜，王贞：自今癸酉至于乙酉邑人其见方抑，不其见方执”（《合集》799）、“辛酉卜，贞：有至今日执，亡抑？亡”（《合集》20377）。

（3）感叹语气词有“哉”“兮”等。

“哉”是专职表感叹的语气词。例如“乌虖，哀戈（哉）！用天降大丧于上或（国），亦唯噩侯駿方率南淮尸（夷）、东尸（夷）广伐南或（国）东或，至于历内”（《禹鼎铭》，《集成》5·2833）。

“兮”可表感叹语气，同时有拉长声调、使语气舒缓的作用。例如“弖（鸤）鴼（鸠）曰：丌（其）义一氏（兮），心女（如）结也。虛（吾）信之”（《上博楚简一·诗序》）。

2. 句中语气词

句中语气词“也”“殹”“矣”“尔”分别源自句末语气词“也”“殹”“矣”“尔”，句中语气词“乎”则源自感叹句末语气词“乎”。

“也”可以用在主语、状语、兼语之后，也可以用在“者”字短语、连谓短语、转折短语之中，表示停顿。例如“及丌（其）又（有）天下也，不以天下为重”（《郭店楚简·唐虞之道》）。

“殹”可用于主语、状语、定语之后，也可以用在转折短语之中，表示停顿。例如“其大厩、中厩、宫厩马牛殹，以其筋、革、角及其贾（价）钱效”（《睡虎地秦简·秦律十八种》）。

“矣”只用在转折短语、连谓短语之中，表示停顿，也表示动作的实现体。例如“丌（其）𡕒（载）也亡𠪚（厚）安（焉），交矣而弗智（知）也，亡”（《郭店楚简·尊德义》）。

“尔”用于主语之后，表示停顿，又有夸大的意思。例如“丌（其）言尔（爾）訐（信），古（故）但（转）而可受也”（《郭店楚简·忠信之道》）。

“乎”可用在主语、状语之后，表示停顿，同时有表示感叹的作用。例如“成孙弋曰：‘恢（噫）！善才（哉），言虗（乎）！’”（《郭店楚简·鲁穆公问子思》）

三、出土先秦文献语气词的历时演变

语气词是一个系统，其中还包括一些子系统，如句末语气词、句中语气词等。句末语气词又可以分为陈述语气词、疑问语气词、感叹语气词等。但是这些子系统并不是一开始就都有的，而是逐渐发展、成熟起来的。

由于句中语气词一般都是由句末语气词发展而来的，所以句中语气词的出现时代比较晚。从现有的出土先秦文献来看，句末语气词从殷商时代就已经开始出现，而句中语气词都是在战国秦代出现的，没有例外。如句中语气词“也”“殹”“矣”“乎”“焉”“尔”等都只出现在出土战国秦代文献中。

就出土先秦文献来看，上述 14 个语气词的出现和使用时代是不同的。如下表所示：

语气词	时代			
	殷商时代	西周时代	春秋时代	战国秦代
与				○
也（绥、緌）			○	○
殹				○
矣				○
乎				○
哉（𢦏、才）		○	○	○
焉				○

（续上表）

语气词	时代			
	殷商时代	西周时代	春秋时代	战国秦代
抑	○			
执	○			
耳				○
尔				○
已（巳）			○	○
兮				○
而已				○

※上表中的“○”代表有这样的用例，空白表示没有见到这样的用例。

在出土战国文献中，可以见到用作句末语气词的“则”出现在《诗经》引文之中，很明显，这是西周春秋时代的语言现象（韵文中），而不是战国时代的语言现象。例如“《寺（诗）》員（云）：‘皮（彼）求我㓝（则），女（如）不我㝵（得）’”（《郭店楚简·缁衣》）。这个例子在传世文献中作“彼求我则，如不我得”（《诗经·小雅·正月》）。马瑞辰《毛诗传笺通释》说：“则字为句末语助词，故《笺》但云‘王之始征求我’，不释则字。”“则”可作句末语气词，用于分句之末，表示感叹语气。裴学海《古书虚字集释》卷八第603页：“则，犹哉也。”注曰：“古音则与哉同。”

在出土战国文献中，还可以见到用作句末语气词的“兮”出现在《诗经》引文之中，很明显，这也是西周春秋时代的语言现象（韵文中），而不是战国时代的语言现象。例如“尸（鸤）鴼（鸠）曰：丌（其）义一氏（兮），心女（如）结也。虐（吾）信之”（《上博楚简一·诗序》）。

同一个语气词在不同的时代虽然都可以见到，但其使用频率却可以是不同的，也就是有常用和不常用之别。如感叹语气词“哉”虽然在西周、春秋、战国时代的出土文献中都可以见到，但是它在西周春秋时代的语料中不常见，而在战国时代的语料中则常见。

不但语气词有时代性，语气词的用法也具有时代性。如语气词“哉”出现于西周时代，可以用在感叹句、祈使句中，一般都是单用，不与别的语气词连用。到了战国时代，语气词“哉”不但可以用在感叹句、祈使句末，也可以用在反问句末；不但可以单用，也可以与其他语气词连用。再如陈述语气词“已（巳）”最早见于春秋时代的出土文献中，但是只有单用的例子，到了战国时代才可以见到“已（巳）”与其他语气词连用的例子。

张振林（1982）说在春秋中期或更早出现大量语气词的可能性是极其小的。陈永正（1992）说过，句末语气词的大量产生和使用，当在处士横议、论辩诘难之风大盛的战国时代。这些话在今天看来，还是能成立的。

四、出土先秦文献语气词的地域性

出土先秦文献语气词的地域性主要表现在出土战国文献中的语气词上。

如语气词“与”，只见于楚简中，在秦简中一例也见不到。很可能在战国和秦代，秦地人的语言中不使用这个句末语气词。

又如我们可以把“殹”和“也”看成是不同方言里的两个同义词。“殹”和“也”的关系，正如同“耶”和“欤”的关系一样。李学勤（1981）、冯春田（1993）、大西克也（1998）等，均认为“殹”是秦国方言词，这种看法是可信的。“殹”只见于出土秦文献之中，是秦国方言词；而“也”在战国金文、楚简、秦简和战国玉石文字中都可以见到，属于通语。“也”的出现频率明显高于“殹”。在我们所统计的出土战国文献中，“也”共出现 1 170 次，而“殹”只出现 150 次。在秦简中，“也”出现 168 次，也多于“殹”的出现次数。

目前出土楚文献和出土秦文献的数量都比较庞大，如果某个语气词在这些语料中都未曾出现，这是很能说明问题的。

五、出土先秦文献中的语气词和传世先秦文献中的语气词

把出土先秦文献中的语气词和传世先秦文献中的语气词比较一下，会发现至少有以下一些不同之处：

（1）在传世先秦文献中有一些在出土先秦文献中见不到的语气词。

以传世西周文献为例，其中就有一些在出土西周文献中见不到的语气词。如感叹句末语气词有“斯”“思”“只”“且”“胥”，这些词多出现在韵文里。

“斯”用于句子末尾或分句之末，表示咏叹，可译为“啊”“呀”等。“斯”用于全句末尾的例子如“出此三物，以诅尔斯”（《诗经・小雅・何人斯》）、“对越在天，骏奔走在庙，不显不承，无射于人斯”（《诗经・周颂・清庙》）、“有頍者弁，实维何斯”（《诗经・小雅・頍弁》）。“斯”用于分句之末的例子如“哀我人斯，于何从禄”（《诗经・小雅・正月》）、“天难忱斯，不易维王”（《诗经・大雅・大明》）、“彼何人斯，居河之麋”（《诗经・小雅・巧言》）。

“思”用于句末或分句之末，用以加强咏叹的语气，可译为“啊”“呀”。用于句子末尾的例子如“敬之敬之，天维显思”（《诗经・周颂・敬之》）、“皎皎白驹，贲然来思”（《诗经・小雅・白驹》）、“君子有酒，嘉宾式燕又思”（《诗经・小雅・南有嘉鱼》）。用于分句末尾的例子如“昔我往矣，杨柳依依。今我来思，雨雪霏霏”（《诗经・小雅・采薇》）、“昔我往矣，黍稷方华。今我来思，雨雪载涂”（《诗经・小雅・出车》）、“尔羊来思，其角濈濈。尔牛来思，其耳湿湿”（《诗经・小雅・无羊》）。

“只”用于分句之末，表示赞叹语气，可译为“啊”“呀”。例如“乐只，君子！天子命之。乐只，君子！福禄申之”（《诗经・小雅・采菽》）、“乐只，君子！殿天子之邦”（《诗经・小雅・采菽》）。上引两例，“只”所在的分句主谓倒置，这使赞叹的语气得到加强。

“且”在《诗经》中可与“只”连用，如“北风其凉，雨雪其雱。惠而好我，携手同行。其虚其邪，既亟只且”（《邶风・北风》）。这个例子里的“只且”被认为是由两个近义词“只”和“且”复合而成的，用于句末，起加强咏叹的作用。既然如此，单独一个“且”字，也应是起加强咏叹的作用的。例如“悠悠昊天，曰父母且”（《诗经・小雅・

巧言》)。

“胥”用于句末或分句之末，表示一种咏叹的语气，可译为“啊”“呀”。例如“笾豆有且，侯氏燕胥”(《诗经·大雅·韩奕》)、“君子乐胥，受天之佑”(《诗经·小雅·桑扈》)。

又如祈使句末语气词有“兹”“辽”。

“兹”用法同“哉”，用于祈使句句末，加强命令、告诫、劝勉等语气，可译为“啊”“吧”。例如“尔无以钊冒贡于非几兹”(《尚书·顾命》)。

“辽”用法同“哉”，用于祈使句句末，加强命令、告诫、劝勉等语气，可译为“啊”“吧”。例如“往辽，王舅，南土是保”(《诗经·大雅·崧高》)。

又如疑问句末语气词有“其”“而”。

“其”在《尚书》和《诗经》中都可见到。《尚书》中的例子如“今尔无指告予，颠隮，若之何其”(《微子》)；《诗经》中的例子如“彼人是哉，子曰何其”(《魏风·园有桃》)、“夜如何其？夜未央”(《诗经·小雅·庭燎》)。对此处之“其”，王引之《经传释词》解释说：“音姬，问词之助也。”所以此时“其”可看作是帮助表达疑问语气的，可译为“呢”。

“而”用于反问句末尾，帮助表达反问语气，可译为“吗”。例如“下民胥怨，财单竭，手足靡措，弗堪戴德，不其乱而”(《逸周书·芮良夫》)。

又如陈述句末语气词有“止”。

“止”用于句末或分句之末，表示一种比较确定的语气，可译为“了”“呢”“啊”等。用于句末的例子如“曰归曰归，岁亦莫止”(《诗经·小雅·采薇》)、“采薇采薇，薇亦作止”(《诗经·小雅·采薇》)。用于分句之末的例子如“民亦劳止，汔可小康”(《诗经·大雅·民劳》)、“其未醉止，威仪反反”(《诗经·小雅·宾之初筵》)、“文王既勤止，我应受之”(《诗经·周颂·赉》)。

再如句中语气词有“斯”“兮”。

“斯”用在语句主语之后，表示咏叹，也有表示停顿的作用，可译为“啊”“呀”。例如“彼旟旐斯，胡不旆旆。忧心悄悄，仆夫况瘁”(《诗经·小雅·出车》)。

“兮”用于句中，有抒发感情的作用，同时有表示停顿的作用。可译为“啊”“呀”。例如“父兮生我，母兮鞠我”(《诗经·小雅·蓼莪》)。

(2) 同一个语气词出现的时代在出土先秦文献和传世先秦文献中是不同的。

如根据出土先秦文献，句末语气词“兮”“乎”“也”“矣”“而已”都出现于战国时代，“已”出现于春秋时代，但是根据传世先秦文献，这些句末语气词在西周时代都已经出现了。

“兮”可用于句子末尾或分句的末尾，起舒缓语气的作用，同时兼有抒发感情的作用。用于句子末尾的例子如“裳裳者华，其叶湑兮！我觏之子，我心写兮”(《诗经·小雅·裳裳者华》)、“蓼彼萧斯，零露湑兮”(《诗经·小雅·蓼萧》)、“既见君子，我心写兮”(《诗经·小雅·蓼萧》)。用于分句末尾的例子如“念我独兮，忧心京京”(《诗经·小雅·正月》)、“彤弓弨兮，受言藏之”(《诗经·小雅·彤弓》)。

“乎”可用于句子末尾，表示赞叹的语气。例如“宜尔家室，乐尔妻帑。是究是图，亶其然乎”(《诗经·小雅·常棣》)。

“也”用于陈述句句末，加强陈述语气，强调所陈述的内容或确认某件事情的真实性。例如“薪是获薪，尚可载也。哀我惮人，亦可息也”（《诗经·小雅·大东》）。

“矣”用于陈述句句末或分句之末，表示把已经或将要出现的新情况告诉人们的语气。用于句末的例子如“呜呼！孺子王矣”（《尚书·立政》）、“王事多难，维其棘矣”（《诗经·小雅·出车》）、“舍彼有罪，予之佗矣”（《诗经·小雅·小弁》）。还可用于复句中的前一分句的末尾，如“心之忧矣，如或结之”（《诗经·小雅·正月》）、“天作高山，大王荒之。彼作矣，文王康之。彼徂矣，岐有夷之行，子孙保之”（《诗经·周颂·天作》）、“神之吊矣，诒尔多福”（《诗经·小雅·天保》）。还可同时出现于一个复句的句末和前一分句的末尾。例如“伴奂尔游矣，优游尔休矣”（《诗经·大雅·卷阿》）、“原隰裒矣，兄弟求矣”（《诗经·小雅·常棣》）、“迨我暇矣，饮此湑矣”（《诗经·小雅·伐木》）。不但出现在陈述句的句末或分句之末，还可以出现在疑问句和感叹句句末。用于疑问句之末的例子如“心之忧矣，如或结之。今兹之正，胡然厉矣”（《诗经·小雅·正月》）、“心乎爱矣，遐不谓矣”（《诗经·小雅·隰桑》）、“侯谁在矣？张仲孝友”（《诗经·小雅·六月》）。用于感叹句句末的例子如“皇矣，上帝！临下有赫”（《诗经·大雅·皇矣》）、“哿矣，富人！哀此惸独”（《诗经·小雅·正月》）。

“而已”用于陈述句的句末，表示限止语气。例如“民至亿兆，后一而已”（《逸周书·芮良夫》）。

“已”表示所述事件已经成为事实的肯定语气。例如“公定，予往已”（《尚书·洛诰》）。

又如根据出土先秦文献，句中语气词“乎”“也”“焉”都出现于战国时代，但是根据传世先秦文献，这些句末语气词在西周时代都已经出现了。

“乎”用于语句主语之后，表示语气在该处稍作停顿，同时也有强烈的感情色彩。例如“心乎爱矣，遐不谓矣”（《诗经·小雅·隰桑》）。

“也”用在语句状语之后，表示停顿、舒缓的语气，兼有提示下文的作用。例如“今也日蹙国百里，於乎哀哉，维今之人，不尚有旧”（《诗经·大雅·召旻》）、“每有良朋，况也永叹”（《诗经·小雅·常棣》）、“信矣，君子！允矣，君子！展也大成”（《诗经·小雅·车攻》）。

“焉”用于语句主语之后，表示停顿，兼有提起下文的语气。例如“往来行言，心焉数之”（《诗经·小雅·巧言》）。

（3）同一个语气词用法的时代在出土先秦文献和传世先秦文献中有所不同。

如句末语气词“矣”在出土战国文献中除了单用之外，可与“尔”连用，例如“亥，豕矣。盗者中人矣尔，在屏、圂方及矢”（《放马滩秦简·日书甲·亡盗章》）。“矣”和“尔”连用，各自表达出了自己的独特语气，而语气的重点落在最后面的“尔”上。“矣尔”这种语气词连用的例子，在传世文献中是见不到的。

而在传世战国文献中，句末语气词“矣”可以跟“已”“也”“耳”“而已”“尔已”“也已”“夫”“哉”“乎”连用。

“矣”跟“已”连用时，可以出现在“已”前，也可以出现在“已”后。例如“夫大义之不成，既有成矣已”（《吕氏春秋·有始览》）、“起予者商也！始可与言诗已矣”（《论语·学而》）。

“矣”跟“也”“耳”“而已”“尔已”“也已”等连用时，“矣”都出现在后面。例如“今世近习之请行则官爵可买，官爵可买则商工不卑也矣”（《韩非子·五蠹》）、“人人有贵于己者，弗思耳矣”（《孟子·告子上》）、“夫子之道，忠恕而已矣”（《论语·里仁》）、“抑为之不厌，诲人不倦，则可谓云尔已矣”（《论语·述而》）、“泰伯，其可谓至德也已矣”（《论语·泰伯》）。

“矣”跟“夫”“哉”“乎”等连用时，“矣”都出现在前面。例如“事君果有命矣夫”（《吕氏春秋·审分览》）、“群居终日，言不及义，好行小慧，难矣哉”（《论语·卫灵公》）、“有能一日用其力于仁矣乎”（《论语·里仁》）。

总起来说，“矣”跟近义的“已”连用时，位置不固定。“矣”与其他陈述语气词连用时，都在其后面；“矣”与感叹语气词和疑问语气词连用时，都在其前面。

张振林（1982）说过，《周易》《尚书》《诗经》三书，尽管其制作年代早至商，晚到春秋，但不能说所有的文字都是原来的。从战国到秦汉，这些经传都经过经师的辗转传授解说，今天所见的《周易》《尚书》《诗经》中有许多语气词不见于商、周、春秋的古文字材料，看起来都可能是春秋末期经过战国、秦、汉，不断在传授、解说、修改、润色中掺进去的。

六、出土先秦文献语气词发展的原因和规律

语气词由殷商时代到战国秦代的发展，是受多方面原因影响的。

首先是时代因素。从殷商时代到战国秦代，历时较长，语言必然会有变化，因为语言是一种历史现象。前面已经说过，出土先秦文献中语气词的历时演变是多方面的，如词本身的、使用频率的、用法的等等。

其次是地域因素。这主要表现在出土战国文献中的语气词上。如有些语气词只出现在秦简之中，有些语气词只出现在楚简里，这应看成是先秦汉语语气词地域性的表现。

再次是社会和思维的因素。随着社会的发展，人们的思维逐渐精密。思维的精密化，就要求语言能更精确地表达出人们的思想，这是语气词发展的重要动因。张振林（1982）在谈到语气词在战国时代大量产生和使用的原因时说过，到了使用铁器生产的战国时期，政治、军事、外交活动都非常纷繁，思想文化活动也十分活跃，出现了诸子百家争鸣、纵横家游说四方，王室和卿大夫敬重知识分子，食客盈门，著述颇多的局面。这样，使用语气词准确地表达出不同的思想内容和语气，成了达到政治、军事、外交、思想斗争的胜利所不可缺少的手段，于是语气词得到长足的发展。这段话大抵是可信的。

最后是语言因素。语气词的产生和大量使用，归根到底是为了表达句子语气的需要。所谓语气是说话人对句子主干所表内容的主观态度，体现说话人的一定的语用目的，是句子意义不可缺少的组成部分。在汉语里，大致有四种基本语气，即陈述语气、疑问语气、祈使语气和感叹语气，每种语气还可以分为一些小类。语气的基本表现形式是语调，但语调简单，不能表达细微的语气，在书面语中就更有局限。除了语调外，语气副词、疑问代词和某些特殊句式都有表达语气的作用，但它们都不如句末语气词，书面语中更是如此。正是因为表达语气的需要，语气词才产生和大量地使用开来。

出土先秦文献语气词发展的规律可以概括为以下几点：

（1）出土先秦文献中语气词的来源可能跟其他虚词不同。语气词是一种语音现象，在先秦汉语中它的来源一般不是实词虚化，而可能来自先秦汉语中的一些特定语音。这些特定的语音由于约定俗成的关系可以表达特定语气。

能够说清来源的是语气词“焉”。语气词“焉（安）”应该是由兼词“焉（安）”虚化过来的。兼词“焉（安）”可以处于句中（非句中语气词出现的位置），也可以处于句末。语气词“焉（安）”只能是由句末的兼词“焉（安）”虚化过来的。兼词“兼（安）”所包含的代词，其先行词可以出现在“焉”小句前面的句子里，也可以跟“焉”在同一小句中出现。在后一种情况下，虽然“焉”有语法和语用方面的作用，可是在表义上已具有冗余性，很容易被重新分析为“矣”“也”一类的句末语气词。当“焉”及其先行词出现在同一小句同一语法位置上时，“焉（安）”已基本上成了一个句末语气词了。当这个语气词产生之后，它就既可以单用，也可以与其他语气词前后互见，还可以跟其他句末语气词同现。

（2）到了战国秦代，汉语语气词的数量迅速增多。在出土商代文献中，只见到了两个句末疑问语气词“抑”和“执”；在出土西周文献中，只见到了一个句末感叹语气词“哉”；在出土春秋文献中，只见到了两个句末语气词“哉”和“已”，可能还有“兮”；而到了出土战国文献中，则可以见到“与”“也（绥、綏）”“殹”“矣”“乎”“哉（才戈、才）”“焉”“耳”“尔”“已（巳）”“兮”“而已”12个语气词，而且多数都是比较常用的。

（3）语气词的类别越来越丰富。在出土商代文献中，只有疑问语气词；在出土西周文献中，只有感叹语气词；在出土春秋文献中，除了有感叹语气词外，已经可以见到陈述语气词，但只有一个；到了出土战国文献中，疑问语气词、感叹语气词、陈述语气词都有了，而且每类语气词都包括多个语气词，相互有分工，各自表达细微的语气。

（4）在语气词发展过程中体现出新陈代谢的规律。如在出土商代文献中，有两个句末疑问语气词“抑”和“执”，这两个语气词在西周以后都见不到了；到了战国时代，产生了两个新的疑问语气词“乎”“与”，这两个词相互之间是有细微差别的，用法是有分工的。

参考文献

［1］安九：《古汉语里介词“自”的位置》，《语文学习》，1955 年第 10 期。

［2］白兆麟：《“所”字词组后附之“者”字新探》，《安徽大学学报》（哲学社会科学版），1980 年第 3 期。

［3］蔡镇楚：《试谈古汉语介词结构的语法功能》，《语文研究》，1983 年第 4 期。

［4］陈宝勤：《先秦连词“而”语法语义考察》，《古汉语研究》，1994 年第 1 期。

［5］陈昌来：《介词与介引功能》，合肥：安徽教育出版社 2002 年版。

［6］陈承泽：《国文法草创》，北京：商务印书馆 1982 年版。

［7］陈克炯：《论〈左传〉的“为”字句》，《华中师范大学学报》（人文社会科学版），1983 年第 1 期。

［8］陈佩芬：《平王问郑寿释文》．骇源主编：《上海博物馆藏战国楚竹书六》上海：上海古籍出版社 2007 年版。

［9］陈朋：《试论“名·之所·动”可作定语》，《中国语文》，1980 年第 5 期。

［10］陈永正：《西周春秋铜器铭文中的语气词》，《古文字研究》（第十九辑），北京：中华书局 1992 年版。

［11］陈志明、党厚：《〈论语〉“矣”字用法考察》，《山西师大学报》（社会科学版），1996 年第 2 期。

［12］楚永安：《文言复式虚词》，北京：中国人民大学出版社 1986 年版。

［13］崔立斌：《〈孟子〉词类研究》，开封：河南大学出版社 2004 年版。

［14］董秀芳：《古汉语中动名之间“于/於”的功能再认识》，《古汉语研究》，2006 年第 2 期。

［15］范晓、张豫峰等：《语法理论纲要》，上海：上海译文出版社 2003 年版。

［16］方丽娜：《西周金文虚词研究》，“国立”师范大学国文研究所硕士学位论文，1985 年。

［17］方平权：《关于介词“于”由先秦到汉发展变化的两种结论》，《古汉语研究》，2000 年第 2 期。

［18］方有国：《上古汉语“所”字与所字结构再研究》，《上古汉语语法研究》，成都：巴蜀书社 2002 年版。

［19］方有国：《上古汉语“者”字词性与功能再研究》，《上古汉语语法研究》，成都：巴蜀书社 2002 年版。

［20］方有国：《古汉语主谓间“而”字研究》，《西南大学学报》（人文社会科学版），2002 年第 4 期。

［21］方有国：《〈论语〉“斯”字的词性和用法——与宗传璧先生商榷》，《上古汉语

语法研究》，成都：巴蜀书社 2002 年版。

［22］方有国：《上古汉语语法研究》，成都：巴蜀书社 2002 年版。

［23］冯春田：《关于秦墓竹简中有无“补充式”以及“疑问句疑问代词宾语的位置”问题——与王锳同志商榷》，《语言研究》，1983 年第 1 期。

［24］冯春田：《秦墓竹简选择问句分析》，《语文研究》，1987 年第 1 期。

［25］冯春田：《睡虎地秦墓竹简语法札记》，北京大学中文系《语言学论丛》编委会编：《语言学论丛》（第十八辑），北京：商务印书馆 1993 年版。

［26］冯其庸、邓安生纂著：《通假字汇释》，北京：北京大学出版社 2006 年版。

［27］高继平、高寒育编著：《新编语言学概论》，沈阳：辽沈书社 1990 年版。

［28］高名凯：《汉语语法论》，北京：商务印书馆 1986 年版。

［29］高一勇：《秦简“法律答问”问句类别》，《古汉语研究》，1993 年第 1 期。

［30］管敏义：《兼词“诸”与“焉”》，《宁波师范学院学报》（社会科学版），1990 年第 1 期。

［31］郭锡良：《先秦语气词新探（一）》，《古汉语研究》，1988 年第 1 期。

［32］郭锡良：《先秦语气词新探（二）》，《古汉语研究》，1989 年第 1 期。

［33］郭锡良：《试论上古汉语指示代词的体系》，吕叔湘等著：《语言文字学论集》，北京：知识出版社 1989 年版。

［34］郭锡良、唐作藩、何九盈等编：《古代汉语》（上），天津：天津教育出版社 1991 年版。

［35］郭锡良、唐作藩、何九盈等编：《古代汉语》（下），天津：天津教育出版社 1991 年版。

［36］郭锡良、李玲璞主编：《古代汉语》（上），北京：语文出版社 1992 年版。

［37］郭锡良、李玲璞主编：《古代汉语》（下），北京：语文出版社 1992 年版。

［38］郭锡良：《介词“于”的起源和发展》，《中国语文》，1997 年第 2 期。

［39］郭锡良：《介词“以”的起源和发展》，《古汉语研究》，1998 年第 1 期。

［40］郭锡良：《汉语介词“于”起源于汉藏语说商榷》，《中国语文》，2005 年第 4 期。

［41］郭锡良：《古代汉语语法讲稿》，北京：语文出版社 2007 年版。

［42］韩陈其：《古汉语单音假设连词之间的音韵关系》，《中国语文》，1986 年第 5 期。

［43］郝维平：《上古汉语的“所”字新探》，《古汉语研究》，1996 年第 2 期。

［44］何乐士：《〈左传〉的“焉”》，《古汉语研究》编辑部编：《古汉语研究》（第一辑），北京：中华书局 1988 年版。

［45］何乐士：《〈左传〉的介词“于”和“於”》，《左传虚词研究》（修订本），北京：商务印书馆 2004 年版。

［46］何乐士：《〈左传〉的介词“以”》，《左传虚词研究》（修订本），北京：商务印书馆 2004 年版。

［47］何乐士：《〈左传〉中介词“以”宾语的省略》，《左传虚词研究》（修订本），北京：商务印书馆 2004 年版。

［48］何乐士:《〈左传〉中介词“以”的前置宾语》,《左传虚词研究》(修订本),北京:商务印书馆2004年版。

［49］何乐士:《〈左传〉的连词“以”》,《左传虚词研究》(修订本),北京:商务印书馆2004年版。

［50］何乐士:《〈左传〉的介词“为”》,《左传虚词研究》(修订本),北京:商务印书馆2004年版。

［51］何乐士:《〈左传〉的“者”》,《左传虚词研究》(修订本),北京:商务印书馆2004年版。

［52］何乐士:《关于“者”字结构作后置定语和受事主语的问题》,《左传虚词研究》(修订本),北京:商务印书馆2004年版。

［53］何乐士:《〈左传〉的“所”》,《左传虚词研究》(修订本),北京:商务印书馆2004年版。

［54］何乐士:《〈左传〉的语气词“其”》,《左传虚词研究》(修订本),北京:商务印书馆2004年版。

［55］何乐士:《〈左传〉的“诸”》,《左传虚词研究》(修订本),北京:商务印书馆2004年版。

［56］何乐士编:《古代汉语虚词词典》,北京:语文出版社2006年版。

［57］何容:《中国文法论》,北京:商务印书馆1942年版。

［58］洪波:《“于”“於”介词用法源流考》,南开大学中文系编:《语言研究论丛》(第五辑),天津:南开大学出版社1988年版。

［59］洪波主编:《立体化古代汉语教程》,北京:高等教育出版社2005年版。

［60］洪诚玉:《关于疑问句尾“为”的讨论:句末的“为”应该是语气词》,《中国语文》,1980年第5期。

［61］洪诚玉:《“N之P者”结构的语义关系和语法关系》,《古汉语研究》,1989年第4期。

［62］侯学超编:《现代汉语虚词词典》,北京:北京大学出版社1998年版。

［63］胡安顺:《“以”的“率领”“执拿”意义及其动词性质》,《陕西师范大学学报》(哲学社会科学版),1991年第1期。

［64］胡安顺:《“以”“帅”的带领意义异同辨》,《陕西师范大学学报》(哲学社会科学版),2001年第4期。

［65］胡力文:《“以”和它的宾语倒置问题》,《语文教学》(上海版),1958年第6期。

［66］华建光:《战国传世文献语气词研究》,中国人民大学博士学位论文,2008年。

［67］黄怀信:《上海博物馆藏战国楚竹书〈诗论〉解义》,北京:社会科学文献出版社2004年版。

［68］黄珊:《〈荀子〉虚词研究》,开封:河南大学出版社2005年版。

［69］黄伟嘉:《甲金文中“在、于、自、从”四字介词用法的发展变化及相互关系》,《陕西师范大学学报》(哲学社会科学版),1987年第1期。

［70］季旭昇主编:《〈上海博物馆藏战国楚竹书(一)〉读本》,台北:万卷楼图书

股份有限公司 2002 年版。

［71］季旭昇主编：《〈上海博物馆藏战国楚竹书（二）〉读本》，台北：万卷楼图书股份有限公司 2003 年版。

［72］季旭昇主编：《〈上海博物馆藏战国楚竹书（三）〉读本》，台北：万卷楼图书股份有限公司 2005 年版。

［73］季旭昇主编：《〈上海博物馆藏战国楚竹书（四）〉读本》，台北：万卷楼图书股份有限公司 2007 年版。

［74］姜允玉：《出土文献中的语气词“也”》，中国古文字研究会、中山大学古文字研究室编：《古文字研究》（第二十四辑），北京：中华书局 2002 年版。

［75］蒋绍愚：《论词的“相因生义”》，《蒋绍愚自选集》，开封：河南教育出版社 1994 年版。

［76］金兆梓：《国文法之研究》，北京：中华书局 1922 年版。

［77］荆贵生：《句尾“焉”字的词性及辨别方法》，《河南大学学报》（哲学社会科学版），1988 年第 1 期。

［78］蓝鹰、洪波：《上古汉语虚词研究》，成都：四川人民出版社 2001 年版。

［79］黎锦熙：《新著国语文法》，北京：商务印书馆 1998 年版。

［80］李家浩：《秦骃玉版铭文研究》，教育部人文社会科学重点研究基地、北京大学中国古文献研究中心编：《北京大学中国古文献研究中心集刊》（二），北京：北京燕山出版社 2001 年版。

［81］李杰群：《连词“则”的起源和发展》，《中国语文》，2001 年第 6 期。

［82］李零：《郭店楚简校读记》（增订本），北京：中国人民大学出版社 2007 年版。

［83］李学勤：《秦简的古文字学考察》，中华书局编：《云梦秦简研究》，北京：中华书局 1981 年版。

［84］李佐丰：《先秦汉语实词》，北京：北京广播学院出版社 2003 年版。

［85］李佐丰：《古代汉语语法学》，北京：商务印书馆 2004 年版。

［86］廖礼平：《〈论语〉〈孟子〉中语气词连用初探》，《徐州师范学院学报》（哲学社会科学版），1987 年第 3 期。

［87］廖振佑：《关于疑问句尾“为”的讨论：也谈疑问句尾“为”》，《中国语文》，1980 年第 5 期。

［88］林密：《“则”字在〈吕氏春秋〉中的特殊用法》，《河池师专学报》（文科版），1984 年第 2 期。

［89］林祥楣：《现代汉语》，北京：语文出版社 1991 年版。

［90］刘百顺：《关于“诸”字训释的几个问题》，《西北大学学报》（哲学社会科学版），1984 年第 4 期。

［91］刘丽川、张卫东：《说介词“自”（之一）》，《深圳大学学报》（人文社会科学版），1987 年第 3 期。

［92］刘晓南：《先秦语气词的历时多义现象》，《古汉语研究》，1991 年第 3 期。

［93］刘钊著：《郭店楚简校释》，福州：福建人民出版社 2003 年版。

［94］吕叔湘：《中国文法要略》（校订重排本），北京：商务印书馆 1982 年版。

［95］吕叔湘：《疑问·否定·肯定》，《中国语文》，1985 年第 4 期。

［96］罗国强：《“于”的动词用法探讨》，《古汉语研究》，2007 年第 2 期。

［97］马汉麟：《古代汉语“所”字的指代作用和“所”字词组的分析》，《中国语文》，1962 年第 10 期。

［98］马建忠：《马氏文通》，北京：商务印书馆 1989 年版。

［99］麦梅翘：《〈左传〉的“乎”》，中国社会科学院语言研究所古代汉语研究室编：《古汉语研究论文集》（三），北京：北京出版社 1987 年版。

［100］梅祖麟：《介词“于”在甲骨文和汉藏语里的起源》，《中国语文》，2004 年第 4 期。

［101］孟蓬生：《上古汉语同源词语音关系研究》，北京：北京师范大学出版社 2001 年版。

［102］孟世凯：《甲骨学辞典》，上海：上海人民出版社 2006 年版。

［103］南开大学中文系语言学教研组编：《古代汉语读本》，北京：人民教育出版社 1960 年版。

［104］蒲立本著：《古汉语语法纲要》，北京：语文出版社 2006 年版。

［105］齐沪扬著：《语气词与语气系统》，合肥：安徽教育出版社 2002 年版。

［106］裘锡圭：《谈谈古文字资料对古汉语研究的重要性》，《中国语文》，1979 年第 6 期。

［107］裘锡圭：《甲骨文中的几种乐器名称》，《中华文史论丛》，1980 年第 2 辑。

［108］裘锡圭：《释“柲”》，《古文字研究》（第三辑），北京：中华书局 1980 年版。

［109］裘锡圭著：《文字学概要》，北京：商务印书馆 1988 年版。

［110］裘锡圭：《谈谈殷墟甲骨卜辞中的“于”》，载余霭芹、柯蔚南主编：《罗杰瑞先生七秩晋三寿庆论文集》，香港中文大学中国文化研究所吴多泰中国语文研究中心，2010 年。

［111］饶长溶：《再说次动词》，中国语文杂志社编：《语法研究和探索》（五），北京：语文出版社 1991 年版。

［112］沈培：《读甲骨文虚词词典》，《书品》，1994 年第 3 期。

［113］时兵：《也论介词“于”的起源和发展》，《中国语文》，2003 年第 4 期。

［114］石毓智、李讷著：《汉语语法化的历程　形态句法发展的动因和机制》，北京：北京大学出版社 2001 年版。

［115］史存直著：《汉语语法史纲要》，上海：华东师范大学出版社 1986 年版。

［116］宋绍年：《关于“名（代）+所+动”结构的切分》，《中国语文》，1996 年第 2 期。

［117］苏建洲：《〈上海博物馆藏战国楚竹书（二）〉校释》，台湾师范大学博士学位论文，2004 年。

［118］唐道雄：《“至·于·至于”辨略》，《湘潭师范学院社会科学学报》，1987 年第 3 期。

［119］唐钰明：《“之”字复指说献疑》，《李新魁教授纪念文集》编委会编：《李新魁教授纪念文集》，北京：中华书局 1998 年版。

[120] 田忠侠：《释“则”》，《齐齐哈尔大学学报》（哲学社会科学版），1991 年第 3 期。

[121] 王海根编纂：《古代汉语通假字大字典》，福州：福建人民出版社 2006 年版。

[122] 王鸿滨：《上古汉语介词的发展与演变》，《上海师范大学学报》（哲学社会科学版），2004 年第 5 期。

[123] 王克仲：《关于疑问句尾“为”的讨论：略说疑问句尾“为”字的词性》，《中国语文》，1980 年第 5 期。

[124] 王克仲：《关于先秦“所”字词性的调查报告》，中国社会科学院语言研究所古代汉语研究室编：《古汉语研究论文集》，北京：北京出版社 1982 年版。

[125] 王克仲：《先秦虚词“与”字的调查报告》，中国社会科学院语言研究所古代汉语研究室编：《古汉语研究论文集》（二），北京：北京出版社 1984 年版。

[126] 王力：《中国现代语法》（上），北京：中华书局 1943 年版。

[127] 王力：《中国现代语法》（下），北京：中华书局 1944 年版。

[128] 王力：《汉语史稿》（上、中、下），北京：中华书局 1980 年版。

[129] 王力主编：《古代汉语》（共四册），北京：中华书局 1981 年版。

[130] 王力：《汉语语法史》，北京：商务印书馆 1989 年版。

[131] 王力主编：《王力古汉语字典》，北京：中华书局 2000 年版。

[132] 王锳：《云梦秦墓竹简所见某些语法现象》，《语言研究》，1982 年第 1 期。

[133] 王锳：《就冯春田同志的商榷致〈语言研究〉编辑部的信》，《语言研究》，1983 年第 1 期。

[134] 魏德胜：《〈睡虎地秦墓竹简〉语法研究》，北京：首都师范大学出版社 2000 年版。

[135] （清）吴昌莹：《经词衍释》，北京：中华书局 1956 年版。

[136] 吴庆峰主编：《〈史记〉虚词通释》，济南：齐鲁书社 2006 年版。

[137] 吴振武：《试说平山战国中山王墓铜器铭文中的“绥”字》，单周尧、陆镜光主编：《语言文字学研究》，北京：中国社会科学出版社 2005 年。

[138] 武振玉：《两周金文虚词研究》，北京：线装书局 2010 年版。

[139] 武振玉：《汉语史论》，北京：现代出版社 2014 年版。

[140] 麦梅翘：《〈左传〉中介词“以”的前置宾语》，《中国语文》，1983 年第 5 期。

[141] 向光忠：《古文献施受句谓语体词间之“于”考》，《徐州师范大学学报》（哲学社会科学版），2000 年第 1 期。

[142] 解惠全：《谈实词的虚化》，《语言研究论丛》（第四辑），天津：南开大学出版社 1987 年版。

[143] 解惠全、蓝鹰：《“以”字虚词用法源流考》，《南开学报》（哲学社会科学版），1987 年第 6 期。

[144] 解惠全、洪波：《“于”“於”介词用法源流考》，南开大学中文系编：《语言研究论丛》（第五辑），天津：南开大学出版社 1988 年版。

[145] 谢纪锋：《〈诗经〉中“维”字的意义和用法》，《中国语文》，1984 年第 3 期。

[146] 谢质彬：《从〈论语〉一书看上古汉语连词“而”的用法》，《河北大学学报》

（哲学社会科学版），1980 年第 2 期。

［147］谢质彬、李先耕、史佩信、朱城：《关于古汉语中“然而”表顺接问题的讨论》，《中国语文》，1994 年第 3 期。

［148］邢福义：《汉语语法学》，长春：东北师范大学出版社 1998 年版。

［149］徐福汀：《关于疑问句尾“为”的讨论：“何以……为”试析》，《中国语文》，1980 年第 5 期。

［150］徐杰：《普遍语法原则与汉语语法现象》，北京：北京大学出版社 2001 年版。

［151］徐萧斧：《古汉语中的“与”和“及”》，《中国语文》，1991 年第 5 期。

［152］严志君：《〈荀子〉“为”字句研究》，《西南师范大学学报》，1992 年专刊。

［153］颜景常：《〈诗经〉〈论语〉中“为”字用法初探》，《淮阴师专学报》（社会科学版），1981 年第 1 期。

［154］杨伯峻：《文言语法》，北京：北京出版社 1956 年版。

［155］杨伯峻译注：《论语译注》，北京：中华书局 1980 年版。

［156］杨伯峻：《古汉语虚词》，北京：中华书局 1981 年版。

［157］杨伯峻译注：《孟子译注》（上、下），北京：中华书局 1984 年版。

［158］杨伯峻、何乐士：《古汉语语法及其发展》（修订本），北京：语文出版社 2001 年版。

［159］杨逢彬：《殷墟甲骨刻辞词类研究》，广州：花城出版社 2003 年版。

［160］杨树达：《高等国文法》，北京：商务印书馆 1930 年版。

［161］杨树达：《增订积微居小学金石论丛》，北京：科学出版社 1955 年版。

［162］杨永龙：《先秦汉语语气词同现的结构层次》，《古汉语研究》，2000 年第 4 期。

［163］姚萱：《殷墟花园庄东地甲骨卜辞的初步研究》，北京：线装书局 2009 年版。

［164］姚振武：《个别性指称与“所”字结构》，《古汉语研究》，1998 年第 3 期。

［165］尹君编：《文言虚词通释》，南宁：广西人民出版社 1984 年版。

［166］于江：《虚词“与、及、并、和”的历史发展》，《上海大学学报》（社会科学版），1996 年第 1 期。

［167］于智荣：《上古典籍中表“率领”诸义的“以”字不是介词》，《语文研究》，2002 年第 2 期。

［168］袁宾：《近代汉语概论》，上海：上海教育出版社 2000 年版。

［169］袁毓林：《“者”的语法功能及其历史演变》，《中国社会科学》，1997 年第 3 期。

［170］张富海：《说“矣”》，中国古文字研究会、华南师范大学文学院编：《古文字研究》（第二十六辑），北京：中华书局 2006 年版。

［171］张光裕、袁国华：《望山楚简校录》，台北：艺文印书馆 2004 年版。

［172］张光裕：《上海博物馆藏战国楚竹书（六）·“用曰”释文考释》，上海：上海古籍出版社 2007 年版。

［173］张敏：《从类型学看上古汉语定语标记“之”语法化的来源》，吴福祥、洪波主编：《语法化与语法研究》（一），北京：商务印书馆 2003 年版。

［174］张其昀：《“所”字用法源流考》，《盐城师范学院学报》（人文社会科学版），

1990 年第 4 期。
[175] 张儒：《也说疑问句尾“为”》，《中国语文》，2000 年第 2 期。
[176] 张世禄：《张世禄语言学论文集》，上海：学林出版社 1984 年版。
[177] 张文国：《〈左传〉“也”字研究》，《古汉语研究》，1999 年第 2 期。
[178] 张文国、张能甫著：《古汉语语法学》，成都：巴蜀书社 2003 年版。
[179] 张玉金：《先秦汉语“唯”字研究》，东北师范大学硕士学位论文，1984 年。
[180] 张玉金：《甲骨文虚词词典》，北京：中华书局 1994 年版。
[181] 张玉金：《甲骨文语法学》，上海：学林出版社 2001 年版。
[182] 张玉金：《西周汉语语法研究》，北京：商务印书馆 2004 年版。
[183] 张玉金：《甲骨文中的“之”和助词“之”的来源》，《殷都学刊》，2005 年第 2 期。
[184] 张玉金：《西周汉语代词研究》，北京：中华书局 2006 年版。
[185] 张玉金：《介词“于”的起源》，《汉语学报》，2009 年第 4 期。
[186] 张玉金：《也谈甲骨文中的“何”和“此”》，《中国语文》，2010 年第 3 期。
[187] 张玉金：《出土战国文献虚词研究》，北京：人民出版社 2011 年版。
[188] 张钰：《〈郭店楚墓竹简〉虚词研究》，首都师范大学硕士学位论文，2004 年。
[189] 张振林：《先秦古文字材料中的语气词》，中国古文字研究会、四川大学历史系古文字研究室编：《古文字研究》（第七辑），北京：中华书局 1982 年版。
[190] 张志达：《假设义类词同义连用举隅》，《古汉语研究》，1993 年第 2 期。
[191] 赵长才：《先秦汉语语气连用现象的历时演变》，《中国语文》，1995 年第 1 期。
[192] 赵大明：《论汉语介词发展中的功能专一化趋势》，《陕西师范大学学报》（哲学社会科学版），1990 年第 3 期。
[193] 赵大明：《〈左传〉中率领义“以”的语法化程度》，《中国语文》，2005 年第 3 期。
[194] 赵世举：《〈孟子〉定中结构三平面研究》，北京：中国青年出版社 2000 年版。
[195] 赵淑华：《介词和介词分类》，赵淑华口述、田靓采编：《北京语言大学对外汉语教学名师访谈录　赵淑华卷》，北京：北京语言大学出版社 2011 年版。
[196] 赵廷琛：《文言“之”和口语“的”的区别》，《齐鲁学刊》，1986 年第 2 期。
[197] 赵仲邑：《论古代汉语介词“于”“於”“乎”》，《中山大学学报》（哲学社会科学版），1964 年第 4 期。
[198] 中国社会科学院语言研究所古代汉语研究室编：《古代汉语虚词词典》，北京：商务印书馆 1999 年版。
[199] 周法高：《中国古代语法》，台北：“中央研究院”历史语言研究所 1959 年版。
[200] 周国瑞：《介词“乎”和“于（於）”用法之比较》，《殷都学刊》，2004 年第 3 期。
[201] 周建成：《“则”表示并列关系质疑》，《赣南师范学院学报》，1994 年第 1 期。
[202] 周生亚：《并列连词“与、及”用法辨析》，《中国语文》，1989 年第 2 期。
[203] 周守晋：《战国简帛中介引时间的“以”》，《古汉语研究》，2004 年第 4 期。
[204] 周守晋：《出土战国文献语法研究》，北京：北京大学出版社 2005 年版。

［205］朱承平：《先秦汉语句尾语气词的组合及组合层次》，《中国语文》，1998 年第 4 期。

［206］朱德熙：《语法讲义》，北京：商务印书馆 1982 年版。

［207］朱德熙：《自指和转指——汉语名词化标记“的、者、所、之”的语法功能和语义功能》，《方言》，1983 年第 1 期。

［208］朱有明：《〈论语〉“之”字用法研究》，《新疆大学学报》（哲学社会科学版），1987 年第 2 期。

［209］朱运申：《关于疑问句尾的“为”》，《中国语文》，1979 年第 6 期。

［210］邹濬智：《〈上海博物馆藏战国楚竹书（一）·缁衣〉研究》，台北：花木兰文化出版社 2006 年版。

［211］［日］大西克也：《“殹”和“也”交替——六国统一前后书面语言的一个侧面》，李学勤、谢桂华主编：《简帛研究》，桂林：广西师范大学出版社 2001 年版。

［212］［日］大西克也：《并列连词“及”“与”在出土文献中的分布及上古汉语方言语法》，郭锡良主编：《古汉语语法论集》，北京：语文出版社 1998 年版。

［213］［日］太田辰夫著，蒋绍愚、徐昌华译：《中国语历史文法》，北京：北京大学出版社 1987 年版。

后　记

我所写的书，一般都是自身所承担的科研项目的研究成果。这本书也不例外。2010年，我申报的广东省哲学社会科学“十一五”规划一般项目“基于分段描写的出土先秦文献虚词发展研究”（批准号 GD10CZW13）获准立项，本书是这个项目的最终研究成果。

本书的出版，获得了华南师范大学哲学社会科学学术著作出版基金（编号SKXSEE1414）和华南师范大学文学院“中国语言文学的传承与创新”学科建设平台基金（2014 年）的资助。本书中造字很多，出版难度大，如果没有上述资助，是难以同读者见面的。

华南师范大学社科处曾邀请专家对拙著进行匿名评审，有三位专家写出了《专家推荐意见》，他们都对拙著给予了较高的评价。由于是匿名，我不知道他们的大名，冒昧地以甲专家、乙专家、丙专家代称呼他们。

甲专家的评价：

“该书作者在前人研究的基础上，对先秦出土文献进行了全面的梳理，结合传世先秦文献，对古汉语虚词做了全面深入的研究，材料广博丰厚，论证细致缜密，系统完整科学，是难得一见的学术力作。该书主要学术价值有以下几点：

（1）在以往古汉语虚词研究的基础上，以具体词为根据，深入研究了虚词产生的缘由，探寻其演化的途径，为丰富古汉语词汇理论提供了坚实的依据；

（2）该书作者对出土文献的时代、地域、特点有比较科学的认识与把握，由个别归纳一般，由一般考察个别，对完善古汉语词汇体系起到了主要的支撑作用，尤其是为建立科学的虚词体系提供了可信的根据；

（3）该书具有比较突出的创新性，主要体现在虚词类别的重整与划分、虚词词性的确定与虚化、虚词的共性与个性等；

（4）该书具有完整的系统性，条理清晰，逻辑严密，语言规范，表述清楚，有较高的学术价值，推荐出版。”

乙专家的评价：

“过去研究先秦虚词多据传世文献，但传世文献经历代传抄，往往不能充分保留语料的原貌。近二三十年才陆续有了一批依据出土文献来研究虚词的成果。由于出土文献很大程度上保留了语料的原貌，故这方面的研究成果更能帮助人们科学地认识先秦汉语。但以往这方面的研究多按材料批次或时段分别进行，缺乏对贯通整个先秦的全面描写，也缺乏动态的考察。《出土先秦文献虚词发展研究》一书正是为弥补此一缺陷而作，在选题上有较为突出的学术意义。作者对学术界有关先秦虚词的研究情况有较为全面的掌握，做了很好的综述。对出土各阶段先秦虚词使用情况做了相当详细的描写，并能纵向梳理出其间的发展变化，对于增进人们对汉语虚词的起源和发展的认识，颇有裨益。”

丙专家的评价：

“该著作以出土文献中先秦文献虚词发展为研究对象，选取了先秦出土语言研究比较作为主要的研究内容。以往对先秦出土文献的研究，更多地关心文字识读与考释以及文化意义研究，以虚词为研究对象的论著主要是分类研究，如以载体分类的甲骨虚词、金文虚词研究等，本著作的创新之处在于补充了这种缺乏用统一的理论框架对各个时代出土文献中虚词系统的断代描写，全面系统地利用了出土先秦文献，具有较为重要的学术价值。”

当然，三位专家也指出了书稿中存在的一些问题，并提出了修改意见。对此，笔者基本上都采纳了。

本书是从历时角度研究出土先秦文献中的虚词系统发展的。由于出土战国文献的虚词占整个出土先秦文献虚词的主体部分，所以难免造成本书与笔者 2011 年出版的《出土战国文献虚词研究》（人民出版社出版）在内容上有一定程度的重复，特此说明。

暨南大学出版社社长徐义雄先生、暨南大学出版社人文分社社长杜小陆先生都是笔者的好朋友。我们有过几次合作，都比较成功。他们非常欢迎拙著在暨南大学出版社出版。杜小陆先生对此书的出版非常重视，负责此书的编辑和校对人员也都非常认真，字斟句酌。出土文献的语句比传世文献中的语句难核对，但他们对例句都进行了核实。书稿中有不少难字，即使安装宋体—超大字符等，仍然解决不了全部问题，还要造不少字，这些困难他们都克服了，使得本书能顺利问世。

我妻子刘海霞女士对我的学术研究十分支持，帮我做了她所能做的很多工作。

谨向上面提到的单位、个人表示由衷的感谢!

由于笔者水平有限，书中错误和不当之处在所难免，敬请专家和读者教正。

张玉金

2015 年 12 月 18 日于广州